Volker Rosengarten

Die besondere Missbrauchsaufsicht im Telekommunikationsgesetz 2004

Schriften zum Informations-, Telekommunikations- und Medienrecht

Herausgegeben von

Thomas Hoeren und Bernd Holznagel

Institut für Informations-, Telekommunikations- und Medienrecht (ITM) der Westfälischen Wilhelms-Universität

Band 43

LIT

Die besondere Missbrauchsaufsicht im Telekommunikationsgesetz 2004

von

Volker Rosengarten

LIT

∞

Gedruckt auf alterungsbeständigem Werkdruckpapier entsprechend
ANSI Z3948 DIN ISO 9706

D 6

Bibliografische Information der Deutschen Nationalbibliothek
Die Deutsche Nationalbibliothek verzeichnet diese Publikation in der Deutschen Nationalbibliografie; detaillierte bibliografische Daten sind im Internet über http://dnb.d-nb.de abrufbar.

ISBN 978-3-8258-1802-9
Zugl.: Münster (Westf.), Univ., Diss., 2008

Verlagskontakt:
Fresnostr. 2 D-48159 Münster
Tel. +49 (0) 2 51-620 32 22 Fax +49 (0) 2 51-922 60 99
e-Mail: lit@lit-verlag.de http://www.lit-verlag.de

Auslieferung:
Deutschland: LIT Verlag Fresnostr. 2, D-48159 Münster
Tel. +49 (0) 2 51-620 32 22, Fax +49 (0) 2 51-922 60 99, e-Mail: vertrieb@lit-verlag.de

Österreich: Medienlogistik Pichler-ÖBZ GmbH & Co KG
IZ-NÖ, Süd, Straße 1, Objekt 34, A-2355 Wiener Neudorf
Tel. +43 (0) 22 36-63 53 52 90, Fax +43 (0) 22 36-63 53 52 43, e-Mail: mlo@medien-logistik.at

Schweiz: B + M Buch- und Medienvertriebs AG
Hochstr. 357, CH-8200 Schaffhausen
Tel. +41 (0) 52-643 54 30, Fax +41 (0) 52-643 54 35, e-Mail: order@buch-medien.ch

Vorwort

Die vorliegende Arbeit wurde im Sommersemester 2007 von der Rechtswissenschaftlichen Fakultät der Westfälischen Wilhelms-Universität Münster als Dissertation angenommen. Die Druckreife wurde im Wintersemester 2008/2009 erteilt. Für die Veröffentlichung konnten Literatur und Rechtsprechung bis einschließlich März 2009 berücksichtigt werden.

Mein großer Dank gilt allen, die mich bei der Erstellung dieser Arbeit begleitet und tatkräftig unterstützt haben. Dieser Dank gebührt insbesondere meinen Eltern, Hartmut und Eleonore Rosengarten, die mir dieses Projekt erst ermöglicht und die mich uneingeschränkt ermuntert haben, die Arbeit zu vollenden, sowie Frieda und Maria Heydt, die mir trotz zahlreicher 'Planänderungen' stets zur Seite gestanden haben.

Herzlich danken möchte ich auch meinem Doktorvater Herrn Prof. Dr. Bernd Holznagel für seine Betreuung, seine wertvollen Hilfestellungen und die lehrreichen Jahre an seinem Lehrstuhl, die mir einen unbezahlbaren Einblick in das spannende Gebiet des Telekommunikationsrechts geboten haben, und Herrn Prof. Dr. Thomas Hoeren für die schnelle Erstellung des Zweitgutachtens. Beiden bin ich darüber hinaus sehr dankbar für die freundliche Aufnahme meiner Arbeit in diese Schriftenreihe.

Inhaltsverzeichnis

VORWORT V

INHALTSVERZEICHNIS VII

ABKÜRZUNGSVERZEICHNIS XV

KAPITEL 1 – EINFÜHRUNG UND UNTERSUCHUNGSGEGENSTAND 1

1.1 Einführung 1
1.2 Untersuchungsfrage 7

KAPITEL 2 – KRITERIEN FÜR DIE EFFIZIENZ DER BESONDEREN MISSBRAUCHSAUFSICHT 9

2.1 Einleitung 9
2.2 Das Erste Kriterium des § 10 Abs. 2 Satz 1 TKG - Substantielle Marktzutrittsschranken 10
2.3 Das Zweite Kriterium des § 10 Abs. 2 Satz 1 TKG – kein wirksamer Wettbewerb 12
2.3.1 Grundverständnis von Wettbewerb 12
2.3.2 Schutzwürdigkeit des Wettbewerbs 13
2.3.3 Bestimmung des Wettbewerbsbegriffs in der Ökonomischen Theorie 14
2.3.3.1 Klassische Wettbewerbstheorie der vollkommenen Konkurrenz 15
2.3.3.2 Preistheorie 15
2.3.3.3 Theorie des Zweitbesten 16
2.3.3.4 Dynamische Wettbewerbstheorie 17
2.3.3.5 Negative Bestimmung des Wettbewerbsbegriffs 19
2.3.3.6 Fazit 20
2.3.4 Der Wettbewerbsbegriff im deutschen Telekommunikationsrecht 22

2.3.4.1 Funktionsfähiger Wettbewerb als Regulierungsziel im Telekommunikationsgesetz 1996 22
2.3.4.2 Wirksamer Wettbewerb als Regulierungsziel des Telekommunikationsgesetzes 2004 26
2.3.5 Fazit 31
2.4 Das Dritte Kriterium des § 10 Abs. 2 Satz 1 TKG – kein Ausreichen des allgemeinen Wettbewerbsrechts 34
2.5 Fazit 35

KAPITEL 3 – DIE BESONDERE MISSBRAUCHSAUFSICHT IM TELEKOMMUNIKATIONSRECHT 36

3.1 Einleitung 36
3.2 Die besondere Missbrauchsaufsicht im Telekommunikationsgesetz 1996 39
3.2.1 Tatbestand des § 33 TKG 1996 40
3.2.1.1 Normzweck 41
3.2.1.2 Diskriminierungsverbot, § 33 Abs. 1 Satz 1 TKG 1996 42
3.2.1.2.1 Anbieter von Telekommunikationsdienstleistungen für die Öffentlichkeit 42
3.2.1.2.2 Marktbeherrschende Stellung, § 33 TKG 1996 i. V. m. § 19 GWB 44
3.2.1.2.2.1 Festlegung des relevanten Marktes 45
3.2.1.2.2.1.1 Sachlich relevanter Markt 46
3.2.1.2.2.1.2 Räumlich relevanter Markt 49
3.2.1.2.2.2 Feststellung einer marktbeherrschenden Stellung 51
3.2.1.2.2.2.1 Marktbeherrschende Stellung nach § 19 Abs. 2 Satz 1 Nr. 1 GWB 51
3.2.1.2.2.2.2 Marktbeherrschende Stellung nach § 19 Abs. 2 Satz 1 Nr. 2 GWB 54
3.2.1.2.2.2.2.1 Marktanteil als relevantes Kriterium 57
3.2.1.2.2.2.2.2 Finanzkraft als relevantes Kriterium 60

3.2.1.2.2.2.2.3 Zugang zu Beschaffungs- und Absatzmärkten als relevantes Kriterium 61
3.2.1.2.2.2.2.4 Verflechtungen mit anderen Unternehmen als relevantes Kriterium 62
3.2.1.2.2.2.2.5 Marktzutrittsschranken als relevantes Kriterium 62
3.2.1.2.2.2.2.6 Sonstige Parameter als relevante Kriterien 63
3.2.1.2.2.2.3 Marktbeherrschende Stellung nach § 19 Abs. 2 Satz 2 GWB 63
3.2.1.2.2.2.4 Erfordernis einer marktbeherrschenden Stellung auf vor- und nachgelagertem Markt 64
3.2.1.2.2.3 Fazit 65
3.2.1.2.3 Wettbewerber als Anspruchsinhaber 65
3.2.1.2.4 Wesentliche Leistungen 66
3.2.1.2.5 Art und Weise der Zugangsgewährung 71
3.2.1.3 Missbrauchstatbestand, § 33 Abs. 2 TKG 1996 77
3.2.2 Bedeutende Entscheidungen der Regulierungsbehörde auf Grundlage des § 33 TKG 1996 80
3.2.2.1 Entbündelter Zugang zur TAL 80
3.2.2.2 Fakturierung und Inkasso 81
3.2.2.3 Resale von Telekommunikationsdienstleistungen 83
3.2.3 Fazit zur besonderen Missbrauchsaufsicht nach § 33 TKG 1996 84
3.3 Die besondere Missbrauchsaufsicht des Telekommunikationsgesetzes 2004 86
3.3.1 Die Missbrauchsaufsicht nach § 42 TKG 86
3.3.1.1 Adressaten der besonderen Missbrauchsaufsicht 86
3.3.1.1.1 Anbieter von Telekommunikationsdiensten 86
3.3.1.1.2 Anbieter von Leistungen nach § 78 Abs. 2 Nr. 3 und 4 TKG 88
3.3.1.1.3 Anbieter von telekommunikationsgestützten Diensten 88
3.3.1.1.4 Betreiber eines öffentlichen Telekommunikationsnetzes 89

3.3.1.1.5 Merkmal der beträchtlichen Marktmacht 93
3.3.1.1.5.1 Marktdefinitions- und Marktanalyseverfahren als Voraussetzung des § 42 TKG 93
3.3.1.1.5.2 Marktdefinition 101
3.3.1.1.5.2.1 Sachlich relevanter Markt 101
3.3.1.1.5.2.2 Räumlich relevanter Markt 108
3.3.1.1.5.2.3 Konsultations- und Konsolidierungsverfahren 109
3.3.1.1.5.2.4 Übereinstimmung der Abgrenzungskriterien nach europäischem und deutschem Recht 109
3.3.1.1.5.3 Marktanalyse 111
3.3.1.1.5.3.1 Gesamtschau marktstrukturrelevanter Kriterien 112
3.3.1.1.5.3.2 Einzelmarktbeherrschung und kollektive Marktbeherrschung 115
3.3.1.1.5.3.3 Marktmacht auf benachbarten Märkten 115
3.3.1.1.5.3.4 Durchführung des Konsultations- und Konsolidierungsverfahrens 116
3.3.1.1.5.3.5 Übereinstimmungen der Analysekriterien nach europäischem und deutschem Recht 116
3.3.1.1.5.4 Konsultations- und Konsolidierungsverfahren nach § 12 TKG 117
3.3.1.1.5.5 Sonstige verfahrensmäßige Vorgaben für Marktdefinition und Marktanalyse 120
3.3.1.1.5.6 Fazit 123
3.3.1.2 Erfasste Missbrauchsfälle 125
3.3.1.2.1 Grundtatbestand, § 42 Abs. 1 Satz 1 TKG 126
3.3.1.2.2 Beeinträchtigungsmissbrauch gemäß § 42 Abs. 1 Satz 2, 2. Alt. TKG 126
3.3.1.2.2.1 Beeinträchtigung von Wettbewerbsmöglichkeiten anderer Unternehmen 127
3.3.1.2.2.2 Erheblichkeit der Beeinträchtigung 129
3.3.1.2.2.3 Keine sachliche Rechtfertigung 130
3.3.1.2.2.4 Fallgruppen des Beeinträchtigungsmissbrauchs 133
3.3.1.2.2.4.1 Missbrauch bei der Preisgestaltung 133
3.3.1.2.2.4.2 Missbräuchliche Vertriebsformen 134

3.3.1.2.2.4.3	Zugangsansprüche von Contentanbietern 137
3.3.1.2.2.5	Fazit 138
3.3.1.2.3	Behinderungsmissbrauch nach § 42 Abs. 1 Satz 2, 1. Alt. TKG 139
3.3.1.2.3.1	Behinderung anderer Unternehmen 140
3.3.1.2.3.2	Unbilligkeit der Behinderung 142
3.3.1.2.3.3	Fallgruppen des Behinderungsmissbrauchs 143
3.3.1.2.3.3.1	Geschäftsverweigerung 143
3.3.1.2.3.3.2	Missbräuchliche Preisgestaltungen 145
3.3.1.2.3.3.3	Ausschließlichkeits- und Koppelungspraktiken 145
3.3.1.2.3.3.4	Missbräuchliche Verhaltensweisen marktbeherrschender Nachfrager 145
3.3.1.2.3.4	Fazit 146
3.3.1.2.4	Verhältnis des Behinderungsmissbrauchs zum Beeinträchtigungsmissbrauch 146
3.3.1.2.5	Diskriminierungsmissbrauch, § 42 Abs. 2 TKG 149
3.3.1.2.5.1	Voraussetzungen des Vermutungstatbestandes 150
3.3.1.2.5.2	Sachliche Rechtfertigung der Diskriminierung 153
3.3.1.2.5.2.1	Unterschiedliche Behandlung von minderer Qualität und ungünstigerer Bedingungen 153
3.3.1.2.5.2.1.1	Vermutungstatbestände im Öffentlichen Recht 154
3.3.1.2.5.2.1.1.1	Das Verständnis von Vermutungsregeln im Zivilrecht 154
3.3.1.2.5.2.1.1.2	Wirkungen von Vermutungsregeln im Öffentlichen Recht 158
3.3.1.2.5.2.1.1.3	Fazit 163
3.3.1.2.5.2.1.2	Übertragung der Grundsätze zur Wirkung von Vermutungstatbeständen im Öffentlichen Recht auf die Vermutungsregel des § 42 Abs. 2 TKG 163
3.3.1.2.5.2.2	Sachliche Rechtfertigung 165
3.3.1.2.5.3	Fazit zum Diskriminierungsmissbrauch 166
3.3.1.2.6	Verzögerungsmissbrauch, § 42 Abs. 3 TKG 167
3.3.1.3	Verhältnis der Missbrauchsvermutungen nach § 42 Abs. 2 und 3 TKG zu den Regelbeispielen

§ 42 Abs. 1 Satz 2 TKG 169
3.3.1.4 Rechtsfolgen des § 42 TKG 170
3.3.1.5 Verfahren der Missbrauchsaufsicht 173
3.3.1.5.1 Zuständigkeit 173
3.3.1.5.2 Verfahrenseinleitung 173
3.3.1.5.2.1 Einleitung von Amts wegen 174
3.3.1.5.2.2 Einleitung auf Antrag 174
3.3.1.5.3 Verfahrensfrist 177
3.3.1.5.4 Maßnahmen zur Sachverhaltsermittlung 178
3.3.1.5.5 Einvernehmen mit anderen Behörden 178
3.3.1.5.6 Verwaltungsaktgebot im Rahmen der besonderen Missbrauchsaufsicht 180
3.3.1.5.7 Rechtsmittel 180
3.3.1.6 Verhältnis des § 42 TKG zu anderen Regulierungsinstrumenten des TKG und des GWB 181
3.3.1.6.1 Verhältnis zur Zugangsregulierung 187
3.3.1.6.1.1 Abgrenzung zu § 18 TKG 187
3.3.1.6.1.2 Abgrenzung zu § 19 TKG 189
3.3.1.6.1.3 Abgrenzung zu §§ 21, 22 und 25 TKG 192
3.3.1.6.2 Verhältnis zur Entgeltregulierung 196
3.3.1.6.3 Verhältnis zu den Maßnahmen zur Betreiber(vor-)auswahl gemäß § 40 TKG 198
3.3.1.6.3.1 Verhältnis zum allgemeinen Wettbewerbsrecht 200
3.3.1.6.4 Fazit 205
3.3.1.7 Entscheidungen der Bundesnetzagentur auf Grundlage des § 42 TKG 205
3.3.1.7.1 Missbrauchsaufsicht hinsichtlich diskriminierender Behandlung von Telekommunikationsdiensteanbietern bei der Überlassung von Anschlüssen 206
3.3.1.7.2 Missbrauchsaufsicht bezüglich Auftragsabwicklung bei der Betreibervorauswahl 206
3.3.1.7.3 Missbrauchsaufsicht bezüglich diskriminierungsfreier Abnahme der

Bereitstellung von öffentlichen Telefonstellen 207
3.3.1.7.4 Missbrauchsaufsicht gemäß § 42 Abs. 2 TKG bezüglich eines TKO-Outsourcing-Vertrages 207
3.3.1.7.5 Missbrauchsaufsicht hinsichtlich der Erstellung von Telefon- und Branchenbüchern 208
3.3.1.7.6 Fazit 208
3.3.1.8 Fazit zur besonderen Missbrauchsaufsicht nach § 42 TKG 209
3.3.2 Die Vorteilsabschöpfung nach § 43 TKG 210
3.3.2.1 Zielsetzung von Abschöpfungsvorschriften 212
3.3.2.2 Grundsätzliche Ausgestaltungsmöglichkeiten 213
3.3.2.3 Anwendungsbereich 215
3.3.2.3.1 Vorteilsabschöpfung bei Verstoß gegen eine Verfügung der Regulierungsbehörde, § 43 Abs. 1, 1. Alt. TKG 215
3.3.2.3.1.1 Personaler Anwendungsbereich 215
3.3.2.3.1.2 Verstoß gegen eine Verfügung nach § 42 Abs. 4 TKG 216
3.3.2.3.1.3 Kein Verschuldenserfordernis 217
3.3.2.3.1.4 Zeitliche Komponente 218
3.3.2.3.2 Vorteilsabschöpfung bei Verstoß gegen Vorschriften des TKG, § 43 Abs. 1, 2. Alt. TKG 219
3.3.2.3.2.1 Erfasste Normverstöße 219
3.3.2.3.2.2 Personaler Anwendungsbereich 220
3.3.2.3.2.3 Verschuldenserfordernis 220
3.3.2.3.3 Verhältnis der beiden Tatbestandsalternativen des § 43 Abs. 1 TKG 222
3.3.2.3.4 Wirtschaftlicher Vorteil 225
3.3.2.3.5 Ermessen 228
3.3.2.3.6 Subsidiarität, § 43 Abs. 2 TKG 229
3.3.2.3.7 Ausschluss der Vorteilsabschöpfung, § 43 Abs. 3 TKG 233
3.3.2.3.7.1 Unbillige Härte 233
3.3.2.3.7.2 Geringer wirtschaftlicher Vorteil 235

3.3.2.3.8 Rechtsfolge 236
3.3.2.3.8.1 Intendiertes Ermessen 236
3.3.2.3.8.2 Verwaltungsaktgebot 237
3.3.2.3.8.3 Bezifferung des Abschöpfungsbetrags 237
3.3.2.3.8.4 Höchstfrist für die Anordnung der Abschöpfung 238
3.3.2.3.9 Rechtsnatur der Vorteilsabschöpfung 238
3.3.2.4 Verfahren auf Grundlage des § 43 TKG 239
3.3.2.5 Fazit 240
3.4 Vergleich der besonderen Missbrauchsaufsicht nach § 33 TKG 1996 mit §§ 42, 43 TKG 241

KAPITEL 4 – GESAMTERGEBNIS: DIE EFFIZIENZ DER BESONDEREN MISSBRAUCHSAUFSICHT 244

KAPITEL 5 – ZUSAMMENFASSUNG IN THESEN 254

LITERATURVERZEICHNIS 263

Abkürzungsverzeichnis

a. A.	anderer Ansicht
a. a. O.	am angegebenen Ort
a. E.	am Ende
a. F.	alte Fassung
ABl. EG	Amtsblatt für die Europäischen Gemeinschaften
ABl. RegTP	Amtsblatt der Regulierungsbehörde für Telekommunikation und Post
Abs.	Absatz
AER	Zeitschrift "**American Economic Review**"
AG	Aktiengesellschaft bzw. Zeitschrift "**Die Aktiengesellschaft**"
AGB	Allgemeine Geschäftsbedingungen
AktG	Aktiengesetz
Alt.	Alternative
AöR	Zeitschrift "**Archiv des öffentlichen Rechts**"
ArchivPT	Archiv für Post und Telekommunikation
Art.	Artikel
AT&T	American Telephone and Telegraph
Aufl.	Auflage

AÜG	Arbeitnehmerüberlassungsgesetz
B&I	British and Irish Lines
BB	Zeitschrift "**Betriebs-Berater**"
Begr.	Begründer
BGB	Bürgerliches Gesetzbuch
BGBl.	Bundesgesetzblatt
BGH	Bundesgerichtshof
BGHZ	Entscheidungen des Bundesgerichtshofs in Zivilsachen
BK	Beschlusskammer
BKartA	Bundeskartellamt
BNetzA	Bundesnetzagentur für Elektrizität, Gas, Telekommunikation, Post und Eisenbahnen
BR-Drs.	Bundesratsdrucksache
BT-Drs.	Bundestagsdrucksache
BVerfG	Bundesverfassungsgericht
BVerfGE	Entscheidungen des Bundesverfassungsgerichts
BVerwG	Bundesverwaltungsgericht
BVerwGE	Entscheidungen des Bundesverwaltungsgerichts
bzw.	beziehungsweise
ca.	circa
CDU	Christlich Demokratische Union Deutschlands

Co.	Compagnie
CR	Zeitschrift "**Computer und Recht**"
CSU	Christlich Soziale Union Deutschlands
D. C.	District of Columbia
d. h.	das heißt
DB	Zeitschrift "**Der Betrieb**"
ders.	derselbe
DeTeMedien	Deutsche Telekom Medien GmbH
dies.	dieselbe/n
DM	Deutsche Mark
EG	Europäische Gemeinschaft
EGV	Vertrag zur Gründung der Europäischen Gemeinschaft vom 25. März 1957 i. d. F. vom 16. April 2003 (Vertrag von Athen), ABl. EG Nr. C 321/E vom 29.12.2006, S. 1 ff. (konsolidierte Fassung)
Einl.	Einleitung
endg.	Endgültig
EnWG	Energiewirtschaftsgesetz
etc.	et cetera
EU	Europäische Union
EuGH	Europäischer Gerichtshof
evtl.	eventuell
EWG	Europäische Wirtschaftsgemeinschaft

EWGV .... Vertrag zur Gründung der Europäischen Wirtschaftsgemeinschaft vom 25. März 1957

f. .... folgende

Fa. .... Firma

ff. .... folgende

Ficora .... Finnish Communications Regulatory Authority

FIW .... Forschungsinstitut für Wirtschaftsverfassung und Wettbewerb

Fn. .... Fußnote

FTEG .... Gesetz über Funkanlagen und Telekommunikationsendeinrichtungen

GG .... Grundgesetz

GmbH .... Gesellschaft mit beschränkter Haftung

GRUR .... Zeitschrift "**Gewerblicher Rechtsschutz und Urheberrecht**"

GWB .... Gesetz gegen Wettbewerbsbeschränkungen

h. M. .... herrschende Meinung

HGB .... Handelsgesetzbuch

Hrsg. .... Herausgeber

i. d. R. .... in der Regel

i. e. .... id est

i. H. v. .... in Höhe von

i. R. d. .... im Rahmen des

i. S. d. .... im Sinne des/der/dieser

i. V. m. .... in Verbindung mit

inkl. .... inklusive

ISDN .... Integrated Services Digital Network

IT .... Informationstechnologie

JA .... Zeitschrift "**Juristische Arbeitsblätter**"

K&R .... Zeitschrift "**Kommunikation und Recht**"

Kap. .... Kapitel

KG .... Kammergericht Berlin bzw. Kommanditgesellschaft

KOM .... Mitteilungen der Europäischen Kommission

Lfg. .... Lieferung

lit. .... Buchstabe

m. w. N. .... mit weiteren Nachweisen

MDStV .... Mediendienstestaatsvertrag

MMR .... Zeitschrift "**Multimedia und Recht**"

N&R .... Zeitschrift "**Netzwirtschaften und Recht**"

n. F. .... neue Fassung

NGefAG .... Niedersächsisches Gefahrenabwehrgesetz

NJW .... Zeitschrift "**Neue Juristische Wochenschrift**"

No.	Number
Nr.	Nummer
NStZ-RR	Neue Zeitschrift für Strafrecht (Rechtsprechungs-Report)
NVwZ	Neue Zeitschrift für Verwaltungsrecht
NWP	New World Payphones
NZV	Netzzugangsverordnung
o. ä.	oder ähnlichem/ähnliches
o. g.	oben genannte/n
OLG	Oberlandesgericht
ONP	Open Network Provision
OVG	Oberverwaltungsgericht
OWiG	Gesetz über Ordnungswidrigkeiten
PAC	Payphone Access Charge
RabelsZ	Rabels Zeitung für ausländisches und internationales Privatrecht
RdE	Zeitschrift "**Recht der Energiewirtschaft**"
RegTP	Regulierungsbehörde für Telekommunikation und Post
Rn.	Randnummer
RRL	Rahmenrichtlinie
Rs.	Rechtssache
RStV	Rundfunkstaatsvertrag
RTkom	Zeitschrift für das gesamte Recht der Telekommunikation

S.	Seite
Slg.	Sammlung
SMP	Significant Market Power
sog.	sogenannte/s/r/n
SSNIP	Small but significant non-transitory increase in Price
StGB	Strafgesetzbuch
StPO	Strafprozessordnung
TAL	Teilnehmeranschlussleitung
TDG	Teledienstegesetz
TK	Telekommunikation(s)
TKG	Telekommunikationsgesetz
TKG-E	Entwurf eines Telekommunikationsgesetzes
TKMR	Zeitschrift für das Telekommunikations- und Medienrecht
TKO	Turn Key Operation
TMG	Telemediengesetz
TV	Television
u. a.	unter anderem
u. ä.	und ähnlichem
u. U.	unter Umständen
UMTS	Universal Mobile Telecommunications System
US	United States
USA	United States of America

UWG ..... Gesetz gegen den unlauteren Wettbewerb

VATM ..... Verband der Anbieter von Telekommunikations- und Mehrwertdiensten

Verf. ..... Verfasser

VG ..... Verwaltungsgericht

vgl. ..... vergleiche

Vol. ..... Volume

Vor ..... Vorbemerkung

VwGO ..... Verwaltungsgerichtsordnung

VwVfG ..... Verwaltungsverfahrensgesetz

WIMAX ..... Worldwide Interoperability for Microwave Access

WiStrG ..... Wirtschaftsstrafgesetz

WRP ..... Zeitschrift "**Wettbewerb in Recht und Praxis**"

WuW ..... Zeitschrift "**Wirtschaft und Wettbewerb**"

WuW/E ..... Zeitschrift "**Wirtschaft und Wettbewerb**" (Entscheidungssammlung)

z. B. ..... zum Beispiel

z. T. ..... zum Teil

ZFA ..... Zeitschrift für Arbeitsrecht

ZHR ..... Zeitschrift für das gesamte Handels- und Wirtschaftsrecht

Ziff. ..... Ziffer

ZNER .... Zeitschrift für Neues Energierecht

ZWeR .... Zeitschrift für Wettbewerbsrecht

Kapitel 1 – Einführung und Untersuchungsgegenstand

1.1 Einführung

Der Telekommunikationssektor ist ein überaus bedeutsames Wirtschaftssegment[1], welches lange Zeit als ein natürliches Monopol[2] im Bereich der hoheitlichen Daseinsvorsorge[3] galt und daher von einem einzigen staatlichen Versorger[4] besetzt war. Diese monopolistische Struktur dauerte in der Bundesrepublik Deutschland noch bis zum 1. Januar 1998 an, als die letzten besonderen Rechte

---

1 Der Telekommunikationssektor verzeichnete in der Vergangenheit weltweit ein überproportionales Wachstum und konnte auch innerhalb der *Europäischen Union* jährliche Zunahmeraten zwischen ca. 2 und 5 % aufweisen. Seine volkswirtschaftliche Bedeutung wird noch dadurch verstärkt, dass die Kommunikation mittels moderner Übermittlungstechniken wie z. B. Mobilfunk oder Internet Einzug in viele Lebensbereiche gehalten hat und auch für wirtschaftliche Aktivitäten unerlässlich geworden ist, vgl. dazu ausführlich *Holznagel/Enaux/Nienhaus*, Telekommunikationsrecht, 2. Aufl. 2006, S. 1 ff. m. w. N.

2 Ein natürliches Monopol liegt dann vor, wenn der Bedarf nach einem bestimmten Wirtschaftsgut besser und günstiger von einem einzigen Anbieter als von jeder anderen Anzahl an Unternehmen befriedigt werden kann (sog. **Subadditivität**) und hohe Marktzutrittsschranken bestehen, vgl. dazu *Immenga/Kirchner/Knieps/Kruse*, Gemeinschaftsstudie Telekommunikation im Wettbewerb, in: dies. (Hrsg.), Telekommunikation im Wettbewerb, 2001, 5 (20 f.); *Bohne*, Funktionsfähiger Wettbewerb auf Telekommunikationsmärkten, 1998, S. 23 f.; *Windisch*, Privatisierung natürlicher Monopole im Bereich von Bahn, Post und Telekommunikation, 1987, S. 41 ff. Grundlage dieser Annahme war es, dass für den Markteintritt im netzgebundenen Telekommunikationsbereich erhebliche Infrastrukturinvestitionen erforderlich sind und derjenige, der schon über eine ausgebaute Netzinfrastruktur verfügt, gegenüber Marktneulingen signifikante Wettbewerbsvorteile besitzt, die einen chancengleichen Wettbewerb ohne externe Marktaufsicht verhindern würden, vgl. dazu nur *Holznagel/Enaux/Nienhaus*, Telekommunikationsrecht, 2. Aufl. 2006, S. 4 f.

3 Das Post- und Fernmeldewesen galt in Deutschland lange Zeit als hoheitliche Aufgabe, die in eigener Verwaltung wahrzunehmen war, vgl. dazu Art. 87 GG a. F.

4 Bis zur Einleitung der sog. Postreformen ab dem Jahre 1989 handelte es sich hierbei um die im Sondervermögen des Bundes stehende Deutsche Bundespost. Mit Inkrafttreten des Gesetzes zur Neustrukturierung des Post- und Fernmeldewesens und der Deutschen Bundespost vom 8.6.1989, BGBl. I 1989, S. 1026, wurde der Telekommunikationsbereich in das selbstständige Unternehmen Deutsche Bundespost Telekom ausgegliedert, ohne dass dies allerdings zu einer Privatisierung der Aufgabenwahrnehmung geführt hätte. Diese wurde erst im Rahmen der sog. Postreform III nach erfolgter Umwandelung der öffentlichen Nachfolgeunternehmen der Deutschen Bundespost in privatwirtschaftliche Organisationen (Deutsche Telekom AG im Bereich des Telekommunikationssektors, **Postreform II**) vorgenommen, vgl. dazu *Holznagel/Enaux/Nienhaus*, Telekommunikationsrecht, 2. Aufl. 2006, S. 15 ff.

im Bereich der Sprachtelefonie auf Drängen der *Europäischen Union*[5] aufgehoben wurden und die vollständige Liberalisierung de jure abgeschlossen war[6].

Da jedoch der ehemalige Monopolist im Gegensatz zur Marktöffnung in den USA[7] auch nach Aufhebung aller besonderen Rechte im Besitz sämtlicher Geschäftsbereiche und daher auch seiner Infrastruktur verblieb, musste in der Folgezeit sichergestellt werden, dass seine überlegene Marktstellung, die sich durch netzwirtschaftsspezifische Verbund- und Größenvorteile[8] auszeichnete[9],

---

5 Die Öffnung des Telekommunikationssektors für privatwirtschaftliche Unternehmen geht maßgeblich auf die Initiative der *Europäischen Kommission* zurück, die bereits 1987 ein sukzessives Konzept zur Liberalisierung entwickelt hat, vgl. Grünbuch der *Europäischen Kommission* vom 30.6.1987, KOM (1987) 290 endg. Vorbild hierfür war die erfolgreiche Liberalisierung in den USA, die schon 1984 vorgemacht hatten, dass die Grundannahmen eines natürlichen Monopols für den Telekommunikationssektor aufgrund der fortschreitenden technischen Entwicklung (vgl. dazu *Windhorst*, in: Sachs (Hrsg.), GG, 5. Aufl. 2009, Art. 87f Rn. 1 m. w. N.) und der damit verbundenen sinkenden Infrastrukturkosten nicht mehr ohne weiteres Gültigkeit beanspruchen können und auch eine Mehrzahl von privatwirtschaftlichen Anbietern ohne Monopolrechte zur angemessenen Bedarfsdeckung in der Lage ist.

6 Der Staat ist seitdem nicht mehr im Rahmen hoheitlichen Handelns für die Erbringung von Telekommunikationsdiensten, sondern nur noch für die Gewährleistung eines gewissen Mindeststandards an flächendeckend angemessenen und ausreichenden Telekommunikationsleistungen verantwortlich, vgl. Art. 87f Abs. 1 GG. Die Dienstleistungen selbst werden hingegen durch die Deutsche Telekom AG und andere privatwirtschaftliche Anbieter erbracht, vgl. Art. 87f Abs. 2 GG.

7 In den USA wurde der ehemalige Monopolist AT&T nach Abschluss eines kartellrechtlichen Verfahrens (**Antitrustverfahren**) im Jahr 1984 als einheitlicher Konzern zerschlagen (sog. **Divestment**). AT&T behielt im Wesentlichen nur die Geschäftsfelder der Fern- und Auslandsgespräche, während die anderen Marktaktivitäten sowie die Orts- und Regionaltelekommunikationsnetze auf sieben neue Gesellschaften (**Regional Bell Operating Companies**, sog. **Baby-Bells**) aufgeteilt wurden (Bell Atlantic, Bell South, US West, Southwestern Bell, Ameritech, NYNEX und Pacific Telesis). Hierdurch sollten missbräuchliche Praktiken gegenüber den alternativen Anbietern wie Owest verhindert und der Wettbewerb insgesamt gefördert werden.

8 Größenvorteile (**economies of scale**) ergeben sich in Netzwirtschaften daraus, dass es umso günstiger ist, neue Teilnehmer an ein Netz anzuschließen, je flächendeckender dieses bereits ausgebaut ist, da die Investitionskosten mit Größe des Netzverbundes überproportional abnehmen, vgl. dazu *Europäische Kommission*, Glossar der Wettbewerbspolitik der *Europäischen Union*, Kartellrecht und Kontrolle von Unternehmenszusammenschlüssen, Juli 2002, S. 24. Die Größe eines Netzwerkes führt insoweit zu solchen Wettbewerbsvorteilen, als dass neue Kunden bei einem flächendeckenden Ausbau der Infrastruktur mit einem geringen Kostenaufwand angeschlossen werden können, während dies bei kleinen Netzverbünden stets einen verhältnismäßig größeren Mehraufwand durch Infrastrukturinvestitionen nach sich zieht, vgl. *Bohne*, Funktionsfähiger Wettbewerb auf Telekommunikationsmärkten, 1998, S. 24; *Holznagel/Enaux/Nienhaus*, Telekommunikationsrecht, 2. Aufl. 2006, S. 4. Verbundvorteile (**economies of scope**) hingegen entstehen bei Mehrproduk-

nicht zum Nachteil neuer Marktteilnehmer eingesetzt werden konnte[10]. Dies galt umso mehr, als dass die neuen Wettbewerber in zahlreichen Bereichen auf einen Zugang zu Leistungen des Incumbents angewiesen waren, die sie selbst nicht in ökonomisch sinnvoller Weise binnen kurzer Zeit nachbilden konnten und somit die Deutsche Telekom AG zahlreiche Bottlenecks[11] kontrollierte.

---

teunternehmen wie der Deutsche Telekom AG dann, wenn die koordinierte und gemeinsame Produktion bestimmter Güter insgesamt günstiger ist als ihre getrennte Herstellung, da es z. B. Produktionsmittel besser auslasten und auf vorhandene Ressourcen oder Produktionsanlagen zurückgreifen kann, vgl. dazu *Bohne*, Funktionsfähiger Wettbewerb auf Telekommunikationsmärkten, 1998, S. 24; *Holznagel/Enaux/Nienhaus*, Telekommunikationsrecht, 2. Aufl. 2006, S. 4; *Europäische Kommission*, Glossar der Wettbewerbspolitik der *Europäischen Union*, Kartellrecht und Kontrolle von Unternehmenszusammenschlüssen, Juli 2002, S. 14. Hierdurch hatte der Incumbent als Mehrproduktunternehmen gegenüber potentiellen Wettbewerbern große Kostenvorteile.

9 Weitere Besonderheiten des Telekommunikationssektors, die einen Wettbewerb ohne hoheitliche Aufsicht hemmen oder sogar verhindern können, sind die sog. versunkenen Kosten (**sunk costs**), womit die hohen Investitionskosten für den Markteintritt in diesem Wirtschaftsfeld bezeichnet werden, die bei einem Marktaustritt nicht übernommen und für andere Geschäftstätigkeiten genutzt werden können, vgl. dazu *Holznagel/Enaux/Nienhaus*, Telekommunikationsrecht, 2. Aufl. 2006, S. 5 f.; *G. Clark/Wrigsley*, Transactions of the Institute of British Geographers, Volume 20, No. 2, 1995, 204 (205); *Ware*, Economic Journal, Vol. 94, No. 374, 1984, 370 ff. Abgesehen davon, dass hierdurch das Verlustrisiko bei einem Scheitern der Geschäftstätigkeit besonders hoch ist, müssen diese erheblichen Kosten anfänglich bei der Preiskalkulation berücksichtigt werden, während der etablierte Incumbent diese aufgrund seines bereits bestehenden und langjährig profitabel genutzten Netzverbunds bereits weitgehend amortisiert hat und nicht mehr in gleicher Höhe in seine Preisgestaltung einrechnen muss. Zu erwähnen ist an dieser Stelle noch das sektorspezifische Phänomen der sog. Netzwerkexternalitäten. Hiermit wird der Umstand bezeichnet, dass die Größe eines Netzverbundes auch für die Endkunden von Bedeutung ist, da hierdurch indiziert wird, wie viele andere Gesprächspartner sie mit der Schaltung einer einzigen Verbindung erreichen können, vgl. *Klodt/Laaser/Lortz/Maurer*, Wettbewerb und Regulierung in der Telekommunikation, 1995, S. 40 ff.

10 Vgl. zur Regulierungsnotwendigkeit monopolistisch strukturierter Märkte wie den Netzwirtschaften nach Aufhebung gesetzlicher Marktzutrittsschranken *Säcker*, in: ders. (Hrsg.), Berliner Kommentar zum TKG, 2006, Einl. I Rn. 2, und *Nettesheim*, in: Säcker (Hrsg.), Berliner Kommentar zum TKG, 2006, Einl. III Rn. 253. Siehe auch *BVerwG*, Urteil vom 25.4.2001 - 6 C 6/00, BVerwGE 114, 160 ff., und *Immenga/Kirchner/Knieps/Kruse*, Gemeinschaftsstudie Telekommunikation im Wettbewerb, in: dies. (Hrsg.), Telekommunikation im Wettbewerb, 2001, 5 (18 ff.).

11 Ein wichtiges Beispiel hierfür ist der Zugang zur sog. "**Letzten Meile**" des Ortsnetzes im Festnetzbereich (**Teilnehmeranschlussleitung**), den die Wettbewerber benötigen, um ihren Kunden überhaupt Festnetztelekommunikationsdienstleistungen anbieten zu können. Die Verlegung eines eigenen flächendeckenden Teilnehmernetzes in Konkurrenz zur Deutsche Telekom AG ist praktisch für den einzelnen

Das praktische Gelingen der Liberalisierung hing demnach zumindest für einen Übergangszeitraum von einer staatlichen Marktaufsicht ab, die Wettbewerbern einen möglichst chancengleichen Marktzutritt und -auftritt gewähren konnte[12], da ansonsten der Incumbent die schwächeren Neulinge schnell hätte verdrängen und die Entstehung von Wettbewerb hätte verhindern können[13]. Diese Aufgabe konnte nicht hinreichend vom bestehenden allgemeinen Kartell- und Wettbewerbsrecht des Gesetzes gegen Wettbewerbsbeschränkungen (**GWB**)[14], das mit seinen Ex-post-Aufsichtsinstrumenten allein auf Märkte mit gewachsenen wettbewerblichen Strukturen und nicht auf monopolistische Bereiche ausgerichtet war, übernommen werden.

Der Gesetzgeber schuf daher eine sektorspezifische Rechtsgrundlage für die Marktaufsicht im Telekommunikationssektor, die neben ex post anwendbaren Instrumenten auch eine Ex-ante-Regulierung in den Bereichen der Zugangs- und Entgeltregulierung vorsah, um die als entscheidend angesehenen Wettbewerbshindernisse zu bekämpfen[15].

Marktneuling kaum möglich und auch volkswirtschaftlich nicht sinnvoll, sodass die Wettbewerber auf einen chancengleichen Zugang zu derartigen bereits vorhandenen Infrastrukturen des Ex-Monopolisten angewiesen waren, um kurzfristig eigene Angebote am Markt zu platzieren und den gewünschten Wettbewerb im Telekommunikationssektor zu beleben, vgl. *Säcker*, in: ders. (Hrsg.), Berliner Kommentar zum TKG, 2006, Einl. I Rn. 8.

12 Das sektorspezifische Regulierungsrecht ist – vgl. § 81 Abs. 3 TKG 1996 und §§ 9 ff. TKG – nur als Übergangslösung konzipiert worden und aufgrund seiner Grundrechtsrelevanz (den Marktteilnehmern stehen dabei grundsätzlich die sog. Wirtschaftsgrundrechte aus Art. 12, 14 und 2 GG zur Seite, vgl. dazu ausführlich für den Telekommunikationssektor *Nettesheim*, in: Säcker (Hrsg.), Berliner Kommentar zum TKG, 2006, Einl. III Rn. 299 ff. m. w. N.) nur solange verhältnismäßig und gerechtfertigt, wie kein milderes und gleich geeignetes Mittel – etwa das allgemeine Wettbewerbsrecht – zur Bekämpfung der Wettbewerbsprobleme vorhanden ist, vgl. auch *Immenga/Kirchner/Knieps/Kruse*, Gemeinschaftsstudie Telekommunikation im Wettbewerb, in: dies. (Hrsg.), Telekommunikation im Wettbewerb, 2001, 5; *Holznagel/Enaux/Nienhaus*, Telekommunikationsrecht, 2. Aufl. 2006, S. 6.

13 Dies gilt allerdings nicht ohne weiteres für den Mobilfunkbereich, da hier von vornherein auch privatwirtschaftliche Anbieter wie Mannesmann D2 aktiv waren, sodass sich eine Monopolstellung des einstig staatlichen Anbieters nicht entwickeln konnte.

14 Gesetz gegen Wettbewerbsbeschränkungen in der Fassung der Bekanntmachung vom 15.7.2005, BGBl. I 2005, S. 2114. Gesetz gegen Wettbewerbsbeschränkungen in der Fassung der Bekanntmachung vom 15.7.2005, BGBl. I 2005, S. 2114, zuletzt geändert durch Artikel 2c des Gesetzes vom 15.12.2008, BGBl. I S. 2426.

15 Ex-ante-Regulierung dient dabei vornehmlich einer systematisch vorbeugenden Missbrauchsbekämpfung, während die Ex-post-Kontrolle in erster Linie eine Ahndungs- und Abschreckungsfunktion inne hat, vgl. *Säcker*, in: ders. (Hrsg.), Berliner Kommentar zum TKG, 2006, Einl. I Rn. 14.

Hierbei handelte es sich um das im Zuge der Postreform III erlassene Telekommunikationsgesetz vom 25. Juli 1996 (**TKG 1996**)[16]. Mittels der auf dieser rechtlichen Grundlage basierenden sektorspezifischen Marktaufsicht durch die *Regulierungsbehörde für Post und Telekommunikation* (**RegTP**) wurde eine rasante Belebung und Entwicklung der Telekommunikationsbranche erreicht, die sich schon kurz nach der Marktöffnung sowohl für die Wirtschaft und die Verbraucher positiv auswirkte[17]. Das TKG 1996 hat sich nach Ansicht vieler Stimmen angesichts dieser positiven Entwicklungen im Großen und Ganzen bewährt und den gesamten Telekommunikationssektor unumkehrbar auf den Weg der Liberalisierung gebracht. Ausgehend von der Tatsache, dass in vielen Bereichen trotz aller Erfolge immer noch ein regulierungsbedingter und kein selbsttragender Wettbewerb vorliegt, bleibt aber auf absehbare Zeit eine sektorspezifische Regulierung weiterhin grundsätzlich erforderlich[18].

Mit dem neuen TKG vom 22. Juni 2004[19], welches an die Stelle des TKG 1996 getreten ist, wurde eine neue Phase des deutschen Telekommunikationsrechts eingeleitet. Auslöser für die Neuordnung des deutschen Telekommunikationsrechts war der Kommunikationsbericht der *Europäischen Kommission* aus dem Jahre 1999, in dem sie zum Ausdruck brachte, dass der europäische Rechtsrahmen für elektronische Kommunikation nach erfolgter Marktöffnung und den dadurch ausgelösten rasanten Entwicklungen der Marktstrukturen einer geänderten Ausrichtung und einer Anpassung bedürfe[20]. Im Jahre 2002 wurde als vorläufiger Abschluss dieses Reformprozesses ein umfangreiches Richtlinienpaket für europäische Kommunikationsnetze und -dienste erlassen. Im Einzelnen handelt es sich hierbei um die Rahmenrichtlinie[21], die Zugangsrichtlinie[22], die Genehmigungsrichtlinie[23], die Universaldienstrichtlinie[24], die Datenschutz-

---

16 Telekommunikationsgesetz vom 25.7.1996, BGBl. I 1996, S. 1120 ff.

17 Vgl. *Immenga/Kirchner/Knieps/Kruse*, Telekommunikation im Wettbewerb, in: dies. (Hrsg.), Telekommunikation im Wettbewerb, 2001, 5. Für die Verbraucher ergaben sich signifikante Vorteile insbesondere aus neuen, innovativen Produkten und sinkenden Preisen, während die Unternehmen eine große Anzahl neuer Arbeitsplätze schafften und durch die neuartigen Dienste wachsende Umsätze verzeichnen konnten. Vgl. auch *Immenga/Kirchner/Knieps/Kruse*, Gemeinschaftsstudie Telekommunikation im Wettbewerb, in: dies. (Hrsg.), Telekommunikation im Wettbewerb, 2001, 5 ff.

18 *Krings*, K&R Beilage 1/2004, 6 (8).

19 Telekommunikationsgesetz vom 22.6.2004, BGBl. I 2004, S. 1190 ff.

20 Vgl. Mitteilung der *Europäischen Kommission*, Entwicklung neuer Rahmenbedingungen für elektronische Kommunikationsinfrastrukturen und zugehörige Dienste vom 10.11.1999 (**Kommunikationsbericht 1999**), KOM (1999) 539.

21 Richtlinie 2002/21/EG vom 7.3.2002, ABl. EG Nr. L 108 vom 24.4.2002, S. 33 ff.

22 Richtlinie 2002/19/EG vom 7.3.2002, ABl. EG Nr. L 108 vom 24.4.2002, S. 7 ff.

23 Richtlinie 2002/20/EG vom 7.3.2002, ABl. EG Nr. L 108 vom 24.4.2002, S. 21 ff.

24 Richtlinie 2002/22/EG vom 7.3.2002, ABl. EG Nr. L 108 vom 24.4.2002, S. 51 ff.

richtlinie[25] sowie die Wettbewerbsrichtlinie[26]. Ziel dieses neuen Rechtsrahmens war insbesondere, der zunehmenden technischen Konvergenz der elektronischen Kommunikationsmittel Rechnung zu tragen, die unaufhaltsam bisherige Barrieren zwischen den einzelnen Technologien überwunden hat und die strikte Trennung zwischen den einzelnen Bereichen nicht mehr wie gehabt zulässt. Außerdem sollte eine flexiblere und bedarfsangemessenere Regulierung ermöglicht werden, um angesichts der bereits erzielten Fortschritte keiner Überregulierung von Privatrechtssubjekten Vorschub zu leisten, die ihrerseits negative Effekte für die Marktentwicklung haben könnte.

Das TKG 2004 setzt diesen geänderten gemeinschaftlichen Rechtsrahmen nunmehr in das deutsche nationale Recht um. Schon bei einem ersten Blick auf das äußere Erscheinungsbild des neuen Gesetzes wird deutlich, dass mit der Gesetzesnovelle eine erhebliche Veränderung im Vergleich zum bisherigen Rechtsrahmen eingetreten ist. Bereits die Anzahl der Vorschriften übertrifft den Umfang des TKG 1996 beträchtlich. Noch gravierender ist jedoch die Überarbeitung der gesamten Regelungssystematik. Unter Geltung des TKG 1996 ging es vornehmlich noch um die Schaffung eines funktionsfähigen Wettbewerbs und die Aufbrechung des überkommenen Monopols des ehemaligen Staatsunternehmens Deutsche Telekom AG.

Das neue Gesetz soll nunmehr, nachdem in vielen Bereichen durchaus beachtliche Fortschritte bei der Marktöffnung erzielt wurden, im Einklang mit den europäischen Vorgaben eine Rückführung der sektorspezifischen Regulierung überall dort bewirken, wo ein ausreichendes Maß selbsttragenden Wettbewerbs schon erreicht wurde[27]. Hierfür wurde ein neuartiges Marktdefinitions- und Marktanalyseverfahren geschaffen, das vor jeder Regulierungsentscheidung von der Regulierungsbehörde durchgeführt werden muss und zur Feststellung potentiell regulierungsbedürftiger Märkte und marktbeherrschender Stellungen darauf dient[28]. Dies ist eine deutliche Abkehr vom TKG 1996, wonach bei bestimmten Märkten stets eine Regulierung erfolgen musste und somit keine flexible Marktuntersuchung möglich war. So unterlagen gemäß § 25 Abs. 1 TKG 1996 etwa Entgelte und entgeltrelevante Bestandteile von Allgemeinen Geschäftsbedingungen (**AGB**) eines marktmächtigen Unternehmens für sein Angebot von Übertragungswegen und Sprachtelefoniedienst im Rahmen der Lizenzklassen 3 und 4 nach § 6 TKG 1996 ohne weiteres der sektorspezifischen Regulierung. Das demgegenüber flexibilisierte neue Verfahren wird als Kern-

---

25 Richtlinie 2002/58/EG vom 12.7.2002, ABl. EG Nr. L 201 vom 31.7.2002, S. 37 ff.

26 Richtlinie 2002/77/EG vom 16.9.2002, ABl. EG Nr. L 249 vom 17.9.2002, S. 21 ff.

27 Vgl. *Spoerr/Sellmann*, N&R 2004, 98, die davon sprechen, dass nunmehr ein Teil der "**Übergangsverheißung**" des § 81 Abs. 3 TKG 1996 eingelöst wurde, wonach die Regulierung überall dort zurückzuführen ist, wo funktionsfähiger Wettbewerb herrscht.

28 Art. 14 ff. Rahmenrichtlinie.

element des neuen sektorspezifischen Ordnungsrechts angesehen, um eine bedarfsangemessene Regulierung zu ermöglichen[29].

Neben dieser Modifizierung der Regulierungsgrundlage an sich sind auch die einzelnen Instrumente der sektorspezifischen Marktaufsicht neu gefasst worden. Dies gilt sowohl für Kernelemente wie Zugangs- und Entgeltregulierung als auch für die hier relevante besondere Missbrauchsaufsicht[30]. Das neue TKG hat dem Regelungsrahmen für den Telekommunikationssektor im Vergleich zum Vorgängergesetz somit insgesamt ein weitgehend anderes Gesicht verliehen und neuartige Ansätze in die sektorspezifische Regulierung implementiert.

1.2 Untersuchungsfrage

Diese soeben dargestellte Novellierung des Telekommunionsrechtsrahmens hat auch die besondere Missbrauchsaufsicht, die in § 33 TKG 1996 geregelt war, erfasst. Es stellt sich die Frage nach der Effizienz des neu gestalteten Instrumentariums und nach dessen Stellung im System des Wettbewerbsrechts insgesamt[31].

Die vorliegende Bearbeitung macht es sich zum Anspruch, dieser Fragestellung nachzugehen und zu untersuchen, welche Wirkungen die nunmehr in §§ 42 f. TKG verankerten neuen Instrumente der besonderen Missbrauchsaufsicht für die Wettbewerbsentwicklung im Telekommunikationssektor haben.

Nach § 10 Abs. 2 Satz 1 TKG kommen für eine Marktregulierung nur Märkte in Betracht, die (i) durch bestimmte Marktzutrittsschranken gekennzeichnet sind, (ii) längerfristig nicht zu wirksamen Wettbewerb tendieren und (iii) auf denen die Anwendung des allgemeinen Wettbewerbsrechts allein nicht ausreicht, um einem Marktversagen entgegenzuwirken.

Aufgabe der als Übergangsrecht konzipierten Marktaufsicht nach dem TKG ist es, einen Marktzustand zu schaffen, der alle vorgenannten Kriterien nicht mehr erfüllt und somit keine eingriffsintensive Marktaufsicht nach dem TKG erfordert. Damit hängt die Beantwortung der Frage nach der Effizienz der besonde-

---

29 *Spoerr/Sellmann*, N&R 2004, 98 (99).

30 Einen Überblick über das neue TKG geben *Heun*, CR 2004, 893 ff.; *Scherer*, NJW 2004, 3001 ff.

31 Der Gesetzgeber hat die europäischen Vorgaben für den Telekommunikationssektor vollständig in das netzwirtschaftsspezifische TKG eingefügt, ohne zu untersuchen, ob bestimmte Regelungen überhaupt eine sektorspezifische Adaption erfordern oder aber wegen einer sektorunabhängigen Gültigkeit dogmatisch sauberer in das allgemeine Wettbewerbsrecht zu implementieren gewesen wären. Hieraus ergeben sich einige an sich unnötige Abgrenzungsschwierigkeiten auf der Gesetzesanwendungsebene, die bereits bei der Normgebung hätten gelöst werden können, vgl. dazu *Säcker*, in: ders. (Hrsg.), Berliner Kommentar zum TKG, 2006, Einl. I Rn. 2 f.; *Kühling*, Sektorspezifische Regulierung in den Netzwirtschaften, 2004, S. 164 ff., 365 ff.

ren Missbrauchsaufsicht davon ab, inwieweit die besondere Missbrauchsaufsicht geeignet ist, diese Zielvorgaben des Telekommunikationsrechts zu fördern.

Diese Kriterien für die Effizienz der besonderen Missbrauchsaufsicht werden in **Kapitel 2** entwickelt. Hieran schließt sich die Untersuchung der Regulierungsinstrumente der besonderen Missbrauchsaufsicht an. Dieser Abschnitt der Arbeit schließt sowohl die überkommene Vorschrift des § 33 TKG 1996 (hierzu **Kapitel 3.2**) als auch die neuen Vorschriften der §§ 42 f. TKG ein (hierzu **Kapitel 3.3.**). Nach einem Vergleich der alten und neuen Instrumente der besonderen Missbrauchsaufsicht (hierzu **Kapitel 3.4**) wird sodann der Beitrag der neuen besonderen Missbrauchsaufsicht im TKG 2004 für die Erreichung der zuvor hergeleiteten Zielvorgaben zusammengefasst (hierzu **Kapitel 4**). Die wesentlichen Erkenntnisse dieser Arbeit werden abschließend in Thesen vorgestellt (hierzu **Kapitel 5**).

Kapitel 2 – Kriterien für die Effizienz der besonderen Missbrauchsaufsicht

2.1 Einleitung

Das Telekommunikationsrecht verfolgt das Ziel, in dem ehemals monopolistisch strukturierten und durch besondere Marktzutrittsschranken gekennzeichneten Telekommunikationssektor eine Wettbewerbsintensität zu schaffen, die es erlaubt, die sektorspezifische Regulierung zu beenden und den betreffenden Markt in die Aufsicht gemäß dem allgemeinen Wettbewerbsrecht zu entlassen[1]. Abgebildet wird dies durch den **Drei-Kriterien-Test** des § 10 Abs. 2 Satz 1 TKG, wonach für eine Marktregulierung nur Märkte in Betracht kommen, die (i) durch beträchtliche und anhaltende strukturell oder rechtlich bedingte Marktzutrittsschranken gekennzeichnet sind, (ii) längerfristig nicht zu wirksamen Wettbewerb tendieren <u>und</u> (iii) auf denen die Anwendung des allgemeinen Wettbewerbsrechts allein nicht ausreicht, um dem betreffenden Marktversagen entgegenzuwirken[2].

Im Folgenden sollen diese drei zentralen Kriterien, anhand derer die Regulierungsbedürftigkeit eines Telekommunikationsmarktes zu untersuchen ist, in den Blick genommen werden. Denn im Umkehrschluss lässt sich folgern, dass die als Übergangslösung konzipierte Regulierung unter dem geltenden Telekommunikationsrecht das Ziel hat, diese Voraussetzungen der Regulierungsbedürftigkeit sukzessive abzubauen, um den regulierten Markt nach Erreichen der jeweiligen Zielvorgaben in die Aufsicht nach Maßgabe des allgemeinen Wettbewerbsrechts entlassen zu können. Der Drei-Kriterien-Test wird deshalb sehr plastisch auch als "**konzeptimmanenter Abbaumechanismus für die wettbewerbsfördernde Regulierung**" bezeichnet. Denn hierdurch soll sichergestellt werden, dass nach einer dynamischen und flexiblen Betrachtungsweise nur noch tatsächlich regulierungsbedürftigen Märke der sektorspezifischen Aufsicht unterworfen werden, während unter Geltung des alten Rechtsrahmens des TKG 1996 der Telekommunikationsmarkt insgesamt noch als regulie-

---

[1] Vgl. dazu *Heinen*, in: Säcker (Hrsg.), Berliner Kommentar zum TKG, 2006, § 10 Rn. 2; siehe auch oben unter Kapitel 1.1.

[2] Diese drei Kriterien sind aus den europäischen Vorgaben der *Europäischen Kommission* abgeleitet und in das nationale Recht übernommen worden. Sie haben u. a. in Ziffer 2 der Empfehlung vom 17.12.2007 über relevante Produkt- und Dienstmärkte des elektronischen Kommunikationssektors, die aufgrund der Richtlinie 2002/21/EG des Europäischen Parlaments und des Rates über einen gemeinsamen Rechtsrahmen für elektronische Kommunikationsnetze und -dienste für eine Vorabregulierung in Betracht kommen (2007/879/EG), ABl. EG Nr. L 344 vom 28.12.2007, S. 65, ihren Niederschlag gefunden.

rungsbedürftig vorgegeben war[3]. Insofern bestimmt sich die Effizienz der besonderen Missbrauchsaufsicht zwingend danach, inwieweit sie geeignet ist, diese regulierungsbegründenden Marktstrukturmerkmale abzubauen.

2.2 Das Erste Kriterium des § 10 Abs. 2 Satz 1 TKG - Substantielle Marktzutrittsschranken

Erste Bedingung für die Feststellung der Regulierungsbedürftigkeit eines Marktes ist das Vorhandensein bestimmter **Marktzutrittsschranken**. Dabei handelt es sich nach allgemeinem Verständnis um ökonomische oder institutionelle Faktoren, die den Markteintritt eines potentiellen Marktteilnehmers erschweren oder gänzlich verhindern können und somit die Marktstellung eines Monopolisten resistent werden lassen[4]. Sind die Marktzutrittsschranken in einem Marktsegment besonders niedrig, so führt auch eine etwaige Monopolstellung nicht mehr zwangsläufig zu ineffizienten Marktergebnissen, da eine Domestizierung des Marktbeherrschers durch potentielle Marktzutritte anderer Anbieter eintritt (so die ökonomische Theorie des bestreitbaren Marktes)[5]. Sind diese Barrieren jedoch besonders hoch, so wird die Marktposition der bereits etablierten Anbieter (insbesondere eines bereits marktaktiven ehemaligen Monopolisten wie der Deutsche Telekom AG im Telekommunikationssektor) erheblich gefestigt, da das Risiko eines Marktauftritts alternativer Anbieter, die in Wettbewerb zu den Angeboten des Altsassen treten könnten, geringer ist als auf offenen Märkten.

Strukturelle Marktzutrittsschranken i. S. d. Ersten Kriteriums des Drei-Kriterien-Tests sollen nach Ansicht der *Europäischen Kommission* z. B. asymmetrische anfängliche Kostenstrukturen[6] oder Nachfragebedingungen so-

---

3 Vgl. dazu *Heinen*, in: Säcker (Hrsg.), Berliner Kommentar zum TKG, 2006, § 10 Rn. 46; *Huppertz*, Die SMP-Konzeption, 2003, S. 86 und 162; *Hombergs*, Europäisches Verwaltungskooperationsrecht, 2006, S. 9 ff.

4 Vgl. dazu *Kruse*, Regulierungsbedarf in der deutschen Telekommunikation?, in: Immenga/Kirchner/Knieps/Kruse (Hrsg.), Telekommunikation im Wettbewerb, 2001, 73 (76); *Immenga/Kirchner/Knieps/Kruse*, Gemeinschaftsstudie Telekommunikation im Wettbewerb, in: dies. (Hrsg.), Telekommunikation im Wettbewerb, 2001, 5 (20 f.).

5 Vgl. dazu *Immenga/Kirchner/Knieps/Kruse*, Gemeinschaftsstudie Telekommunikation im Wettbewerb, in: dies. (Hrsg.), Telekommunikation im Wettbewerb, 2001, 5 (25 ff.).

6 Besonders bedeutsame Zutrittsschranken sind dabei die versunkenen Kosten, also Investitionen, die für einen Markteintritt getätigt werden müssen, und nicht für andere wirtschaftliche Aktivitäten im Falle eines Marktaustritts genutzt werden können. Je höher diese sind, desto risikoreicher wird ein Markteintritt für das jeweilige Unternehmen. Weitere Marktzutrittsschranken können z. B. Produktdifferenzierungsnachteile von Markteintretenden gegenüber dem etablierten Unternehmen sein, vgl. *Kruse*, Regulierungsbedarf in der deutschen Telekommunikation?, in:

wie eine schwer duplizierbare Infrastruktur[7], die zur Etablierung am Markt erforderlich ist, darstellen[8]. **Rechtliche Marktzutrittsschranken** sind nach Auffassung der *Europäischen Kommission* hingegen Gesetze, behördliche Entscheidungen oder besondere institutionelle Bedingungen, die einen unmittelbaren Einfluss auf den Marktzugang ausüben[9]. Allerdings ist zu beachten, dass derartige Zutrittsschranken nur bei einer weitergehenden Qualifizierung eine Regulierungsbedürftigkeit des jeweiligen Marktes begründen können. Ansonsten wäre dieses Kriterium wenig unterscheidungskräftig, da nahezu jeder Marktzutritt gewissen Schwierigkeiten (z. B. Finanzierung notwendiger Investitionen für den Marktauftritt oder Einhaltung bestimmter rechtlicher Bedingungen) begegnet.

Deshalb sind hier nur **beträchtliche und andauernde** Schranken von Relevanz. Eine Zutrittsschranke soll umso beträchtlicher sein, je größer der Aufwand für einen Markteintretenden ist, um auf dem Zielmarkt mit wettbewerbsfähigen Produkten bestehen zu können[10]. Dies ist im Rahmen einer Prognoseentscheidung zu bestimmen, in der ein potentielles Wettbewerbsverhältnis zwischen dem etablierten Unternehmen und einem Marktneuling zu untersuchen ist[11]. Fraglich ist, wie das Adjektiv "**andauernd**" hier zu verstehen ist. Wenig aussagekräftig ist jedenfalls der Versuch von *Huppertz*, dieses Kriterium im Sinne von "**nicht lediglich vorübergehend**" zu verstehen, da damit kaum ein Erkenntnisgewinn verbunden ist[12]. *Heinen* vertritt hingegen die Auffassung, dass die Marktzutrittsschranken für einen absehbaren Zeitraum, d. h. ein bis zwei Jahre bestehen müssen[13]. Dies erscheint als durchaus angemessen, da jeder Telekommunikationsmarkt nach § 14 Abs. 2 TKG ohnehin alle zwei Jahre

---

Immenga/Kirchner/Knieps/Kruse (Hrsg.), Telekommunikation im Wettbewerb, 2001, 73 (78).

7 Ausdrücklich wird hierbei das Beispiel der TAL-Leitungen angeführt, die ein Nadelöhr für die Wettbewerber bei ihrem notwendigen Zugang zu den Endkunden darstellen und nur unter volkswirtschaftlich unverhältnismäßigen Investitionen duplizierbar sind.

8 Erwägungsgrund 9 der Empfehlung der *Europäischen Kommission* über relevante Produkt- und Dienstmärkte des elektronischen Kommunikationssektors vom 17.12.2007 (2007/879/EG), ABl. EG Nr. L 344 vom 28.12.2008, S. 65 (66).

9 Vgl. Erwägungsgrund 10 der Empfehlung der *Europäischen Kommission* über relevante Produkt- und Dienstmärkte des elektronischen Kommunikationssektors vom 17.12.2007 (2007/879/EG), ABl. EG Nr. L 344 vom 28.12.2007, S. 65 (67). Ein bekanntes Beispiel hierfür ist die Notwendigkeit einer staatlichen Frequenzzuteilung, die bei Knappheitssituationen einen Marktzugang verhindern kann, wenn mehr Bewerber als verfügbare Frequenzen vorhanden sind.

10 *Schütz*, in: Beck`scher TKG-Kommentar, 2. Aufl. 2000, § 10 Rn. 16.

11 *Schütz*, in: Beck`scher TKG-Kommentar, 2. Aufl. 2000, § 10 Rn. 16.

12 Vgl. *Huppertz*, Die SMP-Konzeption, 2003, S. 204, Fn. 492.

13 *Heinen*, in: Säcker (Hrsg.), Berliner Kommentar zum TKG, 2006, § 10 Rn. 53.

einer Marktuntersuchung zu unterziehen ist und daher eine längere Betrachtungsweise mit diesen Perioden kollidieren würde.

In dieser Untersuchung wird demnach zu hinterfragen sein, ob und in welcher Form die besondere Missbrauchsaufsicht derartige substantielle Marktzutrittsschranken des Telekommunikationssektors in den Blick nimmt und abzubauen hilft.

2.3 Das Zweite Kriterium des § 10 Abs. 2 Satz 1 TKG – kein wirksamer Wettbewerb

Das Zweite Kriterium des § 10 Abs. 2 Satz 1 TKG macht die Regulierungsbedürftigkeit eines Marktes davon abhängig, ob dieser längerfristig[14] zu wirksamen Wettbewerb tendiert oder nicht. Hier wird der Marktregulierung mit dem Begriff des wirksamen Wettbewerbs eine neue Zielgröße an die Hand gegeben, die mittels der einzelnen Regulierungsinstrumente erreicht werden soll, um die Regulierung sodann zurückfahren und die Telekommunikationsmärkte sukzessiv in die Marktaufsicht des allgemeinen Wettbewerbsrechts übergeben zu können.

Zu untersuchen ist im Folgenden, was unter dem Begriff des wirksamen Wettbewerbs verstanden wird. Bevor aber auf die telekommunikationsrechtliche Begriffsklärung eingegangen wird, soll zunächst das Verständnis von Wettbewerb in ökonomischer Hinsicht und die bisherige Bezugnahme auf wettbewerbliche Modelle im Telekommunikationsrecht eingegangen werden, da ohne diesen Unterbau die telekommunikationsrechtliche Adaption des Wettbewerbsbegriffes kaum handhabbar ist.

2.3.1 Grundverständnis von Wettbewerb

Die Bestimmung von Wettbewerb ist keine rein mathematische oder naturwissenschaftliche Aufgabe, die einem strengen Beweis zugänglich und deren Ergebnis eine unumstößliche Wahrheit wäre[15]. Denn was der Einzelne unter Wettbewerb versteht, hängt in hohem Maße von subjektiven Einschätzungen

---

[14] Hierbei handelt es sich wiederum um eine Prognoseentscheidung, die die zukünftige Entwicklung des Marktes in den Blick nehmen muss. Dabei wird z. T. vertreten, dass das Merkmal der Längerfristigkeit dann erfüllt ist, wenn wirksamer Wettbewerb nicht binnen ein bis zwei Jahren entstehen wird, vgl. Heinen, in: *Säcker* (Hrsg.), Berliner Kommentar zum TKG, 2006, § 10 Rn. 55. Nach Ansicht von *Schütz*, in: Beck`scher TKG-Kommentar, 2. Aufl. 2000, § 10 Rn. 17, soll demgegenüber zwingend auf die Zeitspanne zwischen den einzelnen periodisch zu wiederholenden Marktprüfungen gemäß § 14 TKG abgestellt werden, sodass der Beurteilungszeitraum exakt 2 Jahre betragen würde.

[15] Die Frage danach, was Wettbewerb eigentlich ist, wird deshalb auch als "**metaphysisch**" bezeichnet, vgl. *Herdzina*, Wettbewerbspolitik, 5. Aufl. 1999, S. 9.

und Deutungen ab[16]. Als grundlegende Beschreibung von Wettbewerb hat sich in der Wirtschaftwissenschaft jedoch folgende Kurzformel herausgebildet[17]: Wettbewerb ist danach das Streben von mindestens zwei Marktteilnehmern nach einem bestimmten Ziel, wobei der größere Erfolg des einen zugleich den geringeren des anderen nach sich zieht[18]. Hiermit lassen sich in der Tat die meisten Aktivitäten in der Wirtschaft abbilden, wo regelmäßig mehrere Anbieter von Gütern oder Dienstleistungen versuchen, für sich zum Nachteil aller anderen Akteure den größeren Markterfolg erreichen, indem sie von ihren Angeboten die größere Menge absetzen bzw. am meisten Gewinn oder Umsatz erzielen[19]. Dies gilt analog auch für den Wettbewerb von Nachfragern nach einer bestimmten knappen Ressource, da Konkurrenz nicht nur auf Angebotmärkten anzutreffen ist.

2.3.2 Schutzwürdigkeit des Wettbewerbs

Dieses natürliche Streben nach dem größten wirtschaftlichen Erfolg in Konkurrenz zu anderen führt zu bestimmten wirtschafts- und gesellschaftspolitisch gewünschten Ergebnissen, die regelmäßig als Wettbewerbsfunktionen bezeichnet werden und die erst zu der in marktwirtschaftlich organisierten Gesellschaften allgemein anerkannten Schutzwürdigkeit des Wettbewerbs führen[20]:

---

16 So besteht eine erhebliche Vielfalt bei den Wettbewerbsbestimmungen, die jeweils mit weiteren Attributen wie funktionsfähig, wirksam, vollständig, frei oder arbeitsfähig charakterisiert werden und die bereits erahnen lässt, wie kontrovers die Annäherung an den Wettbewerbsbegriff in den Wirtschaftswissenschaften tatsächlich ist, vgl. dazu *Herdzina*, Wettbewerbspolitik, 5. Aufl. 1999, S. 8.

17 Vgl. aber zur Kritik *Herdzina*, Wettbewerbspolitik, 5. Aufl. 1999, S. 9 f.

18 Vgl. etwa *Borchardt/Fikentscher*, Wettbewerb, Wettbewerbsbeschränkung und Marktbeherrschung, 1957, S. 15. Eine inhaltlich parallele, jedoch sprachlich abweichende Formulierung legt z. B. das *VG Köln*, Urteil vom 3.4.2001 - 11 K 4430/00, CR 2001, 515 (519), unter Rückgriff auf die Gesetzesbegründung zum Entwurf des GWB aus dem Jahre 1952, BT-Drs. II/1158, S. 31, zugrunde. Danach sei Wettbewerb das Streben, durch eigene Leistung, die nach Qualität oder Preis besser ist als die anderer Unternehmen, den Verbraucher zum Abschluss eines Vertrages zu veranlassen.

19 Allerdings ist hierdurch noch nichts über die Wettbewerbsintensität gesagt, die für ein bestimmtes Marktsegment als optimaler Zustand anzusehen wäre. Die Antwort auf diese Frage führt vielmehr in den Bereich subjektiver Vorstellungen des jeweiligen Betrachters, die kaum noch empirisch messbar und verifizierbar sind, vgl. dazu auch *I. Schmidt*, WuW 1966, 699 (704). Siehe zu den Wettbewerbstheorien und deren Verständnis eines optimalen Wettbewerbszustandes unten Kapitel 2.3.2.

20 Vgl. zu den einzelnen Funktionen ausführlich *Herdzina*, Wettbewerbspolitik, 5. Aufl. 1999, S. 20 ff.; *Emmerich*, Kartellrecht, 11. Aufl. 2008, S. 1; *Burkhardt*, Kartellrecht, 1995, S. 3; *Weimar/Schimikowski*, Grundzüge des Wirtschaftsrechts, 2. Aufl. 1993, S. 62 f.

WETTBEWERBSFUNKTIONEN
▪ Bereitstellung von bedarfsgerechten Angeboten an Gütern und Dienstleistungen zu möglichst niedrigen Preisen (**Steuerungsfunktion**).
▪ Die effizienteste Ausnutzung knapper Produktionsfaktoren (**Allokationsfunktion**).
▪ Förderung von innovativen Verfahren oder Produkten, um andere Anbieter zu übertrumpfen (**Innovationsfunktion**).
▪ Verteilung der Ressourcen nach der dafür erbrachten Leistung (**Leistungsfunktion**).
▪ Dynamische Anpassung der Marktaktivitäten an sich ändernde Umstände (**Anpassungsfunktion**).
▪ Verhinderung von einseitiger, übermäßiger wirtschaftlicher Machtkonzentration, die zum Nachteil der Marktgegenseite eingesetzt werden kann (**Kontrollfunktion**)[21].

Aufgrund dieser Vorteile wird Wettbewerb neben der Privatautonomie und dem Privateigentum als dritte Säule jeder freien Wirtschafts- und Gesellschaftsordnung bezeichnet[22].

2.3.3 Bestimmung des Wettbewerbsbegriffs in der Ökonomischen Theorie

Nachdem das anerkannte Grundverständnis von Wettbewerb mitsamt seiner schutzwürdigen Funktionen herausgestellt wurde, soll nachfolgend ein Überblick über die einzelnen ökonomischen Wettbewerbstheorien gegeben werden, die es sich zur Aufgabe gemacht haben, den Wettbewerb auch in seiner konkreten Intensität messbar zu machen und die für seine Sicherstellung jeweils

21 Vgl. nur *Herdzina*, Wettbewerbspolitik, 5. Aufl. 1999, S. 16 ff.; *I. Schmidt*, Wettbewerbspolitik und Kartellrecht, 8. Aufl. 2005, S. 28 ff.

22 Vgl. *Emmerich*, Kartellrecht, 11. Aufl. 2008, S. 4.

notwendigen Maßnahmen zu bestimmen. Die Wirtschaftswissenschaften haben schon sehr frühzeitig damit begonnen, den Wettbewerbsbegriff mittels Leitbildern näher zu bestimmen und insbesondere seine konkreten Auswirkungen zu untersuchen. Dabei sind zahlreiche divergierende Ansätze entstanden, die in ihrer Gesamtheit kaum noch zu überschauen bzw. zu systematisieren sind. Daher sollen hier auch lediglich die bedeutsamsten dieser Ansätze herausgegriffen und kursorisch beleuchtet werden.

2.3.3.1 Klassische Wettbewerbstheorie der vollkommenen Konkurrenz

Nach der **klassischen Wettbewerbstheorie**, die maßgeblich auf *Adam Smith* zurückgeht[23], handelt es sich bei Wettbewerb um ein Verfahren herrschaftsfreier gesellschaftlicher Koordination, welches bei Verhinderung von allen künstlichen Marktzutrittsschranken eine optimale Förderung von Freiheit, Gleichheit und Wohlstand erreicht. Der klassischen Theorie lag dabei die Annahme zugrunde, dass sich Wettbewerb stets von selbst vollumfänglich einstellen wird, wenn alle Wettbewerbshindernisse beseitigt sind. Aufgabe der Wettbewerbspolitik war es demnach, alle Marktzutrittsschranken auszuschalten und die volle Freiheit des wirtschaftlichen Handelns für Jedermann zu gewährleisten[24]. Dieses Verständnis von Wettbewerb wurde aber bereits frühzeitig wieder als unrealistisch aufgegeben, da es derart ideale Märkte, auf denen ein vollständiger Wettbewerb herrscht, in keinem denkbaren Fall geben kann[25]. Deshalb kann es auch nicht das Ziel einer vernünftigen Wettbewerbspolitik sein, solche irrealen Marktzustände durch äußere Maßnahmen herzustellen.

2.3.3.2 Preistheorie

Aus der klassischen Wettbewerbstheorie entstand die sog. **Preistheorie**, die es sich zur Aufgabe machte, die Auswirkungen bestimmter Marktformen[26] auf die Wettbewerbsfunktionen wie den Preis zu bestimmen. Sie bewies dabei, dass ein offenes Polypol am vorteilhaftesten für die wirtschaftliche Entwicklung und die Versorgung der Allgemeinheit ist, während ein Monopol, d. h. ein Zustand ohne Wettbewerb, die negativsten Folgen nach sich zieht. Denn ein Monopolist

---

[23] *Smith*, An Inquiry into the Nature and Causes of the Wealth of Nations, 5. Aufl. 1789 (neu aufgelegt: Der Wohlstand der Nationen - eine Untersuchung seiner Natur und seiner Ursachen, 2006), passim.

[24] *Herdzina*, Wettbewerbstheorie, 1975, S. 15; *Burkhardt*, Kartellrecht, 1995, S. 5 f.

[25] Vgl. *I. Schmidt*, Wettbewerbstheorie und -politik, 1981, S. 7. Gründe hierfür sind z. B., dass der Markt nicht hinreichend transparent für alle Teilnehmer sein kann, dass die Marktspieler stets eine unterschiedliche Marktposition inne haben werden und dass sich Wettbewerb nicht nur auf den einfach zu vergleichenden Preis für ein Produkt beschränkt, sondern auch die Qualität und den Service erreichen kann.

[26] Monopol, Dyopol, Oligopol und Polypol auf Anbieter- bzw. Monopson, Dyopson, Oligopson und Polypson auf Nachfrageseite.

ist mangels Konkurrenz nur solange bereit, seine Produktion auszudehnen, bis er die maximale Gewinnspanne erreicht hat[27], was Kapital zu Lasten der Marktgegenseite aus dem Wirtschaftskreislauf entzieht. Demgegenüber wird ein Anbieter im Polypol grundsätzlich solange seine Produktion ausdehnen, bis die Grenzkosten den erzielbaren Preis erreichen, da er nicht wie der Monopolist den Preis weitgehend frei bestimmen, sondern diesen aufgrund der (nahezu) vollständigen Konkurrenz nur dem Markt entnehmen bzw. in geringem Maße über seine eigene Produktionsmenge beeinflussen kann[28]. Im Monopol nähert sich daher der Preis dem Punkt der maximalen Gewinnspanne für den einzigen Anbieter an, während der Preis im Polypol den Grenzkosten entgegenstrebt[29].

Allerdings beruht die Preistheorie wiederum lediglich auf starren und irrealen Annahmen, da es – wie bereits oben angedeutet – die für die positive Bewertung des Polypols zugrunde gelegte vollständige Konkurrenz in keinem Wirtschaftsfeld gibt. Insofern handelt es sich allein um eine rein theoretische Abhandlung, die in der Praxis kaum zu brauchbaren Ergebnissen geführt hat.

2.3.3.3 Theorie des Zweitbesten

Die Erkenntnis, dass das Leitbild eines vollkommenen Wettbewerbs, wie es noch die Preistheorie als Basis hatte, in der Realität nirgendwo angetroffen werden kann, führte dazu, dass die wettbewerbspolitischen Konzepte in pragmatischer Weise davon Abstand nahmen, den idealen Marktzustand in der vollständigen Konkurrenz zu sehen und diese als Zielstadium anzustreben. Die Wettbewerbstheorie entwickelte sogar einen Ansatz, wonach es aufgrund der realen Unvollkommenheit der Märkte gar nicht in jedem Fall von Vorteil sei, die jeweiligen tatsächlichen Beschränkungen der vollständigen Konkurrenz zu beseitigen, um das Allgemeinwohl zu fördern. Vielmehr seien bessere Marktergebnisse häufig allein dadurch zu erreichen, dass man bestehende Unvollkommenheiten durch die Schaffung weiterer bekämpfe und nicht etwa sie zu verhindern suche (sog. **Gegengiftthese** bzw. **Theorie der zweitbesten Lösung**)[30]. Welche Unvollkommenheiten dies jedoch im Einzelfall sein müssten, wurde von diesem Ansatz allerdings nicht zweifelsfrei und ohne Einfluss unbewertbarer subjektiver Vorstellungen erläutert, sodass diese Theorie wiederum in ihrer Gesamtheit nur als bedingt brauchbar bezeichnet werden kann.

---

27 Sog. Cournotscher Punkt. Das Gewinnmaximum ist erreicht, wenn die zusätzlichen Kosten für eine Produktionsausweitung (**Grenzkosten**) unter den zu erwartenden zusätzlichen Einnahmen liegen (**Grenzerlöse**), vgl. dazu *Emmerich*, Kartellrecht, 11. Aufl. 2008, S. 5.

28 Dieser Hypothese liegt allerdings die (irrealistische) Annahme eines Polypols und Polypsons zugrunde, welches des Weiteren noch durch vollkommene Produkthomogenität, Faktormobilität und Markttransparenz gekennzeichnet ist, vgl. *Emmerich*, Kartellrecht, 11. Aufl. 2008, S. 5.

29 Vgl. *Emmerich*, Kartellrecht, 11. Aufl. 2008, S. 5.

30 *J. M. Clark*, AER 30 (1940), 241 ff., und *ders.*, AER 45 (1955), 450 ff.

2.3.3.4 Dynamische Wettbewerbstheorie

Heutzutage hat sich die herrschende Wettbewerbstheorie vollständig davon verabschiedet, den Idealzustand des Wettbewerbs allein in der vollkommenen Konkurrenz zu sehen. Wettbewerb sei vielmehr ein progressiver Prozess[31], bei dem ein oder mehrere Anbieter Vorstöße unternehmen, die aufgrund besserer Qualität, neuartiger Produkte o. ä. zu Pioniervorteilen führen und dem Markt somit durchaus zeitweise auch monopolistische bzw. oligopolistische Züge geben können. Daran sei solange nichts auszusetzen, wie andere Unternehmen in der Lage sind, diesen Vorteil mit der Zeit auszugleichen und sodann wieder das Marktgleichgewicht bzw. ein Polypol herzustellen.

Die letzte Annahme ist aber nur dann gegeben, wenn der Marktzutritt frei ist, also kein Vorreiter andere potentielle Anbieter aus dem Markt heraushalten kann. Schlüssel für einen vorteilhaften Wettbewerbsprozess ist somit nach dieser Ansicht nicht die Schaffung einer vollkommenen Konkurrenz i. S. d. klassischen Wettbewerbstheorie bzw. der Preistheorie, sondern allein die **Verhinderung von Marktzutrittsschranken**[32].

Ist der Markt demnach hinreichend bestreitbar, so sind alle Veränderungen der Marktstruktur zwischen den Zuständen eines Monopols und eines Polypols unschädlich und lediglich von kurzer Dauer im Rahmen eines sich ständig wiederholenden Prozesses. Diese dynamische Theorie bildet die tatsächlichen Gegebenheiten am Besten ab und verzichtet zu Recht auf einschneidende und aussichtslose Maßnahmen, die auf die künstliche Schaffung eines Polypols abzielen, sowie weitere, selbst u. U. wettbewerbsbeschränkende Gegenmaßnahmen i. S. d. der Gegengifttheorie. Wenn dafür Sorge getragen wird, dass der Marktzutritt barrierefrei möglich ist, kann sich nahezu jedes Marktsegment alleine derart regulieren, dass die Wettbewerbsfunktionen zum Vorteil der Allgemeinheit optimal zur Geltung kommen. Insofern ist zu Recht die Offenhaltung der Märkte in der modernen Wettbewerbstheorie zum zentralen Element der Wettbewerbspolitik avanciert[33].

Auf diese Erkenntnisse der dynamischen Wettbewerbstheorie aufbauend haben sich mehrere weiterführende Ansätze herausgebildet, die der Frage nachgehen, wie den Wettbewerbsfunktionen im Einzelnen bestmöglich zur Geltung verholfen werden kann. Zu nennen sind an dieser Stelle das Konzept des funktionsfähigen Wettbewerbs[34], das Konzept der Wettbewerbsfreiheit und die sog. Chicago-School, die hier kurz dargestellt werden sollen.

---

31 Vgl. *J. M. Clark*, Competition as a Dynamic Process, 1961, passim.

32 *Emmerich*, Kartellrecht, 11. Aufl. 2008, S. 6 f.; *Herdzina*, Wettbewerbstheorie, 1975, S. 269 ff.

33 Diese Erkenntnis wird inzwischen als Allgemeingut der Wettbewerbstheorie bezeichnet, vgl. *Emmerich*, Kartellrecht, 11. Aufl. 2008, S. 7.

34 Sog. "**Workable Competition**".

Die Anhänger des **Konzepts des funktionsfähigen Wettbewerbs** widmen sich der Aufgabe, bestimmte Leitbilder zu entwickeln, mittels derer sie Marktgegebenheiten daraufhin untersuchen, ob diese vorteilhaft oder schädlich für den Wettbewerb sind und somit gefördert oder bekämpft werden sollten[35]. Hierzu werden zunächst die jeweiligen relevanten Märkte, die untersucht werden sollen, räumlich, sachlich und zeitlich abgegrenzt, da auf jedem Marktsegment unterschiedliche Umstände herrschen können und sich somit eine Gesamtbetrachtung verbietet[36]. Diese unterschiedlichen Charakteristika der einzelnen Märkte werden sodann bestimmt, wobei sowohl die Marktstruktur, die Marktergebnisse als auch die Aktivitäten der Marktteilnehmer von Relevanz sind, und mit den normativen Leitbildern für die Funktionsfähigkeit des Wettbewerbs verglichen, um das Ausmaß des vorherrschenden Wettbewerbs bestimmen zu können.

Als Basis für die Beurteilung werden dabei kausale Beziehungen zwischen Marktstruktur und Marktverhalten sowie von Marktverhalten zum Marktergebnis unterstellt[37]. Hinsichtlich dieses Grundgerüsts stimmen alle Ausformungen des Konzepts des funktionsfähigen Wettbewerbs überein. Jedoch lässt sich im Detail eine Vielzahl von Strömungen identifizieren, die sich dahingehend unterscheiden, welche und wie viele Marktstrukturmerkmale sie berücksichtigen wollen und auf welche der o. g. Wettbewerbsfunktionen sie den Schwerpunkt legen[38]. Das Konzept des funktionsfähigen Wettbewerbs sieht sich jedoch trotz des zutreffenden Aufgreifens des dynamischen Wettbewerbsverständnisses insgesamt erheblicher Kritik ausgesetzt, da sich die Richtigkeit der entwickelten Leitbilder und der jeweils zugrunde gelegten Marktmerkmale, deren Beziehungen zueinander in der Realität unüberschaubar komplex sind, nicht empirisch beweisen lässt und sich somit die Feststellbarkeit eines funktionsfähigen Wettbewerbs je nach subjektiver Bestimmungsmethode erheblich verändern kann[39].

Aus dieser Erkenntnis heraus verzichtet das konkurrierende **Modell der Wettbewerbsfreiheit** auf vor der Untersuchung festgelegte normative Leitbilder zur

---

35 *Burkhardt*, Kartellrecht, 1995, S. 7; *Bartling*, Leitbilder der Wettbewerbspolitik, 1980, S. 20. Zur Theorie des funktionsfähigen Wettbewerbs siehe auch *Herdzina*, Wettbewerbspolitik, 5. Aufl. 1999, S. 35 ff.

36 Zur wettbewerbsrechtlichen Marktabgrenzung und -analyse, die auch im Telekommunikationssektor angewendet wird, siehe unten Kapitel 3.2.1.2.2 und Kapitel 3.3.2.1.1.5.

37 *Bartling*, Leitbilder der Wettbewerbspolitik, 1980, S. 20.

38 *Herdzina*, Wettbewerbspolitik, 5. Aufl. 1999, S. 47 ff.; *Kantzenbach*, Funktionsfähigkeit des Wettbewerbs, 2. Aufl. 1967, passim. Vgl. dazu auch *Markham*, AER 40 (1950), 349 ff.; *Koenig/Vogelsang/Kühling/Loetz/Neumann*, Funktionsfähiger Wettbewerb auf den Telekommunikationsmärkten, 2002, S. 43 ff.

39 Vgl. zur Kritik an den Workability-Konzepten insbesondere *von Hayek*, Die Verfassung der Freiheit, 3. Aufl. 1991, S. 30 ff.; *Bartling*, Leitbilder der Wettbewerbspolitik, 1980, S. 23 f.; *Burkhardt*, Kartellrecht, 1995, S. 7.

Messung des aktuellen Wettbewerbsgrades und zur Feststellung der notwendigen Maßnahmen zur Förderung desselben und will eine umfassende Wettbewerbsfreiheit vorrangig durch hoheitliche, wettbewerbsfördernde Maßnahmen erreichen[40].

Ähnlich zu dem Konzept der Wettbewerbsfreiheit gehen auch die Anhänger der **Chicago-School** davon aus, dass sich normative Leitbilder und die Zusammenhänge der Marktstrukturmerkmale nicht empirisch fundiert herleiten und ermitteln lassen. Im Gegensatz zu den Vertretern der Wettbewerbsfreiheit wollen sie aber nicht eine umfassende Wettbewerbsförderung in allen Bereichen zulassen[41]. Maßnahmen der staatlichen Wettbewerbspolitik sollten sich vielmehr darauf beschränken, künstliche Marktzutrittsschranken zu bekämpfen, da der Wettbewerb dann über hinreichende Selbstheilungskräfte verfüge[42].

Insgesamt lässt sich festhalten, dass die dynamische Wettbewerbstheorie eine Vielzahl unterschiedlicher Strömungen hervorgebracht hat, die jeweils bestimmte Aspekte der Wettbewerbsförderung in den Mittelpunkt ihrer Betrachtung stellen, jedoch allesamt noch keinen Beweis für die Richtigkeit ihres Modells haben erbringen können. Lediglich die Notwendigkeit der Verhinderung von Marktzutrittsschranken zur Förderung von Wettbewerb ist Grundkonsens aller Auffassungen, sodass dieses wettbewerbspolitische Prinzip als gesicherte Erkenntnis angesehen werden kann. Je niedriger demnach Markteintrittshindernisse sind, desto besser sind grundsätzlich die Voraussetzungen für die Entfaltung der wünschenswerten Wettbewerbsfunktionen auf einem Markt.

2.3.3.5 Negative Bestimmung des Wettbewerbsbegriffs

Angesichts der Schwierigkeiten, den Begriff "**Wettbewerb**" positiv abschließend zu definieren und somit für eine effiziente Wettbewerbspolitik nutzbar zu machen, versuchen einige Stimmen, eine negative Herleitung zu ermöglichen[43]. Hierzu sollen die Wettbewerbsbeschränkungen, die ja gerade den Wettbewerb beeinträchtigen, untersucht und umrissen werden. Allerdings handelt es sich hierbei ebenfalls um einen Begriff, der nicht empirisch nachweisbar und eindeutig ist, sondern von Wertungen abhängt[44]. Insofern verlagert sich bei diesem

---

40 Vgl. *Bartling*, Leitbilder der Wettbewerbspolitik, 1980, S. 49; *Burkhardt*, Kartellrecht, 1995, S. 7 f.

41 *Burkhardt*, Kartellrecht, 1995, S. 8.

42 *Herdzina*, Wettbewerbspolitik, 5. Aufl. 1999, S. 115; vgl. dazu auch *Koenig/Vogelsang/Kühling/Loetz/Neumann*, Funktionsfähiger Wettbewerb auf den Telekommunikationsmärkten, 2002, S. 31.

43 Vgl. dazu *Möschel*, Recht der Wettbewerbsbeschränkungen, 1983, S. 48 ff.

44 Anerkannt ist als Ausgangspunkt nur, dass Wettbewerbsbeschränkungen die Freiheit unternehmerischer Planungen einschränken, was aber auch aus anderen Umständen folgen kann, da diese ohnehin niemals vollkommen ist, vgl. *Möschel*, Pressekonzentration und Wettbewerbsgesetz, 1978, S. 43 ff.

Versuch einer Begriffsdefinition lediglich die Sichtweise auf ein anderes Untersuchungsobjekt, ohne die Schwierigkeiten des komplexen, dynamischen und wertungsgeleiteten Wettbewerbsbegriffs auflösen zu können[45]. Daher ist auch dieser Versuch einer abschließenden Festlegung eines negativen Wettbewerbsbegriffs von vornherein zum Scheitern verurteilt und wird wiederum nur zu einer wertenden Festlegung derjenigen Umstände führen, die Wettbewerb nach einer mehr oder weniger gesicherten subjektiven Erfahrung einschränken.

2.3.3.6 Fazit

Es hat sich gezeigt, dass der Begriff "**Wettbewerb**" in der ökonomischen Theorie lediglich hinsichtlich eines Grundgerüsts homogen verstanden wird. Alle darüber hinausgehenden Betrachtungsweisen beruhen auf subjektiven Einschätzungen und z. T. auf normativen Leitbildern, die empirisch nicht unumstößlich sind. Gesichert ist somit nur, dass **Kernaufgabe jeder rationalen Wettbewerbspolitik** die Beseitigung von Marktzutrittsschranken und damit die **Offenhaltung der relevanten Märkte** sein muss, da so den wichtigen Wettbewerbsfunktionen zur allgemeinen Wohlfahrt am besten zur Geltung verholfen werden kann[46]. Nur dann sind auch zeitweise monopolistische Strukturen ständig durch potentielle Markteintritte bedroht, sodass sich die Marktstruktur auch wieder einem Gleichgewicht annähern kann.

Diese grundlegend anerkannten Erkenntnisse und Zielvorstellungen der traditionellen Wettbewerbstheorien sind in jüngerer Zeit wieder verstärkt Gegenstand von Diskussionen und Fortentwicklungsprozessen. So macht insbesondere auf europäischer Ebene ein Ansatz von sich reden, der die Ausrichtung der Wettbewerbspolitik verstärkt von ökonomischen Überlegungen[47] abhängig und damit offen für neue Zielvorstellungen machen möchte (sog. **More Economic Approach**)[48]. Dieser Ansatz erhebt in Abgrenzung zum traditionellen Strukturansatz[49] die ökonomische Effizienz zum Leitbild der Wettbewerbspolitik[50].

---

45 Vgl. dazu *Herdzina*, Wettbewerbspolitik, 5. Aufl. 1999, S. 82 ff.

46 *Heuß*, Allgemeine Markttheorie, 1965, S. 264 ff.; *Bartling*, Leitbilder der Wettbewerbspolitik, 1980, S. 130 ff.; *Burkhardt*, Kartellrecht, 1995, S. 8; *Herdzina*, Wettbewerbspolitik, 5. Aufl. 1999, S. 118; *Koenig/Vogelsang/Kühling/Loetz/Neumann*, Funktionsfähiger Wettbewerb auf den Telekommunikationsmärkten, 2002, S. 45 f.

47 Vgl. zum Verhältnis von Wettbewerbsrecht und Wirtschaftswissenschaften *Immenga*, ZWeR 2006, 346 (347 f.).

48 So greift die *Europäische Kommission* z. B. im Rahmen der Fusionskontrolle auf industrieökonomische Modelle und quantitative Untersuchungsmethoden zurück, mit denen die ökonomische Effizienz einer an sich missbräuchlichen Verhaltensweise untersucht werden soll, vgl. nur Entscheidung der *Europäischen Kommission* vom 13.7.2005 über die Vereinbarkeit eines Zusammenschlusses mit dem Gemeinsamen Markt - Sache Nr. COMP/M.3625 - Blackstone/Acetex (K(2005) 2672); ABl. Nr. L 312 vom 29.11.2005, S. 60 ff.; Entscheidung der *Europäischen Kommission* vom 26.10.2004 zur Vereinbarkeit eines Zusammenschlusses mit dem Gemeinsamen Markt – Sache COMP/M.3216 - Oracle/PeopleSoft (K(2004) 4217),

Die Wettbewerbspolitik soll sich stärker als bisher an den Wirkungen des Verhaltens von Unternehmen ausrichten und sich nicht mehr vorwiegend formalistisch an abstrakten und generalisierenden Regeln orientieren. Wesentliche Folge einer solchen "**neuen**" Wettbewerbspolitik wäre, dass als Rechtfertigung für wettbewerbswidrige Verhaltensweisen der Einwand der besonderen Effizienz dieses Verhaltens für die Steigerung der gesellschaftlichen Wohlfahrt bzw. Konsumentenwohlfahrt im relevanten Markt dienen würde[51]. Es können also dort negative Wettbewerbswirkungen hingenommen werden, wo diese durch Wohlfahrtsgewinne (vermutlich) überkompensiert werden[52].

Allerdings sollte die neue Begrifflichkeit des "**More Economic Approach**" nicht darüber hinwegtäuschen, dass auch bislang die Wettbewerbspolitik – insbesondere in Deutschland – durch ökonomische Überlegungen geprägt war, die sich sukzessive auch in den Novellen des Rechtsrahmens niedergeschlagen haben[53]. Insofern stellt diese Rückkoppelung von Wettbewerbsrecht mit ökonomischen Überlegungen nur auf den ersten Blick eine umwälzende Neuerung für die Grundlagen der Wettbewerbsaufsicht in Deutschland dar[54].

Jedoch mag die Betonung bestimmter ökonomischer Kriterien die Gewichte der verfolgten Wettbewerbsstrategie durchaus verschieben und somit andere Handlungsoptionen eröffnen, als dies bislang der Fall gewesen ist. Denn die bisherigen traditionellen Strukturansätze wollen den Wettbewerb nicht nur zur Maximierung des Wohlfahrtsüberschusses, sondern z. B. auch zur Sicherung der persönlichen (wirtschaftlichen) Freiheit des Einzelnen schützen[55].

Allerdings bleibt auch bei der verstärkten Berücksichtigung ökonomischer Kriterien bei der Ausrichtung der Wettbewerbspolitik nach wie vor das vorgenannte Ziele der Beseitigung von Marktzutrittsschranken von zentraler Bedeutung, sodass dies für die weitere Untersuchung als konsensuale Zielvorstellung rationaler Wettbewerbspolitik zugrunde gelegt werden kann.

ABl. Nr. L 218 vom 23.8.2005, S. 6 ff. Vgl. zur Kritik an diesem Ansatz *Immenga*, ZWeR 2006, 346 ff.

49 Vgl. zum in der gegenwärtigen Wettbewerbspolitik vorherrschenden Struktur-Verhalten-Ergebnis-Ansatz *Immenga*, ZWeR 2006, 346 (348, 356 ff.).

50 *Schmidtchen*, Der "**more economic approach**" in der Wettbewerbspolitik, 2005, S. 1 ff.

51 *Schmidtchen*, Der "**more economic approach**" in der Wettbewerbspolitik, 2005, S. 3; vgl. auch *Immenga*, ZWeR 2006, 346 (355 f.).

52 *Immenga*, ZWeR 2006, 346 (356).

53 *Böge*, WuW 2004, 726 (726 f.); vgl. jedoch auch *Immenga/Mestmäcker*, in: dies. (Hrsg.), GWB, 4. Aufl. 2007, Einl. Rn. 94.

54 *Böge*, WuW 2004, 726 (726 ff.).

55 Vgl. dazu *Schmidtchen*, Der "**more economic approach**" in der Wettbewerbspolitik, 2005, S. 16.

2.3.4 Der Wettbewerbsbegriff im deutschen Telekommunikationsrecht

Im Folgenden soll nun auf die telekommunikationsrechtliche Adaption des Wettbewerbsbegriffs eingegangen werden. Zu differenzieren ist dabei zwischen dem überkommenen Rechtsrahmen des TKG 1996, der einen funktionsfähigen Wettbewerb schaffen sollte, und dem neuen TKG aus dem Jahre 2004, das auf den wirksamen Wettbewerb als Zielvorstellung abstellt.

2.3.4.1 Funktionsfähiger Wettbewerb als Regulierungsziel im Telekommunikationsgesetz 1996

Das deutsche Telekommunikationsrecht hatte sich in § 2 Abs. 2 Nr. 2 TKG 1996[56] zunächst die Sicherstellung eines chancengleichen[57] und **funktionsfähigen Wettbewerbs** zur Aufgabe gemacht und somit das von *Kantzenbach* entwickelte Wettbewerbsleitbild[58] übernommen[59]. Insoweit deckte sich der Wettbewerbsbegriff im Telekommunikationssektor mit demjenigen, der dem allgemeinen Wettbewerbsrecht zugrunde gelegt wurde[60].

---

56 Vgl. auch § 11 Abs. 6 Satz 3 und § 81 Abs. 3 TKG 1996. Insbesondere nach der letztgenannten Norm wird deutlich, dass funktionsfähiger Wettbewerb dazu führen soll, dass eine sektorspezifische Regulierung nach den telekommunikationsrechtlichen Bestimmungen nicht mehr erforderlich ist, vgl. dazu auch *Bunte/Welfens*, Wettbewerbsdynamik und Marktabgrenzung auf Telekommunikationsmärkten, 2002, S. 51. Zur rechtlichen Zulässigkeit dieses unbestimmten Rechtsbegriffes *Koenig/Vogelsang/Kühling/Loetz/Neumann*, Funktionsfähiger Wettbewerb auf den Telekommunikationsmärkten, 2002, S. 111 ff.

57 Dieses Adjektiv soll sicherstellen, dass ein möglichst ungehinderter Marktzutritt möglich ist, da es sich hierbei um den zentralen Gesichtspunkt einer sinnvollen Wettbewerbspolitik handelt, vgl. *Koenig/Vogelsang/Kühling/Loetz/Neumann*, Funktionsfähiger Wettbewerb auf den Telekommunikationsmärkten, 2002, S. 149; *Bunte/Welfens*, Wettbewerbsdynamik und Marktabgrenzung auf Telekommunikationsmärkten, 2002, S. 28; *Moritz/Neus*, CR 1997, 239 (242).

58 Siehe oben Kapitel 2.3.3.4.

59 Vgl. dazu *Koenig/Kühling*, WuW 2000, 596 (597 ff.). Dies ergibt sich auch noch aus der Gesetzesbegründung, in der der Gesetzgeber ausführt, eine sektorspezifische Regulierung mit ihren Ex-ante-Regulierungsoptionen im Telekommunikationssektor sei notwendig, da in diesem Wirtschaftsbereich aufgrund der bisherigen Monopolsituation nicht davon ausgegangen werden könne, dass funktionsfähiger Wettbewerb bestehe und dieser daher erst gefördert werden müsse, vgl. BT-Drs. 13/3609, S. 34, und BT-Drs. 13/4864, S. 73. Zu den Schwierigkeiten, die mit der Übernahme eines Begriffs aus einer anderen Fachdisziplin in die Rechtssprache einhergehen, vgl. *Koenig/Vogelsang/Kühling/Loetz/Neumann*, Funktionsfähiger Wettbewerb auf den Telekommunikationsmärkten, 2002, S. 113 ff. m. w. N.

60 Mit der Zweiten GWB-Novelle gab der Gesetzgeber sein bisheriges allgemeines Leitbild der vollständigen Konkurrenz auf (vgl. dazu *I. Schmidt*, WuW 1966, 699 (700 ff.)) und legte als Schutzobjekt des allgemeinen Wettbewerbsrechts den funktionsfähigen Wettbewerb fest, vgl. BT-Drs. VI/2520, S. 14 und 34; *Holzhäuser*, Es-

Von dem Konzept des funktionsfähigen Wettbewerbs werden die einzelnen Funktionen des Wettbewerbs[61] in das Zentrum gerückt und anhand zuvor erstellter normativer Leitbilder in einem Vergleich mit den tatsächlichen Gegebenheiten eines relevanten Marktes bestimmt[62]. Das TKG 1996 war danach insbesondere auf die Herstellung derartiger Wettbewerbsverhältnisse gerichtet, in denen die als positiv zu bewertenden Marktkräfte derart Wirksamkeit entfalten, dass die Marktgegebenheiten keiner sektorspezifischen Regulierung mehr bedürfen[63].

Besonders bedeutsam für das Entstehen funktionsfähigen Wettbewerbs auf den Telekommunikationsmärkten war nach Ansicht des Gesetzgebers die Bekämpfung von marktbeherrschenden Stellungen[64], da das Verhalten marktmächtiger Unternehmen sich regelmäßig besonders negativ auf die Marktstruktur auswirke[65]. Hieraus hat eine Ansicht offenkundig geschlossen, dass das Bestehen von Marktmacht zwingend die Annahme eines funktionsfähigen Wettbewerbs ausschließe, sodass das Regulierungsziel des TKG 1996 demnach allein darauf gerichtet sei, marktbeherrschende Stellungen abzubauen[66]. Die vorherrschende Meinung hatte sich dem jedoch nicht angeschlossen und einen strikten Zusammenhang zwischen dem Vorliegen einer marktbeherrschenden Stellung und einem nicht funktionsfähigen Wettbewerb abgelehnt[67].

---

sential Facilities in der Telekommunikation, 2001, S. 52. Vgl. zu diesem Thema auch *Koenig/Vogelsang/Kühling/Loetz/Neumann*, Funktionsfähiger Wettbewerb auf den Telekommunikationsmärkten, 2002, S. 36 ff.

61 Siehe dazu oben unter Kapitel 2.3.2.

62 Vgl. *Koenig/Vogelsang/Kühling/Loetz/Neumann*, Funktionsfähiger Wettbewerb auf den Telekommunikationsmärkten, 2002, passim. Zum Leitbild des funktionsfähigen Wettbewerbs siehe auch oben Kapitel 2.3.3.4.

63 *Holznagel/Koenig*, Der Begriff der wesentlichen Leistungen nach § 33 TKG, 2001, S. 49; *Koenig/Vogelsang/Kühling/Loetz/Neumann*, Funktionsfähiger Wettbewerb auf den Telekommunikationsmärkten, 2002, S. 127. Die Rechtsprechung sprach davon, dass chancengleicher und funktionsfähiger Wettbewerb dann vorliege, wenn ein strukturell gesicherter Wettbewerb vorliege, der auch dann fortbesteht, wenn die wettbewerbsgestaltende Regulierung künftig zurückgenommen wird, vgl. *BVerwG*, Urteil vom 25.4.2001 - 6 C 7/00; *VG Köln*, Urteil vom 3.4.2001 - 11 K 4430/00, CR 2001, 515 (519).

64 Zur Bestimmung einer marktbeherrschenden Stellung nach dem TKG 1996 siehe unten Kapitel 3.2.2.2.2.

65 Vgl. BT-Drs. 13/3609, S. 34 und 42. S; *Koenig/Vogelsang/Kühling/Loetz/Neumann*, Funktionsfähiger Wettbewerb auf den Telekommunikationsmärkten, 2002, S. 65 f. und 115 ff.

66 Sog. Gleichstellungsthese, vgl. *Piepenbrock/Schuster*, CR 2002, 98 (100 f.); *Bunte/Welfens*, Wettbewerbsdynamik und Marktabgrenzung auf Telekommunikationsmärkten, 2002, S. 39.

67 *Immenga*, WuW 1999, 949 (955 ff.); *Mayen*, MMR 2001, 648 (650); *Neitzel*, CR 2002, 256 (257); *Koenig/Vogelsang/Kühling/Loetz/Neumann*, Funktionsfähiger Wettbewerb auf den Telekommunikationsmärkten, 2002, S. 120, 124 f.; *Lampert*,

Dieser letztgenannte Ansatz war auch vorzugswürdig, da marktbeherrschende Stellungen auch bei funktionsfähigem Wettbewerb durch Pioniervorteile oder besonders gute Marktleistungen eines Unternehmens (zeitweise) vorkommen können und grundsätzlich nur ihr Missbrauch wettbewerbspolitisch zu missbilligen ist, um ihre dauerhafte, nicht gerechtfertigte Zementierung zu verhindern. Dies ergibt sich aus dem Gleichlauf dieses Regulierungsziels des TKG 1996 mit dem Wettbewerbsbegriff des allgemeinen Wettbewerbsrechts, welches ebenfalls nur den Missbrauch marktbeherrschender Stellungen verhindern will, ansonsten aber Marktbeherrschung grundsätzlich hinnimmt, soweit sie durch wettbewerbskonforme Mittel ohne Unternehmenszusammenschlüsse entstanden ist[68].

Eine marktbeherrschende Stellung ist daher noch nicht ohne weiteres geeignet, die Funktionsfähigkeit von Wettbewerb insgesamt auszuschließen, da sie zumeist bei gesunder Marktstruktur nur von begrenzter Dauer und durch die Wettbewerber dauerhaft bedroht ist, sofern die Marktzutrittsschranken niedrig sind[69]. Dennoch ist offenkundig, dass das Vorliegen von Marktmacht i. d. R. negative Auswirkungen für den Wettbewerb auf einem bestimmten Markt nach sich zieht, sodass die Überwachung dieser Marktstellung stets im Sinne einer vernünftigen Wettbewerbspolitik ist[70]. So wird durch eine marktbeherrschende Stellung eine Vielzahl von Wettbewerbsfunktionen zumindest zeitweise beeinträchtigt[71]:

DURCH MARKTMACHT BEEINTRÄCHTIGTE WETTBEWERBSFUNKTIONEN

- Die **Allokationsfunktion** ist durch die Tatsache, dass sich die vom Marktbeherrscher verlangten Preise nicht mehr zwingend den Grenzkosten annähern, gefährdet.

WuW 1998, 27 (36), die eine Gleichsetzung von funktionsfähigem Wettbewerb und der Abwesenheit marktbeherrschender Stellungen ablehnen.

68 Vgl. nur *Bohne*, Funktionsfähiger Wettbewerb auf Telekommunikationsmärkten, 1998, S. 98.

69 Somit können nach wie vor diejenigen Wettbewerbsfunktionen, die von dem Wettbewerbsmodell des funktionsfähigen Wettbewerbs je nach Struktur des Marktes in den Mittelpunkt gestellt werden, ihre wünschenswerte Wirkung entfalten.

70 Vgl. auch *Burkhardt*, Kartellrecht, 1995, S. 2.

71 Vgl. dazu *Koenig/Vogelsang/Kühling/Loetz/Neumann*, Funktionsfähiger Wettbewerb auf den Telekommunikationsmärkten, 2002, S. 57.

- Die **Kontrollfunktion** ist ebenfalls geschwächt, da keine potenten anderen Marktteilnehmer vorhanden sind, die missbräuchliche Verhaltensweisen durch eigene Marktaktivitäten verhindern könnten.

- Die **Verteilungsfunktion** leidet darunter, dass das marktmächtige Unternehmen überhöhte Gewinne einfahren und seine Beschäftigten überhöht entlohnen kann, sodass u. U. kein angemessenes Verhältnis mehr zwischen der erbrachten Leistung und der Entlohnung besteht.

Auch die *RegTP* hat stets die negativen Effekte einer marktbeherrschenden Stellung mit in ihre Betrachtung des auf einem Telekommunikationsmarkt herrschenden Wettbewerbs einbezogen[72], daneben jedoch je nach Marktsegment noch weitere Kriterien für die Funktionsfähigkeit angelegt und so dem mehrschichtigen Wettbewerbsmodell des funktionsfähigen Wettbewerbs Rechnung getragen[73].

Als ein maßgebliches Indiz dafür, ob funktionsfähiger Wettbewerb vorliegt, wurde in der Literatur insbesondere das Vorhandensein niedriger Marktzutrittsschranken genannt[74], die – wie oben bereits dargelegt[75] – auch in der allgemeinen ökonomischen Wettbewerbstheorie die zentrale Rolle einnehmen[76]. Bei der Untersuchung der Funktionsfähigkeit von Wettbewerb im Telekommunikationssektor musste allerdings beachtet werden, dass es sich hierbei um eine staatlich vorgezeichnete, regulierungsbedingte Marktstruktur handelt. Regulierung ist zwar unerlässlich, um Marktstörungen infolge einer Monopolstellung zu be-

---

72 *RegTP*, Eckpunkte zur sachlichen und räumlichen Abgrenzung von Märkten und der Feststellung einer marktbeherrschenden Stellung, ABl. RegTP Nr. 4/2001 vom 28.2.2001, Eckpunkt Nr. 5; vgl. auch *Koenig/Vogelsang/Kühling/Loetz/Neumann*, Funktionsfähiger Wettbewerb auf den Telekommunikationsmärkten, 2002, S. 70.

73 So bezog die *RegTP* die versunkenen Kosten, das konkrete Marktverhalten eines marktbeherrschenden Unternehmens, die Preisentwicklung sowie die jeweiligen Marktanteile in ihre Untersuchung der Funktionsfähigkeit von Wettbewerb ein und führte jeweils eine dreistufige Wettbewerbsanalyse hinsichtlich Marktergebnis, Marktverhalten und Marktstruktur durch, vgl. *RegTP*, Tätigkeitsbericht 1998/1999, S. 130 ff.; dies., Tätigkeitsbericht 2000/2001, S. 201 ff.

74 *Immenga*, WuW 1999, 949 (957); *Knieps*, MMR 2000, 266 (268); *Koenig*, K&R 2001, 41 (50); *Schulz/Nüsken*, MMR 1998, 523 (524).

75 Siehe oben Kapitel 2.3.3.6.

76 Als weitere Indizien werden technische Innovationen oder ein intensiver Preiswettbewerb genannt, vgl. *Gerpott*, MMR 2000, 191 (192 f.); *Immenga*, WuW 1999, 949 (957).

kämpfen, hat aber gleichzeitig auch selbst einige negative Auswirkungen auf Wettbewerbsfunktionen[77].

Diese Konflikte mussten stets im Rahmen der Regulierung des Telekommunikationssektors berücksichtigt und mit den Vorteilen ins Verhältnis gesetzt werden, um die Funktionsfähigkeit des Wettbewerbs zutreffend bestimmen und die Notwendigkeit einer stärkeren Regulierung bzw. einer Deregulierung bewerten zu können.

Es kann somit festgehalten werden, dass das überkommene Telekommunikationsrecht das Wettbewerbsmodell des funktionsfähigen Wettbewerbs adaptiert und an die jeweiligen Besonderheiten der netzgebundenen Wirtschaft im Telekommunikationssektor angepasst hat. Im Zentrum standen dabei die Aufsicht über marktbeherrschende Stellungen, allerdings ohne dass diese per se verhindert bzw. abgebaut werden sollten, und die Sicherstellung niedriger Marktzutrittsschranken, da hierüber alle Wettbewerbsfunktionen am besten gefördert werden.

2.3.4.2 Wirksamer Wettbewerb als Regulierungsziel des Telekommunikationsgesetzes 2004

Das Konzept des funktionsfähigen Wettbewerbs ist im Zuge der Neuordnung des Telekommunikationsrechts in den Jahren 2002 bis 2004 für den Telekommunikationssektor hinfällig geworden. Der deutsche Gesetzgeber hat im Zuge der Novellierung des Telekommunikationsrechts bewusst darauf verzichtet, den Begriff des funktionsfähigen Wettbewerbs weiterhin als Zielobjekt aufzunehmen[78]. Hierdurch sollte die Beschränkung des Wettbewerbsbegriffs auf ein einzelnes normatives Leitbild aufgegeben werden, um die Bestimmung des jewei-

[77] So fördert staatliche Regulierung die Kontrollfunktion, da Marktmacht nicht mehr ohne weiteres zum Nachteil anderer Wettbewerber eingesetzt werden kann. Auch die Leistungs- und Allokationsfunktion werden gestärkt. Allerdings werden die Angebotsflexibilität und die Innovationsfunktion in gewissem Maße behindert, da staatliche Vorgaben die unternehmerische Gestaltungsfreiheit stets negativ beeinflussen. Dies gilt in erster Linie für das regulierte dominante Unternehmen, kann sich aber u. U. auch für die anderen Marktteilnehmer ergeben. Ferner führt Regulierung dazu, dass bei den betroffenen Unternehmen personelle Ressourcen, die sich mit den hoheitlichen Restriktionen befassen müssen, gebunden werden und somit einen höheren mittelbaren Aufwand für die Angebotsgestaltung darstellen. Es macht sich schließlich nachteilig bemerkbar, wenn die Kosten der Regulierung den Marktteilnehmern auferlegt werden, wie es nunmehr § 144 TKG vorsieht, da dies mittelbar zu einer Verteuerung der Produkte führt. Vgl. zu diesem Zusammenhang ausführlich *Koenig/Vogelsang/Kühling/Loetz/Neumann*, Funktionsfähiger Wettbewerb auf den Telekommunikationsmärkten, 2002, S. 97 f.

[78] So findet sich in § 1 TKG lediglich der Begriff "**Wettbewerb**", während § 2 Abs. 2 Nr. 2 TKG die Sicherstellung eines chancengleichen Wettbewerbs und die Förderung nachhaltig wettbewerbsorientierter Märkte der Telekommunikation vorsieht.

lig zu erreichenden Marktzustandes ergebnisoffen zu gestalten und flexibel zu handhaben[79].

Diese Kehrtwende ist durch die Vorgaben des europäischen Richtlinienpakets für die elektronische Kommunikation aus dem Jahre 2002 notwendig geworden, da hiernach eine sektorspezifische Regulierung nur noch dann erfolgen darf, wenn auf einem relevanten Markt kein wirksamer Wettbewerb herrscht[80]. Unterhalb dieser Schwelle müssen Regulierungsmaßnahmen hingegen zwingend unterbleiben[81].

Damit ist im aktuellen Telekommunikationsrechtsrahmen der neue Begriff des wirksamen Wettbewerbs in das Zentrum gerückt, während der funktionsfähige Wettbewerb nicht mehr als wettbewerbspolitisches Ziel im Telekommunikationssektor verstanden werden kann[82]. Nach der Negativbegriffsbestimmung in Erwägungsgrund 27 der Rahmenrichtlinie fehlt wirksamer Wettbewerb, wenn auf einem sachlich relevanten Markt zumindest ein Unternehmen mit beträchtlicher Marktmacht agiert[83].

Der deutsche Gesetzgeber hat diese Begriffsbestimmung übernommen und in §§ 9 Abs. 1, 11 Abs. 1 TKG normiert, dass eine Marktregulierung nur dann erfolgen kann, wenn nach erfolgter Marktdefinition i. S. d. § 10 TKG eine Marktanalyse ergeben hat, dass auf dem betreffenden Markt kein wirksamer Wettbewerb besteht, also ein oder mehr Unternehmen auf diesem Markt über beträchtliche Marktmacht verfügen[84]. Insofern ist festzuhalten, dass der neue Telekommunikationsrechtsrahmen den zentralen Begriff des wirksamen Wettbewerbs als Weichenstellung für die Marktregulierung unmittelbar mit der beträchtlichen Marktmacht eines Unternehmens verknüpft, obwohl ein direkter,

---

[79] Vgl. dazu auch *Säcker*, Zielkonflikte und Koordinationsprobleme im deutschen und europäischen Wettbewerbsrecht, 1973, S. 32 ff.; *ders.*, in: Säcker (Hrsg.), Berliner Kommentar zum TKG, 2006, § 2 Rn. 6.

[80] Vgl. Art. 16 Abs. 4 Rahmenrichtlinie.

[81] Vgl. Art. 16 Abs. 3 Rahmenrichtlinie.

[82] Missverständlich hierzu *Holznagel/Enaux/Nienhaus*, Telekommunikationsrecht, 2. Aufl. 2006, S. 29, die nach wie vor von einem chancengleichen und **funktionsfähigen** Wettbewerb als Regulierungsziel sprechen.

[83] Bei den Erwägungsgründen handelt es sich zwar nicht im engeren Sinne um Bestandteile des jeweiligen Rechtsaktes, jedoch können sie starke Indizwirkung für die Auslegung der rechtlich bindenden Regelungen entfalten, vgl. *EuGH*, Urteil vom 13.7.1989 - Rs. 215/88, Slg. 1989, 2789 (2808); *Koenig/Neumann*, K&R 2001, 281 (288); *Gaster*, CR 1997, 717 (719).

[84] Vgl. auch die Begriffsbestimmung des wirksamen Wettbewerbs in § 3 Nr. 31 TKG. Danach setzt wirksamer Wettbewerb die Abwesenheit von beträchtlicher Marktmacht i. S. d. § 11 Abs. 1 Satz 3 bis 5 TKG voraus. Zur Bestimmung beträchtlicher Marktmacht im Rahmen des TKG 2004 siehe unten Kapitel 3.3.1.1.5.

zwingender Zusammenhang zwischen einer solchen Marktstellung und negativen Effekten nicht mehrheitlich anerkannt ist[85].

Das Telekommunikationsrecht hat es sich somit nunmehr zur Aufgabe gemacht, im Rahmen der sektorspezifischen Marktregulierung Marktbeherrschung als solche zu bekämpfen und sie nicht wie im allgemeinen Wettbewerbsrecht weitgehend hinzunehmen und nur die missbräuchliche Ausnutzung einer solchen Stellung zu sanktionieren[86]. Überraschend ist nach diesem Befund allerdings, dass das Telekommunikationsrecht selbst überhaupt keine Regulierungsinstrumentarien kennt, die marktbeherrschende Stellungen unmittelbar reduzieren können, wie dies etwa durch Aufspaltung von marktmächtigen Unternehmenssparten auf mehrere selbstständige neue Gesellschaften möglich wäre.

Eine derartige eigentumsrechtliche Entflechtung[87] des ehemaligen Monopolisten ist z. B. in den USA 1984 bei der Zerschlagung von AT&T durchgeführt

---

[85] Siehe dazu oben Kapitel 2.3.4.1. Damit hat sich der neue Rechtsrahmen die sog. Gleichsetzungsthese zu eigen gemacht, die früher noch als Mindermeinung zu qualifizieren war, vgl. dazu ausführlich *Koenig/Vogelsang/Kühling/Loetz/Neumann*, Funktionsfähiger Wettbewerb auf den Telekommunikationsmärkten, 2002, S. 157 ff.

[86] Dem liegt zugrunde, dass das allgemeine Wettbewerbsrecht das Vorhandensein grundsätzlich wettbewerbsorientierter Märkte voraussetzt, auf denen lediglich singuläre Verzerrungen und Wettbewerbsprobleme bekämpft werden müssen. Schutzobjekt ist demnach der bereits tatsächlich existierende Wettbewerb, sodass marktbeherrschende Unternehmen keiner besonderen Verantwortung für die Entwicklung der Marktstruktur mehr unterworfen sind, vgl. *Säcker*, in: ders. (Hrsg.), Berliner Kommentar zum TKG, 2006, Einl. I Rn. 26. Demgegenüber ist das Regulierungsrecht des Telekommunikationssektors auf die Liberalisierung eines überkommenen natürlichen Monopols mit hohen Marktzutrittsschranken ausgerichtet, wobei die dort angebotenen Leistungen für das Gemeinwohl von besonderer Bedeutung sind (z. B. handelt es sich dabei um Dienstleistungen von allgemeinem wirtschaftlichem Interesse i. S. d. Art. 86 Abs. 2 EGV). Hieraus resultiert auch eine besondere Verantwortung des marktbeherrschenden Unternehmens für die Marktstruktur, die die jeweilige Regulierungsbehörde zu weitergehenden Maßnahmen für die Förderung von Wettbewerb ermächtigt, als dies nach dem allgemeinen Wettbewerbsrecht der Fall wäre, vgl. *Säcker*, in: ders. (Hrsg.), Berliner Kommentar zum TKG, 2006, Einl. I Rn. 2 ff. und § 1 Rn. 1.

[87] Diese eigentumsrechtliche Entflechtung (**Ownership/Equity Unbundling**) ist die eingriffsintensivste Form einer Gesellschaftsentflechtung. Hier werden die Eigentumsrechte an dem zu separierenden Teil des Konzerns abgetrennt und auf andere Eigentümer übertragen. Diese dürfen auch nicht mit dem bisherigen Konzern verbunden sein. Vgl. zum eigentumsrechtlichen Unbundling *Busse von Colbe*, in: Säcker (Hrsg.), Berliner Kommentar zum TKG, 2006, § 7 Rn. 17. Zu weiteren Details hinsichtlich unterschiedlicher Modelle einer eigentumsrechtlichen Entflechtung siehe *Mayen/Karpenstein*, RdE 2008, 33 (34 f.).

worden[88]. Damals wurde dem vertikal integrierten Unternehmen untersagt, weiterhin sowohl in den Geschäftsfelder Netzbetrieb und Transportleistungen, also auf mehreren Wertschöpfungsebenen, tätig zu sein. Es wurden mehrere regionale und unabhängige Netzgesellschaften geschaffen, die nicht zugleich Endkundenleistungen anbieten durften. Eine solch eingriffsintensive Aufspaltung eines einheitlichen Konzerns mit gleichzeitiger Untersagung, auf bestimmten Wertschöpfungsebenen im Telekommunikationssektor tätig zu werden, soll in erster Linie die konzerninterne Quersubventionierung des grundsätzlich im stärkeren Wettbewerb stehenden Transportgeschäfts mit Renditen aus der Bereitstellung von nicht (ohne weiteres) zu duplizierenden Infrastrukturen des Netzbetriebs, auf die Wettbewerber angewiesen sind, vermeiden[89]. Außerdem soll der Anreiz für die unabhängigen und auf Einkünfte aus dem Netzbetrieb angewiesenen Netzgesellschaften geschaffen werden, nicht mehr die (ehemals) eigenen Konzerngesellschaften bei der Zugangsgewährung zu bevorzugen und andere Zugangsnachfrager zu übervorteilen. Denn es entspricht nach einer derartigen eigentumsrechtlichen Entflechtung i. d. R. der ökonomischen Vernunft, das Netz als einzige Einnahmequelle möglichst vielen Nachfragern zu attraktiven Konditionen zu öffnen[90].

Die *Europäische Kommission* und der deutsche Gesetzgeber sind dem "**amerikanischen**" Liberalisierungsmodell jedoch nicht gefolgt, da ihrer Ansicht nach mildere und gleich geeignete Mittel zur Schaffung und Absicherung von Wettbewerb auf den Telekommunikationsmärkten zur Verfügung standen[91]. So wurde ein Ex-ante-Regulierungsinstrumentarium geschaffen, das eine vorausschauende Marktüberwachung und -gestaltung ermöglicht. Vertikal integrierte Telekommunikationsunternehmen werden dabei nicht eigentumsrechtlich, son-

---

88 Vgl. zu dieser eigentumsrechtlichen Entflechtung bei der Marktöffnung in den USA 1984 oben Kapitel 1.1., Fn. 7.

89 Vgl. zu der Problematik der Quersubventionierung *Holthoff-Frank*, in: Beck`scher TKG-Kommentar, 3. Aufl. 2006, § 24 Rn. 12 ff.; *Busse von Colbe*, in: Säcker (Hrsg.), Berliner Kommentar zum TKG, 2006, § 7 Rn. 3 und § 24 Rn. 2.

90 Siehe hierzu für die insoweit ähnlich gelagerte Situation im Energiesektor *Mayen/Karpenstein*, RdE 2008, 33 (34).

91 Z. B. ist in Deutschland umstritten, ob eine derartige eigentumsrechtliche Entflechtung von privaten Unternehmen überhaupt mit der Eigentumsgarantie nach Art. 14 GG vereinbar ist und nicht eine schwerlich zu rechtfertigende bzw. entschädigungspflichtige staatliche Enteignung darstellt, vgl. insoweit ausführlich zur eigentumsrechtlichen Entflechtung im Energiesektor *Mayen/Karpenstein*, RdE 2008, 33 ff. Diese Grundsätze lassen sich auch auf den insoweit vergleichbaren Telekommunikationssektor übertragen, da der Marktbeherrscher ein vollständig privatisiertes Unternehmen ist. Ferner ist auch die Eignung einer solchen grundrechtsintensiven Entflechtung für die Förderung von Wettbewerb nicht abschließend geklärt, vgl. *Mayen/Karpenstein*, RdE 2008, 33 (39) m. w. N.

dern nur unter gewissen Umständen strukturell entflochten[92]. So müssen nach § 7 TKG Unternehmen, die öffentliche Telekommunikationsnetze betreiben oder Telekommunikationsdienste für die Öffentlichkeit anbieten und über besondere oder ausschließliche Rechte für die Erbringung von Diensten in anderen Sektoren verfügen, ihre Geschäftsfelder, die Telekommunikationsdienstleistungen bzw. den Netzbetrieb zum Gegenstand haben, gesellschaftsrechtlich von anderen Betätigungsfeldern abgrenzen oder zumindest getrennt Buch zu führen. Gemäß § 24 TKG kann des Weiteren einem marktbeherrschenden Netzbetreiber die getrennte Rechnungsführung im Zusammenhang mit bestimmten Zugangsleistungen auferlegt werden.

Maßgeblich für den Telekommunikationsrechtsrahmen sind daher allein Vorschriften, die ex ante (oder ex post) missbräuchliche Verhaltensweisen von Unternehmen mit einer marktbeherrschenden Stellung verhindern bzw. abstellen und ahnden sollen (**Verhaltenskontrolle**).

Hierdurch wird eine marktbeherrschende Stellung mittelbar und auf längere Sicht abgebaut, indem existierenden Wettbewerbern der eigene Marktauftritt gegenüber dem übermächtigen Marktteilnehmer erleichtert und der Marktzutritt für potentielle Wettbewerber offen gehalten wird. Ein Marktmachtabbau erfolgt somit nicht direkt durch hoheitliche Maßnahmen, sondern erst durch den ökonomischen Erfolg von Wettbewerbern, denen mittels der Marktaufsicht über den Marktbeherrscher und die damit einhergehende weitgehende Egalisierung von sektorspezifischen Strukturungleichheiten zwischen dem Incumbent und Marktneulingen die Möglichkeit zu kompetitiven Marktaktivitäten geboten werden soll.

Dennoch müssen die Regulierungsinstrumente des TKG im Rahmen des notwendigen Regulierungskonzepts dahingehend ausgelegt werden, dass mit ihnen marktbeherrschende Stellungen auch abgebaut werden sollen, da die als Übergangslösung konzipierte sektorspezifische Regulierung erst dann abgeschafft werden kann, wenn solche Marktverhältnisse erreicht wurden. Innerhalb dieses festen Rahmens für die Marktregulierung ist der Wettbewerbsbegriff des Telekommunikationsrechts jedoch offen für die Adaption anderer Wettbewerbsmodelle. Insofern ist auch das zentrale gemeinsame Anliegen der ökonomischen Wettbewerbstheorien – Reduzierung von Marktzutrittsschranken und damit einhergehend Offenhaltung der Märkte – berücksichtigungsfähig, zumal dies die größten positiven Auswirkungen auf alle Wettbewerbsfunktionen und somit auch für die Reduzierung von Marktmacht hat, ohne dies allerdings unmittelbar herbeizuführen[93]. Dies wird durch das Erste Kriterium des Drei-Kriterien-Tests

92 Zum Begriff der strukturellen Separierung im Telekommunikationssektor *Busse von Colbe*, in: Säcker (Hrsg.), Berliner Kommentar zum TKG, 2006, § 7 Rn. 19 ff.

93 Der Regulierungsbehörde bzw. dem nationalen Gesetzgeber steht es innerhalb der europarechtlichen Vorgaben, die an das Modell des wirksamen Wettbewerbs anknüpfen, frei, die notwendigen wettbewerblichen Maßnahmen zu bestimmen, solange damit kein Widerspruch zum Europarechtsrahmen erfolgt. Dieser Spielraum

nach § 10 Abs. 2 Satz 1 TKG hervorgehoben und muss auch bei der Betrachtung der Wettbewerbsstruktur des jeweiligen Marktes berücksichtigt werden.

Nach Ansicht der *Europäischen Kommission* tendiert ein Markt beispielsweise dann zu wirksamen Wettbewerb, wenn eine hinreichende Anzahl von Unternehmen einer preiselastischen Nachfrage ausgesetzt ist oder Wettbewerber mit einer Produktionssteigerung umgehend auf Preiserhöhungen eines Unternehmens reagieren können und somit dessen Verhaltensspielraum einengen[94].

2.3.5 Fazit

Das ökonomische Verständnis des Wettbewerbsbegriffs ist äußerst heterogen, sodass von einem eindeutigen Begriff mit klaren Handlungsanweisungen für wettbewerbspolitische Maßnahmen zur Herstellung des wünschenswerten Marktzustands keine Rede sein kann. Im Laufe der Zeit haben sich viele Wettbewerbsmodelle herausgebildet, die zum Teil nach kurzer Zeit bereits wieder in Vergessenheit geraten sind. Es lässt sich lediglich die fundamentale Überschneidung aller Theorien dahingehend konstatieren, dass Wettbewerb stets das Streben mindestens zweier Subjekte um wirtschaftlichen Erfolg ist, wobei der größere Zielerreichungsgrad des einen zwangsläufig den niedrigeren des anderen bedingt. Wann jedoch auf einem Markt ausreichender Wettbewerb herrscht und welche Wettbewerbsfunktionen hierfür ausschlaggebend sind bzw. gefördert werden müssen, ist umstritten und unklar. Eine Ausnahme kann nur für den Aspekt gemacht werden, dass von allen Theorien der Abbau von Marktzutrittsschranken als zentrales Anliegen genannt wird, da hierdurch alle anerkannten Wettbewerbsfunktionen zugleich gefördert werden[95]. Dies ist im Telekommunikationssektor allerdings bereits explizit im Ersten Kriterium des § 10 Abs. 2 Satz 1 TKG verankert worden, wonach derartige Zutrittsschranken zwingende Voraussetzung für die Regulierungsbedürftigkeit eines Telekommunikationsmarktes sind.

Das deutsche Telekommunikationsrecht hat sich zunächst das Wettbewerbsmodell des funktionsfähigen Wettbewerbs zu Eigen gemacht, welches sich dadurch auszeichnete, dass durch Regulierung die als positiv zu bewertenden Marktkräfte derart Wirksamkeit entfalten sollten, dass die Marktgegebenheiten

---

ist durchaus weit reichend, da der Begriff des wirksamen Wettbewerbs relativ starr ist und allein vorgibt, marktbeherrschende Stellungen auf lange Sicht abzubauen, um sodann auf sektorspezifische Regulierung verzichten zu können. Der Weg dahin ist jedoch mangels Vorschriften, die unmittelbar marktbeherrschende Stellungen aufbrechen sollen, weniger klar vorgezeichnet und somit in gewissem Maße offen für weitere anerkannte wettbewerbspolitische Konzepte.

94 Vgl. Erwägungsgrund 12 der Empfehlung der *Europäischen Kommission* über relevante Produkt- und Dienstmärkte des elektronischen Kommunikationssektors vom 17.12.2007 (2007/879/EG), ABl. EG Nr. L 344 vom 28.12.2007, S. 65 (67).

95 Vgl. dazu oben Kapitel 2.3.3.6.

keiner sektorspezifischen Regulierung mehr bedürfen[96]. Als Instrumentarium hierfür stellte der Gesetzgeber insbesondere Ex-ante-Regulierungsmaßnahmen wie die Vorab-Entgeltgenehmigung für Endkunden- und Zugangsleistungen des Marktbeherrschers[97] zur Verfügung. Unter Geltung dieses Regulierungsziels war es allerdings nicht notwendig, marktbeherrschende Stellungen vollständig aufzubrechen, um einen hinreichenden Wettbewerbszustand zu erreichen, der eine weitere Regulierung überflüssig machen würde[98]. Dies hat sich durch die Novellierung des Telekommunikationsrechts im Jahre 2004 geändert.

Nunmehr soll der Rechtsrahmen durch bestimmte sektorspezifische Instrumentarien im Rahmen der Marktregulierung **wirksamen Wettbewerb** schaffen[99].

Dieser Wettbewerbszustand setzt aber zwingend die **Abwesenheit von Marktbeherrschung** voraus, bevor auf Regulierung verzichtet und somit das als Übergangslösung konzipierte ökonomische[100] Telekommunikationsrecht aufgehoben werden kann. Dieses Ziel soll nicht durch strukturelle Maßnahmen (z. B. eigentumsrechtliche Entflechtung von Unternehmen)[101] geschaffen werden[102]. Vielmehr stehen hierfür allein Mittel der Verhaltenskontrolle zur Verfügung, die den **Missbrauch marktbeherrschender Stellungen bekämpfen** und **Marktzutrittsschranken abbauen** sollen, um den Wettbewerbern bzw. den Marktkräften selbst die Reduzierung von Marktmacht zu ermöglichen[103].

Dabei stellt das TKG 2004 vornehmlich Regulierungsinstrumente, die im Vorfeld eines missbräuchlichen Verhaltens wirken, zur Verfügung. Hiermit soll der Regulierungsbehörde die vorausschauende Bekämpfung von Wettbewerbshin-

---

96 Vgl. dazu oben Kapitel 2.3.4.1.
97 Vgl. §§ 24 ff., 39 TKG 1996.
98 Vgl. dazu oben Kapitel 2.3.4.1.
99 Vgl. dazu oben Kapitel 2.3.4.2.
100 Die sektorspezifische Regulierung teilt sich in ökonomische und nicht-ökonomische auf. Die ökonomische Regulierung betrifft dabei die Marktregulierung und die spezifischen Maßnahmen gegen den Ex-Monopolisten, um somit wirksamen Wettbewerb zu schaffen. Demgegenüber werden Kundenschutzregelungen, die Frequenzverwaltung, der Universaldienst oder der Datenschutz als nicht-ökonomische Regulierung bezeichnet, da diese Vorschriften jeden Marktteilnehmer gleichermaßen betreffen können und nicht auf die Schaffung von wettbewerblichen Marktstrukturen abzielen. Diese letztgenannten Vorschriften haben somit auch noch nach Schaffung eines wirksamen Wettbewerbs über die Marktregulierung ihre Daseinsberechtigung und sind nicht als lediglich vorübergehende Eingriffe zu verstehen. Vgl. dazu auch *Holznagel/Enaux/Nienhaus*, Telekommunikationsrecht, 2. Aufl. 2006, S. 31.
101 Siehe dazu oben unter Kapitel 2.3.4.2.
102 Vgl. dazu oben Kapitel 2.3.4.2.
103 Vgl. dazu oben Kapitel 2.3.4.2.

dernissen bzw. die Schaffung eines Marktumfeldes, in dem bestimmte Marktversagen vorsorglich abgestellt werden können, ermöglicht werden[104].

Daneben enthält das TKG auch noch diverse Ex-post-Eingriffsbefugnisse, die der Regulierungsbehörde ein nachträgliches Einschreiten gegen im Einzelfall tatsächlich festgestellte missbräuchliche Verhaltensweisen erlauben[105].

Zu beachten ist dabei, dass der europäische Rechtsrahmen diese Unterscheidung zwischen Ex-ante- und Ex-post-Regulierungsinstrumenten im Telekommunikationssektor nicht kennt. Nach den europäischen Vorgaben stellen allein ex ante wirkende Instrumente Regulierungsmaßnahmen dar, während Ex-post-Instrumente Gegenstand des allgemeinen Wettbewerbsrechts sind[106]. In dieser Hinsicht hat sich die deutsche Umsetzung der europäischen Vorgaben von den Vorstellungen der *Europäischen Kommission* gelöst und auch Instrumente, die danach dem allgemeinen Wettbewerbsrecht zuzuordnen wären, in das sektorspezifische Recht übernommen.

War der Erfolg der Liberalisierung seit 1998 maßgeblich auf den Einsatz derartiger sektorspezifischer Vorabverpflichtungen zurückzuführen, so dürfte deren Bedeutung in der Zukunft abnehmen. Denn im Zuge der fortschreitenden Wettbewerbsentwicklung werden nach und nach weitere Telekommunikationsmärkte aus der Regulierungsbedürftigkeit entlassen werden. Bis auf weiteres dürfte es sich dabei in vielen Bereichen jedoch noch um ein Fernziel der Regulierung handeln. So wurde zum Zeitpunkt der Novellierung des Rechtsrahmens im Jahre 2004 noch allgemein angenommen, dass der Wettbewerb auf Telekommunikationsmärkten maßgeblich auf der Vorabregulierung beruhe und es für eine Überführung in eine allein nachträglich orientierte Verhaltenskontrolle nach dem GWB noch zu früh sei[107]. Die weitere Entwicklung hängt hier maßgeblich von der konsistenten Anwendung des Regulierungsrahmens durch die *Bundesnetzagentur* ab, da der ehemalige Monopolist noch über durchaus

---

[104] Hierbei handelt es sich um die Entgeltgenehmigung nach § 31 TKG und die Zugangsverpflichtungen nach § 21 TKG.

[105] Z. B. die nachträgliche Entgeltregulierung von Entgelten gemäß § 38 TKG, wobei diese allerdings insofern gewisse Ex-ante-Elemente enthält, als dass die regulierten Entgelte zwei Monate vor dem geplanten Inkrafttreten der Regulierungsbehörde vorzulegen sind, vgl. zu dieser Konstruktion *Schuster/Ruhle*, in: Beck`scher TKG-Kommentar, 2. Aufl. 2006, § 38 Rn. 1 ff. Daneben stellt die besondere Missbrauchsaufsicht nach §§ 42, 43 TKG einen Fall von Ex-post-Aufsichtsinstrumenten im novellierten Telekommunikationsrecht dar.

[106] So sind die nach Art. 16 Rahmenrichtlinie im Falle fehlenden wirksamen Wettbewerbs aufzuerlegenden Verpflichtungen allesamt **Vorabverpflichtungen** (Entgeltgenehmigung, Betreibervorauswahl, Zugangsverpflichtungen etc.). Vgl. dazu *Schuster/Ruhle*, in: Beck`scher TKG-Kommentar, 2. Aufl. 2006, § 38 Rn. 5; *Grussmann*, in: Beck`scher TKG-Kommentar, 2. Aufl. 2006, Einl. B Rn. 113.

[107] Vgl. dazu *Heinen*, in Säcker (Hrsg.), Berliner Kommentar zum TKG, 2006, § 10 Rn. 6.

beachtliche Marktpositionen in zentralen Bereichen verfügt (z. B. im Bereich der DSL-Anschlüsse).

2.4 Das Dritte Kriterium des § 10 Abs. 2 Satz 1 TKG – kein Ausreichen des allgemeinen Wettbewerbsrechts

Das Dritte Kriterium des § 10 Abs. 2 Satz 1 TKG ist erfüllt, wenn das allgemeine Wettbewerbsrecht allein nicht ausreicht, um einem festgestellten Marktversagen entgegenzuwirken. Dieses Erfordernis ist Ausdruck der durch den neuen europäischen Rechtsrahmen aus dem Jahre 2002 eingeleiteten Rückführung der sektorspezifischen Regulierung in Bereichen, in denen das mildere Mittel des allgemeinen Wettbewerbsrechts bereits ausreicht, um wirksamen Wettbewerb sicherzustellen[108].

Bei der Prüfung dieses Kriteriums sind die unterschiedlichen Ansätze[109] der sektorspezifischen Regulierung, die eine generalisierende und ex ante eingreifende vorausschauende Marktsteuerung ermöglicht, und des allgemeinen Wettbewerbsrechts, das lediglich eine einzelfallbezogene nachträgliche Kontrolle einzelner Verhaltensweisen zulässt, danach zu gewichten, welches Mittel für die Behebung eines vorgefundenen Marktversagens notwendig ist[110].

Von weiteren Ausführungen zu diesem Kriterium soll an dieser Stelle abgesehen werden. Die besondere Missbrauchsaufsicht kann nämlich für sich genommen wegen ihrer Anlehnung an die nachträgliche, einzelfallbezogene Missbrauchsaufsicht des allgemeinen Wettbewerbsrechts[111] kaum dafür sorgen, dass auf einem bestimmten Markt dieses Kriterium für eine Regulierungsbedürftigkeit abgebaut wird, da sie ja selbst lediglich parallele, ex post anwendbare Verhaltenskontrollmaßnahmen für den jeweiligen Einzelfall anbietet. Da jedoch die Regulierungsbedürftigkeit eines Marktes nach der rechtlichen Konzeption des § 10 Abs. 2 Satz 1 TKG bereits dann entfällt, wenn entweder das Erste oder das Zweite Kriterium des § 10 Abs. 2 Satz 1 TKG nicht mehr erfüllt sind, fördert die besondere Missbrauchsaufsicht die Zielvorgaben des Tele-

---

[108] Vgl. hierzu *Heinen*, in: Säcker (Hrsg.), Berliner Kommentar zum TKG, 2006, § 10 Rn. 57.

[109] Vgl. dazu auch *Klotz*, ZWeR 2003, 283 (291); *Heinen*, in: Säcker (Hrsg.), Berliner Kommentar zum TKG, 2006, § 10 Rn. 58.

[110] Das allgemeine Wettbewerbsrecht des Art. 82 EGV und der §§ 19 f. GWB soll z. B. dann nicht ausreichen, wenn häufige und zeitaufwendige Interventionen der Kartellaufsicht wegen eines Marktversagens erforderlich sind, vgl. *Krüger*, K&R Beilage 1/2003, 9 (18). Auch bei Vorleistungsmärkten wird das allgemeine Wettbewerbsrecht noch nicht als ausreichend angesehen, da hier die Marktstruktur, bei der der ehemalige Monopolist als vertikal integriertes Unternehmen über weitreichende Möglichkeiten verfügt, Wettbewerber, die auf seine Vorleistungen angewiesen sind, zu diskriminieren oder zu behindern, eine Vorab-Regulierung erfordere, vgl. *Heinen*, in: Säcker (Hrsg.), Berliner Kommentar zum TKG, 2006, § 10 Rn. 59.

[111] Siehe dazu unten Kapitel 3.

kommunikationsrechts schon dann, wenn sie diese beiden Kriterien bekämpfen hilft[112]. Im weiteren Verlauf der Untersuchung wird daher allein auf die ersten beiden Kriterien des § 10 Abs. 2 Satz 1 TKG abzustellen sein.

2.5 Fazit

Das sektorspezifische Telekommunikationsrecht verfolgt das Ziel, substantielle Marktzutrittsschranken abzubauen und wirksamen Wettbewerb auf den einzelnen Teilmärkten herzustellen. Der jeweilige Zielerreichungsgrad wird dabei im Rahmen des Drei-Kriterien-Tests nach § 10 Abs. 2 Satz 1 TKG untersucht, da vom Ergebnis dieser Prüfung die sektorspezifische Regulierungsbedürftigkeit des jeweiligen Marktes abhängt. Im weiteren Verlauf der Untersuchung wird daher der Frage nachzugehen sein, ob und in welcher Weise die besondere Missbrauchsaufsicht Marktzutrittsschranken und marktbeherrschende Stellungen abzubauen hilft, da hiervon ihre Bedeutung im Rahmen des Regulierungskonzepts nach dem neuen TKG 2004 abhängt (hierzu **Kapitel 4**). Als Basis für diese Beurteilung müssen jedoch in einem vorgelagerten Schritt die wesentlichen Anwendungsbereiche dieses Regulierungsinstruments beleuchtet werden, wobei auch der überkommene Rechtsrahmen unter Geltung des TKG 1996 einbezogen werden soll (hierzu **Kapitel 3**).

---

[112] § 10 Abs. 2 Satz 1 TKG verlangt ausweislich des Wortlautes das kumulative Vorliegen der genannten Parameter für die Feststellung einer Regulierungsbedürftigkeit.

Kapitel 3 – Die besondere Missbrauchsaufsicht im Telekommunikationsrecht

3.1 Einleitung

Die besondere Missbrauchsaufsicht spielt im Telekommunikationsrecht eine bedeutsame Rolle und ist eines der zentralen Regulierungsinstrumente, die der Aufsichtsbehörde für die Schaffung und Sicherstellung funktionsfähigen bzw. wirksamen Wettbewerbs in dem ehedem monopolistisch strukturierten Telekommunikationssektor zur Verfügung stehen. Bereits das Telekommunikationsgesetz von 1996 enthielt in § 33 TKG 1996 eine entsprechende Norm, in der eine gegenüber den Missbrauchstatbeständen des allgemeinen Kartellrechts[1] spezielle – daher "**besondere**" – Missbrauchsaufsicht geregelt war. Nach Novellierung des Telekommunikationsrechts im Jahr 2004 finden sich die Vorschriften über die besondere Missbrauchsaufsicht nunmehr in den §§ 42 und 43 TKG.

Die derzeitige besondere Missbrauchsaufsicht tritt zu den speziellen Regulierungsinstrumenten der Zugangs-[2] und Entgeltregulierung[3] hinzu und wirkt dabei unmittelbar auf das gegenseitige Verhältnis der Marktteilnehmer im Telekommunikationssektor ein[4]. Über § 42 TKG sind auch andere missbräuchliche Verhaltensweisen eines Unternehmens mit beträchtlicher Marktmacht, die sich nicht auf Entgelte für Vorleistungen[5] oder Endnutzerleistungen und Zugangsmöglichkeiten beziehen (etwa die Bereitstellung von Leistungen zu minderer Qualität als vereinbart), erfasst und können im Rahmen der sektorspezifischen Marktaufsicht von der *Bundesnetzagentur*[6] geahndet werden, vorausgesetzt, der jeweilige Telekommunikationsmarkt ist regulierungsbedürftig i. S. d. § 10 Abs. 2 Satz 1 TKG[7]. Um solche Missbrauchsfälle besser als in der Vergangenheit

---

1 §§ 19 f. GWB.

2 §§ 16 ff. TKG.

3 §§ 27 ff. TKG.

4 So auch *Heun*, CR 2004, 893 (905).

5 Hierunter werden Vor- und Zwischenprodukte verstanden, die für den Einsatz in einem höherstufigen Produktionsprozess gedacht sind und somit nicht am Ende der Wertschöpfungskette stehen, vgl. zu diesem Stichwort *Alisch/Arenzen/Winter* (Hrsg.), Gabler Wirtschaftslexikon, 16. Aufl. 2004, und *Rittershofer*, Wirtschafts-Lexikon, 3. Aufl. 2005.

6 Die ehemalige *Regulierungsbehörde für Telekommunikation und Post* (**RegTP**), die die Regulierungsaufgaben im Bereich des Telekommunikationssektors wahrnahm, wurde am 13.7.2005 in *Bundesnetzagentur für Elektrizität, Gas, Telekommunikation, Post und Eisenbahnen* (**BNetzA**) umbenannt, vgl. § 1 des Gesetzes über die Bundesnetzagentur für Elektrizität, Gas, Telekommunikation, Post und Eisenbahnen vom 7.7.2005, BGBl. I 2005, 1970 (2009).

7 Siehe dazu Kapitel 2 und Kapitel 3.3.1.1.5.2.

verfolgen zu können, wurde die bisherige, in der Zentralnorm des § 33 TKG 1996 verankerte, besondere Missbrauchsaufsicht des TKG im Zuge der Novellierung des Rechtsrahmens im Jahr 2004 an das allgemeine Wettbewerbsrecht angepasst[8]. Damit erfolgt ein weiterer Schritt zu der aus Verhältnismäßigkeitserwägungen gebotenen langfristigen Rückführung des sektorspezifischen Ordnungsrechts[9].

Mit dem generalklauselartig formulierten § 42 TKG ist ein allgemeiner Missbrauchstatbestand geschaffen worden, der in der Struktur augenscheinlich den §§ 19, 20 GWB nachgebildet wurde[10]. Auch die im Bereich der besonderen Missbrauchsaufsicht neu geschaffene Möglichkeit einer staatlichen Vorteilsabschöpfung gemäß § 43 TKG geht auf ein Vorbild des allgemeinen Wettbewerbsrechts zurück, welches in § 34 GWB schon seit längerem eine entsprechende Regelung enthält[11]. Allerdings unterscheiden sich beide Vorschriften im Detail durchaus erheblich, worauf nachfolgend noch einzugehen sein wird[12].

Bemerkenswert an diesem neu gefassten Regulierungsinstrument der besonderen Missbrauchskontrolle ist, dass es im Gegensatz zur Zugangs- und Entgeltregulierung nicht explizit in den europäischen Vorgaben des Richtlinienpakets aus dem Jahre 2002, auf das die Novellierung des TKG 1996 zurückgeht, enthalten ist. Hintergrund dafür ist wohl, dass es sich nicht um eine in erster Linie sektorspezifische Regulierung handelt, die originär dem Telekommunikationsrecht entnommen werden müsste, sondern vielmehr um eine dem allgemeinen Wettbewerbsrecht entlehnte Missbrauchskontrolle, die ohne Zuweisung zur *Bundesnetzagentur* im Grundsatz in weiten Teilen bereits den nationalen Kartellbehörden im Rahmen ihrer Marktaufsicht zugeordnet wäre[13].

---

8 *Knauth/Krüger*, K&R Beilage 1/2004, 3 (6).

9 Siehe zum Übergangscharakter des sektorspezifischen Regulierungsrechts oben Kapitel 1.1., Fn. 12.

10 Vgl. dazu auch Gesetzesbegründung zu § 42 TKG (§ 40 TKG-E), BT-Drs. 15/2316, S. 71. Allerdings enthält die besondere Missbrauchsaufsicht des § 42 TKG gegenüber Lösung des allgemeinen Wettbewerbsrechts noch einige sektorspezifische Besonderheiten (z. B. die besonderen Vermutungstatbestände oder Verfahrensvorgaben) und ist außerdem der grds. sachnäheren *Bundesnetzagentur* und nicht dem *Bundeskartellamt* überantwortet.

11 Vgl. dazu Gesetzesbegründung zu § 43 TKG (§ 41 TKG-E), BT-Drs. 15/2316, S. 72, wonach die telekommunikationsrechtliche Mehrerlösabschöpfung § 34 GWB nachgebildet sein soll.

12 § 34 GWB hat die zu § 43 TKG nahezu parallele sprachliche Fassung erst nach Inkrafttreten des TKG im Zuge der 7. GWB-Novelle erhalten. Dies spricht jedoch nicht dagegen, dass § 34 GWB als Vorbild für § 43 TKG gedient hat, da der Grund hierfür im äußerst langwierigen Gesetzgebungsverfahren bei der Neufassung des GWB zu suchen ist.

13 Vgl. *Heun*, CR 2004, 893 (905). Zu der sich daraus ergebenden Abgrenzungsschwierigkeit auf der Gesetzesanwendungsebene, die dogmatisch bereits auf der

Allerdings stellt die Ausweitung des § 42 TKG im Rahmen des Gesetzes zur Änderung von telekommunikationsrechtlichen Vorschriften diesen Befund zumindest in Teilen wieder in Frage. Denn nach dem neu gefassten § 42 Abs. 4 Satz 3 TKG soll die Regulierungsbehörde auch bereits bei drohendem missbräuchlichem Verhalten eines Normadressaten zum Einschreiten befugt sein[14], während nach der ursprünglichen Fassung das missbräuchliche Verhalten stets bereits tatsächlich erfolgt sein musste und erst nachträglich geahndet bzw. abgestellt werden konnte.

Diese Ausdehnung der besonderen Missbrauchskontrolle mittels der Implementierung von quasi Ex-ante-Regulierungsmöglichkeiten kennt kein Äquivalent im allein ex post ausgerichteten allgemeinen Kartellrecht, sodass hierdurch der ursprüngliche Wille des Gesetzgebers, das sektorspezifische Telekommunikationsrecht schrittweise an das allgemeine Wettbewerbsrecht anzugleichen und zurückzuführen, in gewissem Maße konterkariert wird[15]. Außerdem werden mit dieser Änderung in der Praxis erhebliche Schwierigkeiten einhergehen, da eine drohende missbräuchliche Verhaltensweise noch deutlich schwieriger festzustellen sein dürfte als ein tatsächlicher Missbrauch. Es ist daher äußerst fraglich, ob diese neuartige Option der Regulierungsbehörde mehr als Abschreckungszwecke erfüllen kann und überhaupt praktische Bedeutung erlangen wird[16].

Im Folgenden wird zunächst § 33 TKG 1996 als Vorläufernorm der nunmehr in § 42 TKG enthaltenen besonderen Missbrauchsaufsicht dezidiert dargestellt (siehe **Kapitel 3.2**), bevor auf die neu gefasste Regelung des § 42 TKG eingegangen wird (siehe hierzu unter **Kapitel 3.3.1**), um die Fortentwicklungen und Unterschiede zur neuen Missbrauchsaufsicht des § 42 TKG darzustellen (siehe hierzu unter **Kapitel 3.4**) und somit die Grundlage für eine Bewertung des Beitrags dieses Regulierungsinstruments für die Schaffung und Sicherstellung wirksamen Wettbewerbs zu schaffen (hierzu **Kapitel 4**).

Rechtsetzungsebene hätte gelöst werden sollen vgl. oben Kapitel 1.2, Fn. 31, und unten unter Kapitel 3.3.1.6.

14 Vgl. Art. 2 Nr. 8 des Gesetzes zur Änderung telekommunikationsrechtlicher Vorschriften vom 18.2.2007, BGBl. I 2007, S. 106 ff.

15 Der Gesetzgeber geht allerdings davon aus, zu dieser Änderung des § 42 Abs. 4 Satz 3 TKG auf Grundlage des Art. 17 Abs. 2 Universaldienstrichtlinie berechtigt zu sein, da hier europarechtlich gefordert sei, marktbeherrschenden Unternehmen umfassend im Wege der Vorabregulierung endnutzerrelevante Verpflichtungen aufzuerlegen, was bisher im deutschen TKG bislang nur im Bereich der Zugangs- und Entgeltregulierung vorgesehen sei. Daher müsse § 42 TKG als Auffangtatbestand in Umsetzung der europarechtlichen Vorgaben um die Möglichkeit einer Vorabregulierung für den Bereich sonstiger missbräuchlicher Verhaltensweisen im Endnutzerbereich ausgeweitet werden, vgl. dazu Begründung zum neu gefassten § 42 Abs. 4 Satz 3 TKG, BT-Drs. 16/2581, S. 24.

16 Siehe hierzu unten Kapitel 3.3.1.4.

Dies gebietet sich umso mehr, als dass § 42 TKG ausweislich der amtlichen Gesetzesbegründung auf § 33 TKG 1996 aufsetzen soll[17], wobei dies – wie nachfolgend zu zeigen ist – nicht dahingehend missverstanden werden darf, dass es sich bei § 42 TKG lediglich um eine inhaltsgleiche Fortführung altbekannter Vorschriften handelt. Des Weiteren ist auch auf die neuartige Mehrerlösabschöpfungsmöglichkeit des § 43 TKG, die gesetzessystematisch ebenfalls der besonderen Missbrauchsaufsicht zugeordnet ist und eine erhebliche Verschärfung gegenüber der überkommenen Rechtslage unter Geltung des TKG 1996 darstellt, und ihren Beitrag für die Schaffung und Sicherstellung eines wirksamen Wettbewerbs einzugehen (siehe hierzu **Kapitel 3.3.2** und **Kapitel 4**).

3.2 Die besondere Missbrauchsaufsicht im Telekommunikationsgesetz 1996

Bereits das Telekommunikationsgesetz vom 25. Juli 1996 enthielt in § 33 eine Vorschrift mit der Überschrift "**Besondere Missbrauchsaufsicht**". Der Begriff der besonderen Missbrauchsaufsicht lässt sich damit erklären, dass die telekommunikationsrechtliche Vorschrift als spezielle sektorspezifische Ausformung des allgemeinen Missbrauchsverbots nach §§ 19, 20 GWB verstanden wird[18]. Er beschreibt daher nicht das Verhältnis dieses Regulierungsinstruments zu den sonstigen Verpflichtungsmöglichkeiten des Telekommunikationsrechts.

§ 33 TKG 1996 diente nach dem Willen des Gesetzgebers – wie oben bereits erwähnt – der besonderen Missbrauchsaufsicht nach § 42 TKG als Vorbild, da die neugefasste Missbrauchsaufsicht explizit darauf aufsetzen soll. Hierbei wird aber noch zu zeigen sein, dass damit keine vollumfängliche Fortführung der Regelung des § 33 TKG 1996 gemeint sein kann, da eine andere Zwecksetzung in den Vordergrund gerückt ist und auch ansonsten weit reichende Änderungen des Anwendungsbereiches erfolgt sind. Dennoch besteht in der Tat eine gewisse Parallele zwischen diesen beiden Vorschriften. Denn in der Generalklausel des § 33 TKG 1996 war die zentrale Missbrauchsaufsicht des alten Rechtsrahmens im Telekommunikationssektor verankert, auf welche die *RegTP* eine Vielzahl von richtungsweisenden Entscheidungen gestützt hat[19]. Einige dieser Anwendungsfälle des § 33 TKG 1996 sind nunmehr im § 42 TKG zusammengefasst und modifiziert worden, während andere wesentliche Bereiche jedoch gegenüber der besonderen Missbrauchsaufsicht spezielleren Regulierungsinstrumenten zugewiesen wurden.

---

[17] Vgl. Gesetzesbegründung zu § 42 TKG (§ 40 TKG-E), BT-Drs. 15/2316, S. 71.
[18] Vgl. *Wendland*, in: Beck`scher TKG-Kommentar, 2. Aufl. 2000, Vor § 33 Rn. 1.
[19] Dazu unten Kapitel 3.2.3.

3.2.1 Tatbestand des § 33 TKG 1996

Nunmehr soll die Regelung des § 33 TKG 1996 näher beleuchtet werden, damit dessen Anwendungsbereich für einen Vergleich mit den neu geschaffenen Regelungen des § 42 TKG fruchtbar gemacht werden kann. Der Tatbestand des § 33 Abs. 1 Satz 1 TKG 1996 lautet:

"Ein Anbieter, der auf einem Markt für Telekommunikationsdienstleistungen für die Öffentlichkeit über eine marktbeherrschende Stellung nach § 19 des Gesetzes gegen Wettbewerbsbeschränkungen verfügt, hat Wettbewerbern auf diesem Markt diskriminierungsfrei den Zugang zu seinen intern genutzten und seinen am Markt angebotenen Leistungen, soweit sie wesentlich sind, zu den Bedingungen zu ermöglichen, die er sich selbst bei der Nutzung dieser Leistungen für die Erbringung anderer Telekommunikationsdienstleistungen einräumt, es sei denn, daß die Einräumung ungünstigerer Bedingungen, insbesondere die Auferlegung von Beschränkungen, sachlich gerechtfertigt ist".

Hierbei handelte es sich um ein unmittelbar anwendbares Verbot der ungerechtfertigten Ungleichbehandlung, welches von Wettbewerbern des Normadressaten ohne Einschaltung der Regulierungsbehörde vor den Zivilgerichten durchgesetzt werden konnte[20]. Die Missbrauchsaufsicht, die ein hoheitliches Einschreiten der Regulierungsbehörde ermöglichte, enthielt demgegenüber erst § 33 Abs. 2 TKG 1996. Danach konnte die Regulierungsbehörde einem Anbieter, der gegen die Vorschrift des § 33 Abs. 1 TKG 1996 verstieß, ein Verhalten auferlegen oder untersagen und Verträge ganz oder teilweise für unwirksam erklären, soweit dieser Anbieter seine marktbeherrschende Stellung missbräuchlich ausnutzte und die Beteiligten den Verstoß nach Aufforderung nicht eigenständig abstellten, vgl. § 33 Abs. 2 Satz 2 TKG 1996.

An erster und damit hervorgehobener Stelle normierte der Missbrauchstatbestand in § 33 Abs. 1 Satz 1 TKG 1996 ein Diskriminierungsverbot, wonach ein marktbeherrschender Anbieter seinen direkten Wettbewerbern einen diskriminierungsfreien Zugang sowohl zu seinen internen als auch zu seinen am Markt angebotenen wesentlichen Leistungen zu denjenigen Bedingungen gewähren musste, die er auch sich selbst einräumte. Bei Nichteinhaltung dieser Vorgaben lag ein missbräuchliches Ausnutzen einer marktbeherrschenden Stellung vor, das die *RegTP* zu einem aufsichtsbehördlichen Eingreifen auf Basis des § 33 Abs. 2 TKG 1996 befugte.

---

[20] Der Anspruch war vor den Zivilgerichten unter Beachtung der besonderen Beteiligungsrechte der Regulierungsbehörde gemäß § 80 Abs. 3 TKG 1996 i. V. m. § 90 GWB geltend zu machen. Vgl. dazu nur *Piepenbrock*, in: Beck`scher TKG-Kommentar, 2. Aufl. 2000, § 33 Rn. 4 und 87; *Holznagel/Koenig*, Der Begriff der wesentlichen Leistungen nach § 33 TKG, 2001, S. 3.

Für das Vorliegen eines solchen Missbrauchs i. S. d. § 33 Abs. 1 TKG 1996 enthielt § 33 Abs. 2 Satz 3 TKG 1996 eine Vermutungsregel, die dann eingriff, wenn der marktbeherrschende Anbieter seinen Wettbewerbern tatsächlich ungünstigere Bedingungen für seine Leistungen einräumte als sich selbst. Es oblag sodann dem Anbieter selbst, eine sachliche Rechtfertigung für dieses Marktverhalten nachzuweisen, um die Missbrauchsvermutung zu widerlegen.

3.2.1.1 Normzweck

Die Vorschrift des § 33 TKG 1996 sollte eine zentrale Wettbewerbsgefahr des Telekommunikationssektors ausschalten. Denn der Incumbent, der durch die rechtliche Aufhebung seiner letzten Monopole im Bereich der Telekommunikationsdienstleistungen nicht gleichzeitig auch seine Infrastruktur, Finanzmittel, Kundenstämme, Fachkräfte etc. aufgeben musste, war nach wie vor dasjenige Unternehmen, auf dessen Vorleistungen (insbesondere Zugang zum Telekommunikationsnetz inklusive der TAL und Durchführung der Fakturierung) die neu auf den Telekommunikationsmarkt drängenden (bzw. potentiell drängenden) Wettbewerber angewiesen waren, um überhaupt eigene Angebote am Markt etablieren zu können. Der Altsasse war aber nicht nur insoweit Anbieter von notwendigen Vorleistungen, sondern bot auch selbst auf den Endnutzermärkten Sprachtelefondienste u. ä. an und stand somit in direkter Konkurrenz zu den neuen Wettbewerbern. Aus dieser Konstellation ergab sich die Gefahr, dass das marktbeherrschende Unternehmen aufgrund seiner Stellung als einziger Anbieter von bestimmten Vorleistungen dazu übergehen könnte, sich bei der internen Nutzung der Vorleistungen bessere Bedingungen als den Wettbewerbern einzuräumen bzw. ihnen diese gänzlich zu verweigern, um so den Wettbewerb auf den nachgelagerten Märkten zu eigenen Gunsten einzuschränken[21].

Dem sollte mit der Vorschrift des § 33 TKG 1996 begegnet werden, der den Grundsatz festschrieb, dass der Marktbeherrscher externe Nachfrager nach seinen Vorleistungen genauso behandeln muss wie interne Unternehmensglieder, die hieraus eigene Angebote auf den nachgelagerten Märkten erstellen. Insoweit wurde die marktbeherrschende Stellung eines Unternehmens Grund und Rechtfertigung eines staatlichen Eingriffs, der das damit verbundene Diskriminierungspotential gegenüber den Wettbewerbern bekämpfen soll[22]. Insofern setzte der Gesetzgeber mit dieser sektorspezifischen Zugangsnorm konsequent die zutreffende Erkenntnis um, dass die alleinige Aufhebung der bisherigen

---

[21] Vgl. zu dieser Missbrauchsgefahr *Glahs*, in: Scheurle/Mayen (Hrsg.), TKG, 2002, § 33 Rn. 1.

[22] Vgl. dazu *Holznagel/Koenig*, Der Begriff der wesentlichen Leistungen nach § 33 TKG, 2001, S. 10.

Monopolrechte nicht ausreichte, um im Telekommunikationssektor wirksamen Wettbewerb zu ermöglichen[23].

3.2.1.2 Diskriminierungsverbot, § 33 Abs. 1 Satz 1 TKG 1996

Nach Abs. 1 ist jeder Anbieter, der auf einem Markt für Telekommunikationsdienstleistungen für die Öffentlichkeit über eine marktbeherrschende Stellung nach § 19 GWB verfügt, Adressat des Diskriminierungsverbots nach § 33 Abs. 1 TKG 1996. Es handelt sich damit um eine Vorschrift der asymmetrischen Regulierung, da nicht alle Marktteilnehmer, sondern nur solche mit einer besonderen Marktstellung erfasst werden[24]. Der Normadressat muss grundsätzlich Wettbewerbern zu bestimmten intern genutzten oder am Markt angebotenen Leistungen, soweit sie wesentlich sind, einen diskriminierungsfreien Zugang zu den Bedingungen gewähren, die er sich selbst bei der Nutzung dieser Leistungen für die Erbringung anderer Telekommunikationsdienstleistungen einräumt, sofern die Einräumung ungünstigerer Bedingungen oder Beschränkungen nicht ausnahmsweise sachlich gerechtfertigt ist.

3.2.1.2.1 Anbieter von Telekommunikationsdienstleistungen für die Öffentlichkeit

Wer Anbieter von Telekommunikationsdienstleistungen für die Öffentlichkeit ist, muss unter Zuhilfenahme von § 3 Nr. 19 TKG 1996 bestimmt werden. Nach dieser gesetzlichen Begriffsbestimmung ist eine Telekommunikationsdienstleistung für die Öffentlichkeit das gewerbliche Angebot von Telekommunikation einschließlich des Angebots von Übertragungswegen für beliebige natürliche oder juristische Personen und nicht lediglich für die Teilnehmer geschlossener Benutzergruppen.

Der im Rahmen des § 3 Nr. 19 TKG 1996 verwendete Begriff der Telekommunikation ist wiederum in § 3 Nr. 16 TKG 1996 legaldefiniert als der technische Vorgang des Aussendens, Übermittelns und Empfangens von Nachrichten jeglicher Art in der Form von Zeichen, Sprache, Bildern oder Tönen mittels Telekommunikationsanlagen. Hierunter fallen somit alle Transportleistungen, die im Telekommunikationssektor angeboten werden und die nicht das Angebot von bestimmten Content bedeuten, da dies nicht dem auf die technische Seite

---

[23] Gesetzesbegründung zu § 33 TKG 1996, BT-Drs. 13/3609, S. 33 f.

[24] So wird von der h. M. der Begriff der asymmetrischen Regulierung verstanden, vgl. *Immenga*, MMR 2000, 141; *Holznagel/Koenig*, Der Begriff der wesentlichen Leistungen nach § 33 TKG, 2001, S. 5 m. w. N. Z. T. wird hierunter jedoch auch die gesamte sektorspezifische Regulierung gefasst, vgl. *Fuhr/Kerkhoff*, MMR 1999, 213 (214). Dies ist aber insofern nicht überzeugend, als dass dabei auch Vorschriften existieren, die sich an alle Marktteilnehmer richten und daher gerade nicht "**asymmetrisch**" ausgeformt sind.

des Signaltransports beschränkten Telekommunikationsrechts unterfallen kann[25].

Problematisch konnte allerdings die Bestimmung des notwendigen Öffentlichkeitsbezugs werden, da dieser dahingehend negativ bestimmt wurde, dass eine Telekommunikationsleistung dann der Öffentlichkeit angeboten wird, wenn sie sich nicht nur an eine einzige geschlossene Benutzergruppe richtet[26]. Eine geschlossene Benutzergruppe kann insbesondere dann angenommen werden, wenn es sich ausschließlich um die Kommunikation innerhalb des Verbundes von Unternehmen, die nach §§ 17 f. AktG als Einheit zu betrachten sind, handelt. Dies sind Verbünde von Unternehmen, die aus einem herrschenden und mindestens einem abhängigen Unternehmen bestehen[27].

Aber auch sonstige verstetigte Verbindungen, die der Verfolgung gemeinsamer wirtschaftlicher oder hoheitlicher Ziele dienen, sollten unabhängig von der rechtlichen Grundlage dieser Einheit als geschlossene Benutzergruppe angesehen werden, wenn es sich um eine Dauerbeziehung mit gemeinsamen Interessen handelt[28]. Die gemeinsame Interessenverfolgung durfte aber nicht allein darin bestehen, eine gegenseitige Kommunikation zu ermöglichen[29], da dann der Begriff der geschlossenen Benutzergruppe ausufern und allzu leicht ausgenutzt werden könnte, um telekommunikationsrechtliche Regulierungsmaßnahmen zu umgehen. Nicht an die Öffentlichkeit gerichtet sollten des Weiteren auch Telekommunikationsangebote sein, die erst auf eine individuelle Nachfrage hin konzipiert werden, da es hier an einem Angebot an die Allgemeinheit fehle[30].

Der Adressatenkreis war somit recht umfassend formuliert, sodass sowohl Netzbetreiber, Diensteanbieter und Vertriebsunternehmen hierunter zu subsu-

---

25 So wird die Kompetenzgrundlage des Art. 73 Nr. 7 GG nach allgemeiner Ansicht verstanden, vgl. nur *Windthorst*, in: Sachs (Hrsg.), GG, 5. Aufl. 2009, Art. 87f Rn. 4 und 6; *Holznagel/Enaux/Nienhaus*, Telekommunikationsrecht, 2. Aufl. 2006, S. 16 f.

26 Vgl. dazu ausführlich *Schütz*, in: Beck`scher TKG-Kommentar, 2. Aufl. 2000, § 3 Rn. 22 ff. und § 6 Rn. 26 ff.

27 Abhängige Unternehmen sind nach § 17 Abs. 1 AktG rechtlich selbstständige Unternehmen, auf die ein anderes Unternehmen (herrschendes Unternehmen) unmittelbar oder mittelbar einen beherrschenden Einfluss ausüben kann. Nach § 17 Abs. 2 AktG wird von einem in Mehrheitsbesitz stehenden Unternehmen vermutet, dass es von dem an ihm mit Mehrheit beteiligten Unternehmen abhängig ist. Zu beachten ist dabei auch noch § 18 AktG, der eine Konzernvermutung für den Verbund von abhängigen und herrschenden Unternehmen enthält.

28 Vgl. dazu *Schütz*, in: Beck`scher TKG-Kommentar, 2. Aufl. 2000, § 6 Rn. 29. Danach sollen z. B. die verschiedenen Behörden eines Bundeslandes oder durch verstetigte Lieferanten- bzw. Kundenbeziehungen verbundene Unternehmen eine derartige geschlossene Benutzergruppe bilden.

29 *Schütz*, in: Beck`scher TKG-Kommentar, 2. Aufl. 2000, § 6 Rn. 29.

30 Vgl. *Schütz*, in: Beck`scher TKG-Kommentar, 2. Aufl. 2000, § 6 Rn. 31.

mieren waren, sofern sie über eine marktbeherrschende Stellung verfügten. Diese Ausdehnung lässt sich vor dem Hintergrund verstehen, dass § 33 TKG 1996 insbesondere auf den Altsassen zugeschnitten war, der ein vertikal integriertes Unternehmen darstellte und in allen relevanten Geschäftsfeldern des Telekommunikationssektors aktiv war. Insofern hätte eine Zugangsverpflichtung, die lediglich auf den Netzbetrieb gerichtet wäre, zu kurz gegriffen und andere wesentliche Vorleistungen (z. B. Inkasso und Fakturierung) außen vor gelassen.

3.2.1.2.2 Marktbeherrschende Stellung, § 33 TKG 1996 i. V. m. § 19 GWB

Das Tatbestandsmerkmal der marktbeherrschenden Stellung wurde nicht im TKG 1996 selbst definiert[31]. Stattdessen bediente sich der Gesetzgeber insoweit eines Verweises auf § 19 GWB, der eine der zentralen Missbrauchsaufsichtsnormen des allgemeinen Wettbewerbsrechts darstellt[32]. Die Vorschrift des § 19 GWB bestimmt eine Vielzahl von Kriterien, die für die Untersuchung eines relevanten Markts und die Feststellung einer marktbeherrschenden Stellung von Relevanz sein können.

Demnach ist ein Unternehmen dann als marktbeherrschend zu qualifizieren, wenn es als Anbieter oder Nachfrager einer bestimmten Art von Waren oder gewerblichen Leistungen ohne Wettbewerber bzw. keinem wesentlichen Wettbewerb ausgesetzt ist (§ 19 Abs. 2 Satz 1 Nr. 1 GWB) oder eine im Verhältnis zu seinen Wettbewerbern geradezu überragende Marktstellung inne hat (§ 19 Abs. 2 Satz 1 Nr. 2 GWB). Gemäß § 19 Abs. 2 Satz 2 GWB kann auch einzelnen Unternehmen eines Oligopols jeweils eine marktbeherrschende Stellung zukommen, wenn zwischen den einzelnen Oligopolteilnehmern kein wesentlicher Wettbewerb existiert und die Gesamtheit der Unternehmen die Voraussetzungen des § 19 Abs. 2 Satz 1 GWB erfüllt. Der zuständigen Aufsichtsbehörde kommt im Rahmen dieser Vorgaben die Aufgabe zu, die relevanten Kriterien zur Beantwortung dieser Frage zu erkennen und auszuwerten. Die Feststellung einer marktbeherrschenden Stellung erfolgt in zwei Schritten[33]. Zunächst ist der jeweils für die Untersuchung relevante Markt abzugrenzen, bevor in einem zweiten Schritt untersucht werden kann, ob ein oder mehrere Unternehmen auf dem identifizierten Teilmarkt eine marktbeherrschende Stellung innehaben.

Durch diesen Verweis auf § 19 GWB hatte sich auch das Telekommunikationsrecht als sektorspezifisches Kartellrecht das Marktmachtkonzept des allgemei-

---

[31] Siehe dazu auch *Holznagel/Koenig*, Der Begriff der wesentlichen Leistungen nach § 33 TKG, 2001, S. 4; *Wendland*, in: Beck`scher TKG-Kommentar, 2. Aufl. 2000, Vor § 33 Rn. 1.

[32] Vgl. zur Bedeutung und Entstehungsgeschichte der Vorschrift *Möschel*, in: Immenga/Mestmäcker (Hrsg.), GWB, 4. Aufl. 2007, § 19 Rn. 1 ff.

[33] Vgl. zu dieser doppelschrittigen Ermittlung der Marktbeherrschung *Möschel*, in: Immenga/Mestmäcker (Hrsg.), GWB, 4. Aufl. 2007, § 19 Rn. 18 ff.

nen Kartellrechts zu eigen gemacht. Dieses geht davon aus, dass sich eine für Wettbewerber und Verbraucher gefährliche Marktmacht, die ein Unternehmen zu wettbewerbshinderlichen Maßnahmen und zu ungerechtfertigten Einschränkungen der wirtschaftlichen Betätigungsfreiheit der anderen Wirtschaftssubjekte befähigt, nur auf genau abgegrenzten Märkten bilden kann und dann überwacht werden muss[34].

Eine allgemeine Aufsicht über besonders große oder mächtige Unternehmen ohne die Feststellung einer mächtigen Marktstellung auf relevanten Einzelmärkten erfolgt hingegen nicht. Dies ist die konsequente Umsetzung der Grundsätze der deutschen Rechtsordnung, die bestehende Marktmacht grundsätzlich hinnimmt und nicht per se als wettbewerbswidrig ansieht, sondern nur nachteilige Ausnutzungen dieser Marktstellungen verhindern möchte[35]. Dies gilt allerdings im Telekommunikationsrecht nicht unmodifiziert, da hier bereits das Vorliegen einer marktbeherrschenden Stellung auf einem relevanten Markt als Anzeichen dafür gewertet wird, dass wirksamer Wettbewerb nicht vorliegt und somit zumindest eine geeignete Regulierungsmaßnahme vorzusehen ist[36]. Dies geht jedoch nur auf die besonderen Umstände des Telekommunikationssektors zurück, der aus einem natürlichen Monopol in die Liberalisierung entlassen wurde und somit gänzlich andere Marktstrukturen aufweist als seit langem geöffnete und dynamisch gewachsene Märkte. Hierdurch wird daher das Marktmachtkonzept in seiner Ausgestaltung, dass die Marktmacht für jeden relevanten Markt festgestellt werden muss, nicht in Frage gestellt.

3.2.1.2.2.1 Festlegung des relevanten Marktes

Für die Festlegung des relevanten Marktes hat sich eine in der kartellrechtlichen Praxis anerkannte Methode herausgebildet, die auch im Telekommunikationssektor Geltung beansprucht[37]. Unterschieden wird dabei nach räumlich, sachlich und evtl. zeitlich[38] relevanten Märkten.

---

[34] Vgl. dazu *Emmerich*, Kartellrecht, 11. Aufl. 2008, S. 340.

[35] Vgl. dazu *Emmerich*, Kartellrecht, 11. Aufl. 2008, S. 338 f.

[36] So hat die Regulierungsbehörde Unternehmen, die auf Märkten im Sinne des § 11 TKG über beträchtliche Marktmacht verfügen, Maßnahmen nach dem Zweiten Teil des TKG (§§ 9 bis 43 TKG) aufzuerlegen, ohne dass bereits ein Missbrauch der marktmächtigen Stellung zwangsläufig erfolgt sein müsste. Vgl. zum Wettbewerbsbegriff im Telekommunikationsrecht auch unter Kapitel 2.3.4.

[37] Dabei sind allerdings die Besonderheiten des netzgebundenen Telekommunikationssektors zu berücksichtigen. Insbesondere sieht sich die im Rahmen des Kartellrechts vorzunehmende Einzelmarktabgrenzung, die im Nachfolgenden dargestellt wird, starker Kritik ausgesetzt, da im Telekommunikationssektor die einzelnen Märkte stärker als in anderen Wirtschaftszweigen miteinander vernetzt und verwoben sind, sodass bei der Feststellung einer marktbeherrschenden Stellung auch die benachbarten Märkte zu berücksichtigen seien, vgl. hierzu ausführlich *Holznagel/Koenig*, Der Begriff der wesentlichen Leistungen nach § 33 TKG, 2001, S. 8 f.

Ein Markt ist dabei in der wirtschaftswissenschaftlichen Theorie, auf die die kartellrechtliche Missbrauchsaufsicht insoweit Bezug nimmt, der ideale Ort, an dem Angebot und Nachfrage nach einem bestimmten Produkt bzw. einer Leistung zusammentreffen[39].

3.2.1.2.2.1.1 Sachlich relevanter Markt

Den ersten Schritt bildet dabei die Identifizierung des sachlichen Marktes, da von dieser Determinante die weiteren Abgrenzungen abhängen. Die Marktabgrenzung erfolgt unter Zuhilfenahme der Frage nach der sog. Angebotssubstituierbarkeit, jedenfalls sofern es sich um Angebots- und nicht Nachfragemärkte[40] handelt. Danach sind Waren oder Dienstleistungen einem gemeinsamen sachlichen Markt zuzurechnen, wenn sie sich aus Sicht potentieller Nachfrager hinsichtlich ihrer Eigenschaften, dem Verwendungszweck und der Preislage derart ähneln, dass der durchschnittlich verständige Abnehmer sie als für die Deckung seines bestimmten Bedarfs geeignet miteinander vergleicht und als gegeneinander austauschbar erachtet[41].

Müssen die Nachfrager hingegen bedeutende technische, sachliche oder psychische Hindernisse überwinden, um zwischen Angeboten für einen bestimmten Bedarf zu wechseln, sind die jeweiligen Leistungen oder Produkte ver-

---

Diesen Besonderheiten kann aber ohne größere Schwierigkeiten durch eine entsprechende Anpassung der kartellrechtlichen Kriterien begegnet werden, die insofern wertungsoffen sind.

38 Dieses Abgrenzungskriterium spielt jedoch in der kartellrechtlichen Praxis und insbesondere auch im Telekommunikationssektor lediglich eine untergeordnete Rolle, da solche Märkte selten sind. Sie sind dadurch gekennzeichnet, dass eine marktmächtige Stellung lediglich vorübergehend aufgrund zeitlich begrenzter besonderer Umstände entsteht, wie es z. B. bei Messen, Volksfesten oder anderen Großveranstaltungen der Fall sein kann, vgl. dazu *Emmerich*, Kartellrecht, 11. Aufl. 2008, S. 349. Der zeitlich relevante Markt soll daher im Folgenden nicht weiter untersucht werden und ist hier lediglich der Vollständigkeit halber aufgeführt.

39 Vgl. z. B. *Emmerich*, Kartellrecht, 11. Aufl. 2008, S. 340.

40 Im Telekommunikationssektor kommt grundsätzlich eine marktbeherrschende Stellung nur auf Angebotsmärkten in Betracht. Hintergrund ist, dass die Regulierung nur auf Märkten für Telekommunikationsdienstleistungen eingreifen kann, die sich begrifflich als das gewerbliche Angebot von Telekommunikation darstellen. Nachfragemacht ist – vor allem aufgrund der marktstarken Anbieterstellung des Incumbent – somit vom Anwendungsbereich des TKG ausgeklammert, wie sich z. B. auch aus dem Tatbestand des § 33 Abs. 1 TKG 1996 (Adressaten sind nur **Anbieter** von Telekommunikationsdienstleistungen) ergibt, vgl. dazu auch *Wendland*, in: Beck`scher TKG-Kommentar, 2. Aufl. 2000, Vor § 33 Rn. 14.

41 *BGH*, Beschluss vom 3.7.1976 - KVR 4/75, BGHZ 67, 104 (113 ff.); *Möschel*, in: Immenga/Mestmäcker (Hrsg.), GWB, 4. Aufl. 2007, § 19 Rn. 24.

schiedenen Märkten zuzuordnen[42]. Diese auch als Bedarfsmarktkonzept bezeichnete Methode hat sich in der kartellrechtlichen Praxis gegen eine Vielzahl anderer Theorien durchgesetzt und kann inzwischen als allgemeine Meinung betrachtet werden[43].

Im Telekommunikationssektor wurde diese Untersuchung nach der Angebotssubsituierbarkeit aus Nachfragersicht ebenfalls in entsprechender Weise eingesetzt. Zu Recht wurde dabei beachtet, dass ein sachlich relevanter Markt nicht durch etwaige Lizenzklassen des TKG 1996 für bestimmte Telekommunikationsdienstleistungen beschränkt wurde, sondern davon unabhängig allein die funktionelle Austauschbarkeit aus Abnehmersicht entscheidend war[44]. Bei der Bestimmung des sachlich relevanten Marktes musste des Weiteren darauf Rücksicht genommen werden, dass die Märkte aufgrund fortschreitender technischer Entwicklung und Änderungen des Abnehmerverhaltens dynamisch sind und ständigen Veränderungen unterliegen[45]. Insofern war es erforderlich, eine einmal vorgenommene Marktabgrenzung stets an neue Gegebenheiten anzupassen und sie nicht unbesehen der Feststellung einer marktmächtigen Stellung zu Grunde zu legen.

Der Regulierungsbehörde wurden für eine möglichst einheitliche Marktabgrenzung im Rahmen des europäischen Binnenmarktes von der *Europäischen Kommission* einige (materiell grundsätzlich unverbindliche) Leitlinien an die Hand gegeben, aus denen die nach Ansicht der *Europäischen Kommission* als jeweils einheitlich zu betrachtende sachlich relevanten Telekommunikationsmärkte abgelesen werden konnten[46]. Diese Vorgaben[47] entfalteten in der regulatorischen Praxis der *RegTP* trotz ihrer rechtlichen Unverbindlichkeit eine erhebliche faktische Bindungswirkung, da die nationale Regulierungsbehörde bei

---

42 *BGH*, Urteil vom 29.9.1981 - KVR 2/80, BGHZ 82, 1 (4 f.); *BGH*, Urteil vom 26.5.1987 - KVR 4/86, BGHZ 101, 100 (103 f.); *BGH*, Urteil vom 24.10.1995 - KVR 17/94, BGHZ 131, 107 (110).

43 Vgl. *Emmerich*, Kartellrecht, 11. Aufl. 2008, S. 341.

44 Vgl. hierzu *Glahs*, in: Scheurle/Mayen (Hrsg.), TKG, 2002, § 33 Rn. 13.

45 Vgl. *Glahs*, in: Scheurle/Mayen (Hrsg.), TKG, 2002, § 33 Rn. 14.

46 Leitlinien der *Europäischen Kommission* zur wettbewerbsrechtlichen Beurteilung von Vereinbarungen und Praktiken im Bereich der Telekommunikation, ABl. EG Nr. C 233 vom 6.9.1991, S. 2 Ziff. 2 ff.; Mitteilung der *Europäischen Kommission* über die Anwendung der Wettbewerbsregeln auf Zugangsvereinbarungen im Telekommunikationsbereich, ABl. EG Nr. C 265 vom 22.8.1998, S. 2 Ziff. 39 ff.

47 Nach Ansicht der *Europäischen Kommission* handelte es sich z. B. bei der Bereitstellung bodengestützter Netze, der Sprachübermittlung, der Datenkommunikation und den Satellitenverbindungen um jeweils eigenständige sachliche Märkte. Zu der Frage, ob sich die damals als getrennt betrachteten Märkte für auf Mobilfunk-, Satellitenfunk- und Festnetz gestützte Leistungen aufgrund der fortschreitenden technischen Konvergenz und des sich wandelnden Nachfrageverhaltens in der Zukunft einmal als gegeneinander austauschbar und somit als einheitlicher Markt darstellen können *Glahs*, in: Scheurle/Mayen (Hrsg.), TKG, 2002, § 33 Rn. 14 m. w. N.

ihrer Beachtung Gewissheit hatte, insoweit dem europäischen Rechtsrahmen gemäß zu agieren.

Abschließend zur kartellrechtlichen Bestimmung des sachlich relevanten Marktes ist noch auszuführen, dass es sich bei dem Verfahren um ein recht flexibles, wertungsbestimmtes Instrument in der Hand der zuständigen Aufsichtsbehörde handelt. Legt sie den sachlich relevanten Markt übermäßig eng aus, so besteht die Gefahr der sog. "**Atomisierung der Märkte**", was zur Folge hat, dass mit größerer Wahrscheinlichkeit ein Marktbeherrscher identifiziert wird, da insoweit die Vergleichsgruppe der Anbieter der jeweiligen relevanten Dienstleistung schrumpft.

Legt die Behörde den sachlichen Markt auf der anderen Seite sehr weit aus, so werden i. d. R. mehr Anbieter und Dienstleistungen miteinander in Bezug gesetzt, was z. B. die Marktanteile des einzelnen Anbieters unter Umständen deutlich verringern kann. Hieraus folgt, dass die Aufsichtsbehörden gefordert sind, den jeweilig relevanten Markt nach möglichst objektiven Kriterien und empirischen Daten zu identifizieren, um unangemessene Ergebnisse in der auf die Marktabgrenzung folgenden Untersuchung der etwaigen marktbeherrschenden Stellung weitestgehend auszuschließen.

Unter Beachtung dieser kartellrechtlichen Kriterien wurde im Telekommunikationssektor eine Vielzahl von sachlich relevanten Märkten identifiziert, die je nach Wirtschaftsstufe der Angebote in Zugangsmärkte[48] und Endnutzermärkte[49] bzw. Dienstleistungsmärkte differenziert wurden[50]:

48 Hierbei handelt es sich um Märkte für Vorleistungen, die zur Erbringung von Telekommunikationsdienstleistungen für Endnutzer erforderlich sind. Nachfrager sind demnach hierbei stets Telekommunikationsunternehmen, welche die entsprechenden Angebote für die Erbringung eigener Endnutzerleistungen benötigen.

49 Hierunter fallen die Märkte für Dienstleistungen, die Endnutzern angeboten werden.

50 Diese Märkte können allerdings nur als Obermärkte bezeichnet werden, da je nach tatsächlichen Gegebenheiten innerhalb dieser Märkte weitere Teilbereiche als selbstständige Märkte aufgefasst werden.

ZUGANGSMÄRKTE	ENDNUTZERMÄRKTE
▪ Markt für Netzzusammenschaltungen[51] ▪ Markt für den Zugang zur Teilnehmeranschlussleitung[52]	▪ Markt für Festnetztelefonanschlüsse ▪ Markt für Telefonverbindungen im Festnetz[53] ▪ Markt für Mehrwertdienste ▪ Markt für Mobilfunktelefonie ▪ Breitbandkabelmarkt

3.2.1.2.2.1.2 Räumlich relevanter Markt

Ist anhand der obigen Grundsätze der jeweils relevante sachliche Markt abgegrenzt, so musste die Regulierungsbehörde in einem weiteren Schritt die räumlichen Grenzen des Marktes bestimmen, was wiederum erhebliche Auswirkungen auf die zu berücksichtigenden Marktteilnehmer und Wettbewerbsparameter hat. In der kartellrechtlichen Praxis, die auch auf den Telekommunikationssektor zu übertragen ist, wird als räumliche Ausdehnung eines relevanten Marktes das Gebiet bezeichnet, in dem die Wettbewerbsbedingungen weitgehend homogen sind und das sich von anderen Gebieten durch erheblich divergierende Wettbewerbsbedingungen auszeichnet[54]. Eine räumliche Abgrenzung

---

[51] Ein sachlich relevanter Markt bestand nach einhelliger Auffassung zumindest bei Zusammenschaltungen zwischen Festnetzen, während die Festlegung eines gemeinsamen Marktes dann nicht mehr einheitlich beurteilt wurde, wenn die Zusammenschaltung mit einem Mobilfunknetz erfolgt, vgl. dazu *Wendland*, in: Beck`scher TKG-Kommentar, 2. Aufl. 2000, Vor § 33 Rn. 60.

[52] Hier liegt ein einheitlicher Markt vor, da die Substitute für die Nutzung der durch den Incumbent angebotenen TAL bislang nicht hinreichend ausgereift sind, um hiermit in Konkurrenz zu treten (z. B. Wimax, Wireless Local Loop o. ä.).

[53] Eine Differenzierung zwischen Festnetz und Mobilfunk ergibt sich nach wie vor daraus, dass die meisten Teilnehmer den Mobilfunkanschluss noch nicht als Substitut für den überkommenen Festnetzanschluss betrachten.

[54] Vgl. nur *BKartA*, Beschluss vom 9.12.1999 - B4-33206-U 106/99, AG 2000, 378 (380); *Emmerich*, Kartellrecht, 11. Aufl. 2008, S. 346 f.

kann sich somit z. B. aus der örtlich beschränkten Verfügbarkeit der jeweiligen relevanten Waren oder Dienstleistungen ergeben, etwa weil das Unternehmen seine Geschäftstätigkeit aus wirtschaftlichen Erwägungen auf bestimmte lukrative Gebiete beschränkt. Daneben ist es auch möglich, dass sich derartige örtlich gebundene Angebote aus gesetzlichen Vorschriften ergeben, wie es insbesondere bei Gebietsmonopolen der Fall sein kann[55].

Problematisch ist, ob sich der räumlich relevante Markt auf das jeweilige Lizenzgebiet für die angebotene Telekommunikationsdienstleistung beschränkt oder ob regelmäßig das Staatsgebiet des betreffenden Mitgliedstaats die räumliche Grenze bildet. Letzteren Ansatz verfolgte insbesondere das *OVG Münster*, welches die Märkte z. T. auf das gesamte Bundesgebiet erstreckte, auch wenn die entsprechende Telekommunikationsdienstleistung gar nicht bundesweit angeboten wurde[56]. Im Gegensatz zu dieser extensiven Rechtsprechung wäre es wünschenswert gewesen, wenn sich die Erkenntnis durchgesetzt hätte, dass eine kartellrechtliche bzw. sektorspezifische Aufsicht über marktbeherrschende Unternehmen nur dann zu stimmigen Ergebnissen führen kann, wenn die räumliche Marktabgrenzung anhand der objektiven Umstände des Einzelfalls allein von der geographischen Verfügbarkeit der jeweiligen Ware oder Dienstleistung abhängig gemacht und nicht in jedem Fall pauschal ein auf das gesamte Bundesgebiet ausgedehnter Markt angenommen wird.

Ein solches Verständnis führt in Extremfällen dazu, dass nur eine ungenaue Bemessung einer marktbeherrschenden Stellung möglich ist, die dem Ziel des Telekommunikationsrechts, chancengleichen und selbsttragenden Wettbewerb zu schaffen und sicherzustellen, diametral entgegenlaufen würde.

Insofern spricht viel dafür, die räumliche Ausdehnung entgegen der (damaligen) Spruchpraxis des *OVG Münster* anhand der jeweiligen Lizenz bzw. der tatsächlichen Verfügbarkeit der jeweiligen Dienste zu bestimmen.

Noch weitergehend als das *OVG Münster* wurde sogar in Einzelfällen die Abgrenzung europaweiter Märkte diskutiert, auch wenn die Unternehmen aufgrund einer beschränkten Lizenz nur innerhalb des Gebiets eines Mitgliedstaates agierten[57].

---

[55] Als Beispiel führt *Glahs*, in: Scheurle/Mayen (Hrsg.), TKG, 2002, § 33 Rn. 15, unter Bezugnahme auf die ständige Praxis des *Bundeskartellamts* das Streckenmonopol von Autobahntankstellen an. Die Annahme eines solchen räumlich begrenzten Marktes für Autobahntankstellen war allerdings nicht unumstritten, vgl. dazu *KG*, Beschluss vom 22.12.1982 - Kart 29/82, WuW/E OLG 2935 (2936 f.).

[56] So tendierte das *OVG Münster* lange Zeit dahin, stets einen bundesweiten Markt anzunehmen, auch wenn die Notwendigkeit einer engeren Abgrenzung wie z. B. bei der Marktabgrenzung für Telekommunikationsdienstleistungen im Ortsnetz auf der Hand lag, vgl. *OVG Münster*, Beschluss vom 7.2.2000 - 13 A 180/99, NVwZ 2000, 697 ff.

[57] Vgl. dazu *Glahs*, in: Scheurle/Mayen (Hrsg.), TKG, 2002, § 33 Rn. 17.

Grundlage hierfür war eine Entscheidung der *Europäischen Kommission*, in der sie ausführte, dass ein räumlich relevanter Markt im Mobilfunkbereich nicht zwingend auf das jeweilige Lizenzgebiet beschränkt sei, sondern vielmehr ein europaweiter Mobilfunkmarkt angenommen werden könne, auch wenn der Anbieter nur eine auf einen Mitgliedstaat beschränkte Lizenz inne habe[58]. Durch eine derart weit reichende Ausweitung des räumlichen Rahmens von Märkten würde sich aber ohne Notwendigkeit die oben bereits angesprochene Gefahr, dass infolge einer extensiven Ausdehnung der relevanten Märkte nur noch die international größten Marktteilnehmer einer asymmetrischen Aufsicht unterfallen würden, manifestieren[59].

Diese extensive Handhabung der räumlichen Grenzen von Märkten hat sich in Deutschland wohl auch aus diesem Gesichtspunkt zu Recht nicht durchgesetzt. Schließlich stellte sich auch die *Europäische Kommission* in der Zusammenschaltungsrichtlinie 97/33/EG selbst auf den Standpunkt, dass beträchtliche Marktmacht nur innerhalb des geographischen Gebiets eines Mitgliedstaates zu untersuchen sei, und beendete damit die nachteilige Interpretation ihrer Entscheidung zum Mobilfunkmarkt[60].

3.2.1.2.2.2 Feststellung einer marktbeherrschenden Stellung

War der relevante Markt nach den obigen Kriterien durch die Aufsichtsbehörde bestimmt, so folgte in einem weiteren Schritt das Kernstück des Verfahrens zur Feststellung einer marktbeherrschenden Stellung. Hierzu hatte die Regulierungsbehörde alle in § 19 GWB aufgeführten Marktstrukturmerkmale zu untersuchen und zu bewerten. Eine marktbeherrschende Stellung konnte dabei in drei Varianten identifiziert werden. Zum einen nach § 19 Abs. 2 Satz 1 Nr. 1 GWB für Voll- oder Teilmonopole, nach § 19 Abs. 2 Satz 1 Nr. 2 GWB für sonstige überragende Marktstellungen von Einzelunternehmen sowie nach § 19 Abs. 2 Satz 2 GWB für Oligopole.

3.2.1.2.2.2.1 Marktbeherrschende Stellung nach § 19 Abs. 2 Satz 1 Nr. 1 GWB

Nach § 19 Abs. 2 Satz 1 Nr. 1 GWB liegt eine marktbeherrschende Stellung dann vor, wenn das Unternehmen keinem oder zumindest keinem wesentlichen Wettbewerb ausgesetzt ist.

---

[58] Vgl. Entscheidung der *Europäischen Kommission* vom 18.8.1998 zur Vereinbarkeit eines Zusammenschlusses mit dem Gemeinsamen Markt (Fall IV/M.9 - Telia/Sonera/Motorola/Omnitel) gemäß der Verordnung (EWG) Nr. 4064/89 des Rates, ABl. EG Nr. C 178 vom 23.6.1999, S. 17.

[59] Diese Gefahr sieht auch *Glahs*, in: Scheurle/Mayen (Hrsg.), TKG, 2002, § 33 Rn. 17.

[60] Vgl. dazu Art. 4 Abs. 3 der Zusammenschaltungsrichtlinie 97/33/EG, ABl. EG Nr. L 199 vom 26.7.1997, S. 32.

Praktische Schwierigkeiten bei der Bestimmung dieser Voraussetzungen ergeben sich daraus, dass die zuständige Behörde hierbei gehalten ist, negative Abgrenzungsmerkmale heranzuziehen, um eine marktbeherrschende Stellung nachzuweisen, was in der Regel deutlich schwieriger ist, als einen positiven Beweis zu führen.

Für die erste Fallkonstellation des § 19 Abs. 2 Satz 1 Nr. 1 GWB muss das betreffende Unternehmen allein auf einem bestimmten Markt tätig sein, wobei es unerheblich ist, aus welchen rechtlichen oder tatsächlichen Gründen sich diese Alleinstellung herleitet. Ein derartiges Vollmonopol ist in der Vergangenheit durchaus in zahlreichen Fallkonstellationen festgestellt worden[61], wobei hier aber z. T. die Praxis, die zu einer sehr engen Marktabgrenzung tendierte, begünstigend gewirkt haben mag. Im Telekommunikationssektor jedenfalls lag lediglich zu Beginn der vollständigen Liberalisierung am 1. Januar 1998 ein derartiges Vollmonopol in zahlreichen maßgeblichen Telekommunikationsmärkten vor, sodass der ersten Alternative des § 19 Abs. 2 Satz 1 Nr. 1 GWB hier keine besondere Bedeutung zukommt.

Nach § 19 Abs. 2 Satz 1 Nr. 1, 2. Fall GWB reicht es für die Annahme einer marktbeherrschenden Stellung des Weiteren aus, wenn ein Anbieter zwar nicht allein auf dem Markt präsent, jedoch zumindest keinem wesentlichen Wettbewerb ausgesetzt ist. Demgemäß muss der Markt in Abgrenzung zu § 19 Abs. 2 Satz 1 Nr. 1, 1. Fall GWB denklogisch derart strukturiert sein, dass mindestens zwei Unternehmen auf dem untersuchten Markt agieren[62]. Ein wesentlicher Wettbewerb kann z. B. dann ausgeschlossen werden, wenn ein Marktteilnehmer derartig übermächtig ist, dass seine Stellung der eines Vollmonopolisten nahezu gleichkommt, etwa weil er einen nur unwesentlich unter 100 % liegenden Marktanteil aufweist. In der kartellrechtlichen Praxis wurde diese Alternative z. B. bereits ab einem Marktanteil von ca. 90 % angenommen[63].

Komplizierter wird der Nachweis fehlenden wesentlichen Wettbewerbs allerdings dann, wenn keine derartig offensichtliche Marktmacht vorliegt. Im Einzelnen war das Vorgehen in diesem Zusammenhang umstritten, weshalb sich der Gesetzgeber entschlossen hat, zur Verfahrensvereinfachung zusätzlich die positive Marktmachtnachweismöglichkeit des § 19 Abs. 2 Satz 1 Nr. 2 GWB mit seinen zahlreichen kraft Gesetzes zu berücksichtigenden Parametern zu schaffen[64].

---

61 Vgl. hierzu mit Beispielen *Möschel*, in: Immenga/Mestmäcker (Hrsg.), GWB, 4. Aufl. 2007, § 19 Rn. 45 f.

62 *Ruppelt*, in: Langen/Bunte (Hrsg.), Kartellrecht, Band 1, 10. Aufl. 2006, § 19 GWB Rn. 35; *Möschel*, in: Immenga/Mestmäcker (Hrsg.), GWB, 4. Aufl. 2007, § 19 Rn. 47.

63 *KG*, Beschluss vom 18.2.1969 - Kart V 34/67, WuW/E OLG 995 (997).

64 Vgl. dazu die Gesetzesbegründung des im Jahre 1973 eingeführten § 19 Abs. 2 Satz 1 Nr. 2 GWB (§ 22 GWB a. F.), Begr. 1971, S. 21.

Eine Ansicht geht davon aus, dass wesentlicher Wettbewerb bereits dann fehle, wenn ein besonders bedeutsamer Marktparameter durch einen Marktteilnehmer stillgelegt werden kann, etwa indem keine von den Vorstellungen des Unternehmens abweichende Preis- oder Qualitätsgestaltung mehr möglich ist (sog. **Parametertheorie**)[65]. Diese Auffassung ist jedoch erheblicher Kritik ausgesetzt, da die Konzentration auf einen einzigen Aktionsparameter zu einer Vernachlässigung des Zusammenspiels der zahlreichen unterschiedlichen Wettbewerbsfunktionen führe und somit nicht zu einem systemgerechten Abbild der Marktsituation führen könne[66]. Die Parametertheorie steht aufgrund ihres beschränkten Blickfeldes auch im Widerspruch zu den Aussagen des *Bundesgerichtshofs*, wonach es bei den Missbrauchstatbeständen des § 19 GWB stets auf eine umfassende Gesamtbetrachtung aller relevanten Gegebenheiten ankomme[67].

Deshalb wird das Fehlen wesentlichen Wettbewerbs von der überwiegenden Ansicht stets unter Beachtung der Gesamtumstände festgestellt, wobei insbesondere bei § 19 Abs. 2 Satz 1 Nr. 1, 2. Fall GWB auch die in § 19 Abs. 2 Satz 1 Nr. 2 GWB genannten Parameter in die Betrachtung einzustellen sind, da sie die bedeutendsten Beurteilungskriterien für eine Marktsituation darstellen[68]. Insofern unterscheidet sich § 19 Abs. 2 Satz 1 Nr. 1, 2. Fall GWB zwar insoweit von § 19 Abs. 2 Satz 1 Nr. 2 GWB, als dass ein negativer Nachweis zu führen ist und dass ein höherer Grad einer Marktmacht vorausgesetzt wird, aber nicht darin, welche Kriterien berücksichtigt werden müssen, um das Ausmaß einer Marktmacht festzustellen.

Der Variante des § 19 Abs. 2 Satz 1 Nr. 1 GWB kommt im Verhältnis zu § 19 Abs. 2 Satz 1 Nr. 2 GWB somit zwangsläufig eine geringere Rolle zu, da sie nur auf monopolartig strukturierten Märkten, auf denen keine (bedeutenden) alternativen Anbieter oder Nachfrager vorhanden sind, eingreifen kann und nach dem Willen des Gesetzgebers allein Vollmonopole und Teilmonopole erfassen soll[69]. Zwar ist auch der Telekommunikationssektor bei der vollständigen Liberalisierung im Jahre 1998 in wesentlichen Bereichen noch derart ausgestaltet gewesen, dass die Deutsche Telekom AG vielfach über einen Marktanteil von 100 % verfügte, weil noch kein anderes Unternehmen dort aktiv geworden ist.

---

[65] *Reich*, NJW 1977, 678 (679); *Ulmer*, BB 1977, 357 (358).

[66] So *Möschel*, in: Immenga/Mestmäcker (Hrsg.), GWB, 4. Aufl. 2007, § 19 Rn. 48, unter Hinweis auf *KG*, Beschluss vom 24.8.1978 - Kart 3/77, WuW/E OLG 2053 (2058).

[67] Vgl. insoweit zu § 19 Abs. 2 Satz 1 Nr. 2 GWB nur *BGH*, Beschluss vom 3.7.1976 - KVR 4/75, BGHZ 67, 104 (115).

[68] Vgl. hierzu ausführlich *Möschel*, in: Immenga/Mestmäcker (Hrsg.), GWB, 4. Aufl. 2007, § 19 Rn. 48 ff., mit Beispielen aus der Entscheidungspraxis.

[69] Gesetzesbegründung zu § 22 GWB-E a. F. (§ 19 GWB n. F.), BT-Drs. II/1158, nach Anlage I.

Dies änderte sich jedoch im Laufe derjenigen Zeit, die Wettbewerber benötigten, um eigene Geschäftsmodelle zu etablieren.

So war es bereits nach kurzer Zeit so, dass in vielen Teilmärkten durchaus Wettbewerber tätig wurden und somit einen zumindest begrenzten Wettbewerb förderten, der aber bereits vielfach ausreichte, um eine marktbeherrschende Stellung i. S. d. § 19 Abs. 2 Satz 1 Nr. 1 GWB auszuschließen.

Vollmonopole bzw. Teilmonopole i. S. d. des § 19 Abs. 2 Satz 1 Nr. 1 GWB waren daher bis auf einige Ausnahmen hauptsächlich in der Anfangsphase der Marktöffnung vorzufinden.

3.2.1.2.2.2.2 Marktbeherrschende Stellung nach § 19 Abs. 2 Satz 1 Nr. 2 GWB

Der Schwerpunkt der Bestimmung einer marktbeherrschenden Stellung liegt somit bei § 19 Abs. 2 Satz 1 Nr. 2 GWB, der eine wesentlich detailliertere Untersuchung anhand variierender Parameter erfordert und auch durchaus in wettbewerblicher Hinsicht dynamische Märkte erfassen kann. Diese Vorschrift steht in einem Alternativverhältnis zu § 19 Abs. 2 Satz 1 Nr. 1 GWB, sodass die Annahme einer überragenden Marktmacht auch dann möglich bleibt, wenn festgestellt werden muss, dass auf dem betreffenden Markt nicht nur unwesentlicher Wettbewerb vorherrscht, wie ihn § 19 Abs. 2 Satz 1 Nr. 1 GWB voraussetzt[70]. Die Regelung des § 19 Abs. 2 Satz 1 Nr. 2 GWB ist somit auf eine Vielzahl gradueller Abstufungen der Marktmacht anwendbar und dehnt die untere Grenze der marktbeherrschenden Stellung gegenüber § 19 Abs. 2 Satz 1 Nr. 1 GWB erheblich weiter aus. Da § 19 Abs. 2 Satz 1 Nr. 2 GWB vom Wortlaut her theoretisch auch die Fälle der Voll- und Teilmonopole – also die höchsten Grade einer marktbeherrschenden Stellung – erfassen kann und somit die Alternative des § 19 Abs. 2 Satz 1 Nr. 1 GWB weitestgehend mit einschließt[71], führte die Norm in gewissem Maße dazu, dass § 19 Abs. 2 Satz 1 Nr. 1 GWB in materieller Hinsicht als obsolet bezeichnet werden konnte[72] und ihn in der

[70] Vgl. hierzu *BGH*, Beschluss vom 3.7.1976 - KVR 4/75, BGHZ 67, 104 (112); *BGH*, Urteil vom 7.7.1992 - KVR 14/91, BGHZ 119, 117 (131); *Möschel*, in: Immenga/Mestmäcker (Hrsg.), GWB, 4. Aufl. 2007, § 19 Rn. 44.

[71] Zusätzlich werden aber auch bei der Feststellung einer marktbeherrschenden Stellung unternehmensbezogene Kriterien herangezogen, die bei § 19 Abs. 2 Satz 1 Nr. 1 GWB mangels Indizwirkung für das Vorliegen wesentlichen Wettbewerbs keine Rolle spielen, sodass eine vollständige Übereinstimmung nicht angenommen werden kann, die auch die eigenständige Normierung des § 19 Abs. 2 Satz 1 Nr. 1 GWB überflüssig gemacht hätte, vgl. hierzu *Möschel*, in: Immenga/Mestmäcker (Hrsg.), GWB, 4. Aufl. 2007, § 19 Rn. 58.

[72] *BGH*, Beschluss vom 3.7.1976 - KVR 4/75, BGHZ 67, 104 (112); *BGH*, Beschluss vom 16.12.1976 - KVR 2/76, BGHZ 68, 23 (28); differenzierend und ausführlich hierzu *Möschel*, in: Immenga/Mestmäcker (Hrsg.), GWB, 4. Aufl. 2007, § 19 Rn. 44.

Praxis nahezu verdrängte[73]. Dies war auch der Erleichterung geschuldet, dass hierbei die jeweilige staatliche Behörde einen positiven Nachweis der die marktbeherrschenden Stellung begründenden Umstände führen konnte und nicht darauf angewiesen war, die Tatbestandsmerkmale des § 19 Abs. 2 Satz 1 Nr. 1 GWB negativ auszuschließen.

Für die Feststellung einer überragenden Marktstellung i. S. d. § 19 Abs. 2 Satz 1 Nr. 2 GWB muss die Situation des betreffenden relevanten Marktes unter Berücksichtigung aller bedeutsamen Umstände in einer generellen Betrachtungsweise ermittelt werden[74]. Das Gesetz nennt selbst diejenigen Aktionsparameter, die bei der Feststellung der marktbeherrschenden Stellung von besonderer Bedeutung sein sollen und somit den Ausschlag für die Annahme einer überragenden Marktstellung geben können. Hierzu zählen:

- der Marktanteil des Unternehmens,
- die Finanzkraft des Unternehmens,
- der Zugang zu den Beschaffungs- und Absatzmärkten,
- Verflechtungen mit anderen Unternehmen,
- rechtliche oder tatsächliche Schranken für den Marktzutritt anderer Unternehmen,
- der tatsächliche oder potentielle Wettbewerb durch innerhalb oder außerhalb des Geltungsbereichs des GWB ansässige Unternehmen,
- die Fähigkeit, das Angebot oder die Nachfrage auf andere Waren oder gewerbliche Leistungen umzustellen sowie
- die Möglichkeit der Marktgegenseite, auf andere Unternehmen auszuweichen.

Diese acht vorgegebenen Kriterien müssen dabei allerdings nicht alle gleichzeitig für sich genommen eine überragende Marktstellung rechtfertigen können. Es reicht vielmehr aus, wenn eine Gesamtschau der Vorteile eines Unternehmens gegenüber seinen Wettbewerbern diese Annahme insgesamt zulässt, wozu es auch genügt, wenn ein einzelnes Strukturmerkmal den Ausschlag

---

[73] *Möschel*, in: Immenga/Mestmäcker (Hrsg.), GWB, 4. Aufl. 2007, § 19 Rn. 52.

[74] Zu den Einzelheiten der nach der Rechtsprechung des *Bundesgerichtshofs* (z. B. *BGH*, Beschluss vom 3.7.1976 - KVR 4/75, BGHZ 67, 104 (112)) vorzunehmenden Gesamtbetrachtung bei § 19 Abs. 2 Satz 1 Nr. 2 GWB vgl. *Möschel*, in: Immenga/Mestmäcker (Hrsg.), GWB, 4. Aufl. 2007, § 19 Rn. 54 f.

gibt[75]. Außerdem können je nach der Typologie des untersuchten Marktes auch andere Merkmale für oder gegen eine marktbeherrschende Stellung streiten, da die Aufzählung in § 19 Abs. 2 Satz 1 Nr. 2 GWB explizit nicht abschließend ist und der Aufsichtsbehörde somit eine weit reichende Beurteilung ermöglicht[76]. Wichtig ist bei der Beurteilung einer marktbeherrschenden Stellung auch, dass diese nicht durch wettbewerbswidrige Maßnahmen erlangt worden sein muss. Daher kann jedwede Marktstellung, auch wenn sie allein auf einem erfolgreichen Geschäftsmodell des Unternehmens beruht, die Beurteilung als überragende Marktstellung i. S. d. § 19 Abs. 2 Satz 1 Nr. 2 GWB rechtfertigen[77].

Allerdings dürfen bei der Qualifizierung einer Marktstellung in jedem Fall solche Vorsprünge von Unternehmen nicht für die Annahme einer marktbeherrschenden Stellung berücksichtigt werden, die allein auf einem innovativen Vorsprung (sog. **Pioniervorteil**) beruhen und lediglich einen temporären Vorteil bedeuten, der durch die Marktkräfte alsbald wieder eingeholt werden kann[78]. Erst wenn dieser Pioniervorteil durch anderweitige Verhaltensweisen des betreffenden Unternehmens zementiert zu werden droht, ohne dass dies einem normalen Marktprozess entstammt, kann ein derartiger Vorsprung auch eine marktbeherrschende Stellung i. S. d. § 19 Abs. 2 Satz 1 Nr. 2 GWB bedeuten. Denn es gehört gerade zur Typologie eines durch Wettbewerb geprägten Marktes, dass einzelne Marktteilnehmer durch eine Innovation, die andere Unternehmen zu diesem Zeitpunkt nicht anbieten können, besondere Gewinne oder anderweitige Vorteile erzielen können, wodurch überhaupt erst der Anreiz zu fortschrittlichen Entwicklungen ausgelöst wird. Dies kann für sich allein genommen noch nicht dazu führen, dass eine besondere Aufsicht über dieses Unternehmen ausgeübt wird, da hierdurch die Dynamik der Märkte empfindlich behindert werden könnte, ohne dass dies für die weitere Entwicklung notwendig wäre. In der Regel versetzen die Marktkräfte die Wettbewerber nach einem gewissen Zeitraum zumeist ebenfalls in die Lage, vergleichbare Angebote am Markt zu platzieren, wodurch sich die Verschiebungen in der Marktstruktur grundsätzlich lediglich temporär auswirken.

---

75 *Möschel*, in: Immenga/Mestmäcker (Hrsg.), GWB, 4. Aufl. 2007, § 19 Rn. 55.

76 Dies kann z. B. eine besonders bekannte Marke eines Unternehmens (*BGH*, Urteil vom 7.7.1992 - KVR 14/91, BGHZ 119, 117 (124 f.)) oder auch ein Vertrauensvorsprung eines Händlers bei den Endnutzern (vgl. *BGH*, Beschluss vom 3.7.1976 - KVR 4/75, BGHZ 67, 104 (117)) sein.

77 *Ruppelt*, in: Langen/Bunte (Hrsg.), Kartellrecht, Band 1, 10. Aufl. 2006, § 19 GWB Rn. 46 ff.

78 *Ruppelt*, in: Langen/Bunte (Hrsg.), Kartellrecht, Band 1, 10. Aufl. 2006, § 19 GWB Rn. 49; *Möschel*, in: Immenga/Mestmäcker (Hrsg.), GWB, 4. Aufl. 2007, § 19 Rn. 57.

3.2.1.2.2.2.2.1 Marktanteil als relevantes Kriterium

In der Praxis von überragender Bedeutung ist dabei der jeweilige Marktanteil[79], den das Unternehmen auf dem relevanten Markt inne hat, da sich bei keinem anderen Parameter so plakativ und anschaulich der Markterfolg[80] eines Unternehmens ablesen und mit dem anderer Marktteilnehmer in Beziehung setzen lässt. Dabei ist vorrangig der Umsatzmarktanteil gemeint, also der durch den Umsatz indizierte Wertanteil eines bestimmten Produktes am relevanten Markt[81]. Auf den Anteil des Unternehmens an der jeweiligen Produktmenge kommt es demgegenüber grundsätzlich nicht an, wobei dies allerdings nicht uneingeschränkt gilt, da auch der Mengenanteil in bestimmten Bereichen zur Beurteilung der Marktmacht besser geeignet sein kann. So wird dieser Maßstab z. B. bei homogenen Produkten zusätzlich herangezogen, während bei heterogenen stets der Umsatzmarktanteil maßgeblich ist[82].

Insbesondere kann so überprüft werden, ob z. B. ein Unternehmen seinen Umsatzmarktanteil nur durch eine Hochpreispolitik konstant hält, während die abgesetzte Menge bereits erodiert und dies somit entgegen des Indikators des Umsatzmarktanteils für einen Rückgang der Marktstellung eines Unternehmens spricht[83].

---

79 Dieser wird in der Praxis am häufigsten zur Feststellung einer überragenden Marktstellung herangezogen, weil er wohl am leichtesten handhabbar ist und einen sehr anschaulichen Anhaltspunkt für die Marktstärke eines Unternehmens bietet, wobei er allerdings nicht überbewertet und alleingestellt werden darf. So gibt es durchaus Fallgestaltungen, in denen ein hoher Marktanteil nicht auch eine Marktbeherrschung bedeutet, etwa wenn niedrige Marktzutrittsschranken bestehen oder der Anbieter abhängig ist von der Nachfrageseite (z. B. Automobilzulieferer), vgl. dazu *Möschel*, in: Immenga/Mestmäcker (Hrsg.), GWB, 4. Aufl. 2007, § 19 Rn. 59. Dabei sind die Marktanteile der jeweiligen Konzernunternehmen unabhängig von der genauen rechtlichen Verbundenheit grundsätzlich zusammenzurechnen, um eine Umgehung der marktbeherrschenden Stellung bei weitergehend koordiniertem Marktauftritt zu verhindern. Vgl. hierzu *KG*, Beschluss vom 15.3.1978 - Kart 1/77, WuW/E OLG 1989; *BGH*, Urteil vom 19.12.1995 - KVR 6/95, WuW/E BGH 3037 (3038 ff.); *Möschel*, in: Immenga/Mestmäcker (Hrsg.), GWB, 4. Aufl. 2007, § 19 Rn. 59.

80 Zum signifikanten Einfluss des Markterfolgs eines Unternehmens auf seinen Marktanteil vgl. nur *BGH*, Beschluss vom 21.2.1978 - KVR 4/77, WuW/E BGH 1501 (1503).

81 *BGH*, Beschluss vom 12.2.1980 - KVR 3/79, WuW/E BGH 1678 (1681); *BGH*, Urteil vom 7.7.1992 - KVR 14/91, BGHZ 119, 117 (129 f.); *Ruppelt*, in: Langen/Bunte (Hrsg.), Kartellrecht, Band 1, 10. Aufl. 2006, § 19 GWB Rn. 70.

82 Vgl. hierzu *BGH*, Urteil vom 7.7.1992 - KVR 14/91, BGHZ 119, 117 (130).

83 Dieses anschauliche Beispiel findet sich unter Rückgriff auf *BGH*, Beschluss vom 3.7.1976 - KVR 4/75, BGHZ 67, 104 (117 ff.), bei *Möschel*, in: Immenga/Mestmäcker (Hrsg.), GWB, 4. Aufl. 2007, § 19 Rn. 59.

Der Marktanteil kann dabei in zwei Funktionen ein Indiz für eine marktbeherrschende Stellung sein. Zum einen kann dies aus der absoluten Höhe abgelesen werden, wenn diese prozentual eine besondere Stellung am Gesamtmarkt einnimmt. Zum anderen kann allerdings auch ein Marktanteil, der zwar absolut kein Übergewicht des betreffenden Unternehmens zu indizieren vermag, für die Annahme einer überragenden Marktstellung sprechen, wenn er relativ die Anteile der Wettbewerber jeweils deutlich übersteigt. Dies kann etwa der Fall sein, wenn die Marktanteile der anderen Marktteilnehmer stark zersplittert sind und der Abstand zu dem nächsten Mitkonkurrenten sehr hoch ist[84].

Bei der Feststellung eines Marktanteils, der eine überragende Marktstellung indiziert, ist auch die Vermutungsregel des § 19 Abs. 3 Satz 1 GWB bedeutsam, wonach ein Unternehmen dann (widerleglich) als marktbeherrschend gilt, wenn es einen Anteil von mindestens einem Drittel des Gesamtmarktumsatzes (sog. **Drittelvermutung**) auf sich vereinigt[85]. Diese Grenze ist allerdings nicht starr, sodass eine überragende Marktstellung i. S. d. § 19 Abs. 2 Satz 1 Nr. 2 GWB je nach Marktstruktur durchaus auch schon bei einem niedrigeren bzw. erst bei einem höheren Marktanteil anzunehmen sein kann.

Die Rechtsnatur der Vermutungsregel des § 19 Abs. 3 Satz 1 GWB ist heftig umstritten. So wird vertreten, es handele sich materiell lediglich um einen Aufgreiftatbestand, der die jeweilige Behörde erst zu weiteren Ermittlungen bewegen solle. Ein behördliches Eingreifen solle danach immer noch einen dezidierten Nachweis aller Voraussetzungen einer marktbeherrschenden Stellung i. S. d. § 19 Abs. 2 Satz 1 GWB voraussetzen, da § 19 Abs. 3 Satz 1 GWB keine Beweislastumkehr zu Lasten des betreffenden Unternehmens einschließen könne[86].

Dem steht auf der anderen Seite die Ansicht gegenüber, die davon ausgeht, dass § 19 Abs. 3 Satz 1 GWB einen Vermutungstatbestand beinhalte, der allein den Nachweis der Voraussetzungen des Vermutungstatbestandes verlange und bei deren Vorliegen das betreffende Unternehmen mit der formellen Beweislast behafte, diese Vermutung und/oder die idealen Tatbestände des § 19 Abs. 2 Satz 1 GWB zu entkräften[87]. Diese beiden Auffassungen stellen die Extrempositionen in dieser Streitfrage dar und sind beide nicht überzeugend. So hätte die erste Ansicht zur Folge, dass § 19 Abs. 3 GWB im Ergebnis keinerlei Bedeutung zukäme, da die Kartellbehörde auch ohne derartige Aufgreiftatbestände eigeninitiativ tätig werden kann und von der Intention des Gesetzgebers, die

---

84 Vgl. *BGH*, Urteil vom 26.6.1979 - KZR 7/78, NJW 1979, 2154; *BGH*, Urteil vom 7.7.1992 - KVR 14/91, BGHZ 119, 117 (130 f.).

85 Diese Vermutung war allerdings dann nicht anwendbar, wenn das Unternehmen im letzten vollständigen Geschäftsjahr vor der Untersuchung lediglich einen Gesamtumsatz von 250 Millionen DM erwirtschaftete.

86 *Wirz*, WuW 1975, 611 ff.; *Kleinmann/Bechtold*, Fusionskontrolle, 2. Aufl. 1989, § 22 GWB Rn. 115.

87 So noch *Emmerich*, Kartellrecht, 3. Aufl. 1979, S. 180.

Missbrauchskontrolle mittels des § 19 Abs. 3 GWB nachhaltig effizienter zu gestalten und zu vereinfachen, nichts mehr übrig bliebe. Die Gegenansicht hingegen setzt sich darüber hinweg, dass die Geltung der Offizialmaxime für die Aufsichtsbehörde durch § 19 Abs. 3 Satz 1 GWB nicht vollständig beseitigt werden sollte[88].

Aus diesem Grund hat sich eine vermittelnde herrschende Ansicht herausgebildet, die davon ausgeht, dass § 19 Abs. 3 Satz 1 GWB zwar im Grunde nur ein Aufgreifkriterium für die Aufsichtsbehörde beinhalte, jedoch auch eine materielle Beweislastregel für den Fall eines "**non liquet**" aufstelle, falls die Ermittlungen der Behörde trotz intensiver Bemühungen nicht zu einem klaren Ergebnis führten[89]. Dem betroffenen Unternehmen wurde somit nicht die vollständige Beweislast aufgebürdet, wenn lediglich der Vermutungstatbestand erfüllt war.

Bei einem anderen Verständnis drängte sich auch die Frage auf, warum die Beweislastumkehr in § 19 Abs. 3 Satz 2 GWB für die Oligopolmarktbeherrschung explizit angeordnet wurde, während eine entsprechende Formulierung in § 19 Abs. 3 Satz 1 GWB gerade fehlt. Aus dieser differenzierenden Ausgestaltung muss sich bei einer systematischen Auslegung auch ein Unterschied ergeben, der am überzeugendsten von der herrschenden Ansicht hergeleitet wird.

Allerdings muss auch festgehalten werden, dass die praktische Bedeutung der Vermutungsregel des § 19 Abs. 3 Satz 1 GWB durch dieses Verständnis für verbindliche Entscheidungen der Aufsichtsbehörde nahezu bedeutungslos wird, da Fälle des "**non liquet**" in Verfahren, in denen die Offizialmaxime gilt, äußerst selten sind. Somit verbleibt es in der Regel dabei, dass der Nachweis einer marktbeherrschenden Stellung weitestgehend allein unter Rückgriff auf die Tatbestände des § 19 Abs. 2 Satz 1 GWB erfolgen muss, ohne dass die Beweislast hierfür auf das betreffende Unternehmen verlagert werden kann.

Der Verweis des § 33 TKG 1996 auf die Vermutungsregel des § 19 GWB war des Weiteren aufgrund der Vorgaben des europäischen Rechtsrahmens im Telekommunikationssektor von vornherein mit Schwierigkeiten verbunden.

So schrieb die Zusammenschaltungsrichtlinie 97/33/EG[90] vor, dass die in § 33 TKG 1996 vorgesehenen Zugangsverpflichtungen Unternehmen mit beträchtlicher Marktmacht auferlegt werden mussten. Insoweit decken sich noch nicht einmal die Wortlaute, da § 33 TKG 1996 von einer marktbeherrschenden Stellung ausging, wobei diese Nomenklatur inzwischen wohl dahingehend ent-

---

[88] So zu Recht *Möschel*, in: Immenga/Mestmäcker (Hrsg.), GWB, 4. Aufl. 2007, § 19 Rn. 92.

[89] *BGH*, Urteil vom 2.12.1980 - KVR 1/80, NJW 1981, 1786 (1788); *Ebel*, NJW 1973, 1577 (1582); *Kleinmann/Bechtold*, Fusionskontrolle, 2. Aufl. 1989, § 22 GWB Rn. 225; *Ittner*, Die Vermutungen des GWB, 1998, S. 155 f., 272; *Mayen*, MMR 2001, 648 (651). Vgl. dazu auch *Markert*, BB 1978, 678 (680).

[90] ABl. EG Nr. L 199 vom 26.7.1997, S. 32.

schieden ist, dass "**significant market power**", "**beträchtliche Marktmacht**" und "**marktbeherrschende Stellung**" im nationalen Recht synonym gebraucht werden[91].

Allerdings war eine "**beträchtliche Marktmacht**" i. S. d. Zusammenschaltungsrichtlinie 97/33/EG bereits grundsätzlich dann anzunehmen, wenn das Unternehmen einen Marktanteil von 25 % auf einem bestimmten Telekommunikationsmarkt innerhalb des räumlichen Gebietes des jeweiligen Mitgliedstaates innehatte.

Eine Abweichung von dieser Vermutungsregel war zwar auch nach der Richtlinie selbst zulässig, jedoch konnte dies nur im Wege einer Einzelfallentscheidung durch die Regulierungsbehörde geschehen und nicht durch Rechtsverordnung oder Gesetz, wie dies in § 33 TKG 1996 i. V. m. § 19 GWB der Fall war[92]. Diese europarechtliche Vorgabe führte dazu, dass der Verweis in § 33 TKG 1996 gemeinschaftsrechtskonform ausgelegt werden musste. So wurde die Vermutung, dass eine marktbeherrschende Stellung bereits bei einem Marktanteil von 25 % auf einem relevanten Teilmarkt vorlag, in den § 33 TKG 1996 hineingelesen[93].

Zu beachten ist aber auch, dass Marktanteile zwar ein besonders bedeutsames Indiz für das Vorliegen einer marktbeherrschenden Stellung sein können und in der Praxis wohl auch zumeist den Ausschlag für eine entsprechende Annahme geben, aber daneben auch weitere Marktstrukturmerkmale von Bedeutung sein können. § 19 Abs. 2 Nr. 2 GWB gibt hierfür wie bereits oben beschrieben eine nicht abschließende Anzahl von Regelbeispielen vor, die bei der Gesamtbetrachtung der Marktverhältnisse eine Indizwirkung entfalten können.

3.2.1.2.2.2.2.2 Finanzkraft als relevantes Kriterium

Der finanzielle Unterbau eines Unternehmens setzt sich aus der Gesamtheit der finanziellen Möglichkeiten zusammen, wozu insbesondere sein Potential zählt,

---

[91] Vgl. nur *Wegmann*, K&R Beilage 1/2004, 25 (29); *Heinen*, in: Säcker (Hrsg.), Berliner Kommentar zum TKG, 2006, § 11 Rn. 7.

[92] So auch *Glahs*, in: Scheurle/Mayen (Hrsg.), TKG, 2002, § 33 Rn. 6, der insoweit auf den Wortlaut der Zusammenschaltungsrichtlinie abstellt, wonach die nationalen Regulierungsbehörden festlegen könnten, dass eine Organisation keine marktbeherrschende Stellung habe.

[93] Aufgrund der nicht vollständigen Umsetzung der Zusammenschaltungsrichtlinie hinsichtlich der Vermutungsregel strengte die *Europäische Kommission* im Jahre 1999 sogar ein Vertragsverletzungsverfahren gegen die Bundesrepublik Deutschland an, in dem die Bundesregierung ausführte, dass die deutschen Behörden die europarechtlichen Vorgaben auch im Rahmen der gewählten Umsetzung mittels eines Verweises auf § 19 GWB unmittelbar zu beachten hätten. Dies mag zwar stimmen, doch befremdet eine solche unzureichende Richtlinienumsetzung durchaus. Im Ergebnis stand jedoch fest, dass die 25 %-Vermutung zwingend in den § 33 TKG 1996 hineininterpretiert werden musste.

günstig an Eigen- oder Fremdkapital zur Finanzierung seiner Geschäftstätigkeit zu gelangen[94]. Hierbei handelt es sich wiederum um einen maßgeblichen Parameter für die Wettbewerbsstruktur eines Marktes, da gerade eine überlegene Finanzkraft ein Unternehmen gegenüber seinen Konkurrenten in die Lage versetzen kann, erfolgreiche Geschäftsmodelle am Markt zu platzieren oder auch Verluste infolge einer Niedrigpreispolitik o. ä. durch besondere Kapitalressourcen auszugleichen, die Wettbewerbern evtl. nicht derartig offen stehen[95].

Die Finanzkraft wird dabei betriebswirtschaftlich insbesondere am sog. Cash-Flow[96], der Umsatzrendite[97], dem Verhältnis von Eigen- zu Fremdkapital sowie Fremdfinanzierungsmöglichkeiten, die insbesondere größeren Unternehmen zu besseren Konditionen gewährt werden[98], gemessen[99].

Dem Merkmal der Finanzkraft kommt insbesondere in investitionsintensiven Wirtschaftsfeldern wie dem Telekommunikationssektor eine besondere Bedeutung zu, da sich hierdurch der Verhaltensspielraum der handelnden Unternehmen maßgeblich bestimmt.

3.2.1.2.2.2.2.3 Zugang zu Beschaffungs- und Absatzmärkten als relevantes Kriterium

Der Zugang eines Unternehmens zu den Beschaffungs- und Absatzmärkten wird insbesondere durch langfristige Lieferverträge oder durch die vertikale, marktübergreifende Tätigkeit eines Unternehmens auf vor- oder nachgelagerten Wirtschaftsstufen positiv beeinflusst, da sich hierdurch der Bedarf bzw. der Absatz effizienter gestalten und sichern lässt als durch kurzfristige, unsichere Vertragsbeziehungen oder bei vollständiger Abhängigkeit von konzernfremden Zulieferern.

---

94 Siehe dazu *Möschel*, in: Immenga/Mestmäcker (Hrsg.), GWB, 4. Aufl. 2007, § 19 Rn. 63.

95 Zur wettbewerblichen Bedeutung der Finanzkraft vgl. *BKartA*, Beschluss vom 9.3.1978 - B6-745100-U-75/77, WuW/E BKartA 1709 (1715); *BKartA*, Beschluss vom 24.1.1995 - B1-70100-U-252/94, WuW/E BKartA 2729 (2750 f.).

96 Der Cash-Flow bezeichnet die Summe aus Gewinn, Abschreibungen und Rückstellungen in einem bestimmten Zeitraum, vgl. dazu *BKartA*, Beschluss vom 24.1.1995 - B1-70100-U-252/94, WuW/E BKartA 2729 (2750 f.).

97 I. e. die Relation von Gewinn und Umsatz.

98 Vgl. *BKartA*, Beschluss vom 15.12.1978 - B7-323800-U-20/78, WuW/E BKartA 1831 (1832).

99 Weiterführend zur Bestimmung der Finanzkraft eines Unternehmens *Sieben/Goetzke/Matschke*, Der Begriff "**Finanzkraft**" im § 22 GWB aus betriebswirtschaftlicher Sicht, 1980, passim.

3.2.1.2.2.2.2.4 Verflechtungen mit anderen Unternehmen als relevantes Kriterium

Mit dem vorstehenden Merkmal in einem engen Zusammenhang steht auch der Parameter der Verflechtungen mit anderen Unternehmen, die ebenfalls die Einflussmöglichkeiten eines Unternehmens auf das Marktgeschehen erheblich positiv beeinflussen können. Erfasst sind sowohl horizontale als auch vertikale Verflechtungen, da beide Erscheinungsformen die Marktstellung verbessern können. Nicht erforderlich ist dabei, dass die Verflechtungen derart ausgestaltet sind, dass das betreffende Unternehmen an den anderen derart beteiligt ist, dass es diese beherrschen kann. Dies ergibt sich bereits aus dem Umstand, dass verbundene Unternehmen, die i. S. d. §§ 17 f. AktG weit reichend rechtlich miteinander verflochten sind, ohnehin als kartellrechtliche Einheit zu betrachten sind[100], sodass es für die gegenseitige Berücksichtigung bei der Bestimmung einer marktbeherrschenden Stellung keines gesonderten Parameters, wie er in § 19 Abs. 2 Satz 1 Nr. 2 GWB genannt ist, bedurft hätte. Vielmehr reicht jede Form einer engeren Beziehung zwischen den Unternehmen aus, die rechtliche, personelle oder wirtschaftliche Fragen betrifft[101]. Gefährlich für die Marktsituation sind bei diesen Formen der Verflechtung insbesondere die damit einhergehenden Möglichkeiten des betreffenden Unternehmens, die Handlungsvarianten der Wettbewerber auf breiter Basis einzuschränken, was als sog. Marktschließungseffekt bezeichnet wird[102].

3.2.1.2.2.2.2.5 Marktzutrittsschranken als relevantes Kriterium

Ein weiteres Kriterium sind rechtliche und/oder tatsächliche Marktzutrittsschranken[103] von (potentiellen) Wettbewerbern, welche die Marktstellung eines Unternehmens verbessern können[104]. Denn ein Marktteilnehmer kann sich umso freier am Markt bewegen, je weniger er damit rechnen muss, dass dort ein Wettbewerber eigene Marktaktivitäten entfalten kann.

So verhindern z. B. Marktzutrittsschranken u. U. sogar dann eine Zähmung des Marktbeherrschers, wenn er eine Hochpreispolitik betreibt, die in anderen

---

100 *Möschel*, in: Immenga/Mestmäcker (Hrsg.), GWB, 4. Aufl. 2007, § 19 Rn. 65; *Kleinmann/Bechtold*, Fusionskontrolle, 2. Aufl. 1989, § 22 GWB Rn. 185.

101 *BGH*, Urteil vom 19.12.1995 - KVR 6/95, WuW/E BGH 3037 (3040).

102 Vgl. hierzu weitergehend *Möschel*, in: Immenga/Mestmäcker (Hrsg.), GWB, 4. Aufl. 2007, § 19 Rn. 66 ff. m. w. N.

103 Vgl. zu diesem zentralen Wettbewerbsproblem bereits oben Kapitel 2.2. Hierunter fallen z. B. Vorgaben für Lizenzerteilungen sowie verschiedene wettbewerbliche Vorteile des untersuchten Unternehmens hinsichtlich Patenten, technischem Wissen, Produktdifferenzierungen, Produktumstellungsmöglichkeiten, Forschungskapazitäten u. ä.

104 Hierzu ausführlich *Möschel*, in: Immenga/Mestmäcker (Hrsg.), GWB, 4. Aufl. 2007, § 19 Rn. 68 ff. m. w. N.

Märkten umgehend zum Eintritt von Konkurrenten führen würde, da sie die Produkte mit angemessener Rendite günstiger anbieten können und die Nachfrager von deren Angebot wohl auch Gebrauch machen würden, sofern sie sich als ökonomisch vernünftig agierendes Wirtschaftssubjekt gerieren.

3.2.1.2.2.2.6 Sonstige Parameter als relevante Kriterien

Außerdem hatte die Regulierungsbehörde z. B. auch noch die Möglichkeiten der Marktgegenseite, dem Angebot des untersuchten Anbieters von Telekommunikationsdienstleistungen für die Öffentlichkeit auszuweichen und auf andere Anbieter umzusteigen, zu berücksichtigen[105]. Dieses Kriterium findet bereits bei der Marktabgrenzung in gewissem Umfang Anwendung und sieht sich gewissen Schwierigkeiten ausgesetzt, da es hierbei um die Erfassung von Nachfragemacht geht, die im Kartellrecht noch nicht genauso gut handhabbar ist wie Angebotsmacht[106].

Daneben ermöglicht es der Verweis auf § 19 GWB, auch im Telekommunikationsrecht den sog. "**bottleneck**"-Test durchzuführen, der aus dem anglo-amerikanischen Kartellrecht übernommen wurde und dort den Mittelpunkt von Untersuchungen marktbeherrschender Stellungen in netzbasierten Industrien bildet. Dabei wird – verkürzt dargestellt – untersucht, ob das jeweilige betrachtete Unternehmen einen bedeutsamen Engpass kontrolliert, der für die Bereitstellung von Angeboten an Verbraucher wesentlich ist[107]. Fällt ein solcher Test positiv aus, so spricht viel dafür, dass der Anbieter auch über eine marktbeherrschende Stellung verfügt.

3.2.1.2.2.3 Marktbeherrschende Stellung nach § 19 Abs. 2 Satz 2 GWB

Eine marktbeherrschende Stellung kann auch nach der Vorschrift über Oligopolmarktbeherrschung nach § 19 Abs. 2 Satz 2 GWB festgestellt werden. Danach sind zwei oder mehr Unternehmen jeweils für sich genommen marktbeherrschend, soweit zwischen ihnen für eine bestimmte Art von Waren oder gewerblichen Leistungen ein wesentlicher Wettbewerb nicht besteht und soweit sie in ihrer Gesamtheit die Voraussetzungen von § 19 Abs. 2 Satz 1 GWB erfüllen[108]. Demnach müssen zwei Umstände vorliegen, damit die marktbeherr-

---

[105] Vgl. dazu insgesamt *Glahs*, in: Scheurle/Mayen (Hrsg.), TKG, 2002, § 33 Rn. 10.

[106] Detailliert hierzu *Möschel*, in: Immenga/Mestmäcker (Hrsg.), GWB, 4. Aufl. 2007, § 19 Rn. 72 ff. m. w. N.

[107] Vgl. dazu *Hiltl/Großmann*, BB 1996, 169 (173, Fn. 36); *Glahs*, in: Scheurle/Mayen (Hrsg.), TKG, 2002, § 33 Rn. 5.

[108] Die Feststellung einer marktbeherrschenden Stellung nach § 19 Abs. 2 Satz 2 GWB hat allerdings maßgeblich im Rahmen der Fusionskontrolle und nicht bei der Missbrauchsaufsicht Bedeutung erlangt, vgl. *Möschel*, in: Immenga/Mestmäcker (Hrsg.), GWB, 4. Aufl. 2007, § 19 Rn. 78 m. w. N.

schende Stellung eines Oligopols angenommen werden kann. Zum einen darf kein wesentlicher Binnenwettbewerb zwischen den Mitgliedern des Oligopols herrschen und zum anderen muss die Gruppe von Unternehmen insgesamt im Außenverhältnis als marktbeherrschend i. S. d. § 19 Abs. 2 Satz 1 GWB qualifiziert werden können. Diese Oligopol-Marktbeherrschung ist jedoch selten angenommen worden, da an das Fehlen wesentlichen Binnenwettbewerbs durchaus hohe Anforderungen gestellt wurden. So reichte es z. B. für die Annahme eines Wettbewerbs zwischen den einzelnen Unternehmen der Gruppe aus, wenn sich deren Angebote hinsichtlich eigentlich untergeordneter Wettbewerbsparameter wie Kundenservice oder Beratung unterschieden, auch wenn ein Wettbewerb hinsichtlich der Preise und der Qualität nicht mehr stattfand, sofern dieser "**Nebenleistungswettbewerb**" den Verhaltensspielraum der einzelnen Unternehmen noch spürbar einschränkt[109]. § 19 Abs. 2 Satz 1 GWB und § 19 Abs. 2 Satz 2 GWB schließen sich dabei gegenseitig aus, da entweder nur ein einzelner Marktbeherrscher oder aber ein marktbeherrschendes Oligopol auf einem Markt angetroffen werden kann, nicht jedoch ein Gemisch beider Formen von Marktbeherrschung[110].

Auch für die Oligopolmarktbeherrschung enthält das GWB eine Vermutungsregelung. So gilt die Gesamtheit von Unternehmen gemäß § 19 Abs. 3 Satz 2 GWB dann als marktbeherrschend, wenn sie aus drei oder weniger Unternehmen, die zusammen einen Marktanteil von 50 % erreichen, oder aus fünf oder weniger Unternehmen, die zusammen einen Marktanteil von 2/3 erreichen, besteht. Die betroffenen Unternehmen können allerdings diese Vermutung dann entkräften, wenn sie nachweisen, dass die Wettbewerbsbedingungen zwischen ihnen wesentlichen Wettbewerb erwarten lassen oder dass die Gesamtheit der Unternehmen im Verhältnis zu den übrigen Wettbewerbern keine überragende Marktstellung innehat. Angesichts der geringen Bedeutung der Oligopolmarktbeherrschung für den Telekommunikationssektor soll diese Variante an dieser Stelle jedoch nicht vertieft werden[111].

3.2.1.2.2.2.4 Erfordernis einer marktbeherrschenden Stellung auf vor- und nachgelagertem Markt

Die marktbeherrschende Stellung des Unternehmens i. S. d. § 33 TKG 1996 i. V. m. § 19 GWB musste sich sowohl auf einen vorgelagerten und einen diesem nachgelagerten Markt erstrecken[112]. Die Vorschrift des § 33 TKG 1996 sollte

---

[109] Vgl. z. B. *BGH*, Beschluss vom 4.10.1983 - KVR 3/82, BGHZ 88, 284 (288 ff.).

[110] *Ruppelt*, in: Langen/Bunte (Hrsg.), Kartellrecht, Band 1, 10. Aufl. 2006, § 19 GWB Rn. 60; *BGH*, Beschluss vom 12.2.1980 - KVR 3/79, BGHZ 76, 142 (148).

[111] Vgl. dazu ausführlich *Möschel*, in: Immenga/Mestmäcker (Hrsg.), GWB, 4. Aufl. 2007, § 19 Rn. 78 ff. m. w. N.

[112] *Glahs*, in: Scheurle/Mayen (Hrsg.), TKG, 2002, § 33 Rn. 23a; *Säcker/Callies*, K&R 1999, 337 f.; *Piepenbrock*, in: Beck`scher TKG-Kommentar, 2. Aufl. 2000, § 33 Rn. 39.

(potentiellen) Wettbewerbern einen Marktzutritt auf einem nachgelagerten Markt ermöglichen, auf dem sie zur Erbringung eigener Leistungen auf Vorleistungen des marktbeherrschenden Unternehmens angewiesen waren und somit aufgrund dieses Abhängigkeitsverhältnisses hätten behindert werden können. Diese Gefahr wäre ohne doppelte Marktbeherrschung aber überhaupt nicht gegeben[113].

3.2.1.2.2.3 Fazit

Sobald nach den oben dargestellten Kriterien ein marktbeherrschendes Unternehmen durch die Regulierungsbehörde identifiziert wurde, ist eine wesentliche Voraussetzung für das Eingreifen der besonderen Missbrauchskontrolle nach § 33 TKG 1996 erfüllt. Wie gezeigt, ist die Feststellung einer marktbeherrschenden Stellung eine überragend wichtige Stellschraube für diese asymmetrische Marktaufsicht, die in der Praxis mit vielfältigen Schwierigkeiten und prognostischen Elementen verbunden war und immer noch ist. Diese Unwägbarkeiten mussten allerdings mangels gangbarer Alternative hingenommen werden, um eine effiziente Aufsicht über marktmächtige Unternehmen zu gewährleisten.

3.2.1.2.3 Wettbewerber als Anspruchsinhaber

Einen Anspruch auf Zugang i. S. d. § 33 Abs. 1 TKG 1996 konnten nur Wettbewerber eines marktbeherrschenden Anbieters von Telekommunikationsdienstleistungen für die Öffentlichkeit geltend machen. Es musste sich allerdings nicht um bereits aktive Wettbewerber handeln, da auch solche, die erst auf den Markt eintreten wollten, geschützt waren[114]. Anderenfalls entstünde die abwegige Konstellation, dass potentielle Wettbewerber des Marktbeherrschers mangels Zugangsanspruchs nach § 33 TKG 1996 u. U. keine Möglichkeit hätten, auf notwendige Vorleistungen, die ihnen ihr eigenes Geschäftsmodell erst ermöglichen sollten, zurückzugreifen, obwohl § 33 TKG 1996 genau dieses Ziel des erleichterten Marktzutritts fördern wollte[115].

Aufgrund des unklaren Wortlauts der Norm war fraglich, ob damit nur solche Wettbewerber gemeint waren, die gerade auf demjenigen Markt tätig waren, auf dem auch die marktbeherrschende Stellung des Normverpflichteten festgestellt wurde, oder ob es ausreichte, dass der Wettbewerber auf irgendeinem Telekommunikationsmarkt in Konkurrenz zum marktbeherrschenden Unternehmen auftrat. Diese Unklarheit hat sich aber dahingehend aufgelöst, dass vor

---

[113] Vgl. *Glahs*, in: Scheurle/Mayen (Hrsg.), TKG, 2002, § 33 Rn. 23a.
[114] Vgl. *Piepenbrock*, in: Beck`scher TKG-Kommentar, 2. Aufl. 2000, § 33 Rn. 19.
[115] Siehe dazu auch *RegTP*, Beschluss vom 12.8.1998 - BK4 98-004/Z.0306.98, und *Holznagel/Koenig*, Der Begriff der wesentlichen Leistungen nach § 33 TKG, 2001, S. 10 f.

dem Hintergrund der Gesetzesbegründung[116] und des Normzwecks davon ausgegangen wurde, dass lediglich solche Wettbewerber gemeint waren, die auf einem Markt tätig waren, auf dem der Normverpflichtete über eine marktbeherrschende Stellung verfügte[117].

3.2.1.2.4 Wesentliche Leistungen

Die Vorschrift des § 33 TKG 1996 verpflichtete den marktbeherrschenden Anbieter von Telekommunikationsleistungen für die Öffentlichkeit, seinen Wettbewerbern Zugang zu seinen wesentlichen Leistungen zu bestimmten Bedingungen zu gewähren, soweit er sie intern nutzt oder selbst am Markt anbietet.

Der Begriff der "**wesentlichen Leistungen**" war Gegenstand heftiger Kontroversen, was darauf zurückzuführen sein dürfte, dass es sich hierbei um die maßgebliche Stellschraube dafür handelte, wie weit der Zugangsanspruch von Wettbewerbern nach § 33 TKG 1996 reichte, und es der Gesetzgeber unterlassen hatte, eine eigene Begriffsbestimmung festzuschreiben.

Die Rechtsprechung ging davon aus, dass der Leistungsbegriff nicht eng ausgelegt werden dürfe, sondern umfassend verstanden werden müsse und auch Vorleistungen für Telekommunikationsleistungen erfasse[118]. Danach war es nicht zwingend erforderlich, dass es sich bei der Leistung selbst um eine Telekommunikationsdienstleistung[119] handelte. So ging das *OVG Münster* in einer Entscheidung, mit der die entsprechende Ansicht des *VG Köln*[120] bestätigt wurde, davon aus, dass eine Leistung i. S. d. § 33 TKG 1996 dann vorliegt, wenn es sich um ein *"von dem Marktbeherrscher [...] durch den Einsatz eigener Ressourcen geschaffenes oder erworbenes Vorprodukt auf niederer betrieblicher*

---

[116] Vgl. Gesetzesbegründung zu § 33 TKG 1996 (§ 32 TKG-E 1996), BT-Drs. 13/3609, S. 45 f. Dort wurde ein Beispielsfall für § 33 TKG 1996 angegeben, in dem gerade die oben geschilderte Situation vorlag und der Wettbewerber somit auf dem Markt aktiv war, auf dem der Normverpflichtete als Marktbeherrscher qualifiziert wurde.

[117] Vgl. *OVG Münster*, Beschluss vom 7.2.2000 - 13 A 180/99, NVwZ 2000, 697; *Piepenbrock*, in: Beck`scher TKG-Kommentar, 2. Aufl. 2000, § 33 Rn. 20; *Glahs*, in: Scheurle/Mayen (Hrsg.), TKG, 2002, § 33 Rn. 24 ff. Insoweit weicht der Anwendungsbereich des § 33 TKG 1996 von der bei der Auslegung der Norm herangezogenen Essential Facilities-Doktrin US-amerikanischen Ursprungs ab, siehe dazu unten Kapitel 3.2.1.2.4.

[118] *VG Köln*, Beschluss vom 18.8.1997 - 1 L 2317/97, CR 1997, 639 (640).

[119] Vgl. zu dem Begriff § 3 Nr. 18 TKG 1996: Telekommunikationsdienstleistungen sind danach das gewerbliche Angebot von Telekommunikation einschließlich des Angebots von Übertragungswegen für Dritte.

[120] *VG Köln*, Beschluss vom 18.8.1997 - 1 L 2317/97, CR 1997, 639 (640).

Wertschöpfungsebene zur Erbringung von Telekommunikationsdienstleistungen auf anderer, gegebenenfalls höherer Ebene" handelt[121].

Dies bedeutete nach Ansicht des *Bundesverwaltungsgerichts* allerdings nicht, dass dadurch Leistungen ausgeschlossen würden, die als Telekommunikationsdienstleistung selbst Endkunden angeboten wurden und bei denen es sich somit nicht um Vorleistungsprodukte handelte, die noch einer weiteren Wertschöpfung bedurften[122]. Nach dem *Bundesverwaltungsgericht* reichte es aus, wenn die Leistung in einem gewissen Zusammenhang mit der von dem Wettbewerber beabsichtigten Erbringung von Telekommunikationsdienstleistungen für die Öffentlichkeit für Endkunden steht[123]. Dieses Verständnis war notwendige Voraussetzung dafür, dass Wettbewerber auch Zugang zu bestimmten Leistungen des Marktbeherrschers begehren konnten, um diese ohne weitere Veredelungsmaßnahmen z. B. als Reseller in eigenem Namen und auf eigene Rechnung weiterzuveräußern[124].

Das genaue Verständnis des Leistungsbegriffs war in der Praxis von gehobener Bedeutung, da die Wettbewerber infolge der weiten Auslegung durch die Gerichte auch Zugang zu Leistungen erhalten konnten, die einen nicht-technischen Bestandteil von Telekommunikationsleistungen darstellten[125]. So konnten z. B. auch die Fakturierung und das Inkasso durch den Marktbeherrscher für Telekommunikationsleistungen der Wettbewerber als Leistung i. S. d. § 33 TKG angesehen werden, obwohl dies mit der eigentlichen Erbringung von Sprachtelefonie o. ä. eigentlich keine zwingende Einheit bildete[126]. Da aber

---

[121] *OVG Münster*, Beschluss vom 7.2.2000 - 13 A 180/99, NVwZ 2000, 697 (699); siehe auch *OVG Münster*, Beschluss vom 1.10.2001 - 13 B 1156/01. Kritisch zu der weiten Auslegung durch die Rechtsprechung *Glahs*, in: Scheurle/Mayen (Hrsg.), TKG, 2002, § 33 Rn. 32 f.

[122] *BVerwG*, Urteil vom 25.4.2001 - 6 C 6/00, BVerwGE 114, 160 (180 f.).

[123] *BVerwG*, Urteil vom 3.12.2003 - 6 C 20/02, BVerwGE 119, 282 ff.

[124] Ein solches Geschäftsmodell ist insbesondere dort zur Förderung eines Wettbewerbs notwendig, wo Infrastrukturen schwer duplizierbar sind, da sich so zumindest ein gewisser Dienstewettbewerb etablieren lässt, der die Marktmacht des Incumbent teilweise zähmen kann, vgl. dazu *Holznagel/Koenig*, Der Begriff der wesentlichen Leistungen nach § 33 TKG, 2001, S. 60 ff.

[125] Vgl. dazu ausführlich *Glahs*, in: Scheurle/Mayen (Hrsg.), TKG, 2002, § 33 Rn. 29 ff. Dieses weite Verständnis wird auch von *Holznagel/Koenig*, Der Begriff der wesentlichen Leistungen nach § 33 TKG, 2001, S. 11 ff., als zutreffend angesehen. Sie begründen dies u. a. damit, dass der Begriff der Leistung bereits im Rahmen einer Wortlautauslegung weiter zu verstehen sein muss als der engere Begriff der Telekommunikationsdienstleistung, wie er in § 3 Nr. 19 i. V. m. § 3 Nr. 16 TKG angelegt ist.

[126] Die Einstufung von Inkasso und Fakturierung fremder Verbindungsleistungen durch den Marktbeherrscher erfolgte durch die Entscheidung der *RegTP* vom 14.3.2000 - BK3a-99/032. Diese Verfügung wurde durch die Entscheidung des *OVG Münster*, Beschluss vom 20.7.2000 - 13 B 1008/00, bestätigt, da Fakturierung

auch derartige Nebenleistungen durchaus für die Entstehung von chancengleichem und fairem Wettbewerb im ehemals monopolistisch geprägten Telekommunikationssektor eine wesentliche Rolle spielten, kann der Wert der weiten Auslegung durch die Gerichte diesbezüglich gar nicht hoch genug eingeschätzt werden.

Bei der Bestimmung der Leistungen i. S. d. § 33 TKG 1996 wurde auch auf die nicht abschließende Liste in der Anlage zu § 5 Abs. 2 NZV zurückgegriffen[127]. Leistungen konnten danach z. B. die Weiterleitung von Signalen in oder durch das Telekommunikationsnetz, die Datenüberlassung, die Überlassung von Anlagen zur Mit- oder Alleinbenutzung, die Aufnahme von Kundendaten in Auskunftsverzeichnisse und -dienste, gewisse Betretungsrechte oder sonstige Zusatz- und Hilfsdienstleistungen sein. Bedeutsam war somit nicht, ob es sich selbst um eine Telekommunikationsdienstleistung handelt, sondern ob die jeweilige Leistung für die eigene Erbringung von solchen Telekommunikationsdienstleistungen genutzt werden sollte.

Vom Zugangsanspruch nach § 33 TKG 1996 konnten zum einen Leistungen, die vom Marktbeherrscher selbst am Markt angeboten wurden, erfasst werden. Hierin erschöpfte sich der Anspruch aber nicht, da es dann das marktbeherrschende Unternehmen u. U. selbst in der Hand gehabt hätte, bestimmte Leistungen nicht mehr am Markt anzubieten, um so Konkurrenten wirkungsvoll zu verdrängen und eigene Angebote erst nach "**Bereinigung**" der Wettbewerbssituation wieder zu platzieren. Daher wurden auch intern genutzte Leistungen eingeschlossen, wenn sie sich bei objektiver Sichtweise als ein funktionell eigenständiges Ergebnis eines Wertschöpfungsprozesses darstellten und aus der Wertschöpfungskette des Marktbeherrschers herausgelöst und ohne weiteres in die des Zugangspetenten eingefügt werden konnten[128]. Durch dieses weite Verständnis wurde sichergestellt, dass der Zugangsanspruch möglichst umfassend die für einen Wettbewerber notwendigen Vorleistungen erfasste und so die Marktöffnung signifikant erleichterte.

War eine Leistung nach dem obigen Begriffsverständnis als Leistung i. S. d. § 33 TKG 1996 anzusehen, so musste in einem weiteren Schritt geprüft werden, ob sie auch wesentlich war. Die Notwendigkeit dieser Einschränkung des Zugangsanspruchs wurde aus dem Verhältnismäßigkeitsgrundsatz abgeleitet, da es sich bei der Verpflichtung zum Zugang für Wettbewerber um einen erheblichen Eingriff in grundrechtlich geschützte Positionen des marktbeherrschenden Unternehmens handelte[129]. Diese Einschränkung war in der Regulie-

---

und Inkasso Vorleistungen seien, deren Wertschöpfung in das Endprodukt der Verbindungsleistungserbringung eingehe.

[127] Vgl. *Piepenbrock*, in: Beck`scher TKG-Kommentar, 2. Aufl. 2000, § 33 Rn. 28.

[128] Vgl. *OVG Münster*, Beschluss vom 7.2.2000 - 13 A 180/99, NVwZ 2000, 697 (699).

[129] Vgl. dazu *Glahs*, in: Scheurle/Mayen (Hrsg.), TKG, 2002, § 33 Rn. 33. Betroffen sind die Wirtschaftsfreiheiten aus Art. 14 und 12 GG.

rungspraxis von besonderer Bedeutung, da hierbei wertende Gesichtspunkte eine Rolle spielen können, die Anlass für divergierende Auslegungen geboten haben.

Als "**wesentlich**" wurden solche Leistungen angesehen, ohne die die Wettbewerber des Marktbeherrschers ihre geplanten Telekommunikationsdienstleistungen für die Öffentlichkeit objektiv nicht erbringen konnten und ohne deren Nutzung der jeweilige Wettbewerber an der Erbringung der geplanten Dienstleistung faktisch gehindert war[130]. Diese Definition enthielt somit eine objektive und eine subjektive Komponente[131], wobei die erste darin bestand, dass die Leistung für die geplante Dienstleistung des Wettbewerbers objektiv erforderlich sein musste[132].

Als subjektiver Einschlag war daneben noch zu berücksichtigen, dass bei der Bestimmung der Wesentlichkeit auf die konkrete Telekommunikationsdienstleistung des Wettbewerbers, die er mittels der begehrten Vorleistung am Markt erbringen wollte, abzustellen war. Die subjektive Komponente der Wesentlichkeit wurde vom *OVG Münster* noch dahingehend weiterentwickelt, dass die Leistung unbedingt für die Erbringung anderer Telekommunikationsleistungen erforderlich und die anderweitige Beschaffung durch den Zugangspetenten aufgrund eines im Verhältnis zur Mitbenutzung unangemessenen Mehraufwands unzumutbar sein musste[133].

Bei der Konkretisierung des Begriffs der "**Wesentlichkeit**" wurde somit insbesondere durch das *OVG Münster*[134] die Tatsache berücksichtigt, dass § 33 Abs.

---

[130] Vgl. ausführlich zur Auslegung des Begriffs der Wesentlichkeit *Holznagel/Koenig*, Der Begriff der wesentlichen Leistungen nach § 33 TKG, 2001, S. 14 ff.

[131] Gegen dieses Verständnis wenden sich *Holznagel/Koenig*, Der Begriff der wesentlichen Leistungen nach § 33 TKG, 2001, S. 50 ff., die davon ausgehen, dass die Wesentlichkeit allein auf Basis objektiver Umstände zu bestimmen sei und nicht von subjektiven Zumutbarkeitserwägungen für den Zugangspetenten abhängig gemacht werden dürfe. Dies stand allerdings im Widerspruch zur vorherrschenden Rechtsprechungspraxis und hätte in Extremfällen die Konsequenz, dass ein Wettbewerber auch dann, wenn er selbst ohne weiteres in der Lage wäre, die begehrte Zugangsleistung bereitzustellen, einen Anspruch gegen den Marktbeherrscher hätte geltend machen können. Dies verträgt sich aber nicht mit dem Verhältnismäßigkeitsgebot und stellt einen übermäßigen Eingriff in die Wirtschaftsgrundrechte des marktstarken Unternehmens dar, der auch nicht zur Förderung eines funktionsfähigen Wettbewerbs notwendig ist, da der Marktzutritt auch ohne die Zugangsverpflichtung nach § 33 TKG 1996 möglich wäre.

[132] Vgl. dazu Beschluss der *RegTP* vom 30.3.2001 - BK 3a-00/025, MMR 2001, 485; Beschluss der *RegTP* vom 31.5.2002 - BK 3a-01/035, MMR 2003, 64; *BVerwG*, Urteil vom 3.12.2003 - 6 C 20/02, BVerwGE 119, 282 ff.; *OVG Münster*, Beschluss vom 1.10.2001 - 13 B 1156/01.

[133] *OVG Münster*, Beschluss vom 7.2.2000 - 13 A 180/99, NVwZ 2000, 697 (699); *dass.*, Beschluss vom 20.7.2000 - 13 B 1008/00.

[134] Vgl. *OVG Münster*, Beschluss vom 11.2.2000 - 13 B 1891/99.

1 TKG einige Grundsätze der sog. Essential Facilities-Doktrin[135] im deutschen Telekommunikationsrecht umsetzen sollte[136]. Dies war notwendig, da die Essential Facilities-Doktrin bereits von der *Europäischen Kommission* bzw. dem *Gerichtshof der Europäischen Gemeinschaften* (**EuGH**) auf europäischer Ebene bei Kartellrechtsentscheidungen[137] herangezogen wurde und daher nur durch gleichzeitige nationale Berücksichtigung dieser Grundsätze eine Regulierung des Telekommunikationssektors im Einklang mit der *Europäischen Kommission* möglich war[138]. Nach der Essential Facilities-Doktrin muss bei der Bestimmung der Wesentlichkeit insbesondere darauf abgestellt werden, ob die Wettbewerber auf die entsprechende Leistung des Marktbeherrschers angewiesen sind, weil es keine realisierbare Alternative zu deren Nutzung gibt[139], was

---

135 Im US-amerikanischen Kartellrecht wurde diese Doktrin im Jahre 1912 mit der Entscheidung des *US Supreme Courts*, United States gegen Terminal Railroad Association, 224 US 383 [1912] begründet. Danach sollte ein vertikal integriertes und marktstarkes Unternehmen dann verpflichtet sein, seinen Wettbewerbern Zugang zu seinen Leistungen zu gewähren, wenn es Infrastrukturen kontrolliert, die dergestalt einen Engpass für die Wettbewerber darstellen, dass diese hierauf angewiesen sind, um auf einem anderen, an sich bestreitbaren Markt aktiv zu werden. Sie wurde später auch auf europäischer Ebene durch Entscheidungen der *Europäischen Kommission* umgesetzt und in Urteilen des *EuGH* behandelt, vgl. *EuGH*, Urteil vom 6.4.1995 - Rs. C-241/91, Slg. 1995, I-743; Mitteilung der *Europäischen Kommission* über die Anwendung der Wettbewerbsregeln auf Zugangsvereinbarungen im Telekommunikationsbereich, ABl. EG Nr. 265 vom 22.8.1998, S. 2 und 15. Die vollständige Übernahme einer einheitlichen Essential Facilities-Doktrin in die europäische Kartellrechtspraxis wird dem entgegen von *Holznagel/Koenig*, Der Begriff der wesentlichen Leistungen nach § 33 TKG, 2001, S. 40 ff., abgelehnt.

136 Vgl. *Piepenbrock*, in: Beck`scher TKG-Kommentar, 2. Aufl. 2000, § 33 Rn. 39; *Säcker/Callies*, K&R 1999, 337 (338); *Glahs*, in: Scheurle/Mayen (Hrsg.), TKG, 2002, § 33 Rn. 34a; kritisch zur Heranziehung dieses Rechtsinstituts für das Verständnis des § 33 TKG 1996 *Holznagel/Koenig*, Der Begriff der wesentlichen Leistungen nach § 33 TKG, 2001, S. 16, 18 und 26 ff., die davon ausgehen, dass es eines Rückgriffs auf die Essential Facilities-Doktrin überhaupt nicht bedürfe, da die entscheidende Lokalisierung des für den Wettbewerb gefährlichen ökonomischen Engpasses bereits in der nationalen Norm selbst hinreichend angelegt sei. Außerdem sei § 33 TKG 1996 entgegen den Grundsätzen der Essential Facilities-Doktrin nicht auf die Einräumung reiner Mitbenutzungsrechte beschränkt, vgl. ebenda, S. 28.

137 Erstmals kam diese Doktrin bei den sog. Hafen-Entscheidungen der *Europäischen Kommission* zur Anwendung, vgl. z. B. Entscheidung der *Europäischen Kommission* vom 11.6.1992 - B&I/Sealink, Common Market Law Report 1992, Nr. 5, S. 255.

138 So *Glahs*, in: Scheurle/Mayen (Hrsg.), TKG, 2002, § 33 Rn. 34a.

139 Dabei reicht es nicht aus, wenn die Alternative unwirtschaftlicher als die Mitbenutzung von Leistungen des Marktbeherrschers war, da der Wettbewerber prinzipiell auch in der Lage ist, Kooperationen einzugehen, um ein entsprechendes eigenes Projekt in Angriff zu nehmen. Nur wenn ein unzumutbares Verhältnis zwischen der Inanspruchnahme der Leistungen des Marktbeherrschers oder der Schaffung eige-

als Kriterium von der Rechtsprechung auch wie oben dargelegt regelmäßig beachtet wurde.

Streitig war schließlich, ob das Kriterium der "**Wesentlichkeit**" abstrakt oder konkret aus der Sicht des zugangsbegehrenden Wettbewerbers zu bestimmen war. Das *OVG Münster* vertrat die Auffassung, dass eine abstrakte Auslegung geboten war[140]. Dies hatte zur Folge, dass es nicht auf den spezifischen Bedarf des Wettbewerbers an der jeweiligen Leistung ankam, sondern vielmehr darauf abzustellen war, ob die begehrte Leistung des Marktbeherrschers objektiv für die Erbringung der geplanten Telekommunikationsleistung wesentlich ist. Diese Auffassung wurde damit begründet, dass das Merkmal der "**Wesentlichkeit**" lediglich die begehrte Leistung an sich bestimme, nicht aber auf den Bedarf des Wettbewerbers abstelle.

Dieses Verständnis wurde jedoch zu Recht kritisiert[141]. Schließlich stellte die Einschränkung des Zugangs auf wesentliche Leistungen eine Ausprägung des Verhältnismäßigkeitsgrundsatzes dar, der immer eine Berücksichtigung der Umstände des Einzelfalls erfordert. Zutreffenderweise wurde auch darauf hingewiesen, dass die Begründung des *OVG Münster* systematisch nicht überzeugen könne, da nach § 33 Abs. 1 TKG 1996 ein Zugangsanspruch nur bestand, *soweit* die Leistung für den Wettbewerber zur Erbringung eigener Telekommunikationsdienste wesentlich war[142]. Daher präzisierte das Wesentlichkeitskriterium sowohl die Leistung selbst als auch den Umfang und die Bedingungen des jeweiligen Zugangs. Es war daher eine konkrete Betrachtung geboten, die den jeweiligen Bedarf des Zugangspetenten berücksichtigte.

3.2.1.2.5 Art und Weise der Zugangsgewährung

Die Zugangsgewährung hatte diskriminierungsfrei und zu den Bedingungen zu erfolgen, die sich das marktbeherrschende Unternehmen selbst bei der Nutzung für die Erbringung anderer Telekommunikationsdienstleistungen einräumte. § 33 TKG 1996 verankerte demnach den Grundsatz "**externe Behandlung gleich interne Behandlung**" und unterschied sich darin vom Diskriminierungsverbot des § 20 GWB, der lediglich die gleiche Behandlung aller Wettbewerber fordert[143]. Eine Abweichung in Form der Einräumung ungünstigerer

---

ner entsprechender Vorleistungen besteht, liegt keine gangbare Alternative i. S. d. Essential Facilities-Doktrin vor.

140 *OVG Münster*, Beschluss vom 7.2.2000 - 13 A 180/99, NVwZ 2000, 697 (699) Diese Ansicht wurde z. B. auch von *Tschentscher/Neumann*, BB 1997, 2437 (2444), vertreten.

141 *Glahs*, in: Scheurle/Mayen (Hrsg.), TKG, 2002, § 33 Rn. 35.

142 So *Glahs*, in: Scheurle/Mayen (Hrsg.), TKG, 2002, § 33 Rn. 35.

143 Vgl. dazu *Piepenbrock*, in: Beck`scher TKG-Kommentar, 2. Aufl. 2000, § 33 Rn. 43.

Bedingungen für Wettbewerber war nur dann möglich, wenn dafür ein sachlicher Grund bestand.

Die genaue Form der Zugangsgewährung hing dabei stets von der begehrten Leistung ab[144]. Sie konnte sowohl die Einräumung von Mitbenutzungsrechten an der Leistung (z. B. an dem Netz oder Teilen des Netzes des Anspruchsverpflichteten) als auch Betretungsrechte oder die Weitergabe von Daten erfassen[145]. Dabei mussten die erforderlichen Leistungen auch entbündelt zur Verfügung gestellt werden, um die Wettbewerber nicht dem Zwang einer Abnahme nicht benötigter Leistungen, welcher die wirtschaftlichen Betätigungsmöglichkeiten der Wettbewerber erheblich einschränken könnte und dem Marktbeherrscher Raum für Missbrauchsmöglichkeiten eröffnen würde, auszusetzen[146]. Das Gebot der Entbündelung von Leistungen galt auch dann, wenn der Marktbeherrscher die entsprechende Leistung selbst überhaupt nicht einzeln nutzte. Hiermit sollte sichergestellt werden, dass Wettbewerber nicht gezwungen werden, die interne Struktur des zugangsverpflichteten Unternehmens zu übernehmen, sondern diese und ihre Angebote selbst gestalten konnten[147].

Die Grenze der Entbündelung lag allerdings dort, wo es sich um eine nicht mehr teilbare Leistung handelte. Gerade die Frage, wann eine einheitliche Leistung vorlag, bereitete allerdings in der Praxis durchaus Schwierigkeiten, da es sich hierbei wiederum um eine wertende Entscheidung handelte. Das *VG Köln* jedenfalls ging unter Bezugnahme auf das Missbrauchsverbot des Art. 82 Abs. 2d EGV[148] davon aus, dass sich die kleinste anzubietende Leistungseinheit da-

---

[144] *Piepenbrock*, in: Beck`scher TKG-Kommentar, 2. Aufl. 2000, § 33 Rn. 26.

[145] Vgl. dazu *Glahs*, in: Scheurle/Mayen (Hrsg.), TKG, 2002, § 33 Rn. 38.

[146] Dieser Grundsatz wurde z. T. aus dem Diskriminierungsverbot des § 33 TKG 1996 direkt abgeleitet, z. T. jedoch auf § 35 TKG 1996 i. V. m. § 2 NZV gestützt. Die Herleitung hing davon ab, wie das Verhältnis zwischen § 33 TKG 1996 und § 35 TKG 1996 verstanden wurde. Die herrschende Ansicht sah in § 35 TKG 1996 lediglich eine Konkretisierung des § 33 TKG 1996, die diesen nicht verdrängte, sodass unmittelbar auch bei der Beurteilung von Zugangsgewährungen auf Basis des § 33 TKG 1996 auf die nach § 35 TKG 1996 erlassene NZV abgestellt werden konnte, die eine solche Entbündelung vorsah, vgl. *Tschentscher/Neumann*, BB 1997, 2437 (2444); *Piepenbrock*, in: Beck`scher TKG-Kommentar, 2. Aufl. 2000, § 33 Rn. 18; *OVG Münster*, Beschluss vom 7.2.2000 - 13 A 180/99, NVwZ 2000, 697 (700); *VG Köln*, Beschluss vom 18.8.1997 - 1 L 2317/97, CR 1997, 639 (641). Die Gegenansicht gestand jedoch § 35 TKG 1996 einen eigenständigen Anwendungsbereich zu und leitete das Entbündelungsgebot aus den europarechtlichen Vorgaben des Art. 82 Abs. 2d EGV her, in deren Lichte § 33 TKG 1996 ausgelegt werden musste, vgl. *Glahs*, in: Scheurle/Mayen (Hrsg.), TKG, 2002, § 33 Rn. 45 f. In der Praxis machen beide Ansichten jedenfalls im Ergebnis keinen Unterschied, sodass eine abschließende Entscheidung niemals notwendig wurde.

[147] Vgl. *Glahs*, in: Scheurle/Mayen (Hrsg.), TKG, 2002, § 33 Rn. 53.

[148] Vgl. zur Bestimmung der jeweils kleinsten Leistungseinheit im Rahmen von Art. 82 EGV (vormals Art. 86 EGV) *von Gamm*, Kartellrecht, 2. Aufl. 1990, Art. 86 EGV

nach bestimme, in welcher Beziehung die Hauptleistung zu den etwaigen zusätzlichen Leistungen steht und ob ein Sachzusammenhang dergestalt vorliegt, dass technische oder wirtschaftliche Gründe für die Zusammenfassung der betreffenden Leistungen zu einem einheitlichen Angebot sprechen[149]. Auf die Frage der technischen Teilbarkeit komme es demgegenüber schwerpunktmäßig nicht an, da vielmehr die wirtschaftlichen Zusammenhänge und Handelsbräuche am Leistungsort maßgeblich seien. Mittels dieses Ansatzes war es in der Praxis insgesamt möglich, den Umfang der jeweiligen Leistungseinheit zu bestimmen, wobei es hier – wie so oft – auf die konkrete Handhabung der wertungsgeleiteten Kriterien im Einzelfall ankam.

Problematisch war schließlich die Frage, ob auch Alleinnutzungsrechte für Wettbewerber eine Zugangsform i. S. d. § 33 Abs. 1 TKG 1996 darstellen konnten. Diese Problematik stellte sich im Zusammenhang mit der Überlassung der Teilnehmeranschlussleitung des Marktbeherrschers an die Wettbewerber, die einen entbündelten Zugang zu diesem Netzbestandteil gefordert hatten, um ihren Kunden selbst Verbindungsleistungen und einen Telefonanschluss im Ortsnetz zu gewähren.

Fraglich war vor allem, ob ein derartig weitgehender Zugangsanspruch noch mit Art. 14 GG vereinbar ist, da der Eigentümer der Teilnehmeranschlussleitung temporär vollständig von der Nutzung ausgeschlossen wird, wenn ein Wettbewerber die Leistung nutzt[150]. Die Rechtsprechung ging trotz starker Bedenken[151] hinsichtlich der Zulässigkeit eines Alleinnutzungsrechts davon aus, dass auch dies vom Zugangsanspruch gedeckt sei[152]. Vor dem Hintergrund der großen Bedeutung des Zugangs zur Teilnehmeranschlussleitung für die Entstehung von Wettbewerb im Ortsnetz war dieses weite Zugangsverständnis trotz

---

Rn. 17 f.; *Schröter*, in: von der Groeben/Schwarze (Hrsg.), Kommentar zum EU-/EG-Vertrag, Band 2, 6. Aufl. 2003, Art. 82 Rn. 240 f.

149 *VG Köln*, Beschluss vom 18.8.1997 - 1 L 2317/97, CR 1997, 639 ff. Demgegenüber stellt *Tschentscher/Neumann*, BB 1997, 2437 (2446), allein auf die technische Teilbarkeit ab. Da die Auffassung des *VG Köln* aber die Vorgaben des europäischen Kartellrechts berücksichtigt und so zu einer einheitlichen Rechtsanwendung beiträgt, ist dieser Ansicht der Vorzug zu geben. Sie eröffnet auch besser die Möglichkeit der Einbeziehung von wertenden Elementen, die eine sachgerechtere Entscheidung erlauben.

150 Zu dieser Problematik ausführlich *Glahs*, in: Scheurle/Mayen (Hrsg.), TKG, 2002, § 33 Rn. 39 ff.

151 So verwies z. B. *Glahs*, in: Scheurle/Mayen (Hrsg.), TKG, 2002, § 33 Rn. 43, mit durchaus nachvollziehbarem Hinweis auf den Wortsinn des Begriffs "**Zugang**" darauf, dass ein Alleinnutzungsrecht aufgrund der vollständigen (temporären) Auskoppelung des Netzbestandteils nicht mehr eine Form des Zugangs darstellen könne.

152 *OVG Münster*, Beschluss vom 7.2.2000 - 13 A 180/99, NVwZ 2000, 697 (701). Dieses Verständnis wurde z. B. auch von*Tschentscher/Neumann*, BB 1997, 2437 (2446) vertreten.

der verfassungsrechtlichen Bedenken und der durchaus überzeugenden Gegenargumente vorzugswürdig und begrüßenswert[153].

Der Zugang musste ausweislich § 33 Abs. 1 TKG 1996 diskriminierungsfrei gewährt werden. Dies bedeutete lediglich, dass gleiche Sachverhalte nicht unterschiedlich behandelt werden dürfen, wenn kein sachlicher Grund hierfür vorliegt[154].

Des Weiteren war der Grundsatz zu beachten, wonach die externe Behandlung des Wettbewerbs der internen Behandlung innerhalb des marktbeherrschenden Unternehmens entsprechen musste. Hieraus folgte, dass die begehrte Leistung exakt zu denjenigen technischen, ökonomischen und betrieblichen Bedingungen angeboten werden musste, die sich der Marktbeherrscher bei der eigenen Nutzung selbst einräumte[155].

Diskriminierungsfreiheit war insbesondere hinsichtlich der vom Marktbeherrscher geforderten Entgelte, des Zugangs zu für den Zugangspetenten erforderlichen Daten, der technischen Konfiguration und der Qualität einer Zugangsleistung, der Bearbeitungsdauer eines Zugangsantrags, der Fristen für die Bereitstellung sowie des grundlegenden "**Ob**" einer Zugangsgewährung geboten[156].

Differenzierte der zugangsverpflichtete Marktbeherrscher bei der Zugangsgewährung zwischen einzelnen Wettbewerbern oder bot er ihnen ungünstigere

---

[153] § 33 TKG 1996 wurde vor dem Hintergrund des in Art. 87f GG verfassungsrechtlich vorgegebenen Ziels der Schaffung funktionsfähigen Wettbewerbs insgesamt zutreffend als eine verhältnismäßige Inhalts- und Schrankenbestimmung des Eigentums angesehen, da für jeden Eingriff in geschützte Rechtspositionen vom Zugangsberechtigten ein angemessenes Entgelt zu entrichten war und der Marktbeherrscher unzumutbare Zugangsverpflichtungen bei Vorliegen sachlicher Gründe verweigern konnte. Außerdem wurde konstatiert, dass dem Gesetzgeber kein milderes, gleich geeignetes Mittel als ein weit reichender Zugangsanspruch zur Verfügung stand, um das Ziel einer Wettbewerbsförderung unter Berücksichtigung der Besonderheiten des Telekommunikationssektors verfolgen zu können. Der durch § 33 TKG 1996 veranlasste Kontrahierungszwang des Marktbeherrschers wurde auch als verhältnismäßige Berufsausübungsregel i. S. d. Art. 12 GG eingestuft, da wiederum die Förderung des Wettbewerbs einen derartigen Eingriff rechtfertige und dem Betroffenen hinreichende Ausgleichsansprüche zugewiesen seien. Vgl. zur Verfassungsmäßigkeit des § 33 TKG 1996 ausführlich *Holznagel/Koenig*, Der Begriff der wesentlichen Leistungen nach § 33 TKG, 2001, S. 68 ff.; *Engel/Knieps*, Die Vorschriften des Telekommunikationsgesetzes über den Zugang zu wesentlichen Leistungen, 1998, S. 15 ff.; *Stern/Dietlein*, ArchivPT 1998, 309 ff.; *dies.*, RTKom 1999, 2 ff.; *Koenig/Braun*, NVwZ 1999, 1056 ff.; *Fehling*, AöR 121 (1996), 59 ff.

[154] Vgl. zur Bestimmung des Begriffs der Diskriminierungsfreiheit anhand der europäischen und deutschen Rechtsprechung zum Kartellrecht *Glahs*, in: Scheurle/Mayen (Hrsg.), TKG, 2002, § 33 Rn. 45 f.

[155] Vgl. dazu auch Gesetzesbegründung zu § 33 TKG 1996 (§ 32 TKG-E 1996), BT-Drs. 13/3609.

[156] Siehe ausführlich hierzu *Piepenbrock*, in: Beck`scher TKG-Kommentar, 2. Aufl. 2000, § 33 Rn. 46 ff.

Bedingungen als eigenen Unternehmenssparten an, so lag grundsätzlich ein Verstoß gegen das Diskriminierungsverbot des § 33 Abs. 1 TKG 1996 vor. Diese Ungleichbehandlung konnte aber im Einzelfall gerechtfertigt sein, sofern ein sachlicher Grund hierfür vorliegt. Hierfür war der Marktbeherrscher selbst beweisbelastet, um die Wettbewerber nicht mit einem schwierigen Negativbeweis zu belasten, für den sie dann Zugriff auf Informationen aus der Risikosphäre des Zugangsverpflichteten haben müssten. Bedeutsam ist ferner, dass im Gegensatz zum kartellrechtlichen Diskriminierungsverbot eine gänzliche Geschäftsverweigerung und damit eine unterschiedliche Behandlung im Rahmen des "**Ob**" einer Zugangsgewährung nicht sachlich gerechtfertigt werden konnte. Unterschiedliche Bedingungen ließen sich daher nur hinsichtlich der Art und Weise der Zugangseinräumung durch sachliche Gründe rechtfertigen[157].

Die sachliche Rechtfertigung setzte dabei eine normative Abwägung der betroffenen Belange unter Berücksichtigung der Zielsetzung des Telekommunikationsrechts, das neben der Freiheit des Wettbewerbs auch die Schaffung der Rahmenbedingungen für das Entstehen von Wettbewerb gewährleisten soll, voraus[158]. Dabei wurden allerdings von vornherein solche Belange ausgeschieden, die einen gesetzeswidrigen Zweck verfolgten oder gegen die Zielsetzung des TKG 1996 oder anderer Rechtsvorschriften verstießen[159].

Des Weiteren wurde dem Marktbeherrscher eine besondere Rücksichtnahmepflicht auf die Belange anderer Marktteilnehmer auferlegt, die seine wirtschaftliche Handlungsfreiheit im Interesse der Schaffung und Sicherstellung von Wettbewerb einschränkte. Der Normadressat musste demgemäß im Unterschied zu allen anderen Unternehmen stets betriebswirtschaftlich vernünftige Ziele mit seinen Verhaltensweisen verfolgen und selbst dabei noch das jeweilige zum Erreichen des zulässigen Zwecks notwendige mildeste Mittel wählen, um die wirtschaftlichen Betätigungsmöglichkeiten der Wettbewerber am wenigsten einzuschränken[160].

---

157 Vgl. dazu *Piepenbrock*, in: Beck`scher TKG-Kommentar, 2. Aufl. 2000, § 33 Rn. 50.

158 Diese Begriffsbestimmung der sachlichen Rechtfertigung überträgt dabei den aus dem allgemeinen Wettbewerbsrecht im Rahmen des § 20 GWB anerkannten Maßstab, wonach die Unbilligkeit bzw. das Fehlen eines sachlich rechtfertigenden Grundes anhand einer Gesamtabwägung der Interessen der Beteiligten unter Berücksichtigung der auf die Freiheit des Wettbewerbs gerichteten Zielsetzung des GWB festgestellt wird (vgl. nur *BGH*, Urteil vom 27.9.1962 - KZR 6/61, BGHZ 38, 90 (102)), in das Telekommunikationsrecht und ergänzt diesen um die weitergehenden Ziele des Telekommunikationsrechts, das im Gegensatz zum GWB die Grundlagen für die Entstehung von Wettbewerb in einem ehemals monopolistisch geprägten Umfeld erst noch schaffen musste, vgl. dazu *Piepenbrock*, in: Beck`scher TKG-Kommentar, 2. Aufl. 2000, § 33 Rn. 51.

159 Vgl. nur *Piepenbrock*, in: Beck`scher TKG-Kommentar, 2. Aufl. 2000, § 33 Rn. 52.

160 Vgl. zu diesem aus der kartellrechtlichen Praxis übernommenen Rücksichtnahmegebot *BGH*, Beschluss vom 22.9.1981 - KVR 8/80, BGHZ 81, 322 (341).

Eine sachliche Rechtfertigung für eine Ungleichbehandlung kam dabei in Konstellationen in Betracht, in denen es um den Zugang zu knappen Ressourcen des Marktbeherrschers ging, die er selbst bei einem entsprechenden Willen nicht jedem Wettbewerber in gleicher Weise zur Befriedigung seiner Vorstellungen zur Verfügung stellen könnte. Grundsätzlich musste aber der Normadressat auch hier dafür Sorge tragen, dass die zur Verfügung stehenden Kapazitäten für bestimmte Leistungen nach einem diskriminierungsfreien Verfahren zwischen den Nachfragern aufgeteilt wurden[161]. Insbesondere durfte der Marktbeherrscher dabei auch keine konzerninternen Nachfrager von vornherein bevorzugen. Auch Gründe, die in der Person des Zugangsbegehrenden lagen, konnten eine Zugangsverweigerung bzw. eine Ungleichbehandlung rechtfertigen. Dies gilt z. B. für schwere Verfehlungen oder Vertragsverletzungen in erheblichem Ausmaß gegenüber dem Normadressaten, die diesem die Eingehung einer Geschäftsbeziehung nicht zumutbar erscheinen ließen[162].

Nach § 33 Abs. 1 Satz 2 TKG 1996 durfte der Normadressat dabei den Zugang bei einer sachlichen Rechtfertigung auch nur insoweit beschränken, wie dies den grundlegenden Anforderungen im Sinne des Art. 3 Abs. 2 der Richtlinie 90/387/EWG[163] (sog. **Open Network Provision-** bzw. **ONP-Richtlinie**) entspricht. Grundlegende Anforderungen sind dabei nach Art. 3 Abs. 3 der ONP-Richtlinie unter anderem die Sicherheit des Netzbetriebs, die Aufrechterhaltung der Netzintegrität sowie Interoperabilität der Dienste[164]. Diese Begrenzung der als sachliche Gründe in Betracht kommenden Umstände durch die ONP-Richtlinie galt allerdings nur insoweit, wie auch der Anwendungsbereich der Richtlinie reichte. Die Beschränkungen mussten somit insbesondere für den direkten Zugang zum Telekommunikationsnetz des Marktbeherrschers beachtet werden, während anderweitige von § 33 TKG 1996 gedeckte Zugangsansprüche – etwa der Zugang zur Fakturierung oder dem Inkasso – auch unter Hinweis auf nicht in der ONP-Richtlinie genannte Gründe beschränkt oder sogar gänzlich versagt werden konnte[165].

---

[161] Vgl. ausführlich *Piepenbrock*, in: Beck`scher TKG-Kommentar, 2. Aufl. 2000, § 33 Rn. 55 ff. m. w. N.

[162] In der kartellrechtlichen Rechtsprechung sind auch noch eine fehlende Kreditwürdigkeit oder geschäftsschädigendes Verhalten des Zugangspetenten als persönliche Verweigerungsgründe genannt worden, vgl. *BGH*, Urteil vom 24.9.1979 - KZR 20/78, GRUR 1980, 125 (128); *BGH*, Beschluss vom 25.10.1988 - KVR 1/87, GRUR 1989, 220.

[163] Richtlinie 90/387/EWG vom 28.6.1990, ABl. EG Nr. L 192 vom 24.7.1990, S. 1.

[164] Eine Konkretisierung dieser Begriffe ist durch die nachfolgende ONP-Richtlinie 98/10/EG vom 26.2.1998, ABl. EG Nr. L 101 vom 1.4.1998, S. 24, vorgenommen worden, die bei der Bestimmung dieser Rechtfertigungen für Zugangsbeschränkungen daher ebenfalls zu beachten ist.

[165] Vgl. dazu *Holznagel/Koenig*, Der Begriff der wesentlichen Leistungen nach § 33 TKG, 2001, S. 66 f.

Aufgrund § 33 Abs. 1 Satz 2 TKG 1996 waren dem Marktbeherrscher somit in zentralen Bereichen der Zugangsgewährung erhebliche Einschränkungen für die Zugangsverweigerung oder Zugangsbeschränkung auferlegt, die er allesamt bei der Bearbeitung von Zugangsanfragen in diskriminierungsfreier Art und Weise beachten und bei einem Berufen darauf auch nachweisen musste. Im jeweiligen Einzelfall hatte der Marktbeherrscher dem Zugangsnachfrager ferner mitzuteilen, auf Basis welcher grundlegenden Anforderung er eine Beschränkung des Zugangs vornehmen wollte. Hierdurch sollte der Wettbewerber in die Lage versetzt werden, berechtigte Einwände des Marktbeherrschers gegen die Gewährung eines Zugangs auszuräumen, um zu einem späteren Zeitpunkt seinen Antrag erneuern zu können.

3.2.1.3 Missbrauchstatbestand, § 33 Abs. 2 TKG 1996

Während § 33 Abs. 1 TKG 1996 ein unmittelbar geltendes Diskriminierungsverbot bzw. Gleichbehandlungsgebot enthielt, aus dem Wettbewerber einen direkten Anspruch auf Gewährung von Netzzugang herleiten konnten, regelte Abs. 2 das hoheitliche Missbrauchsverfahren vor der Regulierungsbehörde. Dieses konnte neben einer etwaigen zivilgerichtlichen Durchsetzung des § 33 Abs. 1 TKG 1996 betrieben werden. Lag ein Verstoß gegen § 33 Abs. 1 TKG 1996 vor, konnte die *RegTP* das missbräuchliche Verhalten hoheitlich untersagen, Verträge ganz oder teilweise für unwirksam erklären oder ein Verhalten auferlegen. Hinsichtlich der letzten Befugnis unterschied sich § 33 Abs. 2 TKG 1996 von der allgemeinen kartellrechtlichen Vorbildnorm des § 32 GWB a. F., der lediglich Untersagungsmöglichkeiten enthielt[166].

Hierin lag eine entscheidende Schwäche des § 32 GWB a. F., da einigen Missbrauchsfällen hiermit nicht sachgerecht begegnet werden konnte. Deswegen ging die Kartellbehörde in derartigen Fällen dazu über, eine rechtstechnisch eigentlich als Gebot zu qualifizierende Maßnahme als Verbot umzuformulieren, um dem Marktversagen überhaupt noch entgegenwirken zu können. Ein bekanntes Beispiel hierfür ist die "**Fährhafen Puttgarden**"-Entscheidung des *Bundeskartellamts*, in der einem Hafenbetreiber in Ermangelung einer Gebotsermächtigung "**untersagt**" wurde, die Nutzung von Hafenanlagen zu verweigern[167]. In der Sache ist hier zweifellos eine positive Zugangsanordnung ergan-

---

[166] Inzwischen sieht § 32 GWB n. F. auch die Möglichkeit der Kartellbehörden vor, den Unternehmen oder Vereinigungen von Unternehmen alle Maßnahmen aufzugeben, die für eine wirksame Abstellung der Zuwiderhandlung erforderlich und gegenüber dem festgestellten Verstoß verhältnismäßig sind.

[167] Vgl. *BKartA*, Beschluss vom 21.12.1999 - B9-63220-T-199/97 und T-16/98, WuW/E DE-V 253 (255): *"Der (Scandlines GmbH)* ***wird untersagt****, sowohl der Beigeladenen zu 1 als auch der Beigeladenen zu 2* ***das Recht zu verweigern****, die in ihrem Eigentum stehenden see- und landseitigen Infra- und Suprastrukturen des Fährhafens Puttgarden gegen ein angemessenes Entgelt mitzubenutzen, um mit Azimuth-Schiffen einen stündlich zwischen Rødby und Puttgarden verkehrenden*

gen, die lediglich aufgrund des Wortlauts des § 32 GWB a. F. als Verbot formuliert worden ist[168]. Aus diesem Missstand hat der Gesetzgeber die notwendigen Lehren gezogen und die Vorschrift des § 33 Abs. 2 TKG 1996 entsprechend ausgestaltet, dass die Regulierungsbehörde jeweils die angemessene Abhilfemaßnahme ergreifen konnte.

Eine derartige Missbrauchsverfügung der Regulierungsbehörde konnte allerdings erst dann ergehen, wenn sie den Normadressaten zuvor aufgefordert hatte, den betreffenden Missbrauch abzustellen, vgl. § 33 Abs. 2 Satz 2 TKG 1996, wodurch das Missbrauchsverfahren dann erheblich verlängert werden konnte, wenn der Marktbeherrscher keinerlei Absichten hatte, von sich aus ein missbräuchliches Verhalten abzustellen oder dieses selbst als rechtmäßig ansah und daher eine anschließende Klärung im Missbrauchsverfahren in Kauf nahm. Die Anhörungspflicht wurde aber als Ausfluss des Verhältnismäßigkeitsprinzips angesehen und trotz der damit einhergehenden Zeitverzögerung hingenommen[169].

Über die Eröffnung eines Missbrauchsverfahrens hatte die Regulierungsbehörde nach pflichtgemäßem, aber sonst freiem Ermessen zu entscheiden. Hierdurch hatten Wettbewerber lediglich einen Anspruch auf eine ermessensfehlerfreie Entscheidung[170] der Behörde, jedoch nicht auf ein Einschreiten selbst. Dieser konnte sich nur dann ergeben, wenn ausnahmsweise eine Ermessensreduzierung auf Null vorlag, da dann als einzige rechtlich zulässige Option ein Tätigwerden übrig geblieben ist[171].

Für den Erlass einer Missbrauchsverfügung durch die *RegTP* genügte es allerdings nicht, dass ein Verstoß gegen das Diskriminierungsverbot nach § 33 Abs. 1 TKG 1996 bestand, der grundsätzlich von der Regulierungsbehörde bewiesen werden musste[172]. Es war außerdem erforderlich, dass der Marktbeherrscher

---

Fährdienst für Passagiere und Kraftfahrzeuge zu betreiben. Der (Scandlines GmbH) steht es frei, das Recht auf Mitbenutzung nur der Beigeladenen zu 1 oder nur der Beigeladenen zu 2 einzuräumen. 2. Der (Scandlines GmbH) ***wird untersagt, sich zu weigern****, die für eine Mitbenutzung des Fährhafens Puttgarden erforderlichen Vorkehrungen (insbesondere in Bezug auf Umbaumaßnahmen und öffentlich-rechtliche Genehmigungsverfahren) im Einvernehmen mit der ausgewählten Nutzungsberechtigten zu treffen bzw. diese zu ermöglichen"* (Hervorhebungen durch den Verf.).

168 *Thomaschki*, K&R Beilage 1/2004, 21 (23).

169 Vgl. *Glahs*, in: Scheurle/Mayen (Hrsg.), TKG, 2002, § 33 Rn. 73.

170 Vgl. dazu *BVerfG*, Beschluss vom 17.12.1969 - 2 BvR 23/65, BVerfGE 27, 297 (307).

171 Vgl. dazu *Piepenbrock*, in: Beck`scher TKG-Kommentar, 2. Aufl. 2000, § 33 Rn. 90.

172 Hierzu konnte sie Zeugen vernehmen, Sachverständige befragen oder Gegenstände in Augenschein nehmen, § 76 TKG 1996. Außerdem durfte sie Beweismittel auch beschlagnahmen, vgl. § 77 TKG 1996. Die Beweispflicht für das Vorliegen einer sachlichen Rechtfertigung für eine Diskriminierung obliegt jedoch dem jeweiligen

seine besondere Marktstellung auch missbräuchlich ausgenutzt hatte, vgl. § 33 Abs. 2 Satz 1 TKG 1996. Die Rechtsprechung leitete aus diesem Tatbestandsmerkmal das Erfordernis einer verwerflichen Absicht ab, die darauf gerichtet sein musste, ein Marktergebnis zu erreichen, das bei funktionsfähigem Wettbewerb so nicht hätte erzielt werden können[173]. Derartige subjektive Gesinnungsmerkmale erschweren den zuständigen Hoheitsträgern stets ein Eingreifen, da sie grundsätzlich äußerst schwer nachzuweisen sind.

An dieser Stelle kam der *RegTP* jedoch eine Vermutungsregel zugute, die bei Vorliegen bestimmter Anhaltspunkte eine Beweislastumkehr zu Lasten des marktbeherrschenden Unternehmens bewirkte[174]. So wurde nach § 33 Abs. 2 Satz 3 TKG 1996 dann ein Missbrauch vermutet, wenn ein marktbeherrschendes Unternehmen sich selbst Zugang zu seinen intern genutzten und zu seinen am Markt angebotenen Leistungen zu günstigeren Bedingungen gewährte, als es sie seinen Wettbewerbern für deren Angebote einräumte. Lag eine derartige Ungleichbehandlung objektiv vor, so konnte der Marktbeherrscher die Vermutung des Missbrauchs nur dadurch entkräften, dass er Gründe nachwies, die diese Schlechterstellung der Wettbewerber sachlich rechtfertigten. Dabei war gleichgültig, ob die Beschränkung von Anfang an bestand oder vom Marktbeherrscher erst nachträglich eingeführt wurde[175].

Nach § 33 Abs. 3 TKG 1996 kann eine Missbrauchsverfügung auch gegenüber Unternehmen, die mit dem Normadressaten nach § 33 Abs. 1 Satz 1 TKG 1996 ein einheitliches Unternehmen bilden, ergehen. Erfasst werden sollen dabei solche Unternehmen, die mit dem Marktbeherrscher in einem Konzern verbunden sind oder mit diesem nach Maßgabe der kartellrechtlichen Vorschriften der §§ 36 Abs. 2 und 37 Abs. 1 und 2 GWB als zusammengeschlossen angesehen werden[176]. Hierdurch sollen auch Missbrauchspraktiken, die sich erst aus der besonderen Einbettung von Unternehmen in einen Konzernverbund ergeben, abgestellt werden können[177].

Normadressaten, vgl. *Piepenbrock*, in: Beck`scher TKG-Kommentar, 2. Aufl. 2000, § 33 Rn. 99.

173 *BVerwG*, Urteil vom 25.4.2001 - 6 C 7/00; *OVG Münster*, Beschluss vom 1.10.2001 - 13 B 1156/01.

174 Sah man dagegen die missbräuchliche Ausnutzung der marktbeherrschenden Stellung nicht als zusätzliches subjektives Tatbestandsmerkmal an, welches mittels der Vermutung des § 33 Abs. 2 Satz 3 TKG 1996 dargelegt werden konnte, so wäre diese Vermutungsregel im Ergebnis überflüssig gewesen, da sie sodann nur noch die Tatbestandsvoraussetzungen des § 33 Abs. 1 Satz 1 TKG 1996 in tautologischer Weise wiedergegeben und auch keinerlei Auswirkungen auf die objektive Beweislast gehabt hätte.

175 *OVG Münster*, Beschluss vom 7.2.2000 - 13 A 180/99, NVwZ 2000, 697 (701).

176 Gesetzesbegründung zu § 33 TKG 1996, BT-Drs. 13/3609, S. 46.

177 Z. B. kann so vermieden werden, dass der Marktbeherrscher eine Gleichbehandlung der Wettbewerber mit seinen internen Nachfragern dadurch sicherstellt, dass letztere ebenfalls überhöhte Entgelte entrichten müssen, die Differenz zum angemesse-

3.2.2 Bedeutende Entscheidungen der Regulierungsbehörde auf Grundlage des § 33 TKG 1996

§ 33 TKG 1996 kam in der frühen Liberalisierungsphase des Telekommunikationssektors unschätzbare Bedeutung zu, da hierüber die Wettbewerber in diskriminierungsfreier Weise Zugang zu den für sie nicht ohne weiteres duplizierbaren, aber für den eigenen Marktauftritt erforderlichen Vorleistungen, Nebenleistungen und Resale-Angeboten erhalten haben. Ohne die Normierung dieses weitgehenden Zugangsanspruchs wäre die beabsichtigte Marktöffnung bereits nach kurzer Zeit an der überlegenen Marktstellung der Deutsche Telekom AG gescheitert, da in bedeutenden Bereichen keine Wettbewerber konkurrenzfähige Alternativprodukte hätten anbieten können. § 33 TKG 1996 wird daher zu Recht als Zentralnorm des Telekommunikationsrechts bis zur Neuordnung im Jahre 2004 angesehen.

Um diese hervorgehobene Bedeutung der besonderen Missbrauchsaufsicht des TKG 1996 zu verdeutlichen, sollen im Folgenden einige der wichtigsten auf § 33 TKG 1996 gestützten Zugangsansprüche nachgezeichnet werden.

3.2.2.1 Entbündelter Zugang zur TAL

Die Wettbewerber der Deutsche Telekom AG verfügten zu Beginn der Marktöffnung nicht über einen direkten Anschluss zu den Endkunden, da sie aus betriebs- und volkswirtschaftlichen Gesichtspunkten kein kostspieliges alternatives Teilnehmernetz aufbauen konnten, welches die Teilnehmeranschlussleitung[178] beinhaltete und erst am Netzabschlusspunkt beim Endnutzer endete. Ein bundesweites Netz, das den Zugang zum Endkunden herstellen konnte, wurde allein von der Deutsche Telekom AG kontrolliert. Nur mittels der Kontrolle über die Teilnehmeranschlussleitung bzw. des Zugangs dazu konnten aber Endnutzern eigene Verbindungsleistungen durch die neuen Marktteilnehmer angeboten werden. Insofern war es für die Förderung funktionsfähigen Wett-

---

nen Preis aber später durch einen konzerninternen Ausgleich wieder erstattet bekommen, vgl. dazu *Piepenbrock*, in: Beck`scher TKG-Kommentar, 2. Aufl. 2000, § 33 Rn. 108.

178 Die TAL wird definiert als Leitungsverbindung, die vom Hauptverteiler über den Kabelverzweiger zum Abschlusspunkt der Linientechnik führt und von dort aus die Teilnehmeranschlusseinheit über die Inhouse-Verkabelung verbindet, vgl. *Holznagel/Koenig*, Der Begriff der wesentlichen Leistungen nach § 33 TKG, 2001, S. 87. Die TAL bestand vornehmlich aus Kupferverkabelungen mit begrenzter Verbindungskapazität. Im Laufe der Zeit traten jedoch weitere Technologien hierzu, die allerdings die überkommenen Kupferverbindungen noch nicht ablösen konnten. Hierzu zählen funkgestützte Techniken wie Wireless Local Loop, WIMAX oder aber Glasfaserendverbindungen, die derzeit zur Ermöglichung schnellerer Internetverbindungen verstärkt verlegt werden.

bewerbs unerlässlich, für einen angemessenen Zugang der Wettbewerber zu diesem Netz zu sorgen.

Hierfür kam zum einen in Betracht, dass der Wettbewerber lediglich die Terminierungs- bzw. Zuführungsleistungen vom Eigentümer der TAL bezieht, diese aber weiterhin unter dessen Kontrolle verbleibt. Hierdurch wären die Wettbewerber allerdings daran gehindert gewesen, derartige Verbindungsleistungen selbst zu erbringen, was den Dienstewettbewerb behindern und außerdem dazu geführt hätte, dass der Marktbeherrscher über ein äußerst hohes Diskriminierungspotential in diesem wichtigen Zugangssegment verfügt hätte.

Alternativ hätte den Wettbewerbern der Zugang zur TAL in Form der Überlassung des reinen Kupferkabels gewährt werden können, während sie die entsprechenden Verbindungsleistungen selbst bereitstellen würden.

Hierdurch würde eine größere Unabhängigkeit vom Incumbent geschaffen, was dem Zweck des Telekommunikationsrechts, einen funktionsfähigen Wettbewerb zu fördern, stärker dienlich wäre. Dementsprechend fragten die Wettbewerber auch von der Telekom den reinen Zugang zur TAL ohne weitere Leistungen nach, da sie die erforderlichen Verbindungsleistungen auch selbst zu erbringen in der Lage waren. Der ehemalige Monopolist jedoch wollte den Zugang zur TAL nur dann gewähren, wenn gleichzeitig auch die Verbindungsleistungen von ihr zur Verfügung gestellt würden.

Diese Konfliktlage wurde von der *RegTP* auf Basis des § 33 TKG 1996 dahingehend gelöst, dass die Deutsche Telekom AG den Wettbewerbern einen vollständig entbündelten Zugang zur TAL gewährleisten musste, diesen also nicht von der Abnahme der nicht benötigten Verbindungsleistungen abhängig machen durfte[179]. Dieses weite Verständnis des Zugangsanspruchs der Wettbewerber wurde auch vom *OVG Münster* geteilt[180]. Durch diese wettbewerbsfreundliche Auslegung des § 33 TKG 1996 war sichergestellt, dass ein entscheidender Engpass für den Marktzutritt alternativer Anbieter entschärft wurde.

3.2.2.2 Fakturierung und Inkasso

Konfliktstoff bot auch die Frage, ob Wettbewerber, die als Verbindungsnetzbetreiber Sprachtelefoniedienstleistungen wie Call-by-Call-Angebote am Markt anboten, die Telekom dazu verpflichten konnten, für die von ihnen erbrachten Verbindungsleistungen die Rechnungsstellung, das Inkasso und ggf. auch sonstige Zusatzleistungen wie Durchführung des Mahnwesens oder Kundenbetreuung im Zusammenhang mit der Gesamtrechnung zu übernehmen.

Diese Anbieter verfügten grundsätzlich nicht über eine direkte Kundenbeziehung, da die Endnutzer ihren Teilnehmeranschluss weiterhin bei der Deutsche Telekom AG als einzigem Unternehmen mit flächendeckendem Teilnehmer-

---

[179] Beschluss der *RegTP* vom 7.6.2000 - BK 3-2-99/033, MMR 2000, 500.
[180] Vgl. *OVG Münster*, Beschluss vom 7.2.2000 - 13 A 180/99, NVwZ 2000, 697 ff.

netz geschaltet hatten, sodass eine eigene Rechnungsstellung für die von ihnen erbrachten Verbindungsleistungen mangels der notwendigen Informationen wie Name, Anschrift etc. faktisch nicht möglich war[181]. Außerdem fielen für die einzelnen über die Wettbewerber in Anspruch genommenen Verbindungsleistungen häufig nur geringe Entgelte an, die eine separate Rechnungsstellung auch in wirtschaftlicher Hinsicht behinderten. Bis zum Jahre 2000 hatte die Deutsche Telekom AG die notwendigen Fakturierungs- und Inkassodienstleistungen auf Basis einer Vereinbarung mit den alternativen Verbindungsnetzbetreibern freiwillig erbracht und auch die Kundenbetreuung der Call-by-Call-Nutzer übernommen.

Erst als die Deutsche Telekom AG diese Vereinbarung zum 1. April 2000 kündigte, versuchten die Wettbewerber, die Übernahme der bisher freiwillig erbrachten Leistungen im Wege einer Missbrauchsverpflichtung nach § 33 Abs. 2 TKG 1996 sicherzustellen. Die Regulierungsbehörde stellte in dem anschließenden Missbrauchsverfahren fest, dass zumindest die Fakturierung und das Inkasso als wesentliche Leistungen i. S. d. § 33 Abs. 1 TKG 1996 anzusehen seien und verpflichtete den Marktbeherrscher zur Fortführung der insoweit bisher freiwillig erbrachten Leistungen[182]. Lediglich das Mahnwesen und die Kundenbetreuung hinsichtlich der Rechnungsteile, die sich auf die Inanspruchnahme der Verbindungsleistungen im Wege des offenen Call-by-Call bezogen, mussten danach nicht weiter von der Deutsche Telekom AG übernommen werden, so wie es inzwischen auch im TKG 2004 explizit in § 21 Abs. 2 Nr. 7 TKG im Rahmen der möglichen Zugangsverpflichtungen in diesem Bereich gesetzlich verankert ist.

Diese Entscheidung ist von gehobener Bedeutung für die Förderung von Dienstewettbewerb im Telekommunikationssektor, da hierdurch das Geschäftsmodell des offenen Call-by-Call per Regulierungsmaßnahme abgesichert wurde und weiter dazu beitragen konnte, dass trotz des monopolistischen Engpasses bei den Teilnehmeranschlussleitungen die Endkunden auf andere Verbin-

---

181 Dies gilt zumindest für das sog. offene Call-by-Call, bei dem sich der Endnutzer vor Inanspruchnahme der Verbindungsleistungen durch die Vorwahl der Betreiberkennziffer nicht beim alternativen Verbindungsnetzbetreiber registrieren lassen muss, vgl. zu diesem Geschäftsmodell *Holznagel/Koenig*, Der Begriff der wesentlichen Leistungen nach § 33 TKG, 2001, S. 109 ff.; *Hefekäuser/Schulz*, CR 1998, 403 ff.; *Säcker/Callies*, K&R 1999, 289 ff.; *Grote*, K&R 1998, 61 f. Das geschlossene Call-by-Call, bei dem sich der Kunde vor Nutzung registrieren lassen musste, fand in der Praxis kaum Anklang und ist nicht nachhaltig am Markt in Erscheinung getreten. Hier stellte der Verbindungsnetzbetreiber stets selbst die Rechnung, da er aufgrund der Registrierung des Kunden über die notwendigen Abrechnungsinformationen verfügte.

182 *RegTP*, Beschlüsse vom 21.2.2000 und 14.3.2000 - BK 3a-99/032, MMR 2000, 298.

dungsnetzbetreiber ausweichen konnten, was die Entgelte für Sprachtelefonie nachhaltig senkte[183].

3.2.2.3 Resale von Telekommunikationsdienstleistungen

An dieser Stelle ist außerdem noch die überaus bedeutsame Entscheidung der *RegTP* zum Resale von Telekommunikationsdienstleistungen der Deutsche Telekom AG hervorzuheben[184], ohne die ebenfalls der Wettbewerb auf den Telekommunikations-Märkten kaum eine Chance gehabt hätte, sich auf den heute vorgefundenen Stand zu entwickeln.

Denn hierdurch wurden Marktzutrittsschwierigkeiten der Wettbewerber abgemildert, die aufgrund der Besonderheiten des Telekommunikationssektors weitestgehend nicht in der Lage waren, eigene Infrastrukturen zu errichten und somit autark in den Wettbewerb mit dem Marktbeherrscher einzutreten.

Erst die Möglichkeit der Wettbewerber, zu Großhandelsbedingungen auf Telekommunikationsdienstleistungen des Marktbeherrschers zurückzugreifen und diese in eigenem Namen und auf eigene Rechnung auf den Endnutzermärkten anzubieten und dabei noch eine wirtschaftlich ausreichende Rendite erzielen zu können, schaffte die Voraussetzung dafür, dass viele alternative Anbieter eigene Angebote am Markt platzieren konnten.

Resale war somit das probate Mittel, trotz mangelnden Infrastrukturwettbewerbs zumindest in einen wünschenswerten Dienstewettbewerb einzutreten, bis die erforderlichen Infrastrukturleistungen in vertretbarem Maße nachgebildet waren.

Die Gefahr bei dem Geschäftsmodell des Resale wurde aber darin gesehen, dass die Wettbewerber sich darauf beschränken könnten, lediglich bestehende Produkte und Dienstleistungen der Deutsche Telekom AG nachzuahmen, ohne eigene Innovationen am Markt zu etablieren[185]. Dass sich diese Befürchtungen im Großen und Ganzen nicht bewahrheitet haben, lässt sich eindrucksvoll an den vielen unterschiedlichen Angeboten der Marktteilnehmer ablesen, die häufig denen der Deutsche Telekom AG in den Parametern Qualität, Kundenfreundlichkeit und Preis weit voraus waren und den Ex-Monopolisten erst zum Reagieren gezwungen haben.

---

[183] Zur vereinzelten Kritik an der Entscheidung der *RegTP* vgl. *Koenig/Loetz*, K&R 2000, 153 ff., und *Glahs*, in: Scheurle/Mayen (Hrsg.), TKG, 2002, § 33 Rn. 87.

[184] *RegTP*, Beschluss vom 30.3.2001 - BK 3a-00/025, MMR 2001, 485.

[185] Vgl. zu den Vorteilen und Gefahren des Resale *Holznagel/Enaux/Nienhaus*, Telekommunikationsrecht, 2. Aufl. 2006, S. 100 f.; *Kurth*, MMR 2001, 653 ff.

3.2.3 Fazit zur besonderen Missbrauchsaufsicht nach § 33 TKG 1996

Der besonderen Missbrauchsaufsicht nach § 33 TKG 1996 kam neben den Vorschriften der Entgeltregulierung die zentrale Rolle bei der Liberalisierung des ehedem monopolistisch strukturierten Sektors zu. Die Bedeutung dieser Vorschrift lässt sich vor allem daran ablesen, dass eine Vielzahl richtungsweisender und wettbewerbsfördernder Regulierungsentscheidungen hierauf gestützt werden konnte, die die netzwirtschaftsspezifischen Marktzutrittsschranken signifikant absenkten[186].

Von Vorteil war dabei die Ausgestaltung der Missbrauchsaufsicht als Generalklausel, die einer an den Notwendigkeiten des Telekommunikationssektors ausgerichteten Auslegung durch die Regulierungsbehörde und die Rechtsprechung zugänglich war.

Im Gegensatz zu der allgemeinen Missbrauchsaufsicht nach §§ 19, 20 GWB, die im Anwendungsbereich des TKG 1996 aufgrund des Spezialitätscharakters des sektorspezifischen Kartellrechts verdrängt war, handelte es sich jedoch nicht um eine Generalklausel, die sämtliche missbräuchlichen Verhaltensweisen erfassen konnte, sondern nur solche, die mit dem Zugang der Wettbewerber zu wesentlichen Leistungen im Zusammenhang standen. Diese Einschränkung wurde allerdings insofern in gewissem Maße entschärft, als dass es sich bei den Zugangsbegehren zu Vor- und Nebenleistungen des Marktbeherrschers um die zentralen Wettbewerbsengpässe des Telekommunikationssektors handelte[187] und der Begriff der wesentlichen Leistungen hierbei sehr weitgehend verstanden wurde[188].

Aufgrund dieser Konzentration der sektorspezifischen Missbrauchsaufsicht auf zentrale monopolistische Engpässe fiel § 33 TKG 1996 hinsichtlich seiner Anwendungsreichweite in gewisser Weise hinter den §§ 19, 20 GWB zurück, was grundsätzlich Anlass zu der Überlegung hätte geben müssen, ob hier eine Anpassung der besonderen Missbrauchsaufsicht geboten ist, wenn schon die ("**äußerst**" subsidiäre) Heranziehung der §§ 19, 20 GWB im Anwendungsbereich

---

[186] Vgl. dazu oben Kapitel 3.2.2.
[187] Vgl. dazu Kapitel 3.2.1.1.
[188] Vgl. dazu oben Kapitel 3.2.1.2.4.

des TKG 1996 ausgeschlossen war[189]. Hierdurch hätte missbräuchlichen Verhaltensweisen möglicherweise noch effektiver begegnet werden können[190].

Gegenüber der allgemeinen Missbrauchsaufsicht nach den §§ 19, 20 GWB enthielt § 33 TKG 1996 jedoch auch einige entscheidende Verbesserungen. So wurde die Aufsichtsbehörde in die Lage versetzt, zur Beendung des missbräuchlichen Verhaltens dem Marktbeherrscher auch ein positives Verhalten aufzuerlegen[191]. Es hatte sich in der kartellrechtlichen Praxis häufig gezeigt, dass die reine Untersagungsmöglichkeit des § 32 GWB a. F. nicht stets zu befriedigenden Lösungen führte, was zu einer erstaunlichen Kreativität der Kartellbehörde bei der Formulierung von "**Untersagungsverfügungen**" führte[192].

Insgesamt lässt sich die besondere Missbrauchsaufsicht des § 33 TKG 1996 somit trotz vereinzelter Anwendungsschwierigkeiten und Auslegungsstreitigkeiten als gelungene Regulierungsnorm im Telekommunikationssektor bezeichnen, die erheblichen Anteil an den Erfolgen der Liberalisierung hatte. Sie diente daher dem Gesetzgeber im Rahmen der Novellierung des Telekommunikationsrechtsrahmens des Jahres 2004 ausweislich der Gesetzesbegründung zu § 42 TKG als Vorbild[193]. Es wird aber zu zeigen sein, dass sich im Zuge der Neufassung des Telekommunikationsrechts die Ausgestaltung der besonderen Missbrauchsaufsicht trotz der Ausführungen des Gesetzgebers, die Gegenteiliges vermuten lassen, in erheblicher Weise geändert hat.

---

[189] Dieser Befund wird zwar in gewisser Weise durch den Umstand relativiert, dass § 33 Abs. 1 TKG 1996 ein ex ante anzuwendendes Regulierungsinstrument darstellte und daher im Gegensatz zu den ex post anwendbaren §§ 19, 20 GWB bereits im Vorfeld missbräuchlicher Verhaltensweisen Wirkung entfalten konnte. Dennoch bleibt festzuhalten, dass sich § 33 TKG 1996 lediglich auf Zugangsfragen fokussierte und weitere missbräuchliche Verhaltensweisen, die über eine allgemeine Generalklausel hätten sanktioniert werden können (und sollen), gerade nicht erfasst wurden.

[190] Die Ausgestaltung der besonderen Missbrauchsaufsicht als unmittelbar den kartellrechtlichen Vorschriften nachgebildete Vorschrift, die grundsätzlich als Generalklausel die Ausnutzung einer marktbeherrschenden Stellung untersagt und dabei lediglich die Besonderheiten des Telekommunikationssektors zusätzlich berücksichtigt, ist sodann auch im Zuge der Novellierung des Telekommunikationsrechtsrahmens im Jahre 2004 in § 42 TKG erfolgt. Diese Schaffung einer umfassenden Generalklausel hat bei der Steigerung der Effizienz des Regulierungsregimes große Vorteile gegenüber der überkommenen Rechtslage unter Geltung des TKG 1996. Hierauf wird nachfolgend in Kapitel 4 vertieft eingegangen.

[191] Vgl. dazu oben Kapitel 3.2.1.3.

[192] Vgl. dazu oben Kapitel 3.2.1.3.

[193] Danach soll § 42 TKG auf § 33 TKG 1996 aufsetzen, vgl. Gesetzesbegründung zu § 42 TKG (§ 40 TKG-E), BT-Drs. 15/2316, S. 71.

3.3 Die besondere Missbrauchsaufsicht des Telekommunikationsgesetzes 2004

Die im Zuge der Novellierung des Telekommunikationsrechts im Jahre 2004 geschaffene Vorschrift des § 42 TKG enthält nunmehr den generalklauselartig ausgestalteten besonderen Missbrauchstatbestand des Telekommunikationsrechts. Zusätzlich wurde im Bereich der besonderen Missbrauchsaufsicht in § 43 TKG eine dem allgemeinen Kartellrecht entlehnte Vorteilsabschöpfung implementiert, die als Aufsichtsinstrument nach und nach in immer mehr Bereiche des Wirtschaftsverwaltungsrechts Einzug hält[194].

3.3.1 Die Missbrauchsaufsicht nach § 42 TKG

Die einzelnen Voraussetzungen dieser Norm bedürfen der näheren Untersuchung, bevor ihre Auswirkungen auf den Wettbewerb im Telekommunikationssektor bestimmt werden können.

3.3.1.1 Adressaten der besonderen Missbrauchsaufsicht

Der besonderen Missbrauchsaufsicht unterliegen gemäß § 42 Abs.1 Satz 1 TKG als potentiell Verpflichtete Anbieter von Telekommunikationsdiensten, von Leistungen nach § 78 Abs. 2 Nr. 3 und 4 TKG sowie von telekommunikationsgestützten Diensten, die über beträchtliche Marktmacht verfügen.

Des Weiteren richtet sich die Vorschrift auch an Betreiber öffentlicher Telekommunikationsnetze, die über eine beträchtliche Marktmacht verfügen. Damit ist der Anwendungsbereich des § 42 TKG hinsichtlich der Normadressaten sehr weit gefasst und nicht mehr wie bei § 33 TKG 1996 auf Netzbetreiber und Anbieter von Telekommunikationsdienstleistungen beschränkt.

Diese Begriffe bedürfen einer eingehenden Untersuchung, da sie die entscheidende Weichenstellung für die Bestimmung des Adressatenkreises möglicher Regulierungsmaßnahmen der Regulierungsbehörde sind.

3.3.1.1.1 Anbieter von Telekommunikationsdiensten

Ein Anbieter von Telekommunikationsdiensten muss ausweislich der Legaldefinition des § 3 Nr. 24 TKG sein Geschäftsmodell derart ausgestaltet haben, dass er in der Regel gegen Entgelt erbrachte Dienste, die ganz oder überwiegend in der Übertragung von Signalen über Telekommunikationsnetze bestehen, offeriert. Ebenfalls erfasst sind Übertragungsdienste in Rundfunknetzen. Der Begriff der Telekommunikationsdienste war im TKG 1996 noch nicht enthalten und soll den dort in § 3 Nr. 18 und Nr. 19 TKG 1996 vorzufindenden

---

[194] Vergleichbare Vorschriften finden sich z. B. in § 33 EnWG, §§ 34, 34a GWB und § 10 UWG.

Terminus der Telekommunikationsdienstleistungen ohne inhaltliche Veränderungen ersetzen[195].

Unproblematisch sind davon die klassischen Anbieter von Sprachtelefonie über Festnetze oder Mobilfunknetze sowie die reinen Zugangsvermittler zum Internet bzw. E-Mail-Vermittlungsdiensteanbieter erfasst.

Schwierig wurde die Bestimmung eines Telekommunikationsdienstes in der Vergangenheit jedoch dann, wenn der jeweilige Anbieter nicht nur Transportleistungen, sondern auch weitergehende Dienstleistungen anbot. In diesem Fall war eine Abgrenzung zu den sog. Medien- und Telediensten i. S. d. § 2 Mediendienstestaatsvertrag (**MDStV**) und § 2 Teledienstegesetz (**TDG**) erforderlich, die nicht dem TKG, sondern einem Regelungsregime mit anders gearteten Rechten und Pflichten unterfielen. Grundsätzlich sollte dabei in der Theorie der reine Signaltransport als Telekommunikationsdienst zu qualifizieren sein, während die Bereitstellung von Inhalten und Informationen als Medien- bzw. Teledienst einzuordnen war[196].

Aufgrund der gegenseitigen Nähe und der vielen Überschneidungsfelder dieser Dienstkategorien konnten allerdings im Einzelfall trotz dieser auf den ersten Blick eindeutigen Abgrenzung erhebliche Probleme auftreten, da auch die Medien- bzw. Teledienste regelmäßig einen Transport von Signalen über Telekommunikations- oder Rundfunknetzen voraussetzten[197]. Der Gesetzgeber hat diese Frage inzwischen dahingehend gelöst, dass Medien- bzw. Teledienste, die zusammenfassend nun als Telemedien[198] bezeichnet werden, negativ bestimmt werden.

Sie erfassen nur noch diejenigen elektronischen Informations- und Kommunikationsdienste, die weder Telekommunikationsdienste nach § 3 Nr. 24 TKG, telekommunikationsgestützte Dienste nach § 3 Nr. 25 TKG oder Rundfunk gemäß § 2 des Rundfunkstaatsvertrages (**RStV**) darstellen, sodass die Dienstequalifizierung nach dem TKG in den hier relevanten Konstellationen abschlie-

---

195 Gesetzesbegründung zu § 3 Nr. 24 TKG (§ 3 Nr. 25 TKG-E), BT-Drs. 15/2316, S. 58.

196 *Schuster*, in: Beck`scher TKG-Kommentar, 2. Aufl. 2000, § 3 Rn. 21a; *Säcker*, in: ders. (Hrsg.), Berliner Kommentar zum TKG, 2006, § 3 Rn. 38.

197 Hierbei durfte nicht auf eine Gesamtbetrachtung des Geschäftsmodells abgestellt werden, da es ansonsten dem jeweiligen Unternehmen ermöglicht worden wäre, bestimmten Regulierungsanforderungen durch entsprechende Bündelung seiner Angebote zu entgehen. Vielmehr musste zwischen den angebotenen Diensten im Einzelnen nach einer funktionalen Sichtweise differenziert werden, sodass das Geschäftsmodell eines Unternehmens z. T. dem TKG als auch dem MDStV bzw. dem TDG unterfallen konnte. Vgl. *Koenig/Neumann*, K&R Beilage 3/2004, 1 (23 ff.), und *Säcker*, in: ders. (Hrsg.), Berliner Kommentar zum TKG, 2006, § 3 Rn. 40, der seine Ablehnung einer Gesamtbetrachtung überzeugend auch noch auf den Erwägungsgrund 10 Satz 4 der Rahmenrichtlinie sowie § 2 Abs. 4 TDG stützte.

198 Vgl. § 1 Telemediengesetz (**TMG**), BGBl. I 2007, S. 179.

ßend und allein maßgeblich ist. Hierdurch hat der Gesetzgeber in begrüßenswerter Art und Weise dafür gesorgt, dass eine klassische Abgrenzungsfrage, die in der Praxis erhebliche Unsicherheiten hervorgerufen hat, ihre Bedeutung verloren hat.

3.3.1.1.2 Anbieter von Leistungen nach § 78 Abs. 2 Nr. 3 und 4 TKG

Adressaten der besonderen Missbrauchsaufsicht sind auch die Anbieter von Leistungen nach § 78 Abs. 2 Nr. 3 oder 4 TKG. Hierbei handelt es sich um bestimmte Universaldienstleistungen, die in ihrer Gesamtheit die von staatlicher Seite zu garantierende Grundversorgung der Bevölkerung mit Telekommunikationsdiensten ausmachen. § 78 Abs. 2 Nr. 3 TKG betrifft dabei das Angebot eines umfassenden, öffentlichen Telefonauskunftsdienstes, während die Leistung nach § 78 Abs. 2 Nr. 4 TKG die flächendeckende Bereitstellung von öffentlichen Münz- oder Kartentelefonen an allgemeinen und jederzeit für jedermann zugänglichen Standorten ist.

Ein Unternehmen, welches ein dementsprechendes Geschäftsmodell betreibt, kann ebenfalls der besonderen Missbrauchsaufsicht unterfallen.

Zu Recht wird hier kritisiert, dass Anbieter der in § 78 Abs. 2 Nr. 2 TKG genannten Telefonverzeichnisdienste nicht zum Adressatenkreis des § 42 TKG gehören, obwohl doch Art. 17 der Universaldienstrichtlinie vorsieht, dass hinsichtlich jedweder Endnutzerleistung – wie sie auch Verzeichnisdienste darstellen –, Regulierungsmaßnahmen möglich sein müssen[199]. Warum gerade dieser Dienst nicht von der besonderen Missbrauchskontrolle erfasst sein soll, bleibt fraglich und eröffnet in diesem Bereich eine gewisse Lücke im sektorspezifischen Regulierungsrahmen[200], auch wenn die Bedeutung dieses Marktsegments sicherlich nicht überbewertet werden darf. Dennoch müsste hier nachgebessert werden, um den europarechtlichen Vorgaben Genüge zu tun.

3.3.1.1.3 Anbieter von telekommunikationsgestützten Diensten

Anbieter von telekommunikationsgestützten Diensten bieten nach § 3 Nr. 25 TKG solche Dienste an, die keinen räumlichen und zeitlich trennbaren Leistungsfluss auslösen, sondern bei denen die Inhaltsleistung noch während der Telekommunikationsverbindung erfüllt wird.

---

[199] Vgl. hierzu auch *Schütz*, in: Beck`scher TKG-Kommentar, 3. Aufl. 2006, § 42 Rn. 19.

[200] Vgl. dazu auch Stellungnahme des *VATM* zum Entwurf des TKG-Änderungsgesetzes (Kabinettsbeschluss vom 17.5.2006, BR-Drs. 359/06), S. 39.

Hierzu zählen insbesondere die sog. Mehrwertdienste über Sondernummern[201], die eigentlich neben der etwaigen Transportleistung, die in der Praxis zumeist von einem Netzbetreiber und nicht vom Anbieter des Mehrwertdienstes selbst übernommen wird, Inhaltsangebote darstellen. Dennoch werden diese Dienstleistungen aufgrund ihrer funktionalen Nähe zu einer Telekommunikationsleistung dem Bereich des TKG und nicht den Telemedien i. S. d. § 1 TMG zugeordnet. Auch über das Internet verbreitete Dienste können telekommunikationsgestützte Dienste darstellen, sofern sie die Voraussetzungen des § 3 Nr. 25 TKG erfüllen. Dies betrifft insbesondere die sog. Dialer, die eine hochpreisig tarifierte Internetverbindung über eine Mehrwertdiensterufnummer herstellen und deren Anbieter somit telekommunikationsgestützte Dienste erbringen[202].

Diese Normverpflichteten waren unter Geltung des TKG 1996 noch nicht vom Anwendungsbereich der besonderen Missbrauchsaufsicht erfasst. Eine Zuordnung dieser Anbieter, die eine funktional von der Telekommunikationsleistung nicht zu trennende Inhaltsleistung erbringen, ist aber notwendig geworden, da sich derartige Geschäftsmodelle nach Liberalisierung des Telekommunikationssektors erheblich verbreitet haben und aufgrund der dabei anzutreffenden hohen Wertschöpfung und einer hohen Akzeptanz bei den Kunden auch eine gewisse Bedeutung für die Wettbewerbsentwicklung inne haben.

3.3.1.1.4 Betreiber eines öffentlichen Telekommunikationsnetzes

Missbräuchliche Verhaltensweisen eines marktbeherrschenden Netzbetreibers sind seit Beginn der Liberalisierung der zentrale monopolistische Engpass im Telekommunikationssektor, da die Wettbewerber regelmäßig auf diskriminierungsfreien Zugang zum Netz des Incumbent angewiesen waren und z. T. noch sind[203]. Viele dieser Engpässe, die noch unter Geltung des § 33 TKG 1996 der besonderen Missbrauchsaufsicht unterworfen waren, sind jedoch nunmehr der speziellen Zugangsregulierung gemäß §§ 16 ff. TKG zugeordnet. Dennoch sind weitere missbräuchliche Verhaltensweisen denkbar, die nicht unter die Vorschriften der Zugangsregulierung zu subsumieren sind und die es somit unumgänglich gemacht haben, auch die marktbeherrschenden Netzbetreiber weiterhin der besonderen Missbrauchsaufsicht nach § 42 TKG zu unterwerfen, um einen möglichst umfassenden Schutz der Wettbewerbsentwicklung zu gewährleisten[204].

---

[201] Derartige ortsungebundene Sonderrufnummerngassen sind z. B. die 0900-, 0190- oder 0137-Rufnummernbereiche, wobei die 0190er-Gasse inzwischen allerdings durch die *Bundesnetzagentur* abgeschaltet wurde, da die Missbrauchsgefahr zu Lasten der Endnutzer durch unseriöse Mehrwertdiensteanbieter aufgrund der freien Weiterübertragbarkeit der vergebenen Nummern als zu hoch eingestuft wurde.

[202] Vgl. Stellungnahme des Bundesrates zum TKG-E zu Punkt Nr. 4, BR-Drs. 755/03, S. 3.

[203] Vgl. hierzu oben Kapitel 1.1 und Kapitel 3.2.1.1.

[204] Vgl. dazu unten Kapitel 3.3.1.2.

Im Gegensatz zu § 3 Nr. 12 TKG 1996 enthält das TKG 2004 jedoch keine Legaldefinition eines "**öffentlichen Telekommunikationsnetzes**" mehr[205]. In § 3 Nr. 27 TKG wird lediglich das Telekommunikationsnetz als solches begrifflich bestimmt. Danach handelt es sich um die Gesamtheit von Übertragungssystemen und gegebenenfalls Vermittlungs- und Leitwegeinrichtungen sowie anderweitigen Ressourcen, die die Übertragung von Signalen über Kabel, Funk, optische und andere elektromagnetische Einrichtungen ermöglichen, einschließlich Satellitennetzen, festen und mobilen terrestrischen Netzen, Stromleitungssystemen, soweit sie zur Signalübertragung genutzt werden, Netzen für Hör- und Fernsehfunk sowie Kabelfernsehnetzen, unabhängig von der Art der übertragenen Information.

Der Begriff des Telekommunikationsnetzes ist gegenüber dem TKG 1996 durch die Vorgaben des Art. 2 lit. a Rahmenrichtlinie, auf dem die Begriffsbestimmung des § 3 Nr. 27 TKG beruht, erweitert worden, da die damalige zwingende Voraussetzung des Vorhandenseins von Vermittlungseinrichtungen für Sprachtelefonienetze dergestalt abgemildert wurde, dass diese nur noch "**gegebenenfalls**" implementiert sein müssen[206]. Die materiellen Anforderungen an ein Telekommunikationsnetz sind jedoch ansonsten insgesamt kaum modifiziert worden, da immer noch die Fähigkeit des Netzes, eine Signalübertragung zu ermöglichen, im Vordergrund steht. Im Wesentlichen ist allein eine Klarstellung gegenüber § 3 Nr. 21 TKG 1996 dahingehend erfolgt, dass auch Rundfunknetze, Satellitennetze, Kabelfernsehnetze und Stromleitungsnetze erfasst sind, soweit sie auch zu einem Signaltransport genutzt werden. Diese Präzisierung des Netzbegriffs ist dabei vor allem der Tatsache geschuldet, dass inzwischen auch Kabelfernsehnetze oder Stromleitungsnetze im Zuge der generell zu beobachtenden Konvergenzentwicklung verstärkt rückkanalfähig gemacht werden und somit auch das Anbieten von Telekommunikationsdiensten durch die jeweiligen Netzbetreiber ermöglichen, was bei Erlass des TKG 1996 noch nicht der Fall gewesen ist[207].

Zu der Kategorie der Telekommunikationsnetze gehören dabei sowohl Teilnehmernetze, die einen Anschluss zu den Endnutzern herstellen, als auch Verbindungsnetze, die den Signaltransport zwischen den einzelnen Teilnehmernet-

---

205 Danach war ein "**öffentliches Telekommunikationsnetz**" die Gesamtheit der technischen Einrichtungen (Übertragungswege, Vermittlungseinrichtungen und sonstige Einrichtungen, die zur Gewährleistung eines ordnungsgemäßen Betriebs des Telekommunikationsnetzes unerlässlich sind), an die über Abschlusseinrichtungen Endeinrichtungen angeschlossen werden und die zur Erbringung von Telekommunikationsdienstleistungen für die Öffentlichkeit dient.

206 Ausführlich zu dieser Entwicklung *Säcker*, in: ders. (Hrsg.), Berliner Kommentar zum TKG, 2006, § 3 Rn. 46 f. m. w. N.

207 Beispiele hierfür sind z. B. die Geschäftsmodelle von Kabelfernsehnetzbetreibern wie Kabel Deutschland, die Endnutzern in bestimmten Gebieten inzwischen sowohl Kabelfernsehen, breitbandiges Internet und Sprachtelefonie über ihre Netze anbieten.

zen ermöglichen[208]. Auf eine Unterscheidung von schmal- und breitbandigen Netzen kommt es dabei nicht an[209]. Betreiber dieser Netze ist dabei derjenige, der die rechtliche und tatsächliche Herrschaft über die Gesamtheit der Funktionen des Netzes, die für den Signaltransport erforderlich sind, innehat[210]. Das Eigentum an den einzelnen Komponenten ist dafür weder erforderlich noch ausreichend, da es auf das "**Betreiben**" ankommt[211].

Diese Netze müssen jedoch noch dafür bestimmt sein, Telekommunikationsleistungen für die Öffentlichkeit zu erbringen. Dieses Kriterium ist im Gesetz nicht legaldefiniert, sodass hier eine systematische Begriffsbestimmung angezeigt ist. Auch in § 3 Nr. 21 TKG 1996 wurde insoweit lediglich ausgeführt, dass das Telekommunikationsnetz der Erbringung von Telekommunikationsdienstleistungen für die Öffentlichkeit dienen muss, ohne dass die "**Öffentlichkeit**" selbst spezifiziert worden wäre.

Nach überkommener Auslegung unter Geltung des TKG 1996 ist ein Telekommunikationsnetz dann öffentlich, wenn es nicht nur die Kommunikation innerhalb einer geschlossenen Benutzergruppe ermöglichen soll[212]. Bei der Adaption dieser Grundsätze auf den novellierten Rechtsrahmen dient das Telekommunikationsnetz somit dann der Kommunikation für die Öffentlichkeit, wenn sich die Signaltransportangebote nicht nur an die Teilnehmer einer geschlossenen Benutzergruppe, sondern an jedwede Person richten. Erforderlich dafür ist wiederum, dass ein genau definiertes Angebot für Telekommunikationsdienste besteht, das von einer beliebigen Person angenommen werden kann, auch wenn sie sich dabei ein individuelles Paket zusammenstellen darf[213].

Diese Bestimmung des Öffentlichkeitsbegriffs anhand einer Negativabgrenzung zu der geschlossenen Benutzergruppe, wie sie noch im TKG 1996 allgemeine Meinung war, trifft jedoch seit dem Inkrafttreten des TKG 2004 auf Kritik. So vertritt *Säcker* die Auffassung, dass es ausreichen solle, wenn ein Telekommunikationsnetz in irgendeiner Form für Dritte geöffnet ist, was er vor allem mit dem weiten Anwendungsbereich der Zugangsrichtlinie[214] begründet[215]. Demnach soll ein Betreiben für die Öffentlichkeit nur ausscheiden, wenn es sich um ein eigennützig betriebenes Corporate Network handelt oder die Ange-

---

[208] *Säcker*, in: ders. (Hrsg.), Berliner Kommentar zum TKG, 2006, § 3 Rn. 48; *Piepenbrock*, in: Beck`scher TKG-Kommentar, 2. Aufl. 2000, § 3 Rn. 27a.

[209] Vgl. *Schütz*, in: Beck`scher TKG-Kommentar, 3. Aufl. 2006, § 42 Rn. 21.

[210] *Schütz*, in: Beck`scher TKG-Kommentar, 2. Aufl. 2000, § 6 Rn. 33; *Säcker*, in: ders. (Hrsg.), Berliner Kommentar zum TKG, 2006, § 3 Rn. 54.

[211] Erwägungsgrund 3 Satz 2 Zugangsrichtlinie; *Säcker*, in: ders. (Hrsg.), Berliner Kommentar zum TKG, 2006, § 3 Rn. 54; *Schütz*, in: Beck`scher TKG-Kommentar, 2. Aufl. 2000, § 3 Rn. 5.

[212] Vgl. dazu oben Kapitel 3.2.1.2.1.

[213] *Schütz*, in: Beck`scher TKG-Kommentar, 2. Aufl. 2000, § 6 Rn. 30.

[214] Vgl. Erwägungsgrund 1 Satz 5 Zugangsrichtlinie.

[215] *Säcker*, in: ders. (Hrsg.), Berliner Kommentar zum TKG, 2006, § 3 Rn. 51.

bote nur innerhalb von nach §§ 17 f. AktG verbundenen Unternehmen genutzt werden können[216].

Für diese Argumentation sprechen in der Tat überzeugende Argumente, da nur in solchen Fällen ein derart enger Verbund zwischen den Nutzern des Telekommunikationsnetzes besteht, dass ein Bezug zur Allgemeinheit definitiv ausgeschlossen ist. Wer ein eigenes Netz betreibt und evtl. nur einer geschlossenen Benutzergruppe zur Verfügung stellt, ohne ihr aber selbst anzugehören, ist demnach bereits als Betreiber eines Telekommunikationsnetzes für die Öffentlichkeit zu klassifizieren. Dies erscheint auch nicht unbillig, da es sich objektiv betrachtet nur um ein speziell ausgeformtes Geschäftsmodell handelt, das zwar nur an einen Kunden adressiert ist, dieser aber wiederum für den Netzbetreiber objektiv lediglich einen Ausschnitt aus der Allgemeinheit darstellt[217].

Ein weitergehender Zusammenhalt besteht nicht, sodass es sich faktisch um ein Angebot an einen Teilausschnitt der Öffentlichkeit handelt, wodurch sich das Unternehmen in aller Regel auch seine Kosten refinanzieren möchte. Warum eine enge wirtschaftliche oder berufliche Beziehung bereits ausreichen soll, damit das Telekommunikationsnetz nicht mehr der Öffentlichkeit zur Verfügung gestellt wird, erscheint fragwürdig und kaum haltbar.

Demnach handelt es sich nach vorzugswürdigem Verständnis lediglich dann nicht mehr um ein Telekommunikationsnetz für die Öffentlichkeit, wenn ein enger gesellschaftsrechtlicher Verbund zwischen den Teilnehmern besteht oder es sich um ein eigennützig betriebenes Corporate Network handelt. Hiermit geht die bisherige Deutung des Begriffes der geschlossenen Benutzergruppe nicht konform und ist daher zu verwerfen. Hierdurch ergeben sich auch keine unbilligen Ergebnisse für Betreiber von Telekommunikationsnetzen, die ihr Netz lediglich im Rahmen enger wirtschaftlicher oder beruflicher Beziehungen zur Verfügung stellen, da hiermit noch nicht zwangsläufig eine Regulierung einhergeht. Diese setzt in den am stärksten belastenden Bereichen stets eine marktbeherrschende Stellung voraus, die zusätzliche Umstände voraussetzt und nicht allein mit der Eigenschaft als Netzbetreiber für die Öffentlichkeit einhergeht[218].

---

216 *Säcker*, in: ders. (Hrsg.), Berliner Kommentar zum TKG, 2006, § 3 Rn. 52.

217 Zu Recht weist *Säcker*, in: ders. (Hrsg.), Berliner Kommentar zum TKG, 2006, § 3 Rn. 51, darauf hin, dass auch individuell zusammengestellte Angebote grundsätzlich nicht den Bezug zur Allgemeinheit verlieren.

218 Betreiber von Telekommunikationsnetzen für die Öffentlichkeit sind ohne marktbeherrschende Stellung allerdings gehalten, bestimmten Melde- und Berichtspflichten (vgl. §§ 4, 6 TKG) nachzukommen, eine Zusammenschaltung nach § 16 TKG zu ermöglichen oder den Telekommunikationsbeitrag zu leisten (§ 144 TKG).

3.3.1.1.5 Merkmal der beträchtlichen Marktmacht

Die Normadressaten des § 42 TKG müssen des Weiteren zwingend über beträchtliche Marktmacht verfügen, um als möglicher Verpflichteter der besonderen Missbrauchsaufsicht in Betracht zu kommen. Die Feststellung der beträchtlichen Marktmacht ist dabei eine zentrale Weichenstellung der gesamten asymmetrisch ausgerichteten ökonomischen Regulierung, sodass ein genauerer Blick hierauf geboten ist. Bedeutsam ist dabei insbesondere die Frage, ob auch für die besondere Missbrauchsaufsicht eine Durchführung des formalisierten Marktdefinitions- und Marktanalyseverfahrens nach den §§ 10 ff. TKG erforderlich ist.

3.3.1.1.5.1 Marktdefinitions- und Marktanalyseverfahren als Voraussetzung des § 42 TKG

Grundsätzlich bestimmt die *Bundesnetzagentur* das Merkmal der Marktbeherrschung mithilfe eines ausdifferenzierten und gegenüber der überkommenen Rechtslage unter Geltung des TKG 1996 neuartigen Marktdefinitions- und Marktanalyseverfahrens nach §§ 10 ff. TKG. Diese Vorschriften bilden die zentralen Bausteine des Telekommunikationsrechts, da das Ergebnis dieser Marktuntersuchung über die Tatbestandsvoraussetzung der "**Marktbeherrschung**" das Einfallstor für die meisten Regulierungsentscheidungen nach dem Zweiten Teil des TKG (§§ 9 bis 43 TKG, **ökonomische Marktregulierung**) bildet[219].

Gegenstand eines vehementen juristischen Streites war die Frage, ob die *Bundesnetzagentur* auch vor der Durchführung eines Missbrauchsverfahrens nach § 42 TKG ein förmliches Marktdefinitions- und Marktanalyseverfahren nach Maßgabe der §§ 10 ff. TKG abgeschlossen haben muss oder ob die jeweiligen Feststellungen hinsichtlich der Regulierungsbedürftigkeit des jeweiligen Telekommunikationsmarktes auch implizit in der Verfahrensentscheidung nach § 42 TKG getroffen werden können. Die Entscheidung dieser Frage hat erhebliche Auswirkungen auf die praktische Anwendbarkeit der besonderen Missbrauchsaufsicht, da ein solches vorgeschaltetes Verfahren gemäß §§ 10 ff. TKG an strenge Vorgaben gebunden ist und insbesondere das Konsultations- und Konsolidierungsverfahren i. S. d. § 12 TKG einen erheblichen Aufwand der Regulierungsbehörde hinsichtlich Zeit und Ressourcen nach sich ziehen würde[220].

Im Jahr 2007 befasste sich schließlich das *Bundesverwaltungsgericht* in zwei Urteilen hiermit und entschied dabei, dass eine Missbrauchsverfügung nur auf Basis eines zuvor durchgeführten Marktdefinitions- und Marktanalyseverfah-

---

[219] Dies gilt zweifellos jedenfalls für die bedeutsamen Bereiche der Zugangs- und Entgeltregulierung.

[220] Siehe dazu unten Kapitel 3.3.1.1.5.4.

rens ergehen dürfe[221]. Es hat damit den bestehenden Streit zugunsten der wohl herrschenden Meinung entschieden. Trotz dieser höchstrichterlichen Entscheidungen sollen an dieser Stelle die maßgeblichen Positionen der gegenläufigen Ansichten dargestellt werden, um die widerstreitenden Argumentationslinien zu verdeutlichen.

Die Mindermeinung[222], die die Durchführung eines solchen formalen Verfahrens nicht als erforderlich ansieht, begründet ihr Ergebnis wie folgt:

Die von § 42 TKG tatbestandlich geforderte beträchtliche Marktmacht des Normadressaten setze nach ihrer Begriffsdefinition gemäß § 11 Abs. 1 Satz 3 bis 5 TKG ein abgeschlossenes förmliches Marktdefinitions- und Marktanalyseverfahren gerade nicht zwingend voraus. Danach genüge es, dass die Merkmale des § 11 Abs. 1 Satz 3 bis 5 TKG tatsächlich vorlägen, nicht aber, dass sie formal in einem bestimmten Verfahren festgestellt worden seien[223]. Dies könne aber auch inzident im Rahmen des Missbrauchsverfahrens nach § 42 TKG geprüft werden[224]. Als zweites Argument wird angeführt, dass die Vorschrift des § 13 Abs. 1 TKG, der die Rechtsfolgen einer Marktanalyse vorschreibt, Verfügungen nach § 42 TKG überhaupt nicht erwähne und insofern nicht davon ausgegangen werden könne, dass dieses Verfahren auch für die besondere Missbrauchsaufsicht erforderlich sei[225]. Außerdem stelle § 9 TKG als Bedingung für eine Marktregulierung nach dem Zweiten Teil des Gesetzes lediglich auf die Voraussetzungen des § 10 TKG ab, ohne die Durchführung des formalen Marktdefinitions- und Marktanalyseverfahrens positiv anzuordnen[226].

Die vorzugswürdige (und wohl auch stets herrschende) Gegenansicht[227], die nunmehr auch vom *Bundesverwaltungsgericht* höchstgerichtlich und umfänglich bestätigt wurde, begründete ihr Ergebnis demgegenüber mit den nachfolgenden Erwägungen:

---

221 *BVerwG*, Urteil vom 18.4.2007 - 6 C 21.06; *BVerwG*, Urteil vom 19.9.2007 - 6 C 34.06.

222 *Spoerr/Sellmann*, N&R 2004, 98 (107); *Schütz*, in: Beck`scher TKG-Kommentar, 3. Aufl. 2006, § 42 Rn. 13, 105.

223 *Spoerr/Sellmann*, N&R 2004, 98 (107).

224 Vgl. *Schütz*, in: Beck`scher TKG-Kommentar, 3. Aufl. 2006, § 42 Rn. 13, 105.

225 Vgl. *Spoerr/Sellmann*, N&R 2004, 98 (107). Hierbei ist aber zu beachten, dass der Gesetzgeber im Rahmen des TKG-Änderungsgesetzes Vorabverfügungen nach dem neugefassten § 42 Abs. 4 Satz 3 TKG in § 13 TKG aufgenommen hat, wodurch dieses Argument erheblich an Strahlkraft verliert.

226 *Schütz*, in: Beck`scher TKG-Kommentar, 3. Aufl. 2006, § 42 Rn. 24, der hier noch weitere Argumente aus der Systematik der besonderen Missbrauchsaufsicht ableitet.

227 Vgl. neben *BVerwG* insbesondere *Gersdorf*, in: Säcker (Hrsg.), Berliner Kommentar zum TKG, 2006, § 42 Rn. 10 und 12; *Fuchs*, N&R 2006, 78 (80); *Wissmann*, in: ders. (Hrsg.), Telekommunikationsrecht, 2. Aufl. 2006, S. 275 f.; *Brandenberg/Schönig*, WRP 2006, 1097 (1099 f.).

§ 9 TKG stelle unmissverständlich fest, dass der Regulierung nach den Vorschriften des Zweiten Teils des TKG lediglich solche Märkte unterfallen, die nach §§ 10 f. TKG als regulierungsbedürftig erkannt worden sind. Von dieser Bestimmung müsse dann aber auch die besondere Missbrauchsaufsicht nach § 42 TKG erfasst sein, da sie systematisch im Zweiten Teil des TKG (**Marktregulierung**) verortet ist[228]. Außerdem lasse sich ein entsprechender Wille des Gesetzgebers auch aus der Gesetzesbegründung herleiten[229]. Dort komme explizit zum Ausdruck, dass die besondere Missbrauchsaufsicht nur dann eingreifen soll, wenn regulierungsbedürftige Märkte betroffen sind, die nach den §§ 10 f. TKG als relevante Märkte identifiziert wurden. Dabei sei verstärkend zu berücksichtigen, dass der Gesetzgeber – auf Grundlage europarechtlicher Vorgaben – gerade ein spezielles Verfahren zur Bestimmung regulierungsbedürftiger Märkte und zur Feststellung beträchtlicher Marktmacht geschaffen hat. Die besondere Missbrauchsaufsicht solle von ihrer Funktion her auch nur auf solchen Märkten eingreifen, die gerade regulierungsbedürftig sind, auf denen also ein Unternehmen mit beträchtlicher Marktmacht agiert[230]. Bei der Regulierung sonstiger Märkte mit selbsttragendem Wettbewerb entfalle bereits die sachliche Rechtfertigung für regulatorische, einschneidende Maßnahmen wegen eines Verstoßes gegen den Verhältnismäßigkeitsgrundsatz.

Dieses von der herrschenden Ansicht in Übereinstimmung mit der gesetzlichen Konzeption gefundene Ergebnis wird jedoch unter gleichzeitiger Forderung nach einer Gesetzesänderung heftig kritisiert[231]. Insbesondere wird dabei die angebliche Gefahr angeführt, dass in Konsequenz dieser Tatbestandsvoraussetzung bestimmte Märkte, die nicht als regulierungsbedürftig festgestellt würden, aufgrund des gegenüber § 19 GWB abschließenden Charakters des § 42 TKG keinerlei Missbrauchsaufsicht mehr unterfallen würden. Denn wegen § 2 Abs. 3 TKG sei weder das allgemeine Wettbewerbsrecht noch sei mangels positiv abgeschlossenen Marktdefinitions- und Marktanalyseverfahrens der vergleichbare § 42 TKG anwendbar[232]. Insofern verschlechtere die augenblickliche Fas-

---

[228] So auch *VG Köln*, Urteil vom 21.12.2005 - 21 K 1200/05; *Robert*, K&R 2005, 354 (358).

[229] Begründung zu § 42 TKG (§ 40 TKG-E), BT-Drs. 15/2316, S. 71.

[230] Vgl. dazu auch *Robert*, K&R 2005, 354 (358).

[231] *Wilms/Jochum*, Gutachterliche Stellungnahme zum Erfordernis der Durchführung eines Marktanalyse- und -definitionsverfahrens für Maßnahmen der besonderen Missbrauchsaufsicht und der nachträglichen Regulierung nach dem Gemeinschaftsrechtsrahmen für die Telekommunikation, 2006, S. 1 ff.

[232] *Wilms/Jochum*, Gutachterliche Stellungnahme zum Erfordernis der Durchführung eines Marktanalyse- und -definitionsverfahrens für Maßnahmen der besonderen Missbrauchsaufsicht und der nachträglichen Regulierung nach dem Gemeinschaftsrechtsrahmen für die Telekommunikation, 2006, S. 4 ff. Unter schwerpunktmäßiger Heranziehung dieser fehlerhaften Annahme führen *Wilms/Jochum*, a. a. O., auch noch weitere angebliche Widersprüche der derzeitigen Rechtslage aus, die allerdings allesamt bei einem zutreffenden Verständnis des Verhältnisses von § 19

sung des § 42 TKG die Situation auf solchen Märkten. Dieser Begründung scheint auch der Bundesrat in seiner Stellungnahme zum Entwurf eines Ersten Gesetzes zur Änderung des Telekommunikationsgesetzes vom 19. September 2008 zu folgen, in der gefordert wird, dass gesetzlich klargestellt werden müsse, dass die besondere Missbrauchsaufsicht nach § 42 TKG (und die nachträgliche Entgeltregulierung nach § 38 TKG) vom Erfordernis eines zuvor durchgeführten formellen Marktdefinitions- und Marktanalyseverfahrens freizustellen ist[233].

Dieser vorgetragene Kritikpunkt kann allerdings nicht überzeugen, da er von einem unzutreffenden Verständnis des Verhältnisses von § 42 TKG zu der Missbrauchsaufsicht nach dem GWB ausgeht. Die besondere Missbrauchsaufsicht ist gerade nur insoweit i. S. d. § 2 Abs. 3 TKG abschließend, als es gerade um Märkte geht, die im Wege eines Marktdefinitions- und Marktanalyseverfahrens als sektorspezifisch regulierungsbedürftig identifiziert worden sind. Auf allen anderen ist ohne weiteres das allgemeine Wettbewerbsrecht anwendbar, sodass die angemerkte drohende Aufsichtslücke in der Realität überhaupt nicht entstehen kann[234]. Dieses Verständnis ist im Jahr 2008 auch von der Bundesregierung selbst in einer schriftlichen Stellungnahme vertreten worden[235]. Konsequenterweise wurden die Forderungen des *Bundesrates* nach Loslösung der besonderen Missbrauchsaufsicht von dem Erfordernis eines zuvor durchgeführten formellen Marktdefinitions- und Marktanalyseverfahrens im Rahmen einer Gegenäußerung durch die *Bundesregierung* zurückgewiesen, da für noch nicht analysierte Märkte das Bundeskartellamt zuständig sei und insofern keine Regulierungslücke drohe[236].

Dennoch ist diese Voraussetzung einer vorherigen Durchführung eines formellen Marktdefinitions- und Marktanalyseverfahrens in der Tat mit einigen Schwierigkeiten verbunden, die noch eine Vielzahl von Rechtsstreitigkeiten nach sich ziehen dürften und insgesamt einigen Verbesserungsspielraum bieten. Denn § 10 Abs. 1 TKG sieht vor, dass das Marktdefinitionsverfahren zur Feststellung beträchtlicher Marktmacht sich nur auf "**Telekommunikationsmärkte**" bezieht. Adressat der besonderen Missbrauchskontrolle sind aber auch Anbieter von telekommunikationsgestützten Diensten und Anbieter von Leistungen nach § 78 Abs. 2 Nr. 3 und 4 TKG. Die Märkte für solche Leistungen sind nicht ohne weiteres als Telekommunikationsmärkte i. S. d. § 10 TKG anzusehen, da z. B. bei den telekommunikationsgestützten Diensten neben der

GWB zu § 42 TKG – wie es oben und in Kapitel 3.3.1.6.4 ausführlich dargelegt ist – insgesamt obsolet werden.

233 Stellungnahme des *Bundesrates* vom 19.9.2008, BR-Drs. 560/08, S. 1 f.

234 Vgl. dazu ausführlich unten unter Kapitel 3.3.1.6.4.

235 Vgl. Antworten der Parlamentarischen Staatssekretärin *Dagmar Wöhrl* auf zwei Fragen des Abgeordneten *Dr. Hans-Joachim Otto* vom 6. November 2008, BT-Drs. 16/10803, S. 22.

236 Vgl. Gegenäußerung der *Bundesregierung* vom 30.10.2008, BT-Drs. 16/10731, S. 18.

reinen Telekommunikationsverbindung noch weitere Leistungen erbracht werden, wie sich aus der Begriffsbestimmung des § 3 Nr. 25 TKG ergibt. Gleiches gilt für die Auskunftsdienste i. S. d. § 78 Abs. 2 Nr. 3 TKG.

Dieser systematische Bruch wird zu Recht als problematisch eingestuft[237]. Es sind jedoch mehrere Optionen denkbar, wie dieser Schwierigkeit begegnet werden kann, ohne das grundsätzliche Erfordernis eines formal durchgeführten Marktdefinitions- und Marktanalyseverfahrens für die besondere Missbrauchsaufsicht in Frage zu stellen. Eine Abhilfe könnte z. B. darin bestehen, diese Märkte zumindest als Annex-Telekommunikationsmärkte einzustufen, um somit trotz des Wortlauts des § 10 TKG diesbezüglich eine Marktdefinition und Marktanalyse durchführen zu können[238], wenn man sie nicht schon direkt als Telekommunikationsmärkte qualifizieren möchte.

Als weitere Möglichkeit wird vorgeschlagen, dass die erforderliche beträchtliche Marktmacht des missbräuchlich handelnden Unternehmens nicht zwingend auf einem Markt für telekommunikationsgestützte Dienste oder Leistungen nach § 78 Abs. 2 Nr. 3 und 4 TKG festgestellt werden müsse, sondern der entsprechende Anbieter lediglich auf irgendeinem Telekommunikationsmarkt hierüber verfügen müsse und es ausreiche, wenn allein dies in einem formalen Marktdefinitions- und Marktanalyseverfahren festgestellt worden sei[239]. Der für § 42 TKG relevante Markt, etwa für telekommunikationsgestützte Dienste, müsste demnach nicht mit dem Markt identisch sein, auf dem eine marktbeherrschende Stellung des Normadressaten nach Maßgabe der §§ 10 ff. TKG festgestellt worden ist. Die nach § 42 Abs. 4 Satz 1 TKG erforderliche marktmächtige Stellung auf dem für § 42 TKG relevanten Markt soll vielmehr sodann durch die Regulierungsbehörde implizit im Missbrauchsverfahren nach § 42 TKG ohne ein formelles Marktdefinitions- und Marktanalyseverfahren festgestellt werden können. In Anbetracht der Tatsache, dass es sich bei der letztgenannten Option offenkundig um einen nicht vollends überzeugenden Kunstgriff handelt, erscheint die Klassifizierung der für § 42 TKG potentiell relevanten Märkte für telekommunikationsgestützten Dienste und Leistungen nach § 78 Abs. 2 Nr. 3 und 4 TKG als Telekommunikationsmärkte i. S. d. § 10 TKG bzw. als Annex zu solchen, die ebenfalls nach den Vorschriften der §§ 10 ff. TKG definiert und analysiert werden können, vorzugswürdig. Denn allein hierdurch würde der evidente Widerspruch, der sich aus der Forderung des Gesetzgebers nach Durchführung eines vorherigen Marktdefinitions- und Marktanalyseverfahrens ergeben würde, wenn man dieses für einige im Rahmen des

---

237 Vgl. dazu *Fuchs*, N&R 2006, 78 (80). Vgl. auch zur Einbeziehung von Märkten, die im Zusammenhang mit der Bereitstellung von Telekommunikationsdiensten und Telekommunikationsnetzen stehen *Jochum*, in: Wilms/Masing/Jochum (Hrsg.), TKG, Loseblatt, 8. Lfg., Stand: März 2007, § 10 Rn. 31.

238 Vgl. hierzu *VG Köln*, Urteil vom 21.12.2005 - 21 K 1200/05, diese Frage allerdings offen lassend.

239 Vgl. hierzu *Fuchs*, N&R 2006, 78 (80).

§ 42 TKG potentiell relevanten Märkte von vornherein nicht für anwendbar erklärte, systemgerecht aufgelöst.

Demnach steht fest, dass ein behördliches Eingreifen auf Basis der besonderen Missbrauchsaufsicht stets die vorherige Durchführung eines Marktdefinitions- und Marktanalyseverfahrens in allen Schritten voraussetzt. Es handelt sich hierbei um ein Instrument, das in seinen Grundzügen aus der nationalen und europäischen kartellrechtlichen Praxis schon lange bekannt ist und lediglich in seiner verfahrensmäßigen Ausgestaltung, die ein kompliziertes Geflecht von Abstimmungspflichten und vordeterminierten Prüfungsschritten mit sich gebracht hat, ein Novum darstellt. Diese dezidierte Ausgestaltung der Marktdefinition und Marktanalyse ist Ausdruck der Tatsache, dass der Telekommunikationssektor einige Jahre nach vollständiger Marktöffnung nicht mehr als Monopol ausgestaltet ist und somit eine unbesehene Regulierung des ehemaligen staatseigenen Incumbents aus Verhältnismäßigkeitsgesichtspunkten nicht mehr möglich ist. Dies war unter Geltung des TKG 1996 noch grundsätzlich anders, wo zwar auch eine inzidente Feststellung der marktbeherrschenden Stellung des regulierten Unternehmens erforderlich war, diese aber in den meisten Fällen vor dem Hintergrund der erst kurze Zeit zurückliegenden Marktöffnung lediglich eine reine Formalie darstellte, deren Ergebnis schon von vornherein bekannt war.

Aus diesem Umstand lassen sich auch die im Verhältnis zu den §§ 9 ff. TKG geringfügigen verfahrensmäßigen Vorgaben an die nach der alten Rechtslage vorzunehmenden Prüfung erklären, die in einem einfachen Verweis auf das Verfahren nach § 19 GWB bestand. Nachdem die Liberalisierung aber verstärkt Erfolge verzeichnete, musste auf Drängen der *Europäischen Kommission* die strikte Regulierung des ehemaligen Monopolisten gelockert und flexibilisiert werden, da der Wettbewerb auch dadurch Schaden erleiden kann, dass Wettbewerber allein durch staatliche Regulierung am Leben gehalten werden und sie diesen Schutz eigentlich überhaupt nicht mehr benötigen. Hierdurch würden Marktstrukturen geschaffen, die wiederum uneffizient und volkswirtschaftlich schädlich wären, da sich die Wettbewerber in diesem Bereich stets auf einen zusätzlichen staatlichen Schutz zurückziehen könnten, der ihnen in anderen Wirtschaftsfeldern nicht zur Seite stünde.

Neben diesen negativen volkswirtschaftlichen Folgen einer übermäßigen und dauerhaften Regulierung würde auch der inzwischen privatwirtschaftlich organisierte ehemalige Monopolist unverhältnismäßig in seinen Wirtschaftsfreiheiten aus Art. 14, 12 und 2 Abs. 1 GG eingeschränkt, da auch die daran beteiligten Privatrechtssubjekte nur dann in der berechtigten Hoffnung auf eine angemessene Rendite auf das von ihnen eingesetzte Kapital investieren, wenn sie weitgehend frei wirtschaftlich handeln dürfen. Der ehemalige Monopolist und seine Teilhaber würden bei einer derartigen Regulierung im schlimmsten Falle nach und nach ihrer Wettbewerbsfähigkeit beraubt und schließlich – so wenig nahe liegend dies auch in der Phase der Liberalisierung im Jahre 1998 gewesen sein mag – vom Markt verdrängt. Dies kann aber angesichts der enormen finanziellen Investitionen, die private Wirtschaftssubjekte als auch die Steuerzahler in den ehemaligen Monopolisten eingebracht haben, nicht das Ziel einer Marktöffnung sein.

Insofern ist die Flexibilisierung der Regulierung durchaus zu begrüßen, da sie die Möglichkeiten dafür schafft, dass eine einschneidende staatliche Aufsicht mit wirtschaftslenkenden Maßnahmen nur noch in den Bereichen erfolgt, in denen die Marktstruktur noch keinen selbsttragenden Wettbewerb erlaubt, ohne dass dies auf mangelnder Effizienz der Wettbewerber beruht. Die europäischen Vorgaben für das neu gestaltete Marktdefinitions- und Marktanalyseverfahren und die nationale Ausgestaltung tragen diesen Erkenntnissen sichtlich Rechnung und sind bemüht, die Regulierung auf ein unerlässliches Maß zurückzuführen.

Allerdings entsteht dabei auch der Eindruck, dass der europäische Gesetzgeber noch mit großen Bedenken behaftet ist, die eine völlige Flexibilisierung noch nicht zulassen. Anders lassen sich die komplizierten Verfahrensvorgaben, die von den nationalen Regulierungsbehörden bei dieser Weichenstellung der Regulierung zu beachten sind, kaum erklären. Am Ende ist das Marktdefinitions- und Marktanalyseverfahren zu einem bürokratischen "**Ungetüm**" geworden, das eine Vielzahl von Prüfungsschritten erfordert und in enge Abstimmungs- und Konsultationspflichten eingebettet wurde. Die *Europäische Kommission* hat sich dabei auch weitgehende Mitwirkungsmöglichkeiten[240] vorbehalten, über die sie in bislang nicht bekanntem Maß Einfluss auf die nationale Regulierung nehmen und eine eigenständige nationale Entscheidungspraxis, die an den Notwendigkeiten des jeweiligen Marktes orientiert ist, erheblich hemmen kann. Grund hierfür dürften gewisse Vorbehalte der *Europäischen Kommission* dahingehend sein, ob die nationalen Aufsichtsbehörden willens und in der Lage

---

240 Bedeutsam ist in diesem Zusammenhang vor allem, dass die *Europäische Kommission* die Entscheidungspraxis der nationalen Regulierungsbehörden durch eine Empfehlung für regulierungsbedürftige Märkte (Empfehlung der *Europäischen Kommission* über relevante Produkt- und Dienstmärkte des elektronischen Kommunikationssektors vom 17.12.2007 (2007/879/EG), ABl. EG Nr. L 344 vom 28.12.2007, S. 65) und Leitlinien zur Ermittlung einer marktbeherrschenden Stellung (Leitlinien der *Europäischen Kommission* zur Marktanalyse und zur Ermittlung beträchtlicher Marktmacht nach dem gemeinsamen Rechtsrahmen für elektronische Kommunikationsnetze und -dienste (2002/C 165/03), ABl. EG Nr. C 165 vom 11.7.2002, S. 6) vorgezeichnet hat. Diese Vorgaben sind in Deutschland gemäß § 10 Abs. 2 Satz 3 und § 11 Abs. 2 Satz 3 TKG von der Regulierungsbehörde im Rahmen ihres "**Beurteilungsspielraums**" weitestgehend zu berücksichtigen, was im Ergebnis auf ein Abweichungsverbot in typischen Fallkonstellationen hinausläuft. Bedeutsam ist des Weiteren die auf Art. 7 Rahmenrichtlinie beruhende Vorlagepflicht der nationalen Regulierungsbehörden für ihre Regulierungsverfügungen gemäß § 12 TKG, die bei von der Märkteempfehlung der *Europäischen Kommission* abweichenden Ergebnissen sogar in ein Vetorecht umschlagen kann.

sind, ihren eigenen nationalen Marktbeherrscher hinreichend zu bändigen und zu beaufsichtigen, ohne dabei Rücksicht auf nationale Interessen oder Einflussnahmen zu nehmen.

Unübersehbare Folge dieser verfahrensmäßigen Ausgestaltung ist aber im negativen Sinne, dass die notwendigen Definitions- und Analyseverfahren regelmäßig einen langen Zeitraum beanspruchen und somit die Effizienz einer Regulierung, die auch kurzfristig im schnelllebigen Telekommunikationssektor reagieren können sollte, beeinträchtigen dürfte. Ob dies die Vorteile einer vorhersehbaren und harmonisierten Marktmachtbestimmung nicht überwiegt und insofern verbesserungswürdig ist, bleibt abzuwarten. Der mit dem Konsolidierungsverfahren verbundene erhebliche Verwaltungsaufwand hat bereits im Rahmen der im Jahr 2006 durchgeführten turnusmäßigen Überprüfung des europäischen Rechtsrahmens durch die *Europäische Kommission* – dem sog. Review 2006[241] – Anlass zu Verbesserungsvorschlägen gegeben, die im Jahre 2008 über die neu erlassene Empfehlung der *Europäischen Kommission* vom 15. Oktober 2008 zu den Notifizierungen, Fristen und Anhörungen gemäß Art. 7 der Richtlinie 2002/21/EG über einen gemeinsamen Rechtsrahmen für elektronische Kommunikationsnetze und -dienste (2008/850/EG)[242] in die Regulierungspraxis eingeführt worden sind.

Die hinsichtlich des Konsolidierungsverfahrens vorgenommenen Änderungen zielen vor allem darauf ab, umfangreiche Standardverfahren grundsätzlich nur noch dann vorzusehen, wenn die jeweilige Entscheidung erstmalig erfolgt oder aber besondere Schwierigkeiten aufwirft. Für bestimmte einfach gelagerte Konstellationen wurde hingegen ein sog. Kurznotifizierungsverfahren geschaffen, das den notwendigen Aufwand, der mit einer solchen Vorlage verbunden ist, erheblich reduziert hat[243].

Im Folgenden soll das Marktdefinitions- und Marktanalyseverfahren wegen seiner überragenden Bedeutung für das Eingreifen der sektorspezifischen Regulierung, wozu auch die besondere Missbrauchskontrolle nach § 42 TKG zählt, in seinen wesentlichen Grundzügen nachgezeichnet werden.

---

241 Vgl. Mitteilung der *Europäischen Kommission* über die Überprüfung des EU-Rechtsrahmens für elektronische Kommunikationsnetze und -dienste vom 29.6.2006 (KOM (2006) 334). Darin schlägt die *Europäische Kommission* diverse ihrer Ansicht nach notwendige Änderungen des geltenden Rechtsrahmens für die elektronische Kommunikation vor. Die beiden zentralen Vorschläge beziehen sich dabei auf (i) Verbesserung der Frequenzverwaltung durch verstärkte Erteilung von Allgemeingenehmigungen und verstärkte Achtung der Dienste- und Technologieneutralität bei zugeteilten Frequenzen und (ii) eine Rationalisierung der Marktüberprüfungen nach Art. 7 der Rahmenrichtlinie.

242 ABl. EG Nr. L 301 vom 12.11.2008, S. 23.

243 Siehe dazu ausführlicher unten Kapitel 3.3.1.1.5.4.

3.3.1.1.5.2 Marktdefinition

Nach § 10 Abs. 1 TKG hat die *Bundesnetzagentur* erstmals unverzüglich nach Inkrafttreten des TKG die sachlich und räumlich relevanten Telekommunikationsmärkte festzulegen, die für eine Regulierung nach dem 2. Teil des Gesetzes in Betracht kommen. Dieses Unterfangen hat die Regulierungsbehörde auch in Angriff genommen, wobei sich dies allerdings als äußerst langwierig herausstellte, sodass noch immer nicht alle in Betracht kommenden Märkte einem Marktdefinitions- und Marktanalyseverfahren unterworfen worden sind. Neben dieser Vorschrift für die erstmalige Durchführung des Marktdefinitionsverfahrens, an welches sich bei festgestelltem Regulierungsbedarf zwangsläufig ein Marktanalyseverfahren zur Feststellung, ob auf dem jeweiligen Markt ein wirksamer Wettbewerb herrscht, anschließt, sieht § 14 TKG eine Pflicht zur laufenden Überprüfung der Telekommunikationsmärkte nach Maßgabe der §§ 10 ff. TKG vor. Hierdurch ist sichergestellt, dass auf nach der erstmaligen Durchführung des Marktdefinitionsverfahrens geänderte Marktentwicklungen stets reagiert werden kann.

3.3.1.1.5.2.1 Sachlich relevanter Markt

Für die sektorspezifische Regulierung kommen nach § 10 Abs. 2 Satz 1 TKG nur noch solche Märkte in Betracht, die durch beträchtliche und anhaltende strukturell oder rechtlich bedingte Marktzutrittsschranken gekennzeichnet sind, längerfristig nicht zu wirksamen Wettbewerb tendieren und auf denen die Anwendung des allgemeinen Wettbewerbsrechts nicht ausreicht, um den Wettbewerbsproblemen entgegenzuwirken.

Der Gesetzgeber hat bei dieser Prüfung der Regulierungsbedürftigkeit in § 10 Abs. 3 TKG versucht, der Regulierungsbehörde kraft Gesetzes einen Beurteilungsspielraum, der nach verwaltungsrechtlicher Praxis nur beschränkt gerichtlich nachprüfbar ist[244], einzuräumen[245]. Ob eine solche gesetzliche Anordnung eines Beurteilungsspielraums vor dem Hintergrund des Grundrechts auf effek-

---

[244] Ein Beurteilungsspielraum bezeichnet die Befugnis der Verwaltung, einen unbestimmten Rechtsbegriff auf Tatbestandsebene einer Norm mit Verbindlichkeit für den Bürger und die Gerichtsbarkeit auszufüllen, vgl. *Maurer*, Allgemeines Verwaltungsrecht, 17. Aufl. 2009, § 7 Rn. 31. Die Kontrolle der Verwaltungsentscheidung durch die Gerichte ist dabei aber nicht vollständig ausgeschlossen, sondern hinsichtlich der Weitreiche reduziert. So kann die Entscheidung z. B. immer noch daraufhin untersucht werden, ob sich die Behörde von sachfremden Erwägungen hat leiten lassen oder ob gewichtige Verfahrensgrundsätze missachtet wurden.

[245] Vgl. den Wortlaut des § 10 Abs. 2 Satz 3 TKG: *"Diese Märkte werden von der Regulierungsbehörde im Rahmen des ihr zustehenden Beurteilungsspielraums bestimmt"*.

tiven Rechtsschutz nach Art. 19 Abs. 4 GG gerechtfertigt und zulässig ist[246], kann dabei dahingestellt bleiben, da es sich bei der Entscheidung der Regulierungsbehörde auch so um eine planerische Entscheidung unter Berücksichtigung von speziellem Sonderwissen handelt, die ohnehin zu den anerkannten Fallgruppen[247] eines gerichtlich lediglich auf evidente Fehler zu untersuchenden Beurteilungsspielraums zählt[248]. Insoweit dürfte es sich bei der Vorschrift des § 10 Abs. 2 Satz 2 TKG ohnehin nur um eine Klarstellung des Gesetzgebers ohne Rechtswirkung handeln.

Bedeutsam ist bei der Marktdefinition, dass die *Bundesnetzagentur* in Einschränkung ihres Beurteilungsspielraums gemäß § 10 Abs. 2 Satz 3 TKG dazu angehalten ist, die Empfehlung der *Europäischen Kommission* in Bezug auf relevante Produkt- und Dienstmärkte in ihrer jeweils geltenden Fassung[249] weitestgehend zu berücksichtigen. Durch diese Regelung wird der eigentlich rechtlich unverbindlichen Empfehlung der *Europäischen Kommission*, die im Prinzip nur eine Äußerung darstellt, wie die *Europäische Kommission* den von ihr erlassenen Rechtsrahmen in Bezug auf die Marktdefinition verstanden wissen möchte[250], eine faktische Bindungswirkung eingeräumt. Dies wird aller Voraussicht nach dazu führen, dass eine Entscheidung der nationalen Regulierungsbehörde, die im Widerspruch zu der Empfehlung steht, in den seltensten

---

246 So sieht z. B. *Wegmann*, K&R Beilage 1/2004, 25 (27), hierbei verfassungsrechtliche Probleme im Hinblick auf die Rechtsschutzgarantie des Art. 19 Abs. 4 GG. Dagegen existiert auch eine als normative Ermächtigungslehre bezeichnete Ansicht, die dies grundsätzlich als zulässig erachtet, sofern es sich um einen begrenzten Ausnahmefall handelt, vgl. *BVerwG*, Urteil vom 25.11.1993 - 3 C 38/91, BVerwGE 94, 307 (309 f.).

247 Ein Beurteilungsspielraum der Verwaltung wird insbesondere in vier Fallgruppen anerkannt. Hierzu zählen Prüfungs- und prüfungsähnliche Entscheidungen (vgl. nur *BVerfG*, Urteil vom 16.12.1992 - 1 BvR 167/87, BVerfGE 88, 40 (57 f.)), dienstrechtliche Beurteilungen von Beamten (vgl. nur *BVerwG*, Urteil vom 18.8.1992 - 1 WB 106/91, BVerwGE 93, 281 (282 f.)), Prognoseentscheidungen, die auf politische, wirtschaftliche, soziale oder kulturelle Gesamtzusammenhänge Bezug nehmen (vgl. nur *BVerfG*, Urteil vom 25.5.1977 - 2 BvE 1/74, BVerfGE 45, 1 (39)) sowie Wertungsentscheidungen weisungsfreier Sachverständigengremien (vgl. nur *BVerwG*, Urteil vom 3.3.1987 - 1 C 16/86, BVerwGE 77, 75 (77 f.)).

248 So auch *Heinen*, in: Säcker (Hrsg.), Berliner Kommentar zum TKG, 2006, § 10 Rn. 65.

249 Empfehlung über relevante Produkt- und Dienstmärkte des elektronischen Kommunikationssektors vom 17.12.2007 (2007/879/EG), ABl. EG Nr. L 344 vom 28.12.2007, S. 65; dieses Dokument ersetzt die bisherige Empfehlung der *Europäischen Kommission* vom 11.2.2003 (2003/311/EG), ABl. EG Nr. L 145 vom 8.5.2003, S. 45.

250 Nach Art. 249 EGV kommt Empfehlungen keine unmittelbare Rechtswirkung zu. Sie sind allerdings bei der Auslegung des europäischen Rechtsrahmens zu berücksichtigen, sodass sie eine faktische Bindungswirkung entfalten, vgl. *EuGH*, Urteil vom 13.12.1989 - Rs. C-322/88, Slg. 1989, I-4407.

Fällen ergehen dürfte. Hierdurch wird der Beurteilungsspielraum der nationalen Regulierungsbehörde somit wieder erheblich beschränkt.

Diese "**Hochzonung**" und Vorkonturierung der Marktdefinitionen auf europäischer Ebene steht erkennbar damit in Zusammenhang, dass die *Europäische Kommission* eine möglichst einheitliche und harmonisierte Regulierung des Telekommunikationssektors im gesamten Binnenmarkt erreichen möchte und sie den nationalen Behörden insoweit lediglich begrenzt zutraut, objektive und von jedwedem nationalen Interesse unabhängige Regulierungsentscheidungen zu treffen.

Dieser Befund wird auch noch dadurch bekräftigt, dass sich die *Europäische Kommission* auf Basis des Art. 7 Rahmenrichtlinie, der in § 12 TKG umgesetzt wurde, weitgehende Veto- und Vorlagerechte für die nationalen Entscheidungen im Bereich der Marktdefinition und Marktanalyse hat einräumen lassen, die gewissermaßen eine strenge Überwachung der nationalen Regulierungsbehörden erlauben[251].

Nach der Ende 2007 novellierten Fassung dieser zu berücksichtigenden Empfehlung kommen für eine Regulierung insgesamt nur noch 7 Telekommunikationsmärkte in Betracht, wobei zwischen Endkunden- und Vorleistungsmärkten unterschieden wird[252]:

---

251 Vgl. zur Vorlagepflicht der Ergebnisse der Marktdefinition § 10 Abs. 3 TKG i. V. m. § 12 TKG.

252 Nach der ersten Fassung der Empfehlung kamen demgegenüber noch insgesamt 18 Märkte für eine sektorspezifische Regulierung in Betracht (Zugang von Privat- bzw. anderen Kunden zum öffentlichen Telefonnetz an festen Standorten; Öffentliche Inlandstelefonverbindungen für Privat- bzw. andere Kunden an festen Standorten; Öffentliche Auslandsverbindungen für Privat- bzw. andere Kunden an festen Standorten; Mindestangebot an Mietleitungen; Verbindungsaufbau im öffentlichen Telefonnetz an festen Standorten für Großkunden; Anrufzustellung in einzelnen Telefonnetzen an festen Standorten für Großkunden; Transitdienste im öffentlichen Festtelefonnetz für Großkunden; Entbündelter Großkundenzugang für die Erbringung von Breitband- und Sprachdiensten; Breitbandzugang für Großkunden (inkl. Bitstrom-Zugang); Abschluss-Segmente von Mietleitungen für Großkunden; Fernübertragungs-Segmente von Mietleitungen für Großkunden; Zugang und Verbindungsaufbau in öffentlichen Mobiltelefonnetzen für Großkunden; Anrufzustellung in einzelnen Mobiltelefonnetzen für Großkunden; Auslandsroaming in öffentlichen Mobiltelefonnetzen für Großkunden; Rundfunk-Übertragungsdienste), vgl. Empfehlung der *Europäischen Kommission* vom 11.2.2003 (2003/311/EG), ABl. EG Nr. L 145 vom 8.5.2003, S. 45 ff.

ENDKUNDENMÄRKTE	VORLEISTUNGSMÄRKTE
▪ Zugang von Privat- und Geschäftskunden zum öffentlichen Telefonnetz an festen Standorten (**Markt 1**)	▪ Verbindungsaufbau im öffentlichen Telefonnetz an festen Standorten (**Markt 2**) ▪ Anrufzustellung in einzelnen öffentlichen Telefonnetzen an festen Standorten (**Markt 3**) ▪ Vorleistungsmarkt für den (physischen Zugang zu Netzinfrastrukturen (einschließlich des gemeinsamen oder vollständig entbündelten Zugangs) an festen Standorten (**Markt 4**) ▪ Breitbandzugang für Großkunden (**Markt 5**) ▪ Abschluss-Segmente von Mietleitungen für Großkunden, (**Markt 6**) ▪ Anrufzustellung in einzelnen Mobiltelefonnetzen (**Markt 7**)

Die Marktdefinitionen müssen nach dem europäischen Rechtsrahmen, hier insbesondere Art. 15 Abs. 1 Rahmenrichtlinie, in Übereinstimmung mit den kartellrechtlichen Grundsätzen erfolgen. In konsequenter Umsetzung dieser Vorgabe greift die *Europäische Kommission* im Wesentlichen auf die bereits o. g. und aus dem europäischen und deutschen Kartellrecht bekannten Kriterien der Nachfragesubstituierbarkeit und der Angebotsumstellungsflexibilität zurück[253],

[253] Vgl. dazu Leitlinien der *Europäischen Kommission* zur Marktanalyse und Ermittlung beträchtlicher Marktmacht nach dem gemeinsamen Rechtsrahmen für elektro-

die mangels wirksamer Alternativen allgemein anerkannt sind und bereits im Rahmen der Marktabgrenzung nach dem TKG 1996 auch von der deutschen Regulierungsbehörde herangezogen wurden.

Eine Änderung der Parameter zur Marktdefinition hat sich somit durch die Neugestaltung des telekommunikationsrechtlichen Rechtsrahmens in den Jahren 2002 bis 2004 nicht ergeben. Einem einheitlichen Markt werden anhand des Kriteriums der Nachfragesubstituierbarkeit – wie bereits dargestellt[254] – diejenigen Produkte oder Dienstleistungen zugerechnet, welche die Nachfrager zur Deckung eines bestimmten Bedarfs als gegeneinander austauschbar erachten[255].

Das zweite Kriterium, die sog. Angebotsumstellungsflexibilität, untersucht hingegen, ob andere Anbieter, die das relevante Wirtschaftsgut derzeit nicht herstellen, kurzfristig in der Lage wären, ihre Produktion hierauf ohne erhebliche Zusatzkosten umzustellen[256]. Ist eine einfache Umstellungsmöglichkeit gegeben, so sind diese eigentlich aus Nachfragersicht (noch) nicht austauschbaren Güter dem gleichen sachlichen Markt zuzuordnen[257].

Die von der *Europäischen Kommission* empfohlenen Märkte hat die *Bundesnetzagentur* im Rahmen ihrer eigenen Marktdefinitionen – wiederum unter Rückgriff auf die kartellrechtlichen Kriterien der Nachfragesubstituierbarkeit und der Angebotsumstellungsflexibilität – als Grundlage übernommen und sukzessive einer Marktdefinition unterzogen[258]. Sie hat dabei zwar auch die

---

nische Kommunikationsnetze und -dienste (2002/C 165/03), ABl. EG Nr. C 165 vom 11.7.2002, S. 6.

254 Siehe dazu oben Kapitel 3.2.1.2.2.1.1.

255 Eine solche Austauschbarkeit wird von der *Europäischen Kommission* mittels einer hypothetischen Betrachtung dahingehend, welche Auswirkungen eine spürbare, nicht vorübergehende Preiserhöhung eines bestimmten Produkts i. H. v. 5 bis 10 % auf die Nachfrage nach potentiellen austauschbaren Produkten für den gleichen Bedarf haben würde (sog. **SSNIP-Test**, der aus der US-amerikanischen Praxis übernommen wurde; "**SSNIP**" steht dabei für "**small but significant non-transitory increase in price**"). Ist die Wechselbereitschaft hoch, so spricht dies dafür, dass die Produkte einem gleichen Markt zuzurechnen sind. Vgl. hierzu Leitlinien der *Europäischen Kommission* zur Marktanalyse und Ermittlung beträchtlicher Marktmacht nach dem gemeinsamen Rechtsrahmen für elektronische Kommunikationsnetze und -dienste (2002/C 165/03), ABl. EG Nr. C 165 vom 11.7.2002, S. 6 Rn. 46.

256 Leitlinien der *Europäischen Kommission* zur Marktanalyse und Ermittlung beträchtlicher Marktmacht nach dem gemeinsamen Rechtsrahmen für elektronische Kommunikationsnetze und -dienste (2002/C 165/03), ABl. EG Nr. C 165 vom 11.7.2002, S. 6 Rn. 39; *Möschel*, in: Immenga/Mestmäcker (Hrsg.), Wettbewerbsrecht, Band 1, EG/Teil 1, 4. Aufl. 2007, Art. 82 EGV Rn. 43 ff.

257 Vgl. dazu *Heinen*, in: Säcker (Hrsg.), Berliner Kommentar zum TKG, 2006, § 10 Rn. 35.

258 Die *Bundesnetzagentur* hat dabei bislang im Großen und Ganzen die europäischen Vorgaben umgesetzt und lediglich in Teilbereichen aufgrund nationaler Besonder-

Möglichkeit, von der Empfehlung der *Europäischen Kommission* abweichende Märkte auf Basis wettbewerbsrechtlicher Kriterien zu ermitteln, hiervon jedoch bislang noch sehr restriktiv Gebrauch gemacht.

Dies dürfte auch mit dem speziellen Verfahren nach § 12 TKG, durch den die europarechtliche Vorgaben des Art. 7 Rahmenrichtlinie umgesetzt wurden, zu erklären sein, wonach Abweichungen gegenüber der *Europäischen Kommission* in aufwändiger Weise gerechtfertigt werden müssen. Eine gewisse Abschwächung des hohen Verwaltungsaufwandes ist erst im Jahre 2008 durch die Einführung des sog. Kurznotifizierungsverfahrens erfolgt, welches allerdings nur für einige wenige, einfach gelagerte Konstellationen offen steht[259].

Hierdurch soll zwar eine einheitliche Regulierungspraxis in allen Mitgliedstaaten der *Europäischen Union* sichergestellt werden. Auf der anderen Seite kann dieses Verfahren jedoch dazu führen, dass die nationalen Regulierungsbehörden dazu verleitet werden, die Vorgaben der *Europäischen Kommission* möglichst umfassend zu übernehmen, um keine Vetoentscheidung zu riskieren, die die Regulierungsmöglichkeiten u. U. für längere Zeit blockieren könnte. Denn durch das Veto wird gemäß § 12 Abs. 2 Nr. 3 TKG verhindert, dass die Entscheidung der Regulierungsbehörde hinsichtlich der Feststellung einer marktbeherrschenden Stellung auf einem bestimmten Markt, die für die meis-

---

heiten von der ersten Märkteempfehlung der *Europäischen Kommission* (2003/311/EG) abweichende Entscheidungen getroffen, die sodann im Rahmen des besonderen Verfahrens nach § 12 TKG auf europäischer Ebene überprüft werden mussten. Ein Beispiel hierfür ist die der *Europäischen Kommission* am 1.12.2004 vorgelegte Marktabgrenzung hinsichtlich des Marktes für entbündelten Großkundenzugang zu Drahtleitungen und Teilleitungen für die Erbringung von Breitband- und Sprachdiensten (Markt 11). Hierbei hatte die deutsche Regulierungsbehörde entgegen der Empfehlung der *Europäischen Kommission* auch den Zugang zu hybriden Teilnehmeranschlussleitungen dem sachlich relevanten Markt zugeschlagen, was sich aus dem Umstand rechtfertigen sollte, dass diese Technik insbesondere nach der deutschen Einheit in den neuen Bundesländern im Gegensatz zu den alten Bundesländern hauptsächlich genutzt wurde und insofern dort in vergleichbarer Weise an die Stelle der sonst üblichen Teilnehmeranschlussleitung mittels Kupferdoppelader getreten sei, vgl. hierzu ausführlich *Heinen*, in: Säcker (Hrsg.), Berliner Kommentar zum TKG, 2006, § 9 Rn. 50 ff. Des Weiteren hat die Regulierungsbehörde in Abweichung zur o. g. Märkteempfehlung den Festnetzmarkt für Transitdienste (Markt 10) in fünf sachliche Märkte aufgeteilt, vgl. dazu ausführlich *Heinen*, in: Säcker (Hrsg.), Berliner Kommentar zum TKG, 2006, § 9 Rn. 55.

259 Vgl. dazu Empfehlung der *Europäischen Kommission* vom 15.10.2008 zu den Notifizierungen, Fristen und Anhörungen gemäß Artikel 7 der Richtlinie 2002/21/EG über einen gemeinsamen Rechtsrahmen für elektronische Kommunikationsnetze und -dienste (2008/850/EG), ABl. EG Nr. L 301 vom 12.11.2008, S. 23. Diese Empfehlung ersetzt die bisherige Empfehlung (2003/561/EG) zum Verfahren nach Art. 7.

ten der Regulierungsinstrumente unabdingbare Voraussetzung ist, Gültigkeit erlangt und somit eine Regulierungsverfügung ergehen kann[260].

Bei der Marktdefinition obliegt es der nationalen Regulierungsbehörde demnach grundsätzlich nur noch, die nationalen Besonderheiten gegenüber der allgemeinen Marktabgrenzung durch die *Europäische Kommission* zu berücksichtigen und sodann die relevanten Märkte auf das Vorliegen der drei Kriterien, die für eine Regulierungsbedürftigkeit festgestellt werden müssen, zu untersuchen[261]. Ein Markt ist wie bereits erwähnt nach § 10 Abs. 2 Satz 1 TKG nur dann potentiell regulierungsbedürftig, wenn er durch beträchtliche und anhaltende strukturell oder rechtlich bedingte Marktzutrittsschranken gekennzeichnet ist, längerfristig nicht zu wirksamem Wettbewerb tendiert und auf ihm die Anwendung des allgemeinen Wettbewerbs allein nicht ausreicht, um dem betreffenden Marktversagen entgegenzuwirken. Die Bedeutung der einzelnen Kriterien ist bereits oben dargelegt worden, sodass an dieser Stelle auf die dortigen Ausführungen verwiesen werden kann[262].

Bemerkenswert ist an dieser Stelle, dass die nationalen Regulierungsbehörden nach einer Ansicht nicht dazu berufen sein sollen, diese drei Kriterien, die für eine Regulierungsbedürftigkeit kumulativ vorliegen müssen, selbst durch eine Prognoseentscheidung festzustellen[263]. Träfe diese Annahme zu, müsste die deutsche Regelung des § 10 Abs. 2 TKG konsequenterweise als europarechtswidrig erachtet werden, da hier der nationalen Regulierungsbehörde ausdrücklich eine Letztentscheidungskompetenz im Rahmen eines Beurteilungsspielraums zuerkannt wurde. Als Begründung für dieses Verständnis wird angeführt, dass die *Europäische Kommission* die entsprechenden Prognoseentscheidungen bereits für die empfohlenen Märkte vorgenommen habe, sodass hier kein Raum für eine weitere Untersuchung durch die nationalen Regulierungsbehörden vorhanden sei. Lediglich hinsichtlich solcher Märkte, die nicht in die Märkteempfehlung aufgenommen worden sind, könne die Regulierungsbehörde selbst eine Prognoseentscheidung treffen. Diese Ansicht kann aber aus gewichtigen Gründen nicht überzeugen. Zum einen hätte ein derartiges Verständnis zur Folge, dass die Empfehlung der *Europäischen Kommission* über die regulierungsbedürftigen Märkte entgegen ihrer bewusst gewählten Rechts-

---

260 Eine einstweilige Handlungsmöglichkeit der nationalen Regulierungsbehörde im Wege von Eilentscheidungen ist sodann auf die restriktiven Konstellationen des § 12 Abs. 2 Nr. 4 TKG beschränkt.

261 Nach Ansicht der *Europäischen Kommission* obliegt es den nationalen Regulierungsbehörden im Rahmen der Marktdefinition in erster Linie, die geographische Ausweitung der relevanten Märkte festzulegen, vgl. Leitlinien der *Europäischen Kommission* zur Marktanalyse und Ermittlung beträchtlicher Marktmacht nach dem gemeinsamen Rechtsrahmen für elektronische Kommunikationsnetze und -dienste (2002/C 165/03), ABl. EG Nr. C 165 vom 11.7.2002, S. 6.

262 Siehe oben Kapitel 2.

263 *Elkettani*, K&R Beilage 1/2004, 11 (12 ff.); *Klotz*, TKMR 2004, 5 (8).

natur als unverbindlicher Rechtsakt doch eine unmittelbare Bindungswirkung aufwiese[264].

Des Weiteren hätte es dann auch keines speziellen Vorlage- und Vetoverfahrens, wie es in Art. 7 Rahmenrichtlinie für von der Empfehlung abweichende Entscheidungen der nationalen Regulierungsbehörden vorgesehen ist, bedurft. Schließlich bringt auch Art. 15 Abs. 3 Rahmenrichtlinie i. V. m. Erwägungsgrund 27 der Rahmenrichtlinie zum Ausdruck, dass den nationalen Regulierungsbehörden ein Letztentscheidungsrecht dahingehend zusteht, ob die wettbewerbsrechtlichen Möglichkeiten dazu ausreichen, dem Marktversagen entgegenzuwirken oder nicht[265].

Die Ansicht, die den nationalen Regulierungsbehörden keine eigene Prognoseentscheidung hinsichtlich der Regulierungsbedürftigkeit anhand der drei Kriterien zugestehen will, ist daher abzulehnen[266] und dürfte insofern interessengeleitet sein, als dass sie der *Europäischen Kommission* noch weiterreichende Befugnisse zugestehen will, als sie nach dem neuen Rechtsrahmen ohnehin schon auf sich vereinigt.

3.3.1.1.5.2.2 Räumlich relevanter Markt

Die räumliche Ausdehnung des relevanten Marktes wird danach festgelegt, in welchem Gebiet die Unternehmen bei den relevanten Produkten an Angebot und Nachfrage beteiligt sind und die Wettbewerbsbedingungen hinreichend homogen sind bzw. von Nachbargebieten unterschieden werden können, in denen wesentlich andere Wettbewerbsbedingungen herrschen[267]. Die Homogenität der Wettbewerbsbedingungen wird dabei wiederum anhand der bereits aus der sachlichen Marktabgrenzung bekannten Kriterien festgestellt[268]. Die *Europäische Kommission* nennt in ihren Leitlinien insbesondere zwei Parameter, die für die räumliche Ausdehnung eines Marktes der Telekommunikation bedeut-

---

264 Vgl. *Heinen*, in: Säcker (Hrsg.), Berliner Kommentar zum TKG, 2006, § 10 Rn. 18 m. w. N.

265 Vgl. dazu ausführlich *Heinen*, in: Säcker (Hrsg.), Berliner Kommentar zum TKG, 2006, § 10 Rn. 18 m. w. N.

266 So auch *Korehnke*, TKMR 2004, 17 ff.; *Heinen*, in: Säcker (Hrsg.), Berliner Kommentar zum TKG, 2006, § 10 Rn. 18 f.; *Knauth/Krüger*, K&R Beilage 1/2004, 3; differenzierend *Hombergs*, Europäisches Verwaltungskooperationsrecht, 2006, S. 137 ff.

267 Leitlinien der *Europäischen Kommission* zur Marktanalyse und Ermittlung beträchtlicher Marktmacht nach dem gemeinsamen Rechtsrahmen für elektronische Kommunikationsnetze und -dienste (2002/C 165/03), ABl. EG Nr. C 165 vom 11.7.2002, S. 6 Rn. 56.

268 Leitlinien der *Europäischen Kommission* zur Marktanalyse und Ermittlung beträchtlicher Marktmacht nach dem gemeinsamen Rechtsrahmen für elektronische Kommunikationsnetze und -dienste (2002/C 165/03), ABl. EG Nr. C 165 vom 11.7.2002, S. 6 Rn. 57.

sam sein können. Hierbei handelt es sich um das Gebiet, welches von einem Telekommunikationsnetz erfasst wird, da nur in diesem Bereich die entsprechenden Dienstleistungen eines Unternehmens in Anspruch genommen werden können, und bestehende Rechts- und Verwaltungsinstrumente, die das Angebot eines Unternehmens hoheitlich auf ein bestimmtes Gebiet beschränken[269]. Unterschieden wird dabei zwischen lokalen, regionalen, nationalen[270] oder sogar länderübergreifenden Märkten, wie sie insbesondere bei Satellitenmärkten angenommen werden[271].

3.3.1.1.5.2.3 Konsultations- und Konsolidierungsverfahren

Abschließend muss die nationale Regulierungsbehörde gemäß § 10 Abs. 3 TKG ihr Ergebnis der Marktdefinition der *Europäischen Kommission* im Verfahren nach § 12 Abs. 2 TKG vorlegen, wenn die Marktabgrenzung Auswirkungen auf den Handel zwischen den Mitgliedstaaten hat. Dieses sehr formalistische und langwierige Verfahren, das die *Europäische Kommission* zu dem Zwecke der europaweiten Harmonisierung der Regulierung durchgesetzt hat, wird später (**Kapitel 3.3.1.1.5.4**) dargestellt, da auch die Ergebnisse der Marktanalyse hiervon gemäß § 11 Abs. 3 TKG betroffen sind und sich insofern eine gemeinsame Darstellung gebietet.

Des Weiteren ist in jedem Fall noch das innerstaatliche Konsultationsverfahren i. S. d. § 12 Abs. 1 TKG durchzuführen, welches vorsieht, dass bestimmten Kreisen Gelegenheit zur Stellungnahme zu den Entwürfen der Marktdefinition zu geben ist. Auch dieses Verfahren wird nachfolgend (**Kapitel 3.3.1.1.5.4**) überblicksartig beleuchtet.

3.3.1.1.5.2.4 Übereinstimmung der Abgrenzungskriterien nach europäischem und deutschem Recht

Die *Europäische Kommission* legt wie oben gezeigt grundsätzlich die gleichen Kriterien für die Abgrenzung der relevanten Märkte im Telekommunikationssektor zu Grunde, wie sie auch bisher schon im deutschen Wettbewerbsrecht und bei § 33 TKG 1996 herangezogen wurden. Diese Vorgaben sind dabei fak-

---

[269] Vgl. Leitlinien der *Europäischen Kommission* zur Marktanalyse und Ermittlung beträchtlicher Marktmacht nach dem gemeinsamen Rechtsrahmen für elektronische Kommunikationsnetze und -dienste (2002/C 165/03), ABl. EG Nr. C 165 vom 11.7.2002, S. 6 Rn. 59, Fn. 43 und 44.

[270] Nationale Märkte sollten z. B. aufgrund der Reichweite der jeweiligen Lizenzen die Mobilfunkmärkte sein, vgl. Leitlinien der *Europäischen Kommission* zur Marktanalyse und Ermittlung beträchtlicher Marktmacht nach dem gemeinsamen Rechtsrahmen für elektronische Kommunikationsnetze und -dienste (2002/C 165/03), ABl. EG Nr. C 165 vom 11.7.2002, S. 6 Rn. 59, Fn. 44.

[271] Vgl. dazu *Holznagel/Enaux/Nienhaus*, Telekommunikationsrecht, 2. Aufl. 2006, S. 43.

tisch verpflichtend auch von der *Bundesnetzagentur* strikt einzuhalten, sodass insofern eine weitgehende Harmonisierung des europäischen Rechtsrahmens und des deutschen Telekommunikationsrechts zu beobachten ist[272]. Insbesondere achtet die *Europäische Kommission* bei der Marktuntersuchung im Telekommunikationssektor darauf, dass eine zukunftsorientierte Betrachtung des Marktes erfolgt (sog. **Forward Looking Approach**)[273].

Dem liegt die zutreffende Verständnisbasis zugrunde, dass eine Marktuntersuchung im Telekommunikationssektor immer die zukünftige Entwicklungen des Marktes antizipieren soll. Nur auf diese Weise ist die Anwendung von Ex-ante-Regulierungsinstrumenten handhabbar. Im Gegensatz zu der kartellrechtlichen Marktuntersuchung, die allein ex post ausgerichtet ist und lediglich eine aktuelle Bestandsaufnahme über die Marktstruktur darstellt, muss die Marktbetrachtung im Telekommunikationssektor somit stets auch auf Hypothesen und Annahmen gestützt werden.

Verhaltens- und Strukturdaten aus der Vergangenheit sind danach nur noch insoweit von Bedeutungen, wie aus ihnen Rückschlüsse für künftige Entwicklungen zu entnehmen sind[274]. Diese Grundsätze sind für die deutsche Regulierungspraxis ebenfalls anerkannt und stellen somit keine Besonderheit dar.

Allerdings bedeutet dies aufgrund der schon in der Vergangenheit bestehenden weit reichenden Übereinstimmung keine umwälzende Neuerung für die nationale Regulierungsbehörde. Lediglich die Tatsache, dass die *Europäische Kommission* nunmehr abstrakt bestimmte Märkte in faktisch verbindlicher Art und Weise festlegt, stellt somit – neben den verfahrensausgestaltenden Neuerungen – eine gravierende Änderung gegenüber der Marktabgrenzung nach dem TKG 1996 dar.

Es darf jedoch nicht verkannt werden, dass die reine Übertragung kartellrechtlicher Prinzipien und Kriterien, wie sie von der *Europäischen Kommission* und

---

272 Vgl. dazu z. B. *Heinen*, in: Säcker (Hrsg.), Berliner Kommentar zum TKG, 2006, § 9 Rn. 20, der ebenfalls davon spricht, dass die *Europäische Kommission* die relevanten Märkte im Einklang mit den Grundsätzen des Wettbewerbsrechts definiert.

273 Vgl. dazu Erwägungsgründe 4 ff. der Empfehlung der *Europäischen Kommission* über relevante Produkt- und Dienstemärkte des elektronischen Kommunikationssektors vom 17.12.2007 (2007/879/EG), ABl. EG Nr. L 344 vom 28.12.2007, S. 65 (66); diese vorausschauende Betrachtungsweise findet auch bei der Marktanalyse Anwendung, vgl. Leitlinien der *Europäischen Kommission* zur Marktanalyse und Ermittlung beträchtlicher Marktmacht nach dem gemeinsamen Rechtsrahmen für elektronische Kommunikationsnetze und -dienste (2002/C 165/03), ABl. EG Nr. C 165 vom 11.7.2002, S. 6 ff. Rn. 75; siehe aber *Heinen*, in: Säcker (Hrsg.), Berliner Kommentar zum TKG, 2006, § 11 Rn. 11, der dieses prognostische Element nicht überbewertet wissen will, da sich der Zeitraum, der im Telekommunikationssektor antizipiert werden muss, längstens auf zwei Jahre erstreckt, da dann gemäß § 14 Abs. 2 TKG ohnehin eine Überprüfung der Ergebnisse der Marktdefinition und Marktanalyse zu erfolgen hat.

274 *Huppertz*, Die SMP-Konzeption, 2003, S. 199.

der *Bundesnetzagentur* praktiziert wird, lediglich eine Aushilfslösung mangels besserer Alternative sein kann. Denn die Definitionskriterien des allgemeinen europäischen und deutschen Kartellrechts sind grundsätzlich auf solche Märkte zugeschnitten, die keiner Regulierung unterliegen und die sich somit allein aufgrund der eigenen Marktkräfte entwickelt haben. Bei Märkten, die wie im Telekommunikationssektor häufig nur einen regulierungsbedingten Wettbewerb aufweisen und in denen z. T. selbst die Preise für Dienste und Produkte durch die Aufsichtsbehörde hoheitlich vorgegeben sind, kann der kartellrechtliche Abgrenzungstest zu verzerrten Ergebnissen führen, da künstliche Austauschverhältnisse entstanden sein können. Dieser Unterschied zu unregulierten Märkten muss hinreichend berücksichtigt werden[275].

Insgesamt dürfte die Marktabgrenzung nach kartellrechtlichen Grundsätzen – unter Abstellung auf eine prognostische, zukunftsgerichtete Betrachtungsweise – in den meisten Fällen aber zu praktikablen Ergebnissen führen, sodass sie mangels besser geeigneter Alternative nicht substituierbar ist und die aus den unterschiedlichen Grundkonstellationen der Marktstrukturen herrührenden Unstimmigkeiten hingenommen werden müssen.

3.3.1.1.5.3 Marktanalyse

Nach der Definition der in Betracht kommenden Telekommunikationsmärkte gemäß § 10 TKG muss die *Bundesnetzagentur* überprüfen, ob auf diesen Märkten wirksamer Wettbewerb herrscht. Das ist gemäß § 11 Abs. 1 Satz 2 TKG dann nicht der Fall, wenn ein Anbieter entweder allein oder gemeinsam mit anderen eine der Beherrschung gleichkommende Stellung einnimmt, das heißt eine wirtschaftlich starke Stellung, die es ihm gestattet, sich in beträchtlichem Umfang unabhängig von Wettbewerbern und Endnutzern zu verhalten[276].

Damit stimmt die Definition beträchtlicher Marktmacht fast wortgleich mit den Vorgaben des Art. 14 der Rahmenrichtlinie überein, sodass das SMP-Konzept des EU-Rechtsrahmens nunmehr allein maßgebend ist[277]. Diese Prüfung ist eng mit der Marktdefinition verbunden, da auch dort zu untersuchen ist, ob der jeweilige Markt zu wirksamem Wettbewerb tendiert[278]. Nach § 11 Abs. 1 Satz 4 TKG muss die *Bundesnetzagentur* im Rahmen dieser Feststellung wiederum bestimmte Vorgaben der *Europäischen Kommission* in ihrer jeweils geltenden

---

[275] Vgl. dazu auch *Holznagel/Enaux/Nienhaus*, Telekommunikationsrecht, 2. Aufl. 2006, S. 42.

[276] Nach der Begriffsdefinition des § 3 Nr. 31 TKG bedeutet "**wirksamer Wettbewerb**" die Abwesenheit von beträchtlicher Marktmacht i. S. d. § 11 Abs. 1 Satz 3 bis 5 TKG.

[277] Vgl. dazu *Spoerr/Sellmann*, N&R 2004, 98 (101).

[278] Vgl. *Spoerr/Sellmann*, N&R 2004, 98 (101).

Fassung weitestgehend berücksichtigen[279], sodass die *Europäische Kommission* großen Einfluss auf die Beurteilung des wirksamen Wettbewerbs genommen hat.

Eine weitestgehende Berücksichtigung soll dabei mehr als eine reine Wahrnehmung und weniger als eine absolute Verbindlichkeit bedeuten, die auch nicht mit der Rechtsnatur der europäischen Vorgaben vereinbar wäre[280].

3.3.1.1.5.3.1 Gesamtschau marktstrukturrelevanter Kriterien

Die marktbeherrschende Stellung eines Unternehmens wird dabei anhand einer wertenden Gesamtschau marktstrukturrelevanter Kriterien untersucht. Hierbei spielen im Wesentlichen die gleichen Gesichtspunkte wie schon bei der Marktmachtuntersuchung unter § 33 TKG 1996 i. V. m. § 19 GWB eine Rolle[281]. Am bedeutsamsten ist dabei regelmäßig der jeweilige Marktanteil des untersuchten Unternehmens, wobei ein hoher Anteil für sich genommen jedoch nicht in jedem Fall ausreichend ist und umgekehrt auch ein niedriger Marktanteil nicht immer die Annahme einer marktbeherrschenden Stellung ausschließen kann[282].

Die *Europäische Kommission* hat hierbei einige rechtlich unverbindliche Anhaltspunkte für die Bedeutung von Marktanteilen vorgegeben, die infolge ihrer Bedeutung für die europarechtskonforme Auslegung der jeweiligen Telekommunikationsgesetze der Mitgliedstaaten jedoch durchaus faktische Bindungswirkungen auslösen können und außerdem nach § 11 Abs. 1 Satz 4 TKG bei der nationalen Marktanalyse weitestgehend zu berücksichtigen sind. Danach soll grundsätzlich bei einem Marktanteil von unter 25 % keine Einzelmarktbeherrschung in Betracht kommen können[283]. Vielmehr soll eine solche in der Re-

---

279 Leitlinien der *Europäischen Kommission* zur Marktanalyse und Ermittlung beträchtlicher Marktmacht nach dem gemeinsamen Rechtsrahmen für elektronische Kommunikationsnetze und -dienste (2002/C 165/03), ABl. EG Nr. C 165 vom 11.7.2002, S. 6, in ihrer jeweils geltenden Fassung. Hierbei handelt es sich um eine auf Art. 15 Abs. 2 Rahmenrichtlinie gestützte Handlungsform sui generis, die keine unmittelbare rechtliche Verbindlichkeit aufweist (vgl. Art. 249 EGV), jedoch bei der Auslegung des europäischen Rechtsrahmens in harmonisierter Form über die Grenzen der Mitgliedstaaten hinweg eine bedeutende Rolle spielt und insofern als sog. "**Soft Law**" bezeichnet wird, vgl. *Holznagel*, in: Picot (Hrsg.), Novellierung des Telekommunikationsgesetzes, 2003, S. 9 und 13. Siehe zu diesen Leitlinien auch *Huppertz*, Die SMP-Konzeption, 2003, S. 192 ff.

280 Vgl. *Heinen*, in: Säcker (Hrsg.), Berliner Kommentar zum TKG, 2006, § 11 Rn. 50.

281 Siehe dazu oben Kapitel 3.2.1.2.2.2.2.

282 Hiervon geht auch die *Europäische Kommission* aus, vgl. Leitlinien der *Europäischen Kommission* zur Marktanalyse und Ermittlung beträchtlicher Marktmacht nach dem gemeinsamen Rechtsrahmen für elektronische Kommunikationsnetze und -dienste (2002/C 165/03), ABl. EG Nr. C 165 vom 11.7.2002, S. 6 Rn. 75.

283 Leitlinien der *Europäischen Kommission* zur Marktanalyse und Ermittlung beträchtlicher Marktmacht nach dem gemeinsamen Rechtsrahmen für elektronische

gel erst ab einem Anteil von mehr als 40 % angenommen werden können[284]. Bei Marktanteilen von über 50 % soll sogar eine Vermutung dafür sprechen, dass eine marktbeherrschende Stellung vorliegt[285], die allerdings durch das Vorliegen außergewöhnlicher Umstände entkräftet werden kann, etwa wenn die Wettbewerber trotz dieser starken Marktposition in der Lage sind, ihre Produktion kurzfristig derart auszubauen oder umzustellen, dass sie einen durch plötzliche Preiserhöhungen des marktstarken Unternehmens bedingten Nachfragerwechsel hinreichend decken können[286]. Maßgeblich können dabei wie schon unter § 33 TKG 1996 i. V. m. § 19 GWB sowohl der Umsatzmarktanteil als auch der Absatzmengenmarktanteil sein. Nach den Vorgaben der *Europäischen Kommission* ist dabei der Absatzmengenanteil vor allem bei solchen Produkten oder Leistungen zu bevorzugen, die für einen Massenmarkt geschaffen und daher kaum unterschiedliche Preisgestaltungen aufweisen, während der Umsatzmarktanteil demgegenüber bei differenzierten Produkten und Leistungen wie Markenartikeln ausschlaggebend sein kann[287]. In die Betrachtung ist dabei nicht nur der aktuelle Stand sondern auch die Entwicklung der Marktanteile einzubeziehen, da hieraus abgelesen werden kann, wie sich der Wettbewerb auf dem relevanten Markt entwickelt, z. B. ob eine starke Marktposition bereits erodiert oder stabil ist[288].

Neben dem Marktanteil sind die bereits aus der Untersuchung nach § 33 TKG 1996 i. V. m. § 19 GWB bekannten Kriterien erheblich. Diese sollen kurz in einem Überblick aufgezählt werden:

Kommunikationsnetze und -dienste (2002/C 165/03), ABl. EG Nr. C 165 vom 11.7.2002, S. 6 Rn. 75.

284 Leitlinien der *Europäischen Kommission* zur Marktanalyse und Ermittlung beträchtlicher Marktmacht nach dem gemeinsamen Rechtsrahmen für elektronische Kommunikationsnetze und -dienste (2002/C 165/03), ABl. EG Nr. C 165 vom 11.7.2002, S. 6 Rn. 75.

285 Leitlinien der *Europäischen Kommission* zur Marktanalyse und Ermittlung beträchtlicher Marktmacht nach dem gemeinsamen Rechtsrahmen für elektronische Kommunikationsnetze und -dienste (2002/C 165/03), ABl. EG Nr. C 165 vom 11.7.2002, S. 6 Rn. 75, unter Bezugnahme auf das Urteil des *EuGH* vom 3.7.1991 - Rs. C-62/86, Slg. 1991, I-3359, Rn. 59 ff.

286 Leitlinien der *Europäischen Kommission* zur Marktanalyse und Ermittlung beträchtlicher Marktmacht nach dem gemeinsamen Rechtsrahmen für elektronische Kommunikationsnetze und -dienste (2002/C 165/03), ABl. EG Nr. C 165 vom 11.7.2002, S. 6 Rn. 78.

287 Leitlinien der *Europäischen Kommission* zur Marktanalyse und Ermittlung beträchtlicher Marktmacht nach dem gemeinsamen Rechtsrahmen für elektronische Kommunikationsnetze und -dienste (2002/C 165/03), ABl. EG Nr. C 165 vom 11.7.2002, S. 6 Rn. 76.

288 Leitlinien der *Europäischen Kommission* zur Marktanalyse und Ermittlung beträchtlicher Marktmacht nach dem gemeinsamen Rechtsrahmen für elektronische Kommunikationsnetze und -dienste (2002/C 165/03), ABl. EG Nr. C 165 vom 11.7.2002, S. 6 Rn. 75.

SONSTIGE MARKTSTRUKTURRELEVANTE KRITERIEN[289]

- Gesamtgröße des Unternehmens[290]
- privilegierter Zugang zu den Kapitalmärkten und besondere Ausstattung mit finanziellen Ressourcen[291]
- technologische Vorsprünge
- Kontrolle über eine schwierig zu duplizierende Infrastruktur
- Bestehen ausgleichender und Angebotmarktmacht eindämmender Nachfragemacht
- Größenvorteile (**economies of scale**) oder Verbundvorteile (**economies of scope**)
- Vorteile durch ein ausdifferenziertes Vertriebs- und Verkaufsnetz
- Vorliegen sonstiger erheblicher Marktzutrittsschranken

---

289 Vgl. dazu jeweils Leitlinien der *Europäischen Kommission* zur Marktanalyse und Ermittlung beträchtlicher Marktmacht nach dem gemeinsamen Rechtsrahmen für elektronische Kommunikationsnetze und -dienste (2002/C 165/03), ABl. EG Nr. C 165 vom 11.7.2002, S. 6 Rn. 78 ff.

290 Nach Ansicht der *Europäischen Kommission* kann sich auch die schiere Größe eines Unternehmens abschreckend auf Marktzutritte potentieller Wettbewerber auswirkend.

291 Von der finanziellen Ausstattung hängen naturgemäß die Handlungsmöglichkeiten eines Unternehmens am Markt ab. Bei guter Finanzausstattung kann sich das Unternehmen innerhalb weiterer Handlungsspielräume bewegen und Wettbewerber verdrängen. Maßgeblich bei der Bestimmung der Finanzkraft ist insbesondere der sog. Cash-Flow des Unternehmens, der bereits oben in Kapitel 3.2.1.2.2.2.2.2 dargestellt wurde.

Die Beurteilung des Marktes hat dabei wie bereits dargestellt zukunftsorientiert zu erfolgen, da dies die Grundlage für eine zukünftige Marktaufsicht bilden soll[292].

3.3.1.1.5.3.2 Einzelmarktbeherrschung und kollektive Marktbeherrschung

Gemäß § 11 Abs. 1 Satz 2 und 3 TKG wird zwischen Einzelmarktbeherrschung und kollektiver Marktbeherrschung unterschieden. Während bei der ersten Variante ein einzelnes Unternehmen alle Voraussetzungen der marktbeherrschenden Stellung erfüllt, gilt dies bei der kollektiven Marktbeherrschung nur für eine Mehrzahl von Unternehmen in ihrer Gesamtheit.

Kann eine Einzelmarktbeherrschung anhand der oben genannten Marktstrukturkriterien in einer Gesamtschau festgestellt werden, so hat die Marktanalyse zwingend das Fehlen wirksamen Wettbewerbs zur Folge, sodass in der Folge die Marktdefinitions- und Marktanalyse abzuschließen ist.

Kann jedoch nicht konstatiert werden, dass ein einzelnes Unternehmen über eine derart marktstarke Position verfügt, so kann sich dennoch eine kollektive Marktbeherrschung mehrerer Unternehmen ergeben. Erforderlich ist dafür zum einen ein Fehlen wirksamen Wettbewerbs zwischen den kollektiv handelnden Unternehmen (Oligopolisten) und zweitens das Bestehen einer kollektiv marktbeherrschenden Stellung, die wiederum mit den o. g. Kriterien in einer Gesamtschau zu ermitteln ist[293].

3.3.1.1.5.3.3 Marktmacht auf benachbarten Märkten

Nach § 11 Abs. 1 Satz 5 TKG[294] kann sich eine für einen bestimmten relevanten Markt i. S. d. § 10 Abs. 2 TKG festgestellte beträchtliche Marktmacht auch auf einen Nachbarmarkt erstrecken, auf dem das Unternehmen für sich ge-

---

[292] Vgl. dazu bereits für den Bereich der Marktdefinition, für den nichts anderes gilt, oben Kapitel 3.3.1.5.2.4.

[293] Vgl. hierzu ausführlich *Heinen*, in: Säcker (Hrsg.), Berliner Kommentar zum TKG, 2006, § 11 Rn. 35 ff., unter Darstellung der insoweit nicht vom deutschen Kartellrecht abweichenden europäischen Vorgaben. Die kollektive Marktbeherrschung ist unter Geltung des überkommenen Rechtsrahmens (§ 33 TKG 1996 i. V. m. § 19 GWB) bereits dargestellt worden und weist demgegenüber keine größeren Besonderheiten auf, sodass eine Darstellung hier entbehrlich ist. Auch nach § 19 Abs. 2 Satz 2 GWB war in Übereinstimmung mit den europäischen Vorgaben für die Annahme einer gemeinsamen marktbeherrschenden Stellung erforderlich, dass zwischen den Oligopolunternehmen kein wesentlicher Wettbewerb herrschte (**Innenverhältnis**) und die Unternehmen in ihrer Gesamtheit nach außen hin die Voraussetzungen einer marktbeherrschenden Stellung erfüllten (**Außenverhältnis**). Vgl. dazu oben Kapitel 3.2.1.2.2.2.3.

[294] Die Vorschrift setzt Art. 14 Abs. 3 Rahmenrichtlinie in das deutsche Recht um.

nommen nicht die notwendigen Kriterien einer marktbeherrschenden Stellung erfüllt.

Dafür muss es die Verbindung zwischen diesen beiden Märkten erlauben, dass die Marktmacht auf den anderen Markt zwanglos übertragen und hierdurch die gesamte Marktstellung des Unternehmens gestärkt werden kann[295]. Als benachbart gelten dabei in erster Linie alle vor- und nachgelagerten Märkte[296].

3.3.1.1.5.3.4 Durchführung des Konsultations- und Konsolidierungsverfahrens

Die Ergebnisse der Marktanalyse sind gemäß § 11 Abs. 3 TKG ebenso wie diejenigen der Marktdefinition nach § 10 TKG dann der *Europäischen Kommission* im Verfahren nach § 12 TKG vorzulegen, wenn sie eine Auswirkung auf den Handel zwischen den Mitgliedstaaten haben.

Dieses Verfahren wird später (**Kapitel 3.3.1.1.5.4**) in seinen Grundzügen dargestellt. Zusätzlich ist noch auf das obligatorisch in § 12 Abs. 1 TKG vorgesehene Konsultationsverfahren einzugehen, das hinsichtlich jedes Ergebnisses der Marktdefinition und Marktanalyse innerstaatlich durchzuführen ist.

3.3.1.1.5.3.5 Übereinstimmungen der Analysekriterien nach europäischem und deutschem Recht

Die Novellierung des Telekommunikationsrechts hat auch im Bereich der Marktanalyse keine Revolution in materieller Hinsicht mit sich gebracht. Die Kriterien zur Bestimmung einer marktbeherrschenden Stellung sind aus dem Kartellrecht hinlänglich bekannt und wurden auch im Rahmen des TKG 1996 angewendet. Neu ist allerdings dabei, dass die *Europäische Kommission* die einzelnen Kriterien weitgehend selbst auslegt und die nationalen Regulierungsbehörden die daraus resultierenden Leitlinien bei ihrer eigenen Entscheidung weitestgehend zu berücksichtigen haben. Hierdurch sind in Deutschland die in der Praxis besonders bedeutsamen europäischen Vorgaben hinsichtlich der Berücksichtigung des Marktanteils eines Unternehmens nunmehr zur Pflicht geworden. Dies hat aber insofern ebenfalls nur geringe Auswirkungen, da die mit den Vorgaben der *Europäischen Kommission* in Widerspruch stehende sog. Drittelvermutung des § 19 Abs. 3 Satz 1 GWB, auf den noch § 33 TKG 1996 verwiesen hatte, bereits unter Geltung des TKG 1996 dahingehend europa-

---

[295] Diese Konstellation wurde auf Grundlage des Urteils des *EuGH* vom 14.11.1996 - Rs. C-333/94 P, Slg. 1996, I-5953, in den europäischen und deutschen Rechtsrahmen eingefügt, vgl. Leitlinien der *Europäischen Kommission* zur Marktanalyse und Ermittlung beträchtlicher Marktmacht nach dem gemeinsamen Rechtsrahmen für elektronische Kommunikationsnetze und -dienste (2002/C 165/03), ABl. EG Nr. C 165 vom 11.7.2002, S. 6 Rn. 84. Für diese Konstellation ist es unerheblich, ob es sich um eine vertikale oder horizontale Nachbarschaft handelt.

[296] *Schütz*, in: Beck`scher TKG-Kommentar, 3. Aufl. 2006, § 42 Rn. 28.

rechtskonform ausgelegt werden musste, dass eine marktbeherrschende Stellung bereits ab einem Marktanteil von 25 % in Betracht kam. Zentrale Veränderungen in diesem Bereich rühren daher insgesamt allein von der neuartigen verfahrensmäßigen Ausgestaltung der Marktanalyse her.

3.3.1.1.5.4 Konsultations- und Konsolidierungsverfahren nach § 12 TKG

Den endgültigen Feststellungen nach §§ 10, 11 TKG geht gemäß § 12 TKG in Umsetzung von Art. 6 der Rahmenrichtlinie das Konsultations- und bei Auswirkungen auf den Handel zwischen den Mitgliedstaaten der *Europäischen Union* in Umsetzung von Art. 7 Rahmenrichtlinie zusätzlich noch das Konsolidierungsverfahren voraus.

Nach § 12 Abs. 1 TKG hat die Regulierungsbehörde interessierten Parteien stets Gelegenheit zu geben, zu einem Entwurf der Ergebnisse nach §§ 10, 11 TKG innerhalb einer im Einzelfall bestimmten Frist Stellung zu nehmen. Der Begriff der interessierten Parteien ist Art. 6 der Rahmenrichtlinie entlehnt und soll nach der Gesetzesbegründung[297] dem der Beteiligten i. S. d. § 134 TKG[298] entsprechen. Die Ergebnisse der Anhörung werden der Öffentlichkeit zugänglich gemacht. Damit können alle diejenigen in dem Verfahren Stellung nehmen, deren Interessen durch die beabsichtigte Maßnahme berührt werden. Hierdurch werden sicherlich die Akzeptanz und die Transparenz der Entscheidungen gefördert, da alle Betroffenen die Möglichkeit haben, im Vorfeld der endgültigen Entscheidungsfindung ihre Argumente und Belange vorzutragen. Eine Pflicht zur Berücksichtigung der Stellungnahmen besteht hingegen nicht. Dies kann sich nur aus der Pflicht der Behörde zu rechtmäßigem Verhalten (vgl. Art. 20 Abs. 3 GG) ergeben, wonach offenkundig fehlerhafte Entscheidungen revidiert werden müssen, sofern hierfür Anhaltspunkte evident werden.

Sofern die Ergebnisse der geplanten Marktdefinition und Marktanalyse Auswirkungen auf den innergemeinschaftlichen Handel[299] nach sich ziehen können, muss die *Bundesnetzagentur* nach §§ 10 Abs. 3, 11 Abs. 3 TKG i. V. m. § 12 Abs. 2 TKG den Entwurf der *Europäischen Kommission* und den anderen

---

[297] Begründung zu § 12 TKG, BT-Drs. 15/2316, S. 62.

[298] Es muss sich demgemäß z. B. um potentiell von der Entscheidung betroffene Personen, Personenvereinigungen, Betreiber von öffentlichen Telekommunikationsnetzen oder Anbieter von Telekommunikationsdiensten für die Öffentlichkeit handeln.

[299] Auf Basis der sog. Zwischenstaatlichkeitsklausel (vgl. Erwägungsgrund 38 Rahmenrichtlinie) des europäischen Wettbewerbsrechts liegt diese Voraussetzung vor, wenn es sich um Maßnahmen handelt, die unmittelbar oder mittelbar einen derartigen Einfluss auf den Handel zwischen Mitgliedstaaten haben können, dass ein Hemmnis für den europäischen Binnenmarkt geschaffen wird, wobei auch potenzielle Auswirkungen von Bedeutung sind. Insofern ist diese Voraussetzung sehr weitgehend und dürfte die meisten Maßnahmen, die nicht nur regionale Bedeutung haben, erfassen, vgl. dazu *Heinen*, in: Säcker (Hrsg.), Berliner Kommentar zum TKG, 2006, § 11 Rn. 61 und § 10 Rn. 74.

nationalen Regulierungsbehörden zur Verfügung stellen[300]. Dabei ist das bisherige Standard-Konsolidierungsverfahren, welches einen erheblichen Verwaltungs- und Zeitaufwand erforderte, im Jahr 2008 um ein sog. Kurznotifizierungsverfahren ergänzt worden, welches bei bestimmten einfach gelagerten Sachverhalten ein gegenüber vereinfachtes und beschleunigtes Verfahren bereitstellt und damit Verwaltungsaufwand abzubauen hilft. Dieses Kurznotifizierungsverfahren ist allerdings nur in den folgenden Konstellationen anwendbar:

- wenn der betreffende Markt bislang noch nicht im Anhang zur Märkteempfehlung der *Europäischen Kommission* enthalten war oder aus diesem gestrichen wurde, und die nationale Regulierungsbehörde den Markt als wettbewerblich einstuft,
- wenn der betreffende Markt zwar im Anhang zur Märkteempfehlung der *Europäischen Kommission* enthalten ist, er aber bei einer vorherigen Marktprüfung bereits als wettbewerblich eingestuft wurde und sich an dieser Beurteilung nichts geändert hat,
- wenn nur technische Details in zuvor festgesetzten Regulierungsmaßnahmen abgeändert werden sollen, ohne dass hiervon erhebliche Auswirkungen auf den Markt ausgehen sowie
- wenn der betreffende Markt bereits definiert und analysiert wurde und nunmehr lediglich anderen als bereits regulierten Unternehmen ähnliche Verpflichtungen auferlegt werden sollen.

Innerhalb einer Frist von mindestens einem Monat können die anderen nationalen Regulierungsbehörden und die *Europäische Kommission* zu der Vorlage der nationalen Regulierungsbehörde Stellung nehmen, wobei die *Bundesnetzagentur* den jeweiligen Anmerkungen weitestgehend Rechnung zu tragen hat. Sie ist demnach verpflichtet, die Vorträge zur Kenntnis zu nehmen und möglichst ihren Entwurf dementsprechend zu ändern. Eine rechtlich verbindliche Pflicht zur Änderung ergibt sich hieraus jedoch nicht. Nur wenn die Ergebnisse der Marktdefinition und Marktanalyse von den im Rahmen der §§ 10 und 11 TKG zu berücksichtigenden europäischen Vorgaben abweichen, kann die *Europäische Kommission* eine Rückziehung des Entwurfs verlangen (sog. **Vetorecht**), wenn sie zuvor im Rahmen ihrer Stellungnahme erklärt hat, die Maß-

---

[300] Zur Durchführung des Konsolidierungsverfahrens hat die *Europäische Kommission* zunächst die konkretisierende Empfehlung (2003/561/EG) vom 23.7.2003 zu den Notifizierungen, Fristen und Anhörungen gemäß Artikel 7 der Richtlinie 2002/21/EG über einen gemeinsamen Rechtsrahmen für elektronische Kommunikationsnetze und -dienste, ABl. EG Nr. L 190 vom 30.7.2003, S. 13, erlassen. Diese Empfehlung ist zwischenzeitlich durch die Empfehlung (2008/850/EG) vom 15.10.2008, ABl. EG Nr. L 301, S. 23 vom 12.11.2008, ersetzt worden. Die neue Empfehlung hat als maßgebliche Änderung die Einführung des sog. Kurznotifizierungsverfahrens für bestimmte Konstellationen mit sich gebracht, in dessen Rahmen die Vorlage der Entscheidungsentwürfe durch die Regulierungsbehörde an erheblich geringere formale Voraussetzungen geknüpft ist.

nahme der *Bundesnetzagentur* würde ein Hemmnis für den Binnenmarkt schaffen oder nach ihrer Ansicht nicht mit dem Gemeinschaftsrecht konform gehen, vgl. § 12 Abs. 2 Nr. 3 TKG.

Über dieses Vetorecht hat sich die *Europäische Kommission* sehr weit reichende Einflussmöglichkeiten auf die nationale Regulierungspraxis vorbehalten, da sie jede eigenständige Entscheidung, die nicht mit ihren Märkteempfehlungen oder Leitlinien zur Marktanalyse in Einklang steht, verhindern kann. Die *Bundesnetzagentur* ist sodann gezwungen, ihre Marktdefinition und Marktanalyse entsprechend der europäischen Vorgaben erneut durchzuführen. Insgesamt kann dieses Verfahren mehrere Monate in Anspruch nehmen und hat zur Folge, dass das letzte Wort in bedeutenden Grundlagen der telekommunikationsrechtlichen Marktregulierung stets die relativ marktferne *Europäische Kommission* hat. Inwieweit sie von diesem eingriffsstarken Instrumentarium Gebrauch machen wird, bleibt abzuwarten. Die *Europäische Kommission* hat bisher allerdings durchaus den Anschein erweckt, dass sie gewillt ist, die ihr zur Verfügung stehenden Aufsichtsbefugnisse auch konsequent wahrzunehmen.

So kam es z. B. am 17. Mai 2005 zu einer Vetoentscheidung hinsichtlich der Notifizierung der Terminierungsmärkte, da die beträchtliche Marktmacht der alternativen Teilnehmernetzbetreiber, die jeweils innerhalb des räumlich auf ihr eigenes Netz beschränkten relevanten Marktes über einen Marktanteil von 100 % verfügen, von der *Bundesnetzagentur* unter dem Hinweis auf eine starke gegenpolige Verhandlungsmacht der Deutsche Telekom AG, die einseitige Ausnutzungen der Marktmacht im Terminierungsbereich verhindere, abgelehnt wurde[301]. Daneben ergingen noch zahlreiche weitere Vetoentscheidungen gegenüber der *Bundesnetzagentur* und anderen nationalen Regulierungsbehörden[302].

Dieses Konsolidierungsverfahren dient damit zwar der Entwicklung eines harmonisierten gemeinsamen Binnenmarktes für Telekommunikationsleistungen in der gesamten *Europäischen Union*. Bezahlt werden muss dies jedoch mit weit reichenden Eingriffs- und Aufsichtsbefugnissen der *Europäischen Kommission* im Rahmen der nationalen Rechtsanwendung, die es in dieser Form

---

[301] Vetoentscheidung der *Europäischen Kommission* gegen den Entwurf einer Marktdefinition und Marktanalyse der *Bundesnetzagentur* hinsichtlich des Marktes 9 der Märkteempfehlung (2003/311/EG) vom 17.5.2005, Fall DE/2005/01445; vgl. dazu ausführlich *Heinen*, in: Säcker (Hrsg.), Berliner Kommentar zum TKG, 2006, § 9 Rn. 56 ff.

[302] Z. B. die Vetoentscheidung der *Europäischen Kommission* gegenüber den Entwürfen einer Marktdefinition und Marktanalyse der finnischen Regulierungsbehörde (**Ficora**) vom 20.2.2004 hinsichtlich der Märke 4 und 6 der Märkteempfehlung (2003/311/EG), Fälle FI/2003/0024 und FI/2003/0027.

noch nicht gegeben hat[303]. Auch die zu beteiligenden Regulierungsbehörden der anderen Mitgliedstaaten nehmen über das Konsolidierungsverfahren an nationalen Verwaltungsvorgängen des betroffenen Staates teil. Diese neuartige Einbindung von *Europäischer Kommission* und nationalen Behörden anderer Mitgliedstaaten in Regulierungsentscheidungen eines jeden Mitgliedstaates wird auch mit dem Begriff des "**Regulierungsverbundes**" umschrieben, womit die Charakteristika des neugeordneten europäischen Regulierungsverfahren im Telekommunikationssektor treffend wiedergegeben wird[304].

Außerdem wurde hierfür ein sehr bürokratisiertes Verfahren mit langwierigen Stellungnahmemöglichkeiten bestimmter Stellen geschaffen, welches sicherlich dem auf kurzfristige Regulierungsmaßnahmen angewiesenen, dynamischen Telekommunikationssektor nicht förderlich ist[305]. Dieser hohe Verwaltungsaufwand ist dabei in der Zwischenzeit allein für solche Fälle etwas abgemildert worden, die im Rahmen des neu geschaffenen Kurznotifizierungsverfahrens bei der *Europäischen Kommission* angezeigt werden können.

3.3.1.1.5.5 Sonstige verfahrensmäßige Vorgaben für Marktdefinition und Marktanalyse

An dieser Stelle sollen einige weitere verfahrensmäßige Veränderungen gegenüber der überkommenen Rechtslage unter Geltung des TKG 1996 im Überblick erwähnt werden. So obliegt gemäß § 132 Abs. 4 TKG die Durchführung des Marktanalyseverfahrens der Präsidentenkammer und nicht wie früher der jeweils mit der konkreten Regulierungsentscheidung beauftragten Beschlusskammer. Die für ein konkretes Missbrauchsverfahren nach § 132 Abs. 1 TKG zuständige Beschlusskammer ist konsequenterweise an die jeweiligen Feststellungen der Präsidentenkammer gebunden[306]. Durch diese Hochzonung hebt der Gesetzgeber die bedeutsame regulatorische Weichenstellung mittels der Marktdefinition und -analyse auch in der Zuständigkeit besonders hervor[307]. Insbesondere sollen so unterschiedliche Bewertungen durch die einzelnen Beschlusskammern vermieden und einer konsistenten Entscheidungspraxis Vorschub geleistet werden[308]. Befürchtet wird jedoch, dass dadurch auf der anderen Seite die Präsidentenkammer zu einem "**Nadelöhr der Regulierungspraxis**"

---

303 Vgl. dazu ausführlich *Hombergs*, Europäisches Verwaltungskooperationsrecht, 2006, S. 176 ff.

304 Vgl. dazu *Hombergs*, Europäisches Verwaltungskooperationsrecht, 2006, S. 306 f. m. w. N., die das Regulierungsverfahren prägnant auch als "**multilateral kooperativ**" bezeichnet.

305 Siehe auch *Hombergs*, Europäisches Verwaltungskooperationsrecht, 2006, S. 327 ff.

306 Vgl. dazu auch *Robert*, K&R 2005, 354 (359).

307 *Spoerr/Sellmann*, N&R 2004, 98 (101).

308 *Spoerr/Sellmann*, N&R 2004, 98 (101).

werden könnte, jedenfalls wenn die dort getroffenen Festlegungen nicht abstrakt-generalisierend bleiben[309].

Des Weiteren sind nach § 123 Abs. 1 Satz 1 TKG nunmehr sämtliche Entscheidungen der *Bundesnetzagentur* im Bereich des Marktdefinitions- und Marktanalyseverfahrens im Einvernehmen mit dem *Bundeskartellamt* zu treffen. Hierbei handelt es sich um die strengste Form der Zusammenarbeit, die in § 123 TKG vorgesehen ist. Die *Bundesnetzagentur* darf die jeweilige Maßnahme in dieser Konstellation nur bei einer **völligen Willensübereinstimmung** mit dem *Bundeskartellamt* erlassen[310], sodass dieser Behörde eine weit reichende Einflussnahmemöglichkeit auf die telekommunikationsrechtliche Regulierung eingeräumt wurde. Hierdurch soll eine einheitliche Entscheidungspraxis der *Bundesnetzagentur* und des *Bundeskartellamts* für den Telekommunikationsbereich sichergestellt werden[311]. Besonderheiten der im TKG angelegten Ausgestaltung des Marktdefinitions- und Marktanalyseverfahrens ergeben sich auch aus der verfahrensrechtlichen Stellung der Ergebnisse dieser Verfahren. Gemäß § 13 Abs. 3 TKG ergehen Marktregulierungsverfügungen nämlich grundsätzlich mit den Ergebnissen der Marktdefinition und Marktanalyse als einheitlicher Verwaltungsakt[312]. Damit wird geregelt, dass die entsprechenden Feststellungen materiell-rechtlich lediglich ein unselbstständiger Teil der jeweiligen Regulierungsverfügung sind. Sie haben keine eigenständige Rechtswirkung[313] und sind weder eine verbindliche Vorabfeststellung einzelner Elemente einer konkreten Regulierungsverfügung noch ein Anwendungsfall der erst kürzlich entdeckten Kategorie des normumschaltenden Verwaltungsakts, der ein bestimmtes gesetz- oder verordnungsrechtliches Programm zur Geltung bringen soll[314].

Hierdurch wird deutlich, dass die *Bundesnetzagentur* auch nach künftigem Recht keine Befugnis hat, Feststellungen außerhalb konkreter regulatorischer Fragestellungen mit verbindlicher Wirkung nach außen zu treffen[315].

---

309 *Spoerr/Sellmann*, N&R 2004, 98 (101).

310 Einvernehmen bedeutet dabei die vollständige Zustimmung einer gleichgestellten Behörde zu einer Maßnahme (**vollständige Willensübereinstimmung**), vgl. dazu *Geppert*, in: Beck`scher TKG-Kommentar, 2. Aufl. 2006, § 123 Rn. 9; *Dittmann*, in: Säcker (Hrsg.), Berliner Kommentar zum TKG, 2006, § 123 Rn. 9; *BVerwG*, Urteil vom 30.11.1978 - 2 C 6/75, BVerwGE 57, 98 (101).

311 *Geppert*, in: Beck`scher TKG-Kommentar, 2. Aufl. 2006, § 123 Rn. 9.

312 Dies gilt nach der Änderung der Vorschrift im Zuge des Gesetzes zur Änderung telekommunikationsrechtlicher Vorschriften vom 18.2.2007 (BGBl. I 2007, S. 106 ff.) auch für die neu geschaffenen Ex-ante-Verpflichtungen nach § 42 Abs. 4 Satz 3 TKG.

313 *Gurlit*, K&R Beilage 1/2004, 32 (35).

314 *Spoerr/Sellmann*, N&R 2004, 98 (102).

315 *Spoerr/Sellmann*, N&R 2004, 98 (102).

Der Rechtsnatur nach sind die Festlegungen regulierungsbedürftiger Märkte somit ein aus sich heraus noch nicht verbindliches, gewissermaßen "**inneradministratives**" Konzept, das seine Bindungswirkung erst mit der Regulierungsverfügung erhält[316]. Diese materiell-rechtliche Integration von Marktanalyse und Marktdefinition in die Regulierungsverfügung lässt sich zumindest auf den ersten Blick als überraschend bezeichnen, da sie in einem gewissen systematischen Spannungsverhältnis mit der offenkundigen verfahrensrechtlichen Verselbstständigung der Festlegung regulierungsrelevanter Märkte im TKG steht[317]. Eine solche Regelungstechnik wird jedoch durchaus als interessengerecht eingestuft, da der Rechtsschutz auf die eigentlich belastende Maßnahme, nämlich die Regulierungsverfügung, konzentriert wird[318]. Zu erwähnen ist dabei allerdings, dass auf diese Weise bestimmte Regulierungsfragen nicht frühzeitig außer Streit gestellt werden können.

Dies ist jedoch angesichts der langen Dauer gerichtlicher Verfahren und der Dynamik der Regulierungsentwicklung ohnehin eine wenig realistische Hoffnung, da Unternehmen gezwungen wären, jede sie belastende Marktdefinition bzw. Marktanalyse vorsorglich mit einer Klage anzugreifen, obwohl sich die für einen Rechtsschutz notwendigen subjektiven Rechte bzw. abwägungsrelevanten Positionen ohnehin erst aus der konkreten Regulierungsentscheidung und nicht aus abstrakten Festlegungen ergeben können[319]. Durch die Unselbstständigkeit der Festlegungen wird außerdem deren flexible Revisibilität gesichert, wodurch wiederum schneller auf Marktentwicklungen reagiert werden kann[320].

Auch für die Ex-post-Verpflichtungsmöglichkeiten im Rahmen der besonderen Missbrauchsaufsicht nach § 42 Abs. 4 Satz 1 und 2 TKG, die nicht § 13 Abs. 3 TKG unterfallen, gilt, dass die Marktdefinition und Marktanalyse nicht separat angreifbar ist. Die Ex-post-Aufsicht erfordert nämlich schon keine Regulierungsverfügung i. S. d. § 13 TKG, sodass eine entsprechende Anordnung, wonach Marktabgrenzung und Regulierungsverfügung als einheitlicher Verwaltungsakt ergehen, obsolet ist.

Die für die Feststellung eines marktbeherrschenden Unternehmens auf einem regulierungsbedürftigen Markt notwendige Marktuntersuchung durch die Regulierungsbehörde kann somit erst inzident im Rahmen der konkreten Missbrauchsverfügung angegriffen werden.

---

316 *Spoerr/Sellmann*, N&R 2004, 98 (102).
317 *Spoerr/Sellmann*, N&R 2004, 98 (102).
318 *Spoerr/Sellmann*, N&R 2004, 98 (102).
319 *Spoerr/Sellmann*, N&R 2004, 98 (102).
320 *Spoerr/Sellmann*, N&R 2004, 98 (102).

3.3.1.1.5.6 Fazit

Auch nach dem TKG 1996 war die Marktdefinition und -analyse notwendige Voraussetzung einer Verfügung der *Bundesnetzagentur*, da die gesamte Marktregulierung nach den §§ 24 bis 31 und 33 TKG 1996 als Tatbestandsvoraussetzung die marktbeherrschende Stellung eines Unternehmens vorsah. Eine anerkannte Ausnahme galt nur für die Verhandlungspflicht des § 36 TKG 1996, die auch nicht marktbeherrschende Unternehmen traf, jedoch eine deutlich geringere Eingriffsintensität aufwies. Streitig war noch der Fall der angeordneten Zusammenschaltung gemäß § 28 TKG 1996[321].

In der Praxis lag die marktbeherrschende Stellung des ehemaligen Monopolisten jedoch häufig für jeden denkbaren Teilmarkt auf der Hand, sodass sich keinerlei Probleme bei diesen Feststellungen ergaben. Lediglich vereinzelt traten bereits unter Geltung des TKG 1996 Zweifelsfälle auf, in denen die *Bundesnetzagentur* doch gezwungen war, ausführliche und differenzierte Feststellungen zur Marktabgrenzung und -analyse zu treffen.

Daher stellt das reine Vorhandensein einer Verpflichtung zur Marktdefinition und Marktanalyse keine grundlegende Neuerung des Ordnungsrahmens im Telekommunikationssektor dar. Jedoch werden die Kriterien zur Bestimmung des jeweiligen Markts und der marktbeherrschenden Stellung wie oben gezeigt auf neue europarechtliche Grundlagen gestellt. Vor allem die auch schon unter dem überkommenen Rechtsrahmen ausgemusterte Drittelvermutung des § 19 Abs. 3 GWB[322] ist danach endgültig nicht mehr für die Marktanalyse heranzuziehen. Außerdem werden diese Verfahren nunmehr im Gegensatz zum TKG 1996 eigenständig gestaltet, sodass sie unabhängig von einer konkreten Regulierungsentscheidung durchgeführt werden müssen[323], auch wenn sie regelmäßig zusammen mit einer solchen Maßnahme als einheitlicher Verwaltungsakt ergehen. Die ersten Marktdefinitions- und Marktanalyseverfahren waren gemäß § 10 TKG unverzüglich – also ohne schuldhaftes Zögern nach dem deutschen Rechtsverständnis[324] – nach Inkrafttreten des TKG, also ab dem 26. Juni 2004, durchzuführen, womit die *Bundesnetzagentur* in der Folge auch sukzessive begonnen hat, ohne dieses Unterfangen jedoch bis zum heutigen Tage abgeschlossen zu haben.

Nach § 14 TKG soll alle zwei Jahre eine Überprüfung der dabei gefunden Ergebnisse erfolgen, wenn der *Bundesnetzagentur* Tatsachen bekannt werden, die die Annahme rechtfertigen, dass sich die Gegebenheiten verändert haben könn-

---

321 Dazu *Spoerr*, in: Trute/Spoerr/Bosch (Hrsg.), TKG, 2001, § 28 Rn. 16; *Trute*, in: Trute/Spoerr/Bosch (Hrsg.), TKG, 2001, § 39 Rn. 5 und 12.

322 Siehe dazu oben Kapitel 3.2.2.2.2.2.1.

323 Vgl. *Spoerr/Sellmann*, N&R 2004, 98 (99).

324 Vgl. die Legaldefinition in § 121 BGB, die zur Wahrung einer einheitlichen Rechtsordnung auch im Rahmen des Wirtschaftsverwaltungsrecht herangezogen werden kann, sofern dort keine Abweichungen geboten sind.

ten. Insgesamt handelt es sich der Sache nach nicht mehr um eine rein einzelfallbezogene Untersuchung, sondern um eine "**konzeptfestsetzende Festlegung, ob ein bestimmter Markt überhaupt sektorspezifisch reguliert werden soll**"[325].

Im TKG 1996 war dies im Gegensatz dazu nur undeutlich im Wettbewerbsbegriff des § 2 Abs. 2 Nr. 2 TKG 1996 angelegt[326].

Eine Besonderheit des neuen Rechtsrahmens ist des Weiteren, dass der *Bundesnetzagentur* im Gegensatz zur bisherigen Kartellrechtspraxis bei der Marktdefinition ein Beurteilungsspielraum zuzugestehen ist, der ihr deklaratorisch in § 10 Abs. 2 Satz 2 TKG eingeräumt wurde[327]. Neu ist ferner, dass die *Bundesnetzagentur* nicht völlig eigenständig entscheiden kann, sondern weitgehend an Empfehlungen und sonstige Vorgaben der *Europäischen Kommission*, die die jeweiligen Entscheidungen im Rahmen der Marktdefinition und Marktanalyse vorzeichnen, gebunden ist[328].

In dem im Jahre 2004 neu geschaffenen Konsolidierungsverfahren ist eine weitere bedeutsame Veränderung des Telekommunikationsrechtsrahmens zu sehen. Hierdurch hat sich die *Europäische Kommission* weitere Einflussnahmemöglichkeiten auf die nationale Regulierungspraxis vorbehalten, die dazu führen dürften, dass Marktdefinitions- und Marktanalyseverfahren in der Praxis oftmals nicht auf kurzfristige Entwicklungen des Telekommunikationsmarktes reagieren können. Dennoch ist diese formale Vorgabe zur Förderung einer kohärenten, harmonisierten und allgemein akzeptierten Entscheidungspraxis im Grundsatz in Kauf zu nehmen. An der Ausgestaltung des Konsolidierungsverfahrens wurde jedoch seit seiner Einführung erhebliche Kritik geäußert, da das Verfahren einen hohen Verwaltungsaufwand erfordert und sehr zeitintensiv ist. Zur Vereinfachung dieses Verfahrens wurden diverse Verbesserungsvorschläge vorgebracht, die die *Europäische Kommission* im Rahmen ihrer turnusmäßigen Überprüfung des europäischen Rechtsrahmens in 2006 (sog. Review 2006) aufgegriffen und spezifiziert hat[329]. Eine gewisse Vereinfachung des Verfahrens ist daraufhin auch im Jahre 2008 durch die Einführung des sog. Kurznotifizierungsverfahrens erfolgt, wobei dies jedoch allein auf bestimmte einfach gelagerte Konstellationen anwendbar ist[330].

---

[325] *Spoerr/Sellmann*, N&R 2004, 98 (99).

[326] *Trute*, in: Trute/Spoerr/Bosch (Hrsg.), TKG, 2001, § 2 Rn. 14.

[327] Hierzu *Ellinghaus*, MMR 2004, 293 (296 f.); *Wegmann*, K&R Beilage 1/2004, 25 (26 f.); *Spoerr/Sellmann*, N&R 2004, 98 (100).

[328] Diese Bindungswirkung der europäischen Vorgaben wird recht anschaulich als "**grundsätzliches Abweichungsverbot**" für die nationale Regulierungsbehörde bezeichnet, vgl. *Spoerr/Sellmann*, N&R 2004, 98 (100).

[329] Vgl. ausführlich zu diesem Fragekreis *Hombergs*, Europäisches Verwaltungskooperationsrecht, 2006, S. 301 ff.

[330] Vgl. dazu oben Kapitel 3.3.1.1.5.4.

Insgesamt lässt sich festhalten, dass die Feststellung einer marktbeherrschenden Stellung als Voraussetzung von Regulierungsmaßnahmen und somit auch der besonderen Missbrauchskontrolle erhebliche Veränderungen gegenüber der Rechtslage unter Geltung des TKG 1996 erfahren hat. Altbekannte kartellrechtliche Grundsätze für die notwendige Marktabgrenzung wurden in einem völlig neuen Gewand in das Telekommunikationsrecht eingeführt, um auf diese Weise eine bedarfsbezogene Rückführung der sektorspezifischen Regulierung und eine weitgehende Harmonisierung der Regulierungspraxis innerhalb aller Mitgliedstaaten zu ermöglichen.

3.3.1.2 Erfasste Missbrauchsfälle

Nach dem Grundtatbestand der besonderen Missbrauchsaufsicht gemäß § 42 Abs. 1 Satz 1 TKG dürfen die oben genannten potentiell verpflichteten, marktbeherrschenden Unternehmen ihre besondere Marktstellung nicht missbräuchlich ausnutzen. Dieser Tatbestand ist sehr offen und abstrakt formuliert und daher nicht ohne weiteres aus sich heraus verständlich. Vor allem seine generalklauselartige Ausgestaltung lässt ihn wenig konturenscharf werden.

Der Gesetzgeber hat es deswegen nicht bei diesem Normtext allein belassen, sondern in § 42 Abs. 1 Satz 2 TKG Beispieltatbestände angefügt, bei deren Vorliegen ein Missbrauch "**insbesondere**" vorliegen soll. Eine solche Gesetzesmethode ist in vielen Bereichen gang und gäbe und erleichtert die Rechtsanwendung in der Tat beträchtlich, sofern die normierten Beispielsfälle die in der Praxis relevantesten sind und somit den Gesetzesvollzug maßgeblich prägen.

Als Beispiele eines Missbrauchs nach § 42 Abs.1 Satz 1 TKG werden die unmittelbare oder mittelbare unbillige Behinderung anderer Unternehmen (§ 42 Abs. 1 Satz 2, 1. Alt. TKG) sowie die erhebliche Beeinträchtigung von Wettbewerbsmöglichkeiten anderer Unternehmen ohne sachlichen Grund (§ 42 Abs. 1 Satz 2, 2. Alt. TKG) genannt. Diese Beispiele bedürfen ebenfalls der weiteren Auslegung, da sie keinen ureigenen allgemeingültigen und eindeutigen Wortsinn haben. Aufgrund der Ähnlichkeit des Wortlauts des § 42 Abs. 1 Satz 2 TKG mit den wettbewerbsrechtlichen Vorschriften der §§ 19, 20 GWB bietet das allgemeine Wettbewerbsrecht bei der Auslegung und Konturierung der Norm erhebliche Hilfestellung, da die Rechtsprechung in diesem Rechtsbereich in langer Entscheidungspraxis eine Vielzahl unterschiedlicher Fallgruppen missbräuchlichen Verhaltens identifiziert hat, auf die auch im Rahmen des § 42 TKG unter Berücksichtigung der Besonderheiten der Telekommunikationsbranche zurückgegriffen werden kann. Eine Übertragung der kartellrechtlichen Grundsätze ist vor allem deshalb geboten, da § 42 TKG den gleichen Schutzzweck verfolgt wie die Missbrauchstatbestände der §§ 19 f. GWB, die eine unbillige Beeinträchtigung der wirtschaftlichen Betätigungsmöglichkeiten Dritter durch Unternehmen mit marktmächtiger Stellung verhindern sollen, damit der Wettbewerb seine schützenswerten Funktionen weiterhin entfalten kann[331].

Im Folgenden sollen der Grundtatbestand des § 42 Abs. 1 Satz 1 TKG und die beiden Regelbeispiele missbräuchlichen Verhaltens nach § 42 Abs. 1 Satz 2 TKG näher betrachtet werden. Vor allem auf letzteren liegt dabei der Schwerpunkt, da sie aufgrund der Gesetzessystematik die meisten missbräuchlichen Verhaltensweisen abdecken. Aufgrund der Nähe zur zentralen Norm des § 19 GWB soll dabei in Abweichung von der Auflistung in § 42 Abs. 1 Satz 2 TKG zuerst der Beeinträchtigungsmissbrauch nach § 42 Abs. 1 Satz 2, 2. Alt. TKG untersucht werden. Anschließend wird sodann auf den Behinderungsmissbrauch gemäß § 42 Abs. 1 Satz 2, 1. Alt. TKG, der im allgemeinen Wettbewerbsrecht lediglich einen in § 20 Abs. 1 GWB speziell geregelten Unterfall des § 19 GWB darstellt, eingegangen.

3.3.1.2.1 Grundtatbestand, § 42 Abs. 1 Satz 1 TKG

Der Grundtatbestand der besonderen Missbrauchsaufsicht erfasst grundsätzlich alle Verhaltensweisen eines marktbeherrschenden Normadressaten, die geeignet sind, die Zielsetzung der sektorspezifischen Regulierung – wie sie in §§ 1 und 2 Abs. 2 TKG genannt ist[332] – zu beeinträchtigen[333]. Praktische Bedeutung erlangt der Grundtatbestand aufgrund seiner unkonturierten Ausgestaltung allerdings nur in den seltenen Konstellationen, in denen die aus dem allgemeinen Wettbewerbsrecht bekannten Beispielstatbestände des § 42 Abs. 1 Satz 2 TKG nicht einschlägig sind. Es handelt sich deswegen allein um einen in der Praxis untergeordneten Auffangtatbestand, der erst durch die weiteren Ausgestaltungen in § 42 TKG der besonderen Missbrauchskontrolle im Telekommunikationssektor Gestalt verleiht.

3.3.1.2.2 Beeinträchtigungsmissbrauch gemäß § 42 Abs. 1 Satz 2, 2. Alt. TKG

Nach § 42 Abs. 1 Satz 2, 2. Alt. TKG liegt ein missbräuchliches Verhalten i. S. d. § 42 Abs. 1 Satz 1 TKG insbesondere dann vor, wenn die Wettbewerbsmöglichkeiten anderer Unternehmen durch einen Normadressaten der besonderen Missbrauchskontrolle ohne sachlichen Grund erheblich beeinträchtigt werden.

Die Vorschrift des § 42 Abs. 1 Satz 2, 2. Alt. TKG ist in weiten Teilen § 19 Abs. 4 Nr. 1 GWB, der in Übereinstimmung mit § 42 Abs. 1 Satz 2, 2. Alt. TKG einen Beispielstatbestand für die allgemeine Ausnutzung einer marktbe-

---

[331] Vgl. zu dieser Zwecksetzung des § 19 GWB *Emmerich*, Kartellrecht, 11. Aufl. 2008, S. 360.

[332] Hierzu zählt insbesondere die Sicherstellung eines chancengleichen Wettbewerbs mit Förderung nachhaltig wettbewerbsorientierter Märkte i. S. d. § 2 Abs. 2 Nr. 2 TKG.

[333] Vgl. *Schütz*, in: Beck`scher TKG-Kommentar, 3. Aufl. 2006, § 42 Rn. 33 f.

herrschenden Stellung enthält, nachgebildet und lässt sich somit unter Rückgriff auf die dazu aufgestellten inhaltlichen Deutungen ausformen.

Bei der Auslegung des Tatbestandes des parallelen § 19 Abs. 4 Nr. 1 GWB werden drei Elemente unterschieden. Hierbei handelt es sich um ein **unternehmensbezogenes Wirkungselement**, welches sich in der notwendigen Beeinträchtigung der Wettbewerbsmöglichkeiten anderer Unternehmen äußert, ein **marktbezogenes Element**, wonach die Beeinträchtigung in einer für den Wettbewerb auf dem Markt erheblichen Weise erfolgen muss, und ein **Bewertungselement**, da die Verhaltensweise des Marktbeherrschers nicht durch einen sachlichen Grund gerechtfertigt sein darf[334].

Zwei dieser Elemente finden sich auch in § 42 Abs. 1 Satz 2, 2. Alt. TKG gleichlautend wieder. Lediglich das marktbezogene Element ist im besonderen Missbrauchstatbestand des TKG in gewisser Weise anderweitig ausgestaltet, da dort die Beeinträchtigung nicht in einer für den Wettbewerb auf dem Markt erheblichen Weise erfolgen, sondern diese lediglich überhaupt erheblich sein muss. Dies lässt sich aber wohl mit dem Umstand erklären, dass das TKG als sektorspezifisches Kartellrecht ohnehin nur auf Märkten anwendbar ist, auf denen ein wirksamer Wettbewerb nicht vorherrscht und die Marktbestimmung aufgrund des speziellen Marktdefinitions- und Marktanalyseverfahrens dort notwendigerweise viel stärker ausdifferenziert ist[335].

3.3.1.2.2.1 Beeinträchtigung von Wettbewerbsmöglichkeiten anderer Unternehmen

Die notwendige Beeinträchtigung der Wettbewerbsmöglichkeiten anderer Unternehmen (**unternehmensbezogenes Wirkelement**) kann grundsätzlich sowohl durch missbräuchliche als auch durch zulässige, erfolgreiche Marktaktivitäten des marktbeherrschenden Unternehmens hervorgerufen werden[336]. Der Begriff des "**Beeinträchtigens**" wird mit einer nachteiligen Auswirkung der Handlung des Marktbeherrschers auf die Wettbewerbsmöglichkeiten der anderen Unternehmen umschrieben, was in einem ersten Schritt objektiv und wert-

---

[334] Siehe dazu ausführlich *Möschel*, in: Immenga/Mestmäcker (Hrsg.), GWB, 4. Aufl. 2007, § 19 Rn. 108 ff.

[335] Das marktbezogene Element in § 19 Abs. 4 Nr. 1 GWB soll die Auswirkungen der jeweiligen Verhaltensweise des marktbeherrschenden Unternehmens auf die Funktionsfähigkeit des Wettbewerbs betreffen und verdeutlichen, dass es nicht nur um den Schutz einzelner Wettbewerber, sondern um einen Marktschutz insgesamt geht, vgl. *Möschel*, in: Immenga/Mestmäcker (Hrsg.), GWB, 4. Aufl. 2007, § 19 Rn. 113. Vgl. dort m. w. N. auch zu den Auslegungsproblemen dieses marktbezogenen Elements, die mit der Frage einhergingen, ob allein der beherrschte Markt oder aber auch Drittmärkte in die Betrachtung einzubeziehen sind.

[336] *Möschel*, in: Immenga/Mestmäcker (Hrsg.), GWB, 4. Aufl. 2007, § 19 Rn. 110; *Gersdorf*, in: Säcker (Hrsg.), Berliner Kommentar zum TKG, 2006, § 42 Rn. 29.

neutral zu bewerten ist[337]. Es handelt sich dabei somit um jeden für die Marktchancen von Wettbewerbern nachteiligen Wirkzusammenhang[338].

Dadurch werden die Marktchancen von Wettbewerbern zum Anknüpfungspunkt für das Eingreifen der besonderen Missbrauchsaufsicht[339]. Wie weit reichend dieses Merkmal ist, wird besonders deutlich, wenn man sich vor Augen führt, dass jede geschäftliche Aktivität des marktbeherrschenden Unternehmens, etwa indem es einen Kunden gewinnt und Verträge abschließt, bereits dazu führt, dass Wettbewerber die entsprechenden Leistungen eben nicht mehr absetzen können und insofern das potentielle Nachfragevolumen vermindert wird[340].

Diskussionswürdig ist noch die Frage, ob die missbräuchliche Verhaltensweise eines Adressaten des § 42 TKG, für den auf einem bestimmten Markt eine beträchtliche Marktmacht festgestellt wurde, ausschließlich auf diesem Markt betrachtet werden oder ob auch die Betroffenheit eines anderen Marktes ausreichen kann. Dieses Problem, das auch aus dem allgemeinen Wettbewerbsrecht bekannt ist, wurde vom *VG Köln* in einer Entscheidung aufgegriffen, jedoch im Ergebnis offen gelassen, da es hierauf für die Urteilsfindung nicht ankam[341]. Es deutete jedoch an, dass eine solche Betroffenheit eines Drittmarktes, auf dem gerade keine marktmächtige Stellung im Rahmen eines Marktdefinitions- und Marktanalyseverfahrens festgestellt worden ist, dann in Betracht kommen könne, wenn ein zwingender Kausalzusammenhang zwischen der beträchtlichen Marktmacht und dem missbräuchlichen Verhalten bzw. seiner Auswirkungen auf dem Drittmarkt festgestellt werden könne[342]. Dies deckt sich auch mit der kartellrechtlichen höchstrichterlichen Rechtsprechung[343].

Auch wenn eine abschließende Entscheidung vom *VG Köln* nicht getroffen wurde, dürfte allein die Parallelität von § 42 TKG zu §§ 19 f. GWB, die vom Gesetzgeber bewusst hergestellt wurde, für eine Übertragung dieser kartellrechtlichen Grundsätze sprechen, sodass auch die Betroffenheit von Drittmärkten durch das missbräuchliche Verhalten in den Anwendungsbereich des § 42 TKG fallen kann. Nur hierdurch ließe sich auch eine vollständige Aufsicht über die nachteiligen Auswirkungen marktbeherrschender Stellungen sicherstellen. Das gleiche gilt für die Fallkonstellation, in der das missbräuchliche

---

337 *Schütz*, Kommunikationsrecht, 2005, Rn. 871.

338 Vgl. zum Begriff der Beeinträchtigung im Rahmen der Parallelvorschrift des § 19 GWB *Bechtold*, in: ders. (Hrsg.), GWB, 5. Aufl. 2008, § 19 Rn. 67 ff.; *Möschel*, in: Immenga/Mestmäcker (Hrsg.), GWB, 4. Aufl. 2007, § 19 Rn. 112.

339 Vgl. *Robert*, K&R 2005, 354 (355), der dies als unternehmensbezogenes Element des Tatbestands bezeichnet.

340 Vgl. zu möglichen Beeinträchtigung von Wettbewerbsmöglichkeiten durch erfolgreiche wettbewerbliche Aktivitäten *Möschel*, in: Immenga/Mestmäcker (Hrsg.), 4. Aufl. 2007, § 19 Rn. 110.

341 Vgl. *VG Köln*, Urteil vom 21.12.2005 - 21 K 1200/05.

342 Vgl. *VG Köln*, Urteil vom 21.12.2005 - 21 K 1200/05.

343 *BGH*, Urteil vom 4.11.2003 - KZR 38/02; *BGH*, Urteil vom 30.3.2004 - KZR 1/03.

Verhalten auf einem Markt stattfindet, der nicht nach den §§ 9 f. TKG festgestellt wurde, jedoch auf einen Markt einwirkt, auf dem das handelnde Unternehmen über beträchtliche Marktmacht verfügt[344]. Hierbei ist aber in Übertragung der kartellrechtlichen Grundsätze noch notwendig, dass mit der missbräuchlichen Verhaltensweise zielgerichtet auf den beherrschten Markt im Sinne einer Konsolidierung oder Erweiterung der Marktstellung eingewirkt werden soll[345].

Ebenso wie § 19 Abs. 4 Nr. 1 GWB setzt § 42 Abs. 1 Satz 2, 2. Alt. TKG voraus, dass die Wettbewerbsmöglichkeiten anderer Unternehmen beeinträchtigt werden. Aus der Verwendung des Plurals darf hier aber nicht geschlossen werden, dass es nicht ausreicht, wenn lediglich ein Wettbewerber betroffen ist. In diesen Fallgestaltungen, die zwar selten, in bestimmten Marktsegmenten aber theoretisch denkbar sind, besteht kein Unterschied in der Interessenlage, sodass auch in diesem Fall der Schutzzweck des Missbrauchstatbestandes ein Eingreifen rechtfertigen kann[346].

3.3.1.2.2.2 Erheblichkeit der Beeinträchtigung

Angesichts der Weitläufigkeit des Begriffs der Beeinträchtigung, der eben auch reguläre, wettbewerbspolitisch gewünschte Verhaltensweisen umfasst, liegt es klar auf der Hand, dass dieses Kriterium für sich genommen nicht ausreicht, um tatsächlich wettbewerbsrechtlich zu missbilligende Verhaltensweisen aufzudecken. Der Begriff der Beeinträchtigung im Rahmen des § 42 Abs. 1 Satz 2, 2. Alt. TKG ist genauso unscharf und konturenlos wie bei der parallelen Vorschrift des § 19 Abs. 4 Nr. 1 GWB[347]. Negative Auswirkungen auf die Praxis der Missbrauchsaufsicht ergeben sich aus der Weitläufigkeit dieser ersten Tatbestandsebene allerdings kaum, da die zu missbilligenden Verhaltensweisen nicht allein auf Grundlage des Beeinträchtigungsbegriffs identifiziert werden, sondern dieser lediglich eine erste Auswahl an relevanten Verhaltensweisen trifft.

Eine Beschränkung erfolgt sodann durch das gegenüber § 19 Abs. 4 Nr. 1 GWB modifizierte marktbezogene Element, wonach die Beeinträchtigungen

---

[344] Vgl. dazu auch *Schütz*, in: Beck`scher TKG-Kommentar, 3. Aufl. 2006, § 42 Rn. 31, unter Hinweis auf den Beschluss der *RegTP* vom 2.2.2005 - BK 3d-04/026, S. 9.

[345] Vgl. dazu *VG Köln*, Urteil vom 21.12.2005 - 21 K 1200/05; *EuGH*, Urteil vom 6.4.1995 - Rs. C-310/93 P, Slg. 1995, S. 865 (882 f.), Rn. 77 ff.

[346] Dies ist bei § 19 Abs. 4 Nr. 1 GWB ebenfalls anerkannt, vgl. *Möschel*, in: Immenga/Mestmäcker (Hrsg.), GWB, 4. Aufl. 2007, § 19 Rn. 111.

[347] Vgl. zu § 19 Abs. 4 Nr. 1 GWB *Möschel*, in: Immenga/Mestmäcker (Hrsg.), GWB, 4. Aufl. 2007, § 19 Rn. 110; *Wiedemann*, in: ders. (Hrsg.), Handbuch des Kartellrechts, 1999, § 23 Rn. 39.

der Wettbewerbsmöglichkeiten erheblich sein müssen[348]. Bei der Bestimmung der Erheblichkeit ist eine objektive und wertungsfreie Betrachtungsweise geboten, wobei die Einzelfallschwelle je nach Stärke der marktbeherrschenden Stellung und Art des Wettbewerbsverhaltens im "**unternehmerischen und marktmäßigen Kontext**" festgelegt werden muss[349].

Durch die Forderung nach einer erheblichen Beeinträchtigung macht der Gesetzgeber klar, dass es sich um tatsächlich spürbare Auswirkungen auf die Handlungsmöglichkeiten der Wettbewerber handeln muss. Eine virtuelle Gefahr oder Wahrscheinlichkeit eines nachteiligen Wirkzusammenhangs reicht dementsprechend nicht aus[350].

3.3.1.2.2.3 Keine sachliche Rechtfertigung

Die maßgebliche Begrenzung der als potentiell beeinträchtigend eingestuften Verhaltensweisen des Marktbeherrschers erfolgt allerdings erst im Rahmen des Bewertungselements, wonach ein Missbrauch nur dann indiziert ist, wenn kein sachlich rechtfertigender Grund für die Verhaltensweise vorliegt. Hierbei ist eine Abwägung der relevanten Interessen aller Betroffener[351] unter Berücksichtigung der Ziele des Telekommunikationsrechts vorzunehmen[352]. Der Maßstab des "**sachlich gerechtfertigten Grundes**" deckt sich ohne Rücksicht auf den abweichenden Wortlaut vollständig mit dem Kriterium der "**Unbilligkeit**", welches beim Behinderungsmissbrauch nach § 42 Abs. 1 Satz 2, 1. Alt. TKG als Bewertungselement zu berücksichtigen ist und ebenfalls eine Abwägung der

---

348 Nach dem hier vertretenen Verständnis kommt dem Tatbestandsmerkmal bereits aufgrund des Wortlauts der Norm und der durchaus möglichen Begriffsbestimmung eine eigenständige Bedeutung zu. Folgt man diesem Ansatz nicht und prüft die Erheblichkeit nicht separat, so müssen die hierbei relevanten Erwägungen zumindest im Rahmen der Interessenabwägung bei dem Tatbestandsmerkmal des fehlenden sachlichen Rechtfertigungsgrundes berücksichtigt werden; so auch *Gersdorf*, in: Säcker (Hrsg.), Berliner Kommentar zum TKG, 2006, § 42 Rn. 30.

349 *Schütz*, Kommunikationsrecht, 2005, Rn. 871; *von Gamm*, NJW 1980, 2489 (2494); *Möschel*, in: Immenga/Mestmäcker (Hrsg.), GWB, 4. Aufl. 2007, § 19 Rn. 113; *Robert*, K&R 2005, 354 (355 f.).

350 Siehe auch *Robert*, K&R 2005, 354 (355).

351 Vgl. zu § 19 Abs. 4 Nr. 1 GWB *Möschel*, in: Immenga/Mestmäcker (Hrsg.), GWB, 4. Aufl. 2007, § 19 Rn. 107 und 115; *Wiedemann*, in: ders. (Hrsg.), Handbuch des Kartellrechts, 1999, § 23 Rn. 40.

352 Die für die Bestimmung eines sachlichen Rechtfertigungsgrundes aus dem GWB entlehnte Abwägungsformel ist im Hinblick auf die unterschiedliche Zwecksetzung der beiden Rechtsgebiete dergestalt zu modifizieren, dass bei der Abwägung nicht die Zielsetzung des GWB, sondern die Ziele des TKG, wie sie in § 2 Abs. 2 TKG niedergelegt sind, zu beachten sind.

relevanten Belange verlangt, sodass hierfür die gleichen Ausführungen gelten[353].

Als Ziele des Telekommunikationsrechts kommen alle in § 2 Abs. 2 TKG genannten Zwecke in Betracht. Einen besonders wichtigen Stellenwert dürfte dabei § 2 Abs. 2 Nr. 2 TKG einnehmen, wonach die Regulierung der Sicherung eines chancengleichen Wettbewerbs und der Förderung nachhaltig wettbewerbsorientierter Märkte dient.

Je nach Lage des Einzelfalls können jedoch auch die anderen Ziele des TKG eine Rolle spielen, z. B. die Wahrung der Nutzerinteressen nach § 2 Abs. 2 Nr. 1 TKG, die Förderung effizienter Infrastrukturinvestitionen nach § 2 Abs. 2 Nr. 3 TKG oder auch die Förderung der Entwicklung eines EU-Binnenmarktes nach § 2 Abs. 2 Nr. 4 TKG. Bei der gebotenen normativen Abwägung der betroffenen Interessen ist des Weiteren auch noch die Zielsetzung des § 1 TKG zu beachten, wonach durch technologieneutrale Regulierung der Wettbewerb gefördert und flächendeckend angemessene Dienstleistungen gewährleistet werden sollen.

Daneben sind in die Abwägung die relevanten Interessen der Beteiligten einzustellen. Hinsichtlich des marktmächtigen Unternehmens sind im Rahmen dieser Abwägung grundsätzlich alle Belange berücksichtigungsfähig, sofern sie nicht auf einen gesetzeswidrigen Zweck gerichtet sind oder gegen die Zielsetzungen des § 2 Abs. 2 TKG verstoßen[354]. Demgegenüber sind bei dem behinderten Unternehmen insbesondere diejenigen Interessen abwägungsfähig, die sich auf ein Markthandeln ohne Beeinträchtigungen durch das marktmächtige Unternehmen beziehen[355], wobei auch diese wiederum nicht gegen die Zielsetzung des Telekommunikationsrechts oder sonstige gesetzliche Vorschriften verstoßen dürfen[356]. Zu diesen geschützten Interessen sollen etwa der Zugang des Marktteilnehmers zu den für einen Marktauftritt erforderlichen infrastrukturbasierten Zugangsleistungen sowie der chancengleiche Wettbewerb auf dem Endkundenmarkt gehören[357].

Die Prüfung der betroffenen Interessen ist vor allem davon geprägt, dass ein möglichst umfangreicher Schutz der Betätigungsmöglichkeiten der Marktteilnehmer im Wettbewerb sichergestellt werden soll. Hieraus wird auch abgeleitet, dass einem marktmächtigen Unternehmen eine weitergehende Rücksicht-

---

353 Vgl. dazu unten Kapitel 3.3.1.2.3.2. Zum Verhältnis des "**sachlich gerechtfertigten Grundes**" und der "**Unbilligkeit**" im Rahmen des allgemeinen Wettbewerbsrechts *Möschel*, in: Immenga/Mestmäcker (Hrsg.), GWB, 4. Aufl. 2007, § 19 Rn. 115.

354 *Schütz*, Kommunikationsrecht, 2005, Rn. 868. Zum entsprechenden § 20 GWB vgl. *BGH*, Urteil vom 19.3.1996 - KZR 1/95, NJW 1996, 2656.

355 *Schütz*, Kommunikationsrecht, 2005, Rn. 868.

356 *Markert*, in: Immenga/Mestmäcker (Hrsg.), GWB, 4. Aufl. 2007, § 20 Rn. 132 f.

357 *Schütz*, Kommunikationsrecht, 2005, Rn. 868. Zu diesem Interesse im Rahmen des parallelen § 20 GWB *BGH*, Urteil vom 25.5.1987 - KZR 13/85, BGHZ 101, 72 (82).

nahmepflicht gegenüber den Interessen der anderen Marktteilnehmer auferlegt wird, als sich dies bei einer gleichrangigen Untersuchung anhand des allgemeinen Verhältnismäßigkeitsgrundsatzes ergeben würde[358]. Dies alles darf aber nicht dazu führen, dass diese Rücksichtnahmepflicht überspannt wird, da es dem marktmächtigen Unternehmen grundsätzlich nicht verwehrt werden darf, auf Vorstöße der Wettbewerber zu reagieren oder selber das Marktgeschehen aktiv zu beeinflussen[359]. Ansonsten wären die wirtschaftlichen Grundrechte dieses Unternehmens unverhältnismäßig eingeschränkt, insbesondere weil es auf längere Sicht selbst an einer profitablen Betätigung am Markt gehindert würde und somit das eingesetzte Kapital nicht mit einer angemessenen Verzinsung nutzen könnte. Des Weiteren sind auch der jeweilige Grad der Marktmacht und das Ausmaß der Auswirkungen des untersuchten Verhaltens zu berücksichtigen[360].

Die durch die *Bundesnetzagentur* vorzunehmende Interessensabwägung setzt eine Gesamtwürdigung aller betroffenen, schützenswerten Belange mit normativer Gewichtung im jeweiligen Einzelfall voraus. Bei diesem Prüfungsschritt sind daher höchste Sorgfalt und Umsicht der Aufsichtsbehörde geboten, da dies die zentrale Weichenstellung für die Annahme einer Missbräuchlichkeit mit eventuell einschneidenden Maßnahmen für das marktbeherrschende Unternehmen oder aber für eine Nichtbeanstandung der Verhaltensweisen des Marktbeherrschers mit allen möglichen negativen Folgen für die Marktgegenseite und die Wettbewerber darstellt.

Zu beachten ist dabei, dass nicht das marktbeherrschende Unternehmen einen sachlichen Grund zur Rechtfertigung nachweisen muss, da insoweit keine Beweislastumkehr besteht. Die *Bundesnetzagentur* hat vielmehr – wie das *Bundeskartellamt* im Rahmen des § 19 Abs. 4 Nr. 1 GWB[361] – selbst unter Beachtung des Amtsermittlungsgrundsatzes die relevanten Umstände, die für und wider einen Missbrauch sprechen, festzustellen. Dies ergibt sich nicht zuletzt aus dem Befund, dass die von dem Beeinträchtigungsmissbrauch ohne Heranziehung des Bewertungselements potentiell erfassten Verhaltensweisen aufgrund der Weite des unternehmensbezogenen Elements keinerlei Indizwirkung für wettbewerbspolitisch zu missbilligende Aktionsparameter entfalten können. Dies wäre aber zwingende Voraussetzung dafür, dass in Modifizierung des Amtsermittlungsgrundsatzes dem Normadressaten die Beweislast aufgebürdet werden darf. Ansonsten könnte die Amtsermittlungspflicht zu Lasten der Unternehmen ausgehebelt werden, was mit den Wirtschaftsgrundrechten der privaten Wirtschaftssubjekte angesichts des Eingriffscharakters wirtschaftsverwaltungsrechtlicher Sanktionen nicht in Einklang zu bringen ist.

---

[358] *Markert*, in: Immenga/Mestmäcker (Hrsg.), GWB, 4. Aufl. 2007, § 20 Rn. 136.

[359] Vgl. dazu *von Gamm*, NJW 1980, 2489 (2492).

[360] *BGH*, Urteil vom 19.3.1996 - KZR 1/95, NJW 1996, 2656.

[361] Vgl. insoweit zu § 19 Abs. 4 Nr. 1 GWB *Möschel*, in: Immenga/Mestmäcker (Hrsg.), GWB, 4. Aufl. 2007. § 19 Rn. 116.

3.3.1.2.2.4 Fallgruppen des Beeinträchtigungsmissbrauchs

Hinsichtlich der potentiellen Fallgruppen von missbräuchlichen Verhaltensweisen kann wiederum auf die Rechtspraxis im allgemeinen Wettbewerbsrecht zurückgegriffen werden[362], die einen erheblichen Zeitvorsprung gegenüber der telekommunikationsrechtlichen Regulierung im Umgang mit missbräuchlichen Verhaltensweisen hat. Dabei ist allerdings zu beachten, dass bestimmte Fallgruppen, die noch unter § 19 GWB zu subsumieren sind, nicht vollumfänglich der besonderen Missbrauchsaufsicht nach § 42 TKG unterfallen können, da insoweit z. T. sektorspezifische Spezialregelungen bestehen, welche die Generalklausel des § 42 TKG in ihrem jeweiligen Anwendungsbereich verdrängen[363].

3.3.1.2.2.4.1 Missbrauch bei der Preisgestaltung

Dieser Vorrang speziellerer Regelungen gilt z. B. für die Fallgruppe der Kampfpreispolitik[364] eines marktbeherrschenden Anbieters von Telekommunikationsdiensten oder Betreibern von Telekommunikationsnetzen, die von § 28 Abs. 2 Nr. 1 TKG erfasst ist. Auch das sog. Price Squeezing (Preis-Kosten-Schere)[365], welches gesetzlich in § 28 Abs. 2 Nr. 2 TKG normiert ist, kann im Anwendungsbereich dieser vorrangigen Entgeltregulierungsvorschrift nicht unter § 42 Abs. 1 Satz 2, 2. Alt. subsumiert werden. Gleiches gilt für die ungerechtfertigte Produktbündelung durch marktbeherrschende Anbieter von Telekommunikationsdiensten und Betreiber von Telekommunikationsnetzen, da hier vorrangig § 28 Abs. 2 Nr. 3 TKG heranzuziehen ist. Missbräuchliche Treuerabatte[366] marktbeherrschender Anbieter von Telekommunikationsdiensten und von Betreibern von Telekommunikationsnetzen, die auf eine Markt-

---

[362] Dort wird z. B. unterschieden zwischen Niedrigpreispolitik (Kampfpreise und Price Squeezing), Rabattpolitik, Vertriebsgestaltung, Werbepraktiken, Qualitätsdiversifikationen und Behinderungsinvestitionen, vgl. dazu ausführlich *Möschel*, in: Immenga/Mestmäcker (Hrsg.), GWB, 4. Aufl. 2007, § 19 Rn. 121 ff.

[363] Siehe dazu ausführlich unten Kapitel 3.3.1.6.

[364] Eine Kampfpreispolitik liegt vor, wenn ein Unternehmen seine Produkte nicht kostendeckend anbietet, um Wettbewerber aufgrund eigener überlegener Finanzkraft gezielt aus dem Markt zu drängen oder zumindest zu behindern.

[365] Dieses im Rahmen des § 19 GWB anerkannte missbräuchliche Verhalten liegt dann vor, wenn ein marktmächtiges Unternehmen nicht nur ein Produkt auf einem Endkundenmarkt anbietet, sondern zugleich auch Lieferant der dafür notwendigen Vorprodukte ist und diese derart teuer anbietet, dass für Wettbewerber auf dem Endkundenmarkt, die auf diese Vorleistungen zurückgreifen müssen, keine hinreichende Gewinnspanne mehr gewährleistet ist; vgl. zu dieser Fallgruppe *Möschel*, in: Immenga/Mestmäcker (Hrsg.), GWB, 4. Aufl. 2007, § 19 Rn. 122.

[366] Vgl. zu dieser Fallgruppe missbräuchlichen Verhaltens *Möschel*, in: Immenga/Mestmäcker (Hrsg.), GWB, 4. Aufl. 2007, § 19 Rn. 127 ff. m. w. N.

schließung abzielen, stellen wiederum einen Anwendungsfall des § 28 Abs. 1 Satz 2 Nr. 3 TKG dar.

Insgesamt lässt sich somit festhalten, dass missbräuchliche Verhaltensweisen, die in einem Zusammenhang mit der Entgeltgestaltung stehen, grundsätzlich nicht über § 42 TKG, sondern über die Spezialregeln der telekommunikationsrechtlichen Entgeltregulierung zu ahnden sind, worin ein wesentlicher Unterschied zu der Generalklausel der Missbrauchskontrolle im GWB besteht. Besonders deutlich wird dies an der Formulierung des § 28 Abs. 1 Nr. 2 TKG, wonach ein Missbrauch i. S. d. Entgeltregulierung insbesondere dann vorliegt, wenn das Unternehmen Entgelte fordert, die Wettbewerbsmöglichkeiten anderer Unternehmen auf einem Telekommunikationsmarkt auf erhebliche Weise beeinträchtigen. Diese Formulierung deckt sich nahezu vollständig mit dem Tatbestand des demgegenüber subsidiären § 42 Abs. 1 Satz 2, 2. Alt. TKG[367].

Somit können missbräuchliche Verhaltensweisen im Zusammenhang mit der Entgeltgestaltung nur dann im Rahmen des § 42 TKG von Bedeutung sein, wenn der Anwendungsbereich der vorrangigen Spezialregelungen nicht eröffnet ist. Da sich der Adressatenkreis der Entgeltregulierung jedoch nicht mit dem der besonderen Missbrauchsaufsicht vollständig deckt, verbleiben hier durchaus Anwendungsfelder. Von der Entgeltregulierung sind nämlich gemäß § 28 Abs. 1 TKG nur marktbeherrschende Anbieter von Telekommunikationsdiensten und marktbeherrschende Betreiber eines Telekommunikationsnetzes betroffen, während § 42 TKG daneben noch an Anbieter von telekommunikationsgestützten Diensten und Anbieter von Leistungen nach § 78 Abs. 2 Nr. 3 und 4 TKG adressiert ist. Hinsichtlich dieser Unternehmen kann die Missbrauchsaufsicht daher im Einzelfall auch in den aus dem allgemeinen Wettbewerbsrecht für § 19 GWB anerkannten entgeltbezogenen Fallgruppen missbräuchlichen Verhaltens anwendbar sein, wobei dies allerdings nicht die bedeutsamsten Fälle für die Marktentwicklung im Telekommunikationssektor darstellen dürften.

3.3.1.2.2.4.2 Missbräuchliche Vertriebsformen

Ein Beeinträchtigungsmissbrauch nach § 42 Abs. 1 Satz 2, 2. Alt. TKG wird vor allem in den auch im Kartellrecht anerkannten Fallgruppen missbräuchlicher Vertriebsformen Anwendung finden können[368]. Hierzu zählen z. B. Ausschließlichkeitsbindungen, Vertriebsbindungen oder Koppelungsgeschäfte[369].

---

[367] Vgl. zu dem Verhältnis beider Vorschriften unten Kapitel 3.3.1.6.

[368] So auch *Schütz*, Kommunikationsrecht, 2005, Rn. 871.

[369] Die ebenfalls einen Sonderfall der Vertriebsgestaltung darstellenden Koppelungsgeschäfte, die ohne weiteres unter § 19 Abs. 4 Nr. 1 GWB zu subsumieren sind, fallen jedoch hinsichtlich von Anbietern von Telekommunikationsdiensten und Netzbetreibern vorrangig in den Anwendungsbereich der Entgeltregulierung (§ 28 Abs. 2 Nr. 3 TKG), die § 42 TKG als Lex Specialis insoweit vorgeht. Daher kann lediglich die ungerechtfertigte Produktbündelung von Anbietern von telekommunikati-

Ausschließlichkeitsbindungen sind dabei dadurch charakterisiert, dass Abnehmer eines Erzeugnisses des marktbeherrschenden Anbieters von diesem dazu gezwungen werden, ihren gesamten Bedarf hinsichtlich dieses Gutes bei ihm zu decken[370]. Als Druckmittel wird dabei regelmäßig eine Leistungsverweigerung bei Nichtbeachtung dieser Vorgabe in Aussicht gestellt. Derartige Praktiken werden im allgemeinen Wettbewerbsrecht z. T. generell als unzulässig angesehen. Hierdurch werden nämlich die Marktzutrittsschranken für potentielle Wettbewerber regelmäßig erheblich erhöht, da insoweit der Absatz eigener Produkte an die gebundenen Abnehmer auf längere Sicht nicht mehr möglich ist[371].

Die Rechtsprechung hingegen sieht diese Verhaltensweisen differenzierter und führt eine Interessensabwägung[372] durch, um zu bestimmen, ob die Ausschließlichkeitsbindung missbräuchlich ist oder aber eine legitime Verhaltensweise des Marktbeherrschers darstellt, der an regulären Marktaktivitäten grundsätzlich nicht gehindert werden darf und so unter Umständen im Einzelfall auch ein legitimes Interesse an einer solchen Vertriebsgestaltung haben kann[373].

Die als potentiell missbräuchliches Verhalten anerkannte Fallgruppe der Koppelungspraktiken setzt voraus, dass der Marktbeherrscher zwei oder mehrere seiner Leistungen nur gebündelt abgibt und somit die Abnehmer dazu zwingt, entweder auf eine begehrte Leistung zu verzichten oder aber weitere, die er evtl. überhaupt nicht benötigt, mit abzunehmen[374]. In den meisten Fällen wird dabei ein am Markt sehr begehrtes Produkt mit solchen gekoppelt, die nicht die gleiche Attraktivität aufweisen, um so deren Absatz zusätzlich zu fördern. Die Bündelung kann zum einen vertraglich vorgegeben sein, sodass der Abnehmer rechtlich keine andere Möglichkeit hat, als das Bündelprodukt insgesamt abzunehmen oder gänzlich auf die Leistung zu verzichten.

---

onsgestützten Diensten und von Anbietern von Leistungen nach § 78 Abs. 2 Nr. 3 und 4 TKG über § 42 Abs. 1 Satz 2, 2. Alt. TKG geahndet werden.

370 *BKartA*, Tätigkeitsbericht 1977, BT-Drs. 8/1925, S. 69.

371 *Rittner*, Die Ausschließlichkeitsbindungen, 1957, S. 118; *Emmerich*, Kartellrecht, 11. Aufl. 2008, S. 366.

372 Beurteilungselemente sind z. B. das Ausmaß des durch die Ausschließlichkeitsbindung gesperrten Absatzmarktes, die Umgehungsmöglichkeiten, die Dauer sowie die Größe des marktbeherrschenden Unternehmens. Des Weiteren ist auch zu untersuchen, inwieweit das Unternehmen ein berechtigtes Interesse an der Ausschließlichkeitsbindung vorweisen kann.

373 Vgl. dazu nur *BGH*, Beschluss vom 22.9.1981 - KVR 8/80, BGHZ 81, 322. Diese Ansicht wird auch von *Möschel*, in: Immenga/Mestmäcker (Hrsg.), GWB, 4. Aufl. 2007, § 19 Rn. 132, vertreten und ist angesichts der systemgerechteren und flexibleren Ergebnisse auch vorzugswürdig.

374 Vgl. *Burkert*, Die Zulässigkeit von Koppelungsgeschäften aus wettbewerbsrechtlicher Sicht, 1992, S. 31 ff.; *Markert*, in: Immenga/Mestmäcker (Hrsg.), GWB, 4. Aufl. 2007, § 20 Rn. 203.

Daneben reicht es aber auch aus, wenn lediglich wirtschaftliche Umstände eine solche Bündelung bedingen, ohne dass eine vertragliche Koppelung besteht. Dies ist etwa dann der Fall, wenn der gemeinsame Bezug der Produkte derart attraktiv für die Abnehmer gestaltet wird, dass der davon ausgehende Anreiz einer vertraglichen Koppelung vergleichbar ist[375]. Es ist aber zu beachten, dass wirtschaftliche Koppelungen gegenüber vertraglichen in der Regel keine Abnehmerbenachteiligung auslösen, sondern nur Konkurrenten beeinträchtigen können. Des Weiteren sind an solche Praktiken höhere Anforderungen an eine Missbräuchlichkeit zu stellen, da der vom Marktbeherrscher ausgeübte Zwang zum gebündelten Bezug geringer ist als bei der vertraglichen Koppelung[376].

Wiederum reicht das reine Bündeln von Leistungen durch den Marktbeherrscher nicht aus, um den Vorwurf der Missbräuchlichkeit zu rechtfertigen. Wie bei der Interessenabwägung im Rahmen der Ausschließlichkeitsbindungen sind wiederum zusätzliche Beurteilungselemente, etwa der Umfang des blockierten Marktanteils für die Wettbewerber, die Größe des Unternehmens, die durch das Verhalten ausgelöste Hebelwirkung zu Lasten der Wettbewerber sowie ein evtl. legitimes wirtschaftliches Interesse des Marktbeherrschers an der Bündelungspraxis in einer Gesamtschau zu berücksichtigen[377].

Des Weiteren kann auch die Nichtbelieferung bestimmter Abnehmer als besondere Ausgestaltung der Vertriebsformen einen Beeinträchtigungsmissbrauch nach § 42 Abs. 1 Satz 2, 2. Alt. TKG darstellen[378], zumindest wenn der Marktbeherrscher hierdurch bewusst auf die Marktstruktur Einfluss nehmen will[379]. Dabei sind aber wiederum vorrangige Spezialregelungen des TKG zu berücksichtigen[380].

---

[375] Z. B. wenn der Gesamtbezug wesentlich preisgünstiger ist als die separate Abnahme.

[376] Vgl. dazu insgesamt *Möschel*, in: Immenga/Mestmäcker (Hrsg.), GWB, 4. Aufl. 2007, § 19 Rn. 134 m. w. N., wonach die wirtschaftlichen Bündelungen in ihren Auswirkungen vertraglichen gleichkommen müssen, um als Koppelungspraktik in Betracht zu kommen.

[377] Vgl. ausführlich zur Fallgruppe der Koppelungspraktiken *Burkert*, Die Zulässigkeit von Koppelungsgeschäften aus wettbewerbsrechtlicher Sicht, 1992, passim; *Markert*, in: Immenga/Mestmäcker (Hrsg.), GWB, 4. Aufl. 2007, § 20 Rn. 203 ff.; *Möschel*, in: Immenga/Mestmäcker (Hrsg.), GWB, 4. Aufl. 2007, § 19 Rn. 133 ff.

[378] *Schütz*, Kommunikationsrecht, 2005, Rn. 871; vgl. dazu i. R. d. § 19 Abs. 4 Nr. 1 GWB *Möschel*, in: Immenga/Mestmäcker (Hrsg.), GWB, 4. Aufl. 2007, § 19 Rn. 132 und 136; *Wiedemann*, in: ders. (Hrsg.), Handbuch des Kartellrechts, 1999, § 23 Rn. 40.

[379] Vgl. dazu dezidiert im Rahmen des GWB *Möschel*, in: Immenga/Mestmäcker (Hrsg.), GWB, 4. Aufl. 2007, § 19 Rn. 136, und *Markert*, in: Immenga/Mestmäcker (Hrsg.), GWB, 4. Aufl. 2007, § 20 Rn. 150 ff.

[380] So kann die Nichtgewährung von Netzzugang, die ebenfalls begrifflich eine Nichtbelieferung von Konkurrenten darstellt, die Rechtsfolgen der Zugangsregulierung nach den §§ 16 ff. TKG auslösen, die insoweit eine Anwendung der Generalklausel des § 42 TKG sperren.

3.3.1.2.2.4.3 Zugangsansprüche von Contentanbietern

Bedeutsam im Rahmen des Missbrauchstatbestandes des § 42 Abs. 1 Satz 2, 2. Alt. TKG können die Ansprüche von Contentanbietern (z. B. Rundfunkveranstaltern oder Anbietern von Tele- oder Mediendiensten) sein, die vom Marktbeherrscher Zugang zu dessen wesentlichen Leistungen verlangen, um ihre eigenen Angebote bereitstellen zu können. Diese Personengruppe unterfällt insoweit nicht dem Schutzregime der Zugangsregulierung nach den §§ 21, 22 und 25 TKG, da sie i. d. R. keine eigenen Telekommunikationsdienste für die Öffentlichkeit anbieten wollen bzw. keine Betreiber öffentlicher Telekommunikationsnetze sind[381]. Ihnen bleibt daher nur die Möglichkeit, über § 42 TKG auf einen Netzzugang oder Zugang zu anderen Leistungen zu dringen[382].

Eine diesbezügliche Zugangsverweigerung durch den Marktbeherrscher kann auch durchaus eine erhebliche Beeinträchtigung der Wettbewerbsmöglichkeiten dieser Unternehmen darstellen, sodass sich die Frage nach der sachlichen Rechtfertigung stellen würde. Nach *Gersdorf*[383] ist dabei zu differenzieren: Wenn dem Marktbeherrscher ausreichende Übertragungskapazitäten zur Verfügung stehen, scheidet in der Regel ein sachlicher Grund für eine Zugangsverweigerung aus. Der Contentanbieter hätte somit grundsätzlich einen Anspruch auf Einspeisung seiner Angebote in das Netz des Marktbeherrschers, der auch über § 42 TKG durchsetzbar wäre. Dies gilt umso mehr, wenn der marktbeherrschende Netzbetreiber selbst ein vertikal integriertes Unternehmen darstellt, das auf den nachgelagerten Märkten, die auch vom Contentanbieter bestritten werden, aktiv ist[384].

Die Abwägung kann jedoch anders ausfallen, wenn die Kapazitäten begrenzt sind, da dann der Netzbetreiber befugt bleiben muss, selbst über die Einspeisung von Inhalten zu bestimmen, damit sein Netz und die darüber angebotenen Produkte attraktiv bleiben[385]. Hierbei handelt es sich um wirtschaftlich nachvollziehbare Erwägungen, die weder willkürlich noch sachfremd sind, sodass

---

381 Siehe ausführlich zur Abgrenzung von § 42 TKG zu den Vorschriften der spezielleren Zugangsregulierung unten Kapitel 3.3.1.6.1.

382 Auch wenn dieser Gruppe ausweislich § 42 Abs. 4 TKG kein eigenes Antragsrecht zur Seite steht, kommt dennoch ein Einschreiten der *Bundesnetzagentur* von Amts wegen in Betracht.

383 Vgl. dazu ausführlich *Gersdorf*, in: Säcker (Hrsg.), Berliner Kommentar zum TKG, 2006, § 42 Rn. 32.

384 So soll ein vertikal integrierter Netzbetreiber nicht den Zugang zu seinen Netzen verweigern dürfen, um sich z. B. auf dem Markt für Pay-TV oder dem Markt für Rundfunkwerbung eigene Vorteile zu verschaffen, vgl. dazu *Gersdorf*, in: Dörr/Gersdorf (Hrsg.), Der Zugang zum digitalen Kabel, 2002, 245 (322 f.); *Gersdorf*, in: Säcker (Hrsg.), Berliner Kommentar zum TKG, 2006, § 42 Rn. 32.

385 *Gersdorf*, in: Säcker (Hrsg.), Berliner Kommentar zum TKG, 2006, § 42 Rn. 32; *Schütz*, in: Beck`scher TKG-Kommentar, 3. Aufl. 2006, § 42 Rn. 65 f.

eine sachliche Rechtfertigung dieses Marktverhaltens anzunehmen ist[386]. Ein Anspruch auf Schaffung neuer Kapazitäten zur Befriedigung jedweder Nachfrage kann jedenfalls aus § 42 TKG nicht abgeleitet werden[387].

3.3.1.2.2.5 Fazit

In der kartellrechtlichen Praxis sind Verfahren, die auf § 19 Abs. 4 Nr. 1 GWB gestützt wurden, selten eingeleitet und noch seltener rechtskräftig abgeschlossen worden. Abzuwarten bleibt, ob dies auch für den parallelen § 42 Abs. 1 Satz 2, 2. Alt. TKG im Telekommunikationssektor gelten wird. Hierbei ist allerdings zu berücksichtigen, dass die Regulierung in diesem Bereich wesentlich engmaschiger und der Kreis der möglichen Normadressaten gegenüber dem GWB erheblich eingeschränkt ist, sodass die Aufsichtsbehörde hier differenzierter und genauer auf Marktentwicklungen reagieren kann als die allgemeinen Kartellbehörden, die über nahezu alle Bereiche des Wirtschaftslebens zu wachen haben. Außerdem liegt die Hauptbedeutung eines Missbrauchstatbestandes nicht zwingend darin, missbräuchliche Verhaltensweisen durch eine obrigkeitliche Verfügung abzustellen sondern diese vielmehr bereits im Vorfeld zu verhindern, indem marktbeherrschende Unternehmen von unzulässigen Verhaltensweisen abgeschreckt werden. Diese Auswirkung eines Missbrauchstatbestandes lässt sich nicht zahlenmäßig feststellen, dürfte jedoch in der Praxis häufig anzutreffen sein[388].

Insgesamt lässt sich festhalten, dass sich auch am Beispiel des Beeinträchtigungsmissbrauchs nach § 42 Abs. 1 Satz 2, 2. Alt. TKG eine deutliche Annäherung des sektorspezifischen Telekommunikationsrechts an das allgemeine Wettbewerbsrecht – dort speziell an § 19 Abs. 4 Nr. 1 GWB – feststellen lässt, wobei aber aufgrund des Vorrangs von Sonderregelungen wie § 28 TKG oder der Zugangsregulierung in der Praxis sehr bedeutsame Fallgruppen missbräuchlicher Praktiken, die der § 42 TKG als Vorbild dienenden Vorschrift des § 19 Abs. 4 Nr. 1 GWB unterfallen würden, nicht in paralleler Rechtsanwendung vollumfänglich auch über § 42 Abs. 1 Satz 2, 2. Alt. TKG zu ahnden sind. Diese Sonderregelungen sind im Rahmen ihres Anwendungsbereichs vorrangig zu beachten und schließen einen Rückgriff auf § 42 TKG aus[389].

Deshalb kann § 42 TKG nur in den nicht erfassten Fallgestaltungen bzw. hinsichtlich solcher Normadressaten, die nicht gleichzeitig den Spezialvorschriften der Zugangs- oder Entgeltregulierung unterfallen, eine eigenständige Bedeu-

---

386 Siehe dazu *Gersdorf*, Kabeleinspeisung von Programmbouquets, 2000, S. 112 ff.; *Gersdorf*, in: Dörr/Gersdorf (Hrsg.), Der Zugang zum digitalen Kabel, 2002, 245 (323 ff.).

387 Vgl. auch *Schütz*, in: Beck`scher TKG-Kommentar, 3. Aufl. 2006, § 42 Rn. 66.

388 Vgl. zu der Vorfeldwirkung des § 19 GWB *Möschel*, in: Immenga/Mestmäcker (Hrsg.), GWB, 4. Aufl. 2007, § 19 Rn. 101.

389 Vgl. dazu ausführlich unten Kapitel 3.3.1.6.

tung erhalten. Daneben sind auch noch bei der Tatbestandsgestaltung selbst kleinere Unterschiede im Rahmen des marktbezogenen Tatbestandselementes zu beobachten, sodass eine vollständige Übereinstimmung der beiden Vorschriften trotz aller Gemeinsamkeiten nicht besteht.

3.3.1.2.3 Behinderungsmissbrauch nach § 42 Abs. 1 Satz 2, 1. Alt. TKG

Ein Missbrauch liegt nach § 42 Abs. 1 Satz 2, 1. Alt. TKG des Weiteren dann vor, wenn ein Marktbeherrscher ein anderes Unternehmen unmittelbar oder mittelbar unbillig behindert. Diese Formulierung ruft eine Assoziation mit § 20 Abs. 1, 1. Alt. GWB, der als ein konkretisierender Unterfall des allgemeinen Missbrauchsverbot des § 19 GWB angesehen wird und deshalb neben dieser Vorschrift anwendbar bleibt[390], hervor. Danach ist eine unmittelbare oder mittelbare Behinderung anderer Unternehmen durch einen Marktbeherrscher verboten[391]. Aufgrund dieser Gleichartigkeit und der Gesetzesbegründung zu § 42 TKG, die eine Anlehnung der besonderen Missbrauchsaufsicht an das allgemeine Wettbewerbsrecht statuiert[392], kann davon ausgegangen werden, dass bei der Ausformung und Auslegung des Behinderungsmissbrauchs nach § 42 Abs. 1 Satz 2, 1. Alt. TKG auf die bewährten Grundsätze des Kartellrechts zurückgegriffen werden kann, soweit sich durch die Besonderheiten des Telekommunikationssektors hiervon keine Abweichungen gebieten[393].

Der Behinderungsmissbrauch ist neu in das TKG aufgenommen worden. Die Rechtsprechung hatte dies nicht als Anwendungsfall des § 33 TKG 1996 ange-

---

390 Vgl. dazu *Möschel*, in: Immenga/Mestmäcker (Hrsg.), GWB, 4. Aufl. 2007, § 19 Rn. 252.

391 § 20 GWB erfasst solche Verhaltensweisen, die grundsätzlich auch unter die allgemeinere Vorschrift des § 19 GWB subsumiert werden können, und zieht seine Bedeutung im Wesentlichen aus dem Umstand, dass der Adressatenkreis dieser Missbrauchskontrolle weitläufiger ist als bei § 19 Abs. 4 Nr. 1 GWB, welcher der Missbrauchsvariante des § 42 Abs. 1 Satz 2, 2. Alt. TKG als Vorbild gedient hat. Während § 19 GWB allein Anwendung auf marktbeherrschende Unternehmen findet, greifen die Rechtsfolgen des § 20 GWB darüber hinausgehend auch für sonstige marktstarke Unternehmen i. S. d. § 20 Abs. 2 GWB. Da im Rahmen der besonderen Missbrauchskontrolle nach § 42 TKG keine derartigen Unterschiede hinsichtlich des Adressatenkreises zwischen den beiden Missbrauchsalternativen des § 42 Abs. 1 Satz 2 TKG bestehen, sind die Anwendungsfelder im Bereich des Telekommunikationsrechts weitgehend redundant. Eine Unterscheidung im Rahmen dieser Untersuchung soll jedoch aufgrund der klaren Differenzierung des Gesetzgebers dennoch vorgenommen werden, wobei die Ausführungen aus der Natur der Sache oftmals deckungsgleich sind (siehe zum Beeinträchtigungsmissbrauch nach § 42 Abs. 1 Satz 2, 2. Alt. TKG oben Kapitel 3.3.1.2.2.

392 Gesetzesbegründung zu § 42 TKG (§ 40 TKG-E), BT-Drs. 15/2316, S. 71.

393 So auch *Robert*, K&R 2005, 354 (354); *Gersdorf*, in: Säcker (Hrsg.), Berliner Kommentar zum TKG, 2006, § 42 Rn. 27 ff.

sehen[394], was eine erhebliche Schwäche dieser Vorschrift darstellte[395]. § 33 TKG 1996 war lediglich dahingehend ausgelegt worden, dass eine formelle Gleichheit zwischen den Marktteilnehmern hergestellt werden könne. Die mit diesem Verständnis der Norm einhergehende Unzulänglichkeit zur Förderung der Regulierungsziele hat der Gesetzgeber erkannt und mit der Fassung des § 42 Abs. 1 Satz 2, 1. Alt. TKG klargestellt, dass nun nicht mehr nur Diskriminierungen von der *Bundesnetzagentur* geahndet werden sollen[396] und somit den unter Geltung des § 33 TKG 1996 bestehenden Streit hierüber beendet.

3.3.1.2.3.1 Behinderung anderer Unternehmen

Die Behinderung anderer Unternehmen liegt immer dann vor, wenn deren Wettbewerbsmöglichkeiten beeinträchtigt werden, ohne dass es darauf ankommt, auf welche Weise dies geschieht[397]. Es ist somit nicht von Bedeutung, ob die Beeinträchtigung durch wettbewerbsfremde oder in sonstiger Weise anfechtbare Mittel hervorgerufen wird[398]. Durch das Verhalten des markmächtigen Unternehmens muss zwingend eine tatsächliche Beeinträchtigung eintreten, eine virtuelle Eignung des Verhaltens hierfür ist nicht ausreichend[399]. Diese tatsächliche Beeinträchtigung muss auch die Wettbewerbschancen des jeweiligen Unternehmens gegenüber anderen Nachfragern oder Anbietern nachteilig beeinflussen, sodass ein allgemeiner wirtschaftlicher Nachteil nicht genügt[400].

Bemerkenswert ist, dass die Beeinträchtigung nicht erheblich sein muss, sodass eine Vielzahl von Verhaltensweisen hierunter subsumiert werden kann. Es ist auch nicht von § 42 Abs. 1 Satz 2, 1. Alt. TKG gefordert, dass die jeweilige Verhaltensweise des Marktbeherrschers eine Mehrzahl von anderen Unternehmen behindern muss, so wie es der Wortlaut auf den ersten Blick nahe legen könnte. Es reicht vielmehr aus, wenn bereits ein einzelnes anderes Unternehmen betroffen ist, da auch hier dem Gesetzesziel des TKG, einen chancenglei-

---

394 Vgl. nur *OVG Münster*, Urteil vom 3.2.2003 - 13 B 2130/02, CR 2003, 428.

395 Vgl. *Schütz*, Kommunikationsrecht, 2005, Rn. 869; *ders.*, in: Beck`scher TKG-Kommentar, 3. Aufl. 2006, § 42 Rn. 45.

396 *Thomaschki*, K&R Beilage 1/2004, 21 (23).

397 *Markert*, in: Immenga/Mestmäcker (Hrsg.), GWB, 4. Aufl. 2007, § 20 Rn. 116; *BGH*, Beschluss vom 22.9.1981 - KVR 8/80, BGHZ 81, 322 ff.

398 *BGH*, Beschluss vom 22.9.1981 - KVR 8/80, BGHZ 81, 322 ff.; *BGH*, Urteil vom 12.11.1991 - KZR 18/90, BGHZ 116, 47 (57); *Markert*, in: Immenga/Mestmäcker (Hrsg.), GWB, 4. Aufl. 2007, § 20 Rn. 116; *Bechtold*, in: ders. (Hrsg.), GWB, 5. Aufl. 2008, § 20 Rn. 40; *Gersdorf*, in: Säcker (Hrsg.), Berliner Kommentar zum TKG, 2006, § 42 Rn. 29.

399 *Markert*, in: Immenga/Mestmäcker (Hrsg.), GWB, 4. Aufl. 2007, § 20 Rn. 118.

400 *Schütz*, Kommunikationsrecht, 2005, Rn. 866.

chen und fairen Wettbewerbs zu schaffen und sicherzustellen, zur Geltung verholfen werden muss[401].

Auf dieser frühen Tatbestandsebene geraten damit unzählige Verhaltensweisen der Marktteilnehmer in das Blickfeld der besonderen Missbrauchsaufsicht, die ohne weitere Umstände aber noch gar nicht zu missbilligen sein könnten, da Beeinträchtigungen anderer Marktteilnehmer für ein kompetitives Marktgeschehen unerlässlich sind. Es handelt sich somit zunächst nur um einen wertungslosen Begehungstatbestand, der auch als erste Stufe dieser Missbrauchsalternative bezeichnet wird[402].

Dabei ist nach dem Tatbestand des § 42 Abs. 1 Satz 2, 1. Alt. TKG noch danach zu differenzieren, ob es sich um unmittelbare oder nur mittelbare Behinderungen handelt. Im Rahmen der kartellrechtlichen Missbrauchsaufsicht nach § 20 Abs. 1, 1. Alt. GWB ruft die dort ebenfalls normierte Unterscheidung zwischen unmittelbaren und mittelbaren Beeinträchtigungen vielfältige Schwierigkeiten hervor. Bei § 20 Abs. 1, 1. Alt. GWB hat sich inzwischen die pragmatische Ansicht durchgesetzt, wonach sich überhaupt keine griffigen und trennscharfen Unterscheidungskriterien herleiten ließen und daher eine exakte Abgrenzung nicht möglich sei[403].

Auch der Tatbestand des § 42 Abs. 1 Satz 2, 1. Alt. TKG gibt keine Anhaltspunkte dafür, wann eine der beiden Missbrauchsformen vorliegen soll. Eine grobe Unterteilung lässt sich allenfalls dahingehend treffen, dass eine unmittelbare Behinderung voraussetzt, dass sich die Verhaltensweise des marktmächtigen Unternehmens direkt gegen die Konkurrenten richtet.

Demgegenüber bedingt die mittelbare Behinderung denklogisch, dass in die konkrete Verhaltensweise noch andere Unternehmen eingeschaltet werden, wie dies z. B. bei Ausschließlichkeitsbindungen oder Treuerabatten der Fall ist, die den Konkurrenten auf einem Umweg Nachfrager kosten und so deren Wettbewerbsmöglichkeiten einschränken[404]. Diese Unterscheidung spielt allerdings in der Praxis ohnehin keine besondere Rolle, da beide Formen der Beeinträchtigung ohne Unterschiede erfasst sind. Hieraus lässt sich ableiten, dass der Gesetzgeber eine möglichst umfassende Regelung treffen wollte[405]. Insofern dürf-

---

401 So auch *Gersdorf*, in: Säcker (Hrsg.), Berliner Kommentar zum TKG, 2006, § 42 Rn. 28, der darauf verweist, dass die Quantität der behinderten Unternehmen stattdessen im Rahmen des Merkmals der Erheblichkeit berücksichtigt werden kann. Auch bei § 19 Abs. 4 Nr. 1 GWB reicht es aus, wenn ein einzelnes Unternehmen behindert wird, sodass diese Grundsätze ohne weiteres auch auf das TKG übertragen werden können, vgl. dazu *Möschel*, in: Immenga/Mestmäcker (Hrsg.), GWB, 4. Aufl. 2007, § 19 Rn. 111.

402 Vgl. *Robert*, K&R 2005, 354 (355).

403 *Markert*, in: Immenga/Mestmäcker (Hrsg.), GWB, 4. Aufl. 2007, § 20 Rn. 119.

404 Vgl. dazu *Emmerich*, Kartellrecht, 11. Aufl. 2008, S. 398.

405 So auch *Robert*, K&R 2005, 354 (355).

te es in der Regulierungspraxis obsolet sein, eine Verhaltensweise explizit als unmittelbare oder nur mittelbare Behinderung zu qualifizieren.

3.3.1.2.3.2 Unbilligkeit der Behinderung

Um die für den Wettbewerb erforderlichen und durchaus gewünschten Beeinträchtigungen anderer Marktteilnehmer vom Missbrauchsverbot auszuscheiden, erfolgt in einem zweiten Schritt eine Bewertung des Marktverhaltens des Marktbeherrschers[406]. Das missbräuchliche Verhalten erfüllt nur dann den Tatbestand des § 42 Abs. 1 Satz 2, 1. Alt. TKG, wenn es nach einer wertenden Betrachtung auch unbillig erscheint. Die Gerichte haben insoweit eine ständige Rechtsprechung zu der parallelen Vorschrift des § 20 GWB entwickelt, die hier auch zur Sinnbestimmung herangezogen werden kann, da es sich bei § 42 TKG um sektorspezifisches Kartellrecht handelt. Es müssen bei dieser wertenden Bestimmung der Unbilligkeit lediglich die Besonderheiten des Telekommunikationsrechts hinreichend berücksichtigt werden. In sinngenauer Übertragung des zu § 20 GWB entwickelten Maßstabes ist die Unbilligkeit demnach anhand einer Abwägung der Interessen der Beteiligten unter Berücksichtigung der auf die Freiheit des Wettbewerbs gerichteten Zielsetzung des Telekommunikationsrechts zu bestimmen[407].

In diesem Zusammenhang sind demnach zum einen die maßgeblichen Ziele des Telekommunikationsrechts, wie sie etwa in § 2 Abs. 2 TKG niedergelegt sind, zu berücksichtigen[408]. Des Weiteren fließen die Belange der konkret Beteiligten in die Abwägung ein. Beteiligte bei dieser Interessensabwägung sind jeweils das behindernde Unternehmen auf der einen und das/die behinderte(n) Unternehmen auf der anderen Seite. Die Belange unbeteiligter Dritter oder die Interessen der Allgemeinheit spielen an dieser Stelle hingegen keine Rolle, soweit sie nicht als Zielsetzung des TKG normiert sind[409]. Die im Rahmen dieses Bewertungselements vorzunehmende normative Abwägung ist bereits für den Beeinträchtigungsmissbrauch nach § 42 Abs. 1 Satz 2, 2. Alt. TKG, für den die gleichen Grundsätze gelten, dargestellt worden, sodass darauf verwiesen werden kann[410].

---

406 *Markert*, in: Immenga/Mestmäcker (Hrsg.), GWB, 4. Aufl. 2007, § 20 Rn. 114, 116 und 128; *Bechtold*, in: ders. (Hrsg.), GWB, 5. Aufl. 2008, § 20 Rn. 41.

407 Vgl. zum Maßstab der Unbilligkeit im Kartellrecht gemäß § 20 GWB *Markert*, in: Immenga/Mestmäcker (Hrsg.), GWB, 4. Aufl. 2007, § 20 Rn. 129; *BGH*, Urteil vom 27.9.1962 - KZR 6/61, BGHZ 38, 90 (102); vgl. auch *Schütz*, in: Beck`scher TKG-Kommentar, 3. Aufl. 2006, § 42 Rn. 41.

408 Siehe dazu zur parallelen sachlichen Rechtfertigung bei § 42 Abs. 1 Satz 2, 2. Alt. TKG oben Kapitel 3.3.1.2.2.3.

409 Vgl. zu dieser Frage im Rahmen des § 20 GWB *Emmerich*, Kartellrecht, 11. Aufl. 2008, S. 398 f. m. w. N.

410 Siehe oben unter Kapitel 3.3.1.2.2.3.

Der weitläufige Abwägungsmaßstab zur Bestimmung der Unbilligkeit ist nicht besonders trennscharf, hat aber den Vorteil, dass eine Beurteilung des Einzelfalls anhand der jeweiligen betroffenen Belange durch die Behörden bzw. die Gerichte möglich ist, die bei einer konsistenten Anwendung zu einem hohen Maß an Einzelfallgerechtigkeit führen kann. Dass damit auch Probleme einhergehen, ist offensichtlich. Die betroffenen Unternehmen werden nämlich Schwierigkeiten bei der Planung ihrer wirtschaftlichen Tätigkeiten haben, wenn sie keinerlei verlässliche Anhaltspunkte dafür mitgeteilt bekommen, welche Verhaltensweisen missbräuchlich sein sollen und welche nicht. Hierunter leidet die Rechtssicherheit zwangsläufig in erheblichem Maße, was regelmäßig zu einer verminderten Investitionsbereitschaft der Marktbeteiligten und somit zu Nachteilen für die Marktentwicklung führt. Dieses Szenario sollte daher möglichst vermieden werden, um die Telekommunikationsbranche in ihrer grundsätzlichen Funktion als Wachstumsmotor der Gesamtwirtschaft nicht über das unbedingt notwendige Maß hinaus einzuschränken. Deshalb ist es wünschenswert, wenn sich die im Telekommunikationsbereich zuständige Aufsichtsbehörde und die Gerichte möglichst nah an der inzwischen allgemein akzeptierten Auslegung der §§ 19 f. GWB orientierten und die Marktteilnehmer so schnell ein ausreichendes Vertrauen in diese Art der Missbrauchsregulierung entwickeln könnten.

3.3.1.2.3.3 Fallgruppen des Behinderungsmissbrauchs

Im Rahmen des parallelen § 20 GWB sind vier grundlegende Fallgruppen von Behinderungsmissbräuchen anerkannt, die allerdings im Rahmen des § 42 Abs. 1 Satz 2, 1. Alt. TKG wiederum nur insoweit berücksichtigungsfähig sind, als dass sie nicht von den spezielleren sektorspezifischen Regelungen wie z. B. der Entgelt- und Zugangsregulierung erfasst sind.

3.3.1.2.3.3.1 Geschäftsverweigerung

Als erste Gruppe wird dabei die Verweigerung geschäftlicher Beziehungen durch den Marktbeherrscher mittels Abschlussverweigerung oder Liefersperre genannt[411]. Unter den Begriff der Liefersperre werden alle Arten von Abschlussverweigerungen sowie einseitige Beendigungen von Geschäftsbeziehungen subsumiert, soweit diese nicht sachlich gerechtfertigt sind und allein einer Marktschließung dienen sollen[412]. Liefersperren sind deshalb besonders bedeutsam für eine Marktentwicklung, da Unternehmen in vielen Fällen nur dann Zugang zu einem Markt erlangen können, wenn sie mit dafür notwendi-

---

[411] Vgl. dazu *Markert*, in: Immenga/Mestmäcker (Hrsg.), GWB, 4. Aufl. 2007, § 20 Rn. 149; *Schütz*, in: Beck`scher TKG-Kommentar, 3. Aufl. 2006, § 42 Rn. 47 ff.

[412] Vgl. dazu *Markert*, in: Immenga/Mestmäcker (Hrsg.), GWB, 4. Aufl. 2007, § 20 Rn. 150.

gen Leistungen oder Waren beliefert werden, die sie nicht selbst erbringen können. Es ist aber auch zu berücksichtigen, dass es grundsätzlich jedem Unternehmen frei steht, mit wem es kontrahieren will, sodass die Annahme eines sachlich gerechtfertigten Grundes häufig geboten sein dürfte[413].

Im Übrigen ist im Rahmen der besonderen Missbrauchsaufsicht nach § 42 Abs. 1 Satz 2, 1. Alt. TKG zu beachten, dass für Leistungsverweigerungen z. T. vorrangige Spezialregelungen bestehen, die einen Rückgriff auf die Generalklausel sperren. Dies ist insbesondere im Rahmen der Zugangsregulierung der Fall, die festlegt, in welchen Bereichen Betreiber öffentlicher Telekommunikationsnetze einem Kontrahierungszwang unterliegen. Diese bedeutsamen Regelungen dürfen nicht über den Umweg des § 42 TKG ausgehebelt werden[414].

Keinen Missbrauch i. S. d. § 42 Abs. 1 Satz 2, 1. Alt. TKG stellt es somit dar, wenn der Betreiber eines öffentlichen Telekommunikationsnetzes den Zugang zu bestimmten Netzkomponenten oder -einrichtungen[415], zu potentiellen Resaleprodukten[416] sowie zu Dienstleistungen im Bereich der einheitlichen Rechnungsstellung[417] verweigert oder eine Zusammenschaltung von Telekommunikationsnetzen nicht vornimmt[418]. Sämtliche Fälle des § 21 TKG sind insofern nicht über § 42 TKG zu ahnden, wodurch die wesentlichsten Bereiche der Vorprodukte, auf die Wettbewerber angewiesen sind, um selbst Telekommunikationsdienste erbringen zu können, bereits von vorneherein nicht dem Anwendungsbereich des § 42 TKG unterfallen können[419].

Lediglich bei Leistungen, die nicht von Betreibern öffentlicher Telekommunikationsnetze bereitgestellt werden, kann daher eine Missbrauchsaufsicht nach § 42 TKG in Betracht kommen, wenn insofern eine unberechtigte Leistungsverweigerung vorliegt.

---

413 Vgl. zu dieser Fallgruppe ausführlich *Markert*, in: Immenga/Mestmäcker (Hrsg.), GWB, 4. Aufl. 2007, § 20 Rn. 150 ff.

414 Vgl. dazu unten Kapitel 3.3.1.6.1.

415 Siehe § 21 Abs. 2 Nr. 1 TKG.

416 Siehe § 21 Abs. 2 Nr. 3 TKG.

417 Siehe § 21 Abs. 2 Nr. 7 TKG.

418 Siehe § 21 Abs. 3 Nr. 2 TKG.

419 Vgl. hierzu aber *Schütz*, in: Beck`scher TKG-Kommentar, 3. Aufl. 2006, § 42 Rn. 48, der davon ausgeht, dass es einem Zugangspetenten freigestellt sei, ob er einen Zugangsanspruch über § 25 TKG oder § 42 TKG geltend machen wolle, und daher auch Zugangsverweigerungen in den Anwendungsbereich der besonderen Missbrauchsaufsicht fallen können. Dies ist aber zumindest insoweit abzulehnen, als dass das konkrete missbräuchliche Verhalten unter eine Vorschrift der Zugangsregulierung subsumiert werden kann; vgl. zu dem insoweit zu beachtenden Verhältnis von § 42 TKG zu den anderen Instrumenten des TKG ausführlich unten Kapitel 3.3.1.6.

3.3.1.2.3.3.2 Missbräuchliche Preisgestaltungen

Als zweite Fallgruppe ist die behindernde Ausgestaltung von Geschäftsbeziehungen mittels Lieferantenpreisdifferenzierungen, Rabatten und sonstigen Preisgestaltungen anerkannt[420]. Diese Verhaltensweisen sind bereits oben im Rahmen des Missbrauchs nach § 42 Abs. 1 Satz 2, 2. Alt. TKG behandelt worden, sodass insoweit auf die dortigen Ausführungen verwiesen werden kann[421]. Hierbei ist wiederum zu beachten, dass für die Entgeltgestaltung im Telekommunikationssektor weitgehende Sonderregelungen im Rahmen der Entgeltregulierung bestehen, die in ihrem jeweiligen Anwendungsbereich eine Heranziehung des § 42 TKG sperren.

Dies gilt insbesondere für die Entgelte von Anbietern von Telekommunikationsdiensten und von Betreibern eines öffentlichen Telekommunikationsnetzes[422]. Hierdurch sind zentrale Bereiche dieser Missbrauchspraktiken der besonderen Missbrauchsaufsicht entzogen. Allerdings handelt es sich hierbei auch um kein originäres Anwendungsfeld der besonderen Missbrauchsaufsicht, da schon unter Geltung des TKG 1996 die Entgeltaufsicht besonderen Vorschriften[423] zugeordnet war.

3.3.1.2.3.3.3 Ausschließlichkeits- und Koppelungspraktiken

Der dritten Gruppe unterfallen Behinderungen von Wettbewerbern, die aus Ausschließlichkeits- oder Koppelungsbindungen resultieren[424]. Diese Verhaltensweisen sind im Hinblick auf einen Beeinträchtigungsmissbrauch bereits erläutert worden[425], wobei wiederum die vorrangigen Regelungen, insbesondere des § 28 Abs. 2 Nr. 3 TKG, zu beachten sind.

3.3.1.2.3.3.4 Missbräuchliche Verhaltensweisen marktbeherrschender Nachfrager

Im allgemeinen Wettbewerbsrecht wird schließlich noch für die Verhaltensweisen marktbeherrschender Nachfrager eine vierte Fallgruppe gebildet[426]. Im Telekommunikationssektor findet eine Marktregulierung allerdings allein auf An-

---

420 Vgl. dazu *Markert*, in: Immenga/Mestmäcker (Hrsg.), GWB, 4. Aufl. 2007, § 20 Rn. 149.

421 Siehe dazu oben Kapitel 3.3.1.2.2.4.1.

422 Vgl. § 28 TKG.

423 Vgl. §§ 23 ff. TKG 1996.

424 *Schütz*, Kommunikationsrecht, 2005, Rn. 867; *Markert*, in: Immenga/Mestmäcker (Hrsg.), GWB, 4. Aufl. 2007, § 20 Rn. 149.

425 Siehe oben Kapitel 3.3.1.2.2.4.2.

426 Vgl. dazu ausführlich *Markert*, in: Immenga/Mestmäcker (Hrsg.), GWB, 4. Aufl. 2007, § 20 Rn. 207 ff.

gebotsmärkten statt, sodass diese Fallgruppe hier keinerlei Bedeutung zukommen kann[427].

Dies machte auch insofern wenig Sinn, als dass der Incumbent selbst im Besitz aller wesentlichen Infrastruktureinrichtungen ist und somit kaum einmal als Nachfrager bei anderen Telekommunikationsunternehmen auftreten wird.

3.3.1.2.3.4 Fazit

Insgesamt lässt sich festhalten, dass bei der Ausgestaltung des Behinderungsmissbrauchs nach § 42 Abs. 1 Satz 2, 1. Alt. TKG auf die kartellrechtlichen Vorgaben zu § 20 GWB zurückgegriffen werden kann. Die dort anerkannten Fallgruppen eines missbräuchlichen Verhaltens sind allerdings nicht vollumfänglich der besonderen Missbrauchsaufsicht zuzuschlagen, da für bestimmte Adressatenkreise und Verhaltensweisen, insbesondere im Rahmen der Entgelte und des Zugangs zu einem Telekommunikationsnetz nebst weiterer Leistungen eines Betreibers eines öffentlichen Telekommunikationsnetzes, abschließende Sonderreglungen bestehen, die eine Anwendbarkeit der Generalklausel des § 42 TKG sperren[428].

Hierbei handelt es sich in der Regel um die für die Marktentwicklung in der netzgebundenen Telekommunikationswirtschaft bedeutsamsten Verhaltensweisen, sodass die Rolle des § 42 TKG lediglich untergeordneter und ergänzender Art sein dürfte. Dies entspricht aber auch der Intention des Gesetzgebers, der die besondere Missbrauchsaufsicht bewusst als Generalklausel normiert hat und insofern dieser Norm nicht alle missbräuchliche Verhaltensweisen unterwerfen wollte.

Wiederum ist zu beachten, dass auch Drittmarktbehinderungen dann unter § 42 Abs. 1 Satz 2, 1. Alt. TKG fallen können, wenn sich die auf einem bestimmten relevanten Markt festgestellte marktbeherrschende Stellung auch auf einen noch nicht beherrschten Markt auswirkt und somit ein Marktmachttransfer droht[429].

3.3.1.2.4 Verhältnis des Behinderungsmissbrauchs zum Beeinträchtigungsmissbrauch

Die beiden Missbrauchsformen des § 42 Abs. 1 Satz 2 TKG stehen ausweislich des klaren Gesetzeswortlauts in einem Alternativverhältnis. Ob sich aber in der Praxis eine bestimmte Verhaltensweise des Marktbeherrschers trennscharf le-

---

[427] So richtet sich § 42 TKG ausdrücklich nur an **Anbieter** von Telekommunikationsdiensten, von Leistungen nach § 78 Abs. 2 Nr. 3 und 4 TKG oder von telekommunikationsgestützten Diensten.

[428] Siehe zum Verhältnis des § 42 TKG zu anderen Regulierungsvorschriften ausführlich in Kapitel 3.3.1.6.

[429] Siehe dazu oben Kapitel 3.3.1.1.5.3.3.

diglich einer der beiden Formen zuordnen lässt, ist angesichts der in den obigen Ausführungen bereits hervortretenden großen Überschneidungen äußerst zweifelhaft[430]. Bereits bei der Abgrenzung zwischen den beiden Vorbildnormen § 19 Abs. 4 Nr. 1 GWB und § 20 Abs. 1 GWB treten erhebliche Schwierigkeiten auf[431], die sich aufgrund der Parallelität zu § 42 TKG auch im Telekommunikationsrecht ergeben werden. So wird der Befund geäußert, dass sich alle Behinderungsverbote in § 19 GWB und § 20 Abs. 1 GWB inhaltlich im Wesentlichen decken und es sachlich keinen Unterschied mache, ob für einen Missbrauch eine fehlende sachliche Rechtfertigung der Beeinträchtigung oder aber eine unbillige Behinderung anderer Unternehmen gefordert werde[432].

Einen Versuch, eine klare Trennlinie zwischen dem Beeinträchtigungsmissbrauch nach § 19 Abs. 4 Nr. 1 GWB und dem Behinderungsmissbrauch nach § 20 Abs. 1 GWB zu ziehen, hat lediglich das Kammergericht Berlin unternommen. Es verlangte bei § 20 Abs. 1 GWB im Gegensatz zu § 19 Abs. 4 Nr. 1 GWB, dass es sich um eine Maßnahme eines sog. "**Nichtleistungswettbewerbs**" handelte, der auch das Vorfeld unlauterer Wettbewerbsmaßnahmen erfassen sollte, und forderte zusätzlich noch eine objektive Eignung der Missbrauchshandlung zur Beeinträchtigung der Marktverhältnisse[433]. Diese Ansicht wurde jedoch von der herrschenden Meinung zu Recht nicht übernommen, da es keine Kriterien dafür gibt, wann ein Nichtleistungswettbewerb und wann ein Leistungswettbewerb vorliegt und sich diese Unterscheidung auch nicht aus dem Gesetz selbst herleiten lässt, sondern künstlich vorgenommen ist[434]. Im Übrigen stellt sich die Frage, welcher Erkenntnisgewinn aus einer Unterscheidung von Leistungs- und Nichtleistungswettbewerb folgt, da die Begriffsbestimmung des Kammergerichts hier in keiner Weise eindeutig und trennscharf war.

Nach vorherrschender und vorzugswürdiger Ansicht wird § 20 GWB somit lediglich als speziell geregelter Unterfall des allgemeinen Missbrauchsverbots nach § 19 GWB angesehen, der seine Bedeutung allein aus dem Umstand schöpft, dass der Adressatenkreis der Vorschrift weiter ist als der bei § 19 GWB. Da sich eine solche Unterscheidung hinsichtlich der jeweiligen Adressaten im Rahmen des § 42 Abs. 1 Satz 2 TKG nicht ergibt, fällt eine genaue

---

[430] So auch *Gersdorf*, in: Säcker (Hrsg.), Berliner Kommentar zum TKG, 2006, § 42 Rn. 27.

[431] Vgl. dazu *Emmerich*, Kartellrecht, 11. Aufl. 2008, S. 361 f.; *Markert*, Die Wettbewerberbehinderung im GWB nach der vierten Kartellnovelle, 1982, S. 22 f.

[432] *Emmerich*, Kartellrecht, 11. Aufl. 2008, S. 361.

[433] *KG*, Beschluss vom 18.2.1969 - Kart IV 34/67, WuW/E OLG 995 (1000).

[434] *Emmerich*, Kartellrecht, 11. Aufl. 2008, S. 361 f.; *Bauer*, JA 1987, 118 (120 f.); *Markert*, Die Wettbewerberbehinderung im GWB nach der vierten Kartellnovelle, 1982, S. 17 ff. und 34 ff.; *Möschel*, in: Immenga/Mestmäcker (Hrsg.), GWB, 4. Aufl. 2007, § 19 Rn. 103 f.

Zuordnung einer Verhaltensweise zu einer der Tatbestandsalternativen äußerst schwer.

Sie kann aber im Ergebnis auch unterbleiben, da beide Vorschriften grundsätzlich identische Voraussetzungen aufweisen und insbesondere eine gleichlaufende Bewertung im Rahmen des sachlich gerechtfertigten Grundes bzw. der Unbilligkeit erfordern. Ein unterschiedlicher Maßstab, der zu divergierenden Ergebnissen führen könnte, ist vor diesem Hintergrund ausgeschlossen, sodass die exakte Abgrenzung in der Praxis obsolet ist. Dementsprechend geht auch die *Bundesnetzagentur* in ihrer bisherigen Entscheidungspraxis offensichtlich davon aus, dass die Zuordnung unterbleiben kann und stützt ihre Entscheidungen generell auf § 42 Abs. 1 TKG[435].

Trotz dieser Erkenntnisse wird diskutiert, ob sich das Erheblichkeitskriterium des Beeinträchtigungsmissbrauchs nach § 42 Abs. 1 Satz 2, 2. Alt. TKG auch auf den Behinderungsmissbrauch nach § 42 Abs.1 Satz 2, 1. Alt. TKG erstreckt[436], wobei diese Frage vor dem Hintergrund der gleichlaufenden Abwägung im Rahmen des jeweilig anzutreffenden Bewertungselementes hinsichtlich jeder Missbrauchsalternative eher rein akademischer Natur sein dürfte. Eine solche Auslegung scheitert jedenfalls bereits am Wortlaut der Norm, da das Wort "**erheblich**" semantisch ein Adverb zu "**beeinträchtigen**" ist und das Beeinträchtigungskriterium unzweifelhaft nur der zweiten Tatbestandsalternative zuzurechnen ist[437].

Die Übertragung des Erheblichkeitserfordernisses im Sinne der Forderung nach einem tatsächlich spürbaren nachteiligen Wirkzusammenhang widerspricht auch dem Ansinnen des Gesetzgebers, einen möglichst weit gehenden Missbrauchstatbestand hinsichtlich des Behinderungsmissbrauchs zu schaffen, der eben auch mittelbare Auswirkungen erfassen soll[438].

Auch ein Vergleich der jeweiligen parallelen Vorschriften des allgemeinen Kartellrechts spricht gegen eine derartige Übertragung der Erheblichkeit. Dieses Kriterium findet sich allein in der zum Beeinträchtigungsmissbrauch parallelen Missbrauchsnorm des § 19 Abs. 4 Nr. 1 GWB, nicht aber in § 20 Abs. 1 GWB, der dem Behinderungsmissbrauch nach § 42 Abs. 1 Satz 2, 1. Alt. TKG als Vorbild gedient hat. Die Erheblichkeit eines Verhaltens kann aber trotz dieser Unübertragbarkeit des Tatbestandselementes auch im Rahmen des § 42 Abs. 1 Satz 2, 1. Alt. TKG zumindest bei der Abwägung der relevanten Be-

---

435 Vgl. Beschluss der *BNetzA* vom 25.5.2005 - BK 2c 04/003 und Beschluss der *BNetzA* vom 18.7.2005 - BK 2a 04/029.

436 Vgl. *Robert*, K&R 2005, 354 (356).

437 Der Wortlaut des § 42 Abs. 1 Satz 2 TKG lautet: *"Ein Missbrauch liegt insbesondere vor, wenn andere Unternehmen unmittelbar oder mittelbar unbillig behindert oder deren Wettbewerbsmöglichkeiten ohne sachlich gerechtfertigten Grund erheblich beeinträchtigt werden"*.

438 Dies sieht auch *Robert*, K&R 2005, 354 (355).

lange berücksichtigt werden, da dies für die Gewichtung der einzelnen Interessen von gehobener Bedeutung ist.

Es lässt sich insgesamt festhalten, dass die beiden Tatbestandsalternativen weitgehend deckungsgleich zu verstehen sind und sich in der Praxis insoweit kaum Abgrenzungsmöglichkeiten bieten dürften. Dies ist auch nicht von gehobener Bedeutung, da beide Alternativen jeweils eine gleichlaufende Abwägung der widerstreitenden Interessen im Rahmen der Tatbestandsmerkmale der Unbilligkeit bzw. der sachlichen Rechtfertigung ermöglichen und somit keine unterschiedlichen Bemessungsmaßstäbe zur Anwendung kommen können.

Dem Gesetzgeber ging es augenscheinlich darum, einen möglichst weit gehenden Missbrauchstatbestand zu schaffen, der alle im allgemeinen Wettbewerbsrecht anerkannten Fallgruppen missbräuchlicher Verhaltensweisen in der Generalklausel des § 42 TKG vereinen sollte, ohne dass eine unterschiedliche Behandlung der beiden Alternativen des § 42 Abs. 1 Satz 2 TKG bezweckt war.

Vor diesem Hintergrund ist daher noch einmal zu betonen, dass eine exakte Zuordnung eines missbräuchlichen Verhaltens zu einer der beiden Alternativen nicht notwendig ist, zumal beide ohnehin nur Regelbeispiele für den allgemeinen Missbrauchsbegriff des § 42 Abs. 1 Satz 1 TKG darstellen und insofern nur die Übertragbarkeit der kartellrechtlichen Grundsätze klarstellen sollten.

3.3.1.2.5 Diskriminierungsmissbrauch, § 42 Abs. 2 TKG

Die Regelbeispiele des § 42 Abs. 1 Satz 2 TKG sind nicht abschließend, sodass der Missbrauchsaufsicht neben dem Beeinträchtigungs- und Behinderungsmissbrauch noch zahlreiche weitere Fallvariationen missbräuchlichen Verhaltens unterfallen können. Eine gewisse Hilfestellung bei der Auslegung des § 42 Abs. 1 Satz 1 TKG gibt der Gesetzgeber allerdings, indem er in § 42 Abs. 2 und 3 TKG Regeln aufstellt, bei denen in sehr konkret gefassten Fallkonstellationen ein Missbrauch im Sinne des § 42 Abs. 1 TKG vermutet wird.

Die Missbrauchsvermutung des § 42 Abs. 2 Satz 1 TKG greift – verkürzt dargestellt – dann, wenn ein SMP-Unternehmen sich selbst, seinen Tochter- oder Partnerunternehmen den Zugang zu seinen intern genutzten oder zu seinem am Markt angebotenen Leistungen zu günstigeren Bedingungen oder zu einer besseren Qualität als anderen Nachfragern ermöglicht und für die Einräumung ungünstigerer Bedingungen keine sachliche Rechtfertigung nachgewiesen wird (**Diskriminierungsmissbrauch**). Mit der Normierung des Diskriminierungsmissbrauchs in § 42 Abs. 2 TKG wird die Vorgabe des Art. 10 Zugangsrichtlinie umgesetzt[439], der auf gemeinschaftsrechtlicher Ebene Gleichbehandlungsverpflichtungen für Marktbeherrscher vorsieht.

---

[439] Vgl. Gesetzesbegründung zu § 42 TKG (§ 40 TKG-E), BT-Drs. 15/2316, S. 71.

3.3.1.2.5.1 Voraussetzungen des Vermutungstatbestandes

§ 42 Abs. 2 TKG stellt das Gebot auf, dass die Behandlung interner Nachfrager derjenigen externer entsprechen muss. So wird ein Missbrauch i. S. d. § 42 Abs. 1 TKG dann vermutet, wenn ein Unternehmen mit beträchtlicher Marktmacht sich selbst, seinen Tochter- oder Partnerunternehmen den Zugang zu seinen intern genutzten oder zu seinen am Markt angebotenen Leistungen zu günstigeren Bedingungen oder zu einer besseren Qualität ermöglicht, als es sie anderen Unternehmen bei der Nutzung der Leistung für deren Telekommunikationsdienste oder mit diesen in Zusammenhang stehenden Diensten einräumt. Der Diskriminierungsmissbrauch nach § 42 Abs. 2 TKG ist daher derjenige, der am ehesten mit dem überkommenen Missbrauchsverbot des § 33 TKG 1996 übereinstimmt, wo ebenfalls ein Diskriminierungsverbot beim Zugang zu bestimmten Leistungen des Marktbeherrschers verankert war[440]. § 42 Abs. 2 TKG wird auch als eine Kombination von §§ 33 und 35 TKG 1996 bezeichnet[441].

Es kann aber bei einer genauen Betrachtung der Vorschrift nicht geschlossen werden, dass die alte Rechtslage unter Geltung des TKG 1996 lediglich unverändert über § 42 Abs. 2 TKG in das neue Recht transformiert werden sollte, da die Veränderungen durchaus zahlreich und erheblich sind. Eine Abweichung von § 33 TKG 1996 besteht schon darin, dass früher der Marktbeherrscher sich selbst die besseren Bedingungen einräumen musste[442]. In Umsetzung des Art. 10 Abs. 2 Zugangsrichtlinie wurde der Diskriminierungsmissbrauch nach § 42 Abs. 2 TKG jedoch nunmehr auf Tochter- und Partnerunternehmen ausgeweitet, da ansonsten eine leichte Umgehung der Missbrauchskontrolle innerhalb eines Konzernverbunds oder einer partnerschaftlichen Verbindung möglich wäre[443]. Es ist auch zu konstatieren, dass der Kreis der Normverpflichteten gegenüber der überkommenen Rechtslage unter Geltung des § 33 TKG 1996 ausgeweitet wurde und nicht mehr auf Anbieter von Telekommunikationsdienstleistungen beschränkt ist. Vielmehr richtet sich § 42 Abs. 2 TKG an alle Normadressaten des § 42 Abs. 1 TKG, sodass sowohl marktbeherrschende Anbieter von Telekommunikationsdiensten, von Leistungen nach § 78 Abs. 2 Nr. 3 und 4 TKG und von telekommunikationsgestützten Diensten als auch Betreiber öffentlicher Telekommunikationsnetze erfasst sind.

---

[440] Insofern ist hier auch die Gesetzesbegründung zu § 42 TKG (§ 40 TKG-E) nachvollziehbar, wonach die besondere Missbrauchsaufsicht auf § 33 TKG 1996 aufsetzen soll, vgl. BT-Drs. 15/2316, S. 71.

[441] *Gersdorf*, in: Säcker (Hrsg.), Berliner Kommentar zum TKG, 2006, § 42 Rn. 33.

[442] Eine Erweiterung des Anwendungsbereichs ergab sich allerdings aus der Konzernklausel des § 33 Abs. 3 TKG 1996.

[443] Vgl. ausführlich zu dem Kreis dieser Unternehmen *Schütz*, in: Beck`scher TKG-Kommentar, 3. Aufl. 2006, § 42 Rn. 94 ff.

Der Begriff der "**Leistung**" soll dem des § 33 TKG 1996[444] entsprechen, sodass es darauf ankommt, ob die Leistung im Zusammenhang mit der Erbringung von Telekommunikationsdienstleistungen gegenüber Kunden steht[445]. Es muss sich demnach nicht selbst um eine Telekommunikationsdienstleistung i. S. d. § 3 Nr. 24 TKG handeln. Auch Vorleistungen, die der Marktbeherrscher intern für seine eigenen Angebote von Telekommunikationsdiensten nutzt oder aber selbst am Markt anbietet, fallen unter den Begriff der Leistung i. S. d. § 42 Abs. 2 TKG[446]. Dies ist explizit in § 42 Abs. 2 TKG klargestellt. Es ist aber erforderlich, dass das nachfragende Unternehmen die Leistung selbst für eigene Telekommunikationsdienste oder mit diesen in Zusammenhang stehende Dienste verwendet. Derart wurden jedoch die Leistungen bereits nach § 33 TKG 1996 verstanden[447], sodass hierin keine Einschränkung gegenüber dem bisherigen Rechtsrahmen zu sehen ist, sondern es sich vielmehr um eine gesetzgeberische Klarstellung dahingehend handelt, dass der Leistungsbegriff des § 33 TKG 1996 weitergelten sollte.

In Abkehr von den Voraussetzungen des § 33 TKG 1996 ist es ausweislich des insoweit klaren Wortlauts des § 42 Abs. 2 TKG allerdings nicht mehr erforderlich, dass es sich um eine wesentliche Leistung[448] handelt[449]. Dies stellt eine

---

444 Siehe dazu ausführlich oben Kapitel 3.2.1.2.4.

445 Vgl. zu diesem Begriffsverständnis der "**Leistung**" *Schütz*, Kommunikationsrecht, 2005, Rn. 872; *ders.*, in: Beck`scher TKG-Kommentar, 3. Aufl. 2006, § 42 Rn. 100 ff.; *BVerwG*, Urteil vom 25.4.2001 - 6 C 6/00, BVerwGE 114, 160 (180 f.); *Piepenbrock*, in: Beck`scher TKG-Kommentar, 2. Aufl. 2000, § 33 Rn. 26; *Scherer*, NJW 1998, 1607 (1611).

446 Vgl. auch *Gersdorf*, in: Säcker (Hrsg.), Berliner Kommentar zum TKG, 2006, § 42 Rn. 35.

447 Siehe dazu oben Kapitel 3.2.1.2.4.

448 Dieses Merkmal war stark umstritten. Als wesentlich wurde von der herrschenden Meinung eine Leistung angesehen, wenn ohne die entsprechende Leistung des Marktbeherrschers der nachfragende Wettbewerber objektiv daran gehindert wäre, die geplante Telekommunikationsdienstleistung für die Öffentlichkeit zu erbringen und subjektiv eine eigene Herstellung der Leistung unzumutbar wäre. Vgl. dazu *Piepenbrock*, in: Beck`scher TKG-Kommentar, 2. Aufl. 2000, § 33 Rn. 37 ff.; *Glahs*, in: Scheurle/Mayen (Hrsg.), TKG, 2002, § 33 Rn. 33 ff. Zum Begriff der "**wesentlichen Leistung**" i. S. d. § 33 TKG 1996 siehe auch ausführlich oben Kapitel 3.2.1.2.4.

449 So *Gersdorf*, in: Säcker (Hrsg.), Berliner Kommentar zum TKG, 2006, § 42 Rn. 36, der darauf hinweist, dass ansonsten auch der Anwendungsbereich des § 42 Abs. 2 TKG entscheidend verkürzt wäre, da wesentliche Leistungen vorgreiflich von der gegenüber der besonderen Missbrauchsaufsicht spezielleren Zugangsregulierung nach § 21 TKG erfasst werden, und *Holznagel/Enaux/Nienhaus*, Telekommunikationsrecht, 2. Aufl. 2006, S. 137. A. A. *Wissmann*, in: ders. (Hrsg.), Telekommunikationsrecht, 2. Aufl. 2006, S. 278 f., der allerdings keine Erklärung dafür erbringen kann, warum entgegen des Wortlauts doch eine Wesentlichkeit für den Zugangspetenten erforderlich sein soll. Der bloße Hinweis darauf, § 42 Abs. 2 TKG solle die

zentrale Ausweitung des Missbrauchstatbestandes des § 42 Abs. 2 TKG dar, da die Wesentlichkeit einer Leistung eine erhebliche Einschränkung im Rahmen des § 33 TKG 1996 darstellte[450].

Zentrale Begriffe des § 42 Abs. 2 TKG sind die "**günstigeren Bedingungen**" und die "**bessere Qualität**", da der Marktbeherrscher sich, seinen Tochter- oder Partnerunternehmen den Zugang zu seinen intern genutzten oder am Markt angebotenen Leistungen weder zu günstigeren Bedingungen noch zu einer besseren Qualität als Wettbewerbern ermöglichen darf.

Der Begriff der "**günstigeren Bedingungen**" i. S. d. § 42 Abs. 2 TKG ist weit zu verstehen. Hierzu zählen alle wirtschaftlichen, kaufmännischen oder betrieblichen Nutzungsbedingungen[451]. So können etwa auch kürzere Bereitstellungsfristen für die entsprechende Leistung oder das Angebot umfassenderer Wartungsdienste für eigene Unternehmen hierunter zu fassen sein[452]. Nach *Holznagel/Enaux/Nienhaus* soll auch die vollständige Zugangsverweigerung eine Einräumung ungünstigerer Bedingungen darstellen[453]. Hierbei ist aber zu beachten, dass Zugangsansprüche in weiten Teilen von der spezielleren Zugangsregulierung nach den §§ 16 ff. TKG erfasst werden und insofern die Ausgestaltung des § 42 TKG als Generalklausel berücksichtigt werden muss. Daraus folgt, dass eine Zugangsverweigerung nur dann den Tatbestand des § 42 Abs. 2 TKG erfüllen kann, wenn ein Zugangsbegehren nicht in den Anwendungsbereich der §§ 21 ff. TKG fällt[454].

Das Tatbestandsmerkmal der "**Qualität**" bezieht sich hingegen auf die Güte der technischen Nutzungsbedingungen[455]. Die Abgrenzung der günstigeren Bedingungen von der besseren Qualität kann in diesem Zusammenhang Schwierigkeiten hervorrufen. Denn § 42 Abs. 2 TKG sieht vor, dass lediglich die Einräumung schlechterer Bedingungen, nicht aber die Bereitstellung der Leistung in minderer Qualität mittels eines sachlichen Grundes, der vom betroffenen Unternehmen nachzuweisen ist, gerechtfertigt werden kann, vgl. § 42 Abs. 2 a. E. TKG[456].

Essential Facilities-Doktrin umsetzen, die eben eine Wesentlichkeit der Leistung erfordere, findet im Gesetz jedenfalls keine Stütze mehr.

450 Siehe dazu oben Kapitel 3.2.1.2.4.

451 *Gersdorf*, in: Säcker (Hrsg.), Berliner Kommentar zum TKG, 2006, § 42 Rn. 38; *Piepenbrock*, in: Beck`scher TKG-Kommentar, 2. Aufl. 2000, § 33 Rn. 34; *Schütz*, in: Beck`scher TKG-Kommentar, 3. Aufl. 2006, § 42 Rn. 110.

452 Vgl. *Schütz*, Kommunikationsrecht, 2005, Rn. 872.

453 *Holznagel/Enaux/Nienhaus*, Telekommunikationsrecht, 2. Aufl. 2006, S. 137.

454 Vgl. ausführlich zum Verhältnis des § 42 TKG zu den Normen der Zugangsregulierung unten Kapitel 3.3.1.6.1.

455 So auch *Gersdorf*, in: Säcker (Hrsg.), Berliner Kommentar zum TKG, 2006, § 42 Rn. 38.

456 Hierauf wird unten in Kapitel 3.3.1.2.5 ausführlich eingegangen.

Das Gebot zur Gleichbehandlung darf nicht dahingehend missverstanden werden, dass lediglich formelle Gleichheit zwischen interner und externer Behandlung erforderlich wäre. Vielmehr ist eine materielle Gleichheit der Bedingungen gefordert, da es um "**Gleichwertigkeit**" geht[457]. Insofern kommt es auf eine wertende Betrachtung der Bedingungen an, die insgesamt unter Beachtung der Begleitumstände vorzunehmen ist. Dem Gleichbehandlungsgebot nach § 42 Abs. 2 TKG können aber nur solche diskriminierenden Verhaltensweisen des Marktbeherrschers unterfallen, die nicht ihrerseits durch das Regulierungskonzept des TKG strukturell vorgeprägt sind, da dem Unternehmen in diesen Fällen kein eigener Spielraum zu wettbewerbswidrigem Verhalten verblieben ist[458].

3.3.1.2.5.2 Sachliche Rechtfertigung der Diskriminierung

Die Vermutungsregel kann gemäß § 42 Abs. 2 a. E. TKG dann widerlegt werden, wenn das marktbeherrschende Unternehmen für seine Verhaltensweisen eine sachliche Rechtfertigung nachweisen kann.

3.3.1.2.5.2.1 Unterschiedliche Behandlung von minderer Qualität und ungünstigerer Bedingungen

Ausweislich des expliziten Wortlauts ist eine sachliche Rechtfertigung allerdings nur dort möglich, wo es um ungünstigere Bedingungen geht. Die Begriffe "**Qualität**" und "**Bedingungen**" stehen in einem klaren Alternativverhältnis, sodass es sich bei der Qualität nicht um einen Unterfall der Bedingungen handelt. Fraglich sind die Auswirkungen dieser unterschiedlichen Behandlung der beiden Diskriminierungsvarianten.

Im ersten Zugriff deutet dies darauf hin, dass eine Diskriminierung mittels der Einräumung minderer Qualität stets als missbräuchliches Verhalten i. S. d. § 42 Abs. 1 TKG anzusehen ist, ohne dass eine Widerlegung der Vermutung möglich wäre, während dem betroffenen Unternehmen bei der Einräumung ungünstigerer Bedingungen zumindest die Möglichkeit eröffnet ist, sachliche Gründe für eine Ungleichbehandlung nachzuweisen und somit die Vermutungsregel wieder zu entkräften. Allerdings könnte dieser erste Eindruck irreführend sein, da möglicherweise Vermutungsregeln im Öffentlichen Recht aufgrund der Geltung der Amtsermittlungsmaxime anders zu bewerten sind als im Zivilrecht,

---

457 *Schütz*, Kommunikationsrecht, 2005, Rn. 873; *ders.*, in: Beck`scher TKG-Kommentar, 3. Aufl. 2006, § 42 Rn. 107 f.; anders sieht dies wohl unter Berufung auf § 33 TKG 1996 *Gersdorf*, in: Säcker (Hrsg.), Berliner Kommentar zum TKG, 2006, § 42 Rn. 37 f. Diese Ansicht verkennt aber, dass § 42 Abs. 2 TKG insoweit Art. 10 Zugangsrichtlinie umsetzen soll, der "**gleichwertige Bedingungen**" und somit gerade eine materielle Gleichbehandlung fordert.

458 Vgl. dazu *Gersdorf*, in: Säcker (Hrsg.), Berliner Kommentar zum TKG, 2006, § 42 Rn. 38; *BVerwG*, Urteil vom 21.1.2004 - 6 C 1/03, MMR 2004, 398 (399).

wo ein Vermutungstatbestand stets eine Verschiebung der subjektiven und objektiven Beweislast nach sich zieht. Daher soll im Nachfolgenden auf die Bedeutung von Vermutungsregeln im Öffentlichen Recht dezidiert eingegangen werden, um deren Wirkung im Rahmen des § 42 Abs. 2 TKG bestimmen zu können.

3.3.1.2.5.2.1.1 Vermutungstatbestände im Öffentlichen Recht

Auffällig ist, dass der Gesetzgeber in jüngster Zeit verstärkt auf Vermutungsregelungen wie § 42 Abs. 2 TKG zurückgreift, um den Nachweis bestimmter Sachverhaltsgegebenheiten zu erleichtern. Diese Entwicklung lässt sich neben dem Zivilrecht[459] vor allem im Wirtschaftsverwaltungsrecht feststellen, zu dem auch das Telekommunikationsrecht zu zählen ist. Beispiele für solche Vermutungen lassen sich in diesem Rechtsbereich etwa in § 26 Abs. 2 EnWG sowie den §§ 19, 20 und 36 GWB finden. Fraglich ist, welche Funktion derartige Vermutungsregelungen im Verwaltungsverfahren haben und ob sie dort überhaupt zulässig sind.

3.3.1.2.5.2.1.1.1 Das Verständnis von Vermutungsregeln im Zivilrecht

Im Zivilrecht ist die Bedeutung von Vermutungsregelungen weitgehend geklärt, da sie dort schon seit langem verankert sind. Sie werden als Beweislastregeln angesehen, sodass sich ihre Funktion aus den Grundprinzipien der Beweislast bestimmen lässt[460]. Grundsätzlich trägt der Anspruchsteller die Beweislast für die ihm günstigen, anspruchsbegründenden Tatsachen, während der Anspruchsgegner die rechtshindernden und rechtshemmenden Tatsachen nachzuweisen hat[461]. Der Begriff der Beweislast wird noch in subjektive bzw. formelle und objektive bzw. materielle Beweislast unterteilt.

Die subjektive Beweislast legt fest, welche Partei in einem Prozess welche Tatsachen vorzutragen und im Bestreitensfalle auch zu beweisen hat[462]. Die objektive Beweislast regelt hingegen, wer das Risiko zu tragen hat, dass sich eine bestimmte entscheidungserhebliche Tatsache nicht feststellen lässt[463]. Eine Festlegung dieser Risikoverteilung ist notwendig, da sich nicht jeder Sachverhalt vollständig aufklären lässt und trotzdem das Gericht wegen des grundsätzlichen Justizgewährungsanspruchs[464] der Parteien eine Entscheidung zu treffen hat. Dabei hat das Gericht gemäß § 286 ZPO auf Grundlage freier Beweiswürdigung zu entscheiden, ob es eine Tatsache für wahr oder nicht wahr erachtet.

---

[459] Vgl. z. B. §§ 891 Abs. 1, 1006 BGB.

[460] So *Gosse*, K&R 2005, 154 (155).

[461] *Rosenberg*, Die Beweislast, 5. Aufl. 1965, S. 12.

[462] *Prütting*, Gegenwartsprobleme der Beweislast, 1983, S. 6.

[463] *Baumgärtel*, Beweislastpraxis im Privatrecht, 1996, S. 7 f.

[464] *Walter*, Freie Beweiswürdigung, 1979, S. 297.

Eine Behauptung ist danach bewiesen, wenn das Gericht von ihrer Wahrheit überzeugt ist, ohne dass daran allzu strenge Anforderungen gestellt werden dürfen[465].

Denn das menschliche Erkenntnisvermögen ist naturgemäß beschränkt[466]. Hierfür genügt ein für das praktische Leben angemessener Gewissheitsgrad[467], da eine absolute Gewissheit in Form einer Feststellung der objektiven Wahrheit in den seltensten Fällen erreichbar sein wird.

Der *Bundesgerichtshof* hat diesen notwendigen Überzeugungsgrad des Richters in einer Entscheidung sehr plastisch definiert als *"ein(en) für einen vernünftigen, die Lebensverhältnisse klar überschauenden Menschen so hohe(n) Grad von Wahrscheinlichkeit, dass er den Zweifeln Einhalt gebietet, ohne sie völlig auszuschließen"*[468].

Die Ermittlung der alleinigen objektiven Wahrheit wird demnach im Prozess nicht verlangt, was auch vor dem Hintergrund der beschränkten menschlichen Erkenntnisfähigkeiten unrealistisch wäre. In vielen Fällen in der Praxis können sich Gerichte jedoch trotz dieses abgeschwächten Gewissheitsgrads im Rahmen der freien Beweiswürdigung immer noch nicht die notwendige Überzeugung[469] bilden, um eine Tatsache als bewiesen anzusehen. Da dann dem erforderlichen Beweismaß nicht genügt wurde, liegt ein Fall der als "**non liquet**" bezeichneten Beweislosigkeit vor. Trotz dieser Beweislosigkeit muss das Gericht dem als subjektives Recht ausgestalteten Justizgewährleistungsanspruch der Parteien genügen, indem es eine Entscheidung trifft.

Ohne die Existenz von Beweislastregeln wäre dies allerdings nicht möglich, da das Gericht eigentlich nach der – ihm unbekannten – objektiven Wahrheit urteilen müsste, die materiellen Rechtsnormen aber gerade keine Anhaltspunkte enthalten, wie bei reiner Unkenntnis der zur Auslösung ihrer Rechtsfolgen erforderlichen tatsächlichen Gegebenheiten zu verfahren ist[470]. Denn grundsätzlich "**erkennt**" der Richter nur die Rechtslage, die sich aus den tatsächlichen Umständen des Sachverhalts von alleine ergibt, was ihm aber aufgrund der bereits erwähnten Beschränktheit des menschlichen Erkenntnisvermögens in vie-

---

[465] *Reichold*, in: Thomas/Putzo (Hrsg.), ZPO, 29. Aufl. 2008, § 286 Rn. 2.

[466] Vgl. dazu *Weimar*, Psychologische Strukturen richterlicher Entscheidung, 1969, passim.

[467] *BGH*, Urteil vom 14.1.1993 - IX ZR 238/91, NJW 1993, 935.

[468] *BGH*, Urteil vom 17.2.1970 - III ZR 139/67, BGHZ 53, 245 (256).

[469] Zu dem Erfordernis der Überzeugung des Richters vgl. *Jauernig*, Zivilprozessrecht, 29. Aufl. 2007, S. 158; *Reichold*, in: Thomas/Putzo (Hrsg.), ZPO, 29. Aufl. 2008, § 286 Rn. 2 ff.

[470] *Musielak*, Die Grundlagen der Beweislast im Zivilprozeß, 1975, S. 19; *Kur*, Beweislast und Beweisführung im Wettbewerbsprozeß, 1981, S. 2.

len Fällen nicht möglich ist. Hilfe bieten hier die Beweislastregeln, da sie festlegen, wie ein Richter in einer derartigen Prozesslage zu entscheiden hat[471].

Grundsätzlich gilt dabei sodann die Regel, dass jede Partei die ihr günstigen Tatsachen zu beweisen hat. Kann sie dies nicht, so wirkt sich dies allein zu ihrem Nachteil aus. An dieser Stelle kommen jedoch die gesetzlichen Vermutungsregeln ins Spiel. Sie stellen eine Abweichung von dem vorgenannten allgemeinen Beweislastgrundsatz dar.

Als Vermutung gilt in der Jurisprudenz jeder Rechtssatz, der das Vorliegen einer für den Tatbestand notwendigen Tatsache aus einem tatbestandsfremden Umstand schließt[472]. Gesetzliche Vermutungen greifen demnach im Falle der Ungewissheit über eine entscheidungserhebliche Tatsache ein und geben dem Richter im Rahmen seiner nach dem Justizgewährleistungsanspruch notwendigen Entscheidung vor, dass eine bestimmte Tatbestandsvoraussetzung bei dem Feststehen anderer Umstände, die außerhalb des eigentlichen Tatbestands der Rechtsnorm liegen, fiktiv angenommen werden muss[473].

Aus dieser Funktion heraus kann man zwei Tatbestände von Rechtsnormen unterscheiden. Zum einen den sog. idealen Tatbestand, bei dem die ausgesprochene Rechtsfolge stets bei der Erfüllung der Tatbestandsvoraussetzungen eingreift[474]. Im Gegensatz dazu soll eine Vermutungsregel nur eingreifen, wenn die Vermutung nicht widerlegt werden kann; man spricht von einem praktischen Tatbestand[475].

Gesetzestechnisch enthält allerdings auch der Vermutungstatbestand einen idealen Tatbestand, da die zur Annahme der Vermutung notwendigen Voraussetzungen ebenfalls die Vermutungsfolge inhaltlich rechtfertigen. Die gesetzliche Vermutung normiert in aller Regel somit einen typischen Fall des idealen Tatbestands, der aus dem Vorliegen einer außerhalb des eigentlichen Tatbestands liegenden Vermutungsbasis geschlossen wird und dabei die Rechtsanwendung erleichtern soll. Diejenige Partei, für welche die Vermutung günstig wäre, kann somit im Rechtsstreit anstelle des idealen Tatbestands auch die Vermutungsbasis des praktischen Tatbestandes nachweisen, um ihrer Beweislast nachzukommen[476].

Da der Nachweis der Vermutungsbasis des praktischen Tatbestands in aller Regel einfacher zu führen ist als der Nachweis der erforderlichen Tatbestands-

[471] *Musielak*, Die Grundlagen der Beweislast im Zivilprozeß, 1975, S. 3 f., 19; *Leonhard*, Die Beweislast, 2. Aufl. 1926, S. 127 ff.

[472] *Rosenberg*, Die Beweislast, 5. Aufl. 1965, S. 203.

[473] *Musielak*, Die Grundlagen der Beweislast im Zivilprozeß, 1975, S. 75.

[474] Vgl. dazu *Rosenberg*, Die Beweislast, 5. Aufl. 1965, S. 208, 216; *Leipold*, Beweislastregeln und gesetzliche Vermutungen, 1966, S. 76 ff.

[475] Vgl. dazu *Rosenberg*, Die Beweislast, 5. Aufl. 1965, S. 208, 216; *Leipold*, Beweislastregeln und gesetzliche Vermutungen, 1966, S. 76 ff.

[476] *Leonhard*, Die Beweislast, 2. Aufl. 1926, S. 127 ff.; *Ittner*, Die Vermutungen des GWB, 1998, S. 70.

voraussetzungen des idealen Tatbestands selbst, dienen gesetzliche Vermutung der Beweiserleichterung[477], um die Rechtsanwendung praktikabler zu machen. Der praktische Tatbestand muss allerdings trotz Nachweises der Vermutungsbasis des idealen Tatbestands immer noch hinsichtlich aller sonstigen Voraussetzungen erfüllt sein, da die Rechtsfolge i. d. R. nicht allein vom Vorliegen der Vermutungsbasis abhängt.

Gesetzliche Vermutungen geben dem Richter somit vor, wie bei einem Fall des "**non liquet**" zu entscheiden ist und modifizieren die objektive Beweislast. Sie kommen immer erst dann zur Anwendung, wenn eine Aufklärung der tatsächlichen Umstände des relevanten Sachverhalts trotz Einsatzes aller zulässigen Erkenntnismöglichkeiten nicht zum Erfolg führt und daher Unklarheiten bleiben. Dies bedeutet, dass eine Vermutungsregelung die immanente Voraussetzung hat, dass die vermutete Tatbestandsvoraussetzung des idealen Tatbestands auch tatsächlich ungewiss ist[478].

Die meisten gesetzlichen Vermutungen sind außerdem widerlegbar. Ansonsten handelte es sich auch begrifflich nicht um eine Vermutung, sondern um eine unwiderlegliche Fiktion[479]. Daher muss es gesetzlich ausdrücklich angeordnet werden, wenn eine Vermutung ausnahmsweise unwiderleglich sein sollte. Bei der Widerlegung einer solchen gesetzlichen Vermutung bestehen zwei unterschiedliche Möglichkeiten[480]. Zum einen kann durch Gegenbeweis die Vermutungsbasis des praktischen Tatbestands widerlegt werden. In diesem Fall entfallen die entsprechenden Voraussetzungen der gesetzlichen Vermutungsregel, sodass das jeweilige Tatbestandsmerkmal des idealen Tatbestands nicht mehr vermutet werden kann. Kann die Partei, welche die Anspruchsvoraussetzungen zu beweisen hat, aber auch ohne Rückgriff auf die Vermutungsregel das entsprechende Merkmal des idealen Tatbestands nachweisen, hat eine solche Art der Verteidigung keine Aussicht auf Erfolg. Folge dieser Widerlegung ist somit nur, dass keine Beweiserleichterung für die anspruchstellende Partei mehr erfolgt. Zum anderen bleibt es der gegnerischen Partei, für welche die gesetzliche Vermutung nachteilig ist, unbenommen, Hauptbeweis dahingehend anzutreten, dass der ideale Tatbestand nicht erfüllt ist, auch wenn dafür eine gesetzliche Vermutung spricht.

---

477 *Leonhard*, Die Beweislast, 2. Aufl. 1926, S. 236.

478 *Musielak*, Die Grundlagen der Beweislast im Zivilprozeß, 1975, S. 62; *Gosse*, K&R 2005, 154 (157).

479 Vgl. zu der naturgemäß unwiderleglichen Fiktion *Witting*, Die Beweislastregeln des kartellrechtlichen Diskriminierungsverbots § 20 II 2 GWB, 2001, S. 90 f.

480 Vgl. dazu *Witting*, Die Beweislastregeln des kartellrechtlichen Diskriminierungsverbots § 20 II 2 GWB, 2001, S. 88; *Ittner*, Die Vermutungen des GWB, 1998, S. 70.

3.3.1.2.5.2.1.1.2 Wirkungen von Vermutungsregeln im Öffentlichen Recht

Die oben genannten Ausführungen betreffen allerdings direkt nur die gesetzlichen Vermutungen im Zivilrecht als Form einer Beweislastregel. Es ist daher im Folgenden zu untersuchen, ob gesetzliche Vermutungen im hier relevanten Verwaltungsrecht als Teilmenge des Öffentlichen Rechts eine parallele Funktion wie im Zivilrecht haben oder ob sich aus der unterschiedlichen Natur der Rechtsgebiete zwingende Divergenzen ergeben.

Im Unterschied zum Zivilrecht gilt nämlich im Verwaltungsrecht, zu dem auch das Telekommunikationsrecht zählt, bei behördlichen und gerichtlichen Entscheidungen der Amtsermittlungsgrundsatz und nicht der Verhandlungsgrundsatz[481].

Folge hiervon ist, dass die staatlichen Stellen von Amts wegen dazu verpflichtet sind, die relevanten Sachverhalte, auf die sie eine Entscheidung stützen wollen, aufzuklären. Für eine subjektive Beweislast wie im Zivilrecht, die den betroffenen Telekommunikationsunternehmen obliegen könnte, ist daher zunächst kein Raum. Sie sind nicht verpflichtet, in behördlichen oder gerichtlichen Verfahren selbst die ihnen günstigen Tatsachen vorzubringen und gegebenenfalls zu beweisen. Die Voraussetzungen von belastenden Entscheidungen der Eingriffsverwaltung müssen im Grundsatz von den jeweilig zuständigen staatlichen Stellen vollständig ermittelt und auch nachgewiesen werden[482]. Diese Ermittlungspflicht gilt allerdings nicht unbegrenzt. Die zuständige staatliche Stelle muss auch trotz Geltung des Amtsermittlungsgrundsatzes nur so weit ermitteln, wie es der Sachverhalt bei sorgfältiger Überlegung der sich aufdrängenden Gestaltungsmöglichkeiten nahe legt[483].

Im Gegensatz zu dieser subjektiven ist die objektive Beweislast jedoch grundsätzlich unabhängig davon, ob der Amtsermittlungsgrundsatz oder die Verhandlungsmaxime gilt[484]. Überzeugungsbildung und Anwendung des geltenden Rechts müssen auf dem ermittelten Sachverhalten aufsetzen, unabhängig von der Tatsache, wer für die Ermittlung der relevanten Umstände verantwortlich war. Auch Verfahren, die der Amtsermittlungsmaxime unterliegen, haben somit Bedarf an Beweislastregeln[485].

Denn es kann auch trotz einer umfassenden Pflicht der zuständigen staatlichen Stellen zur Aufklärung des entscheidungserheblichen Sachverhalts zu Fällen

---

481 Dies ergibt sich schon eindeutig aus § 128 TKG.

482 *Meier*, ZHR 145 (1981), 393 ff.; *Gäbelein*, ZHR 147 (1983), 574.

483 *BGH*, Beschluss vom 27.2.1969 - KVR 5/68, BGHZ 51, 371 ff.

484 *Leipold*, Beweislastregeln und gesetzliche Vermutungen, 1966, S. 127; *Prütting*, Gegenwartsprobleme der Beweislast, 1983, S. 6 f., 20.

485 *Greger*, Beweis und Wahrscheinlichkeit, 1978, S. 12.

kommen, in denen dies nicht möglich ist, da auch behördlichen Verfahren das Risiko einer Unaufklärbarkeit immanent ist[486].

Diese Erkenntnis wurde von einigen Teilen der Literatur abgelehnt[487]. Begründet wurde dies damit, dass es in behördlichen Verfahren grundsätzlich nicht zu einem Fall des "**non liquet**" kommen könne, da die Behörde aufgrund des Amtsermittlungsgrundsatzes verpflichtet sei, die jeweiligen entscheidungserheblichen Tatsachen umfassend zu ermitteln und ihr auch stets besondere Erkenntniserlangungsmöglichkeiten zu Verfügung ständen.

Diese Annahme hat zwar aufgrund der in der Tat bestehenden staatlichen Erkenntnismöglichkeiten im Wege besonderer Auskunftsrechte oder Beschlagnahmemöglichkeiten einiges für sich. Dennoch wird hierbei verkannt, dass es eine Garantie für eine vollständige Sachverhaltsaufklärung nicht geben kann. Auch staatliche Stellen stoßen in bestimmten Konstellationen an die Grenze menschlicher Erkenntnisfähigkeit. Selbst verwaltungsrechtliche Ermittlungsbefugnisse können somit Fälle des "**non liquet**" nicht immer verhindern[488]. Es muss demnach auch in verwaltungsbehördlichen Verfahren entsprechende Beweisregeln geben können, die Entscheidungsvorgaben für Fälle eines "**non liquet**" aufstellen.

Einen wertvollen Hinweis darauf, wie solche objektiven Beweislastregelungen im Verwaltungsrecht mit seinem Amtsermittlungsgrundsatz aussehen können, bietet die rechtswissenschaftliche Diskussion um die Vermutungsregelung in § 19 Abs. 3 GWB. Hinsichtlich der Wirkung dieser Monopol- bzw. Oligopol-Vermutung wurde ein langjähriger intensiver wissenschaftlicher Diskurs geführt.

Den amtlichen Gesetzgebungsmaterialien konnte dabei entnommen werden, dass die kartellrechtlichen Vermutungen die Funktion eines Aufgreiftatbestands haben sollten, die keine Umkehr der Beweislast bewirkten[489] und auch nicht als zivilrechtliche Vermutungen aufgefasst werden könnten[490]. An diesen

---

[486] *BVerwG*, Urteil vom 18.4.1956 - BVerwG V C 145/55, BVerwGE 3, 245 f.; *Kaiser*, WuW 1978, 344 (358).

[487] *Wirz*, WuW 1975, 611 (613).

[488] So zu Recht auch *Gosse*, K&R 2005, 154 (158).

[489] Gesetzesbegründung zum Regierungsentwurf der 4. GWB-Novelle 1980 (zum damaligen § 26 GWB), BT-Drs. 8/2136, S. 16, 24; Gesetzesbegründung zum Regierungsentwurf der 5. GWB-Novelle 1989 (zum damaligen § 26 GWB), BT-Drs. 11/4610, S. 22; Bericht des Wirtschaftsausschusses zur 2. GWB-Novelle 1973 (zu § 22 GWB a. F.), BT-Drs. 7/765, S. 6; Bericht des Wirtschaftsausschusses zur 4. GWB-Novelle 1980 (zu § 23a GWB a. F.), BT-Drs. 8/3690, S. 26.

[490] Bericht des Wirtschaftsausschusses zur 4. GWB-Novelle (zu § 23a GWB a. F.), BT-Drs. 8/3690, S. 26; Gesetzesbegründung zum Regierungsentwurf der 4. GWB Novelle 1980 (zu § 26 Abs. 2 GWB a. F.), BT-Drs. 8/2136, S. 16; Bericht des Wirtschaftsausschusses zur 2. GWB-Novelle 1973 (zu § 22 GWB a. F.), BT-Drs. 7/765, S. 6.

Vorgaben entzündete sich ein lang anhaltender und sehr kontrovers geführter Meinungsstreit über die Wirkung dieser kartellrechtlichen Vermutung[491].

Inzwischen hat sich wie bereits oben ausgeführt eine vorherrschende vermittelnde Ansicht herausgebildet, die davon ausgeht, dass § 19 Abs. 3 GWB grundsätzlich nur einen Aufgreiftatbestand darstellt, der die Kartellbehörde bei Vorliegen seiner Voraussetzungen zu einer genauen Sachverhaltsermittlung unter Beachtung des Amtsermittlungsgrundsatzes bewegen soll[492]. Führt dies jedoch nicht zu einem abschließenden Ergebnis, so folgt aus § 19 Abs. 3 GWB eine Beweislastumkehr zu Lasten des Unternehmens[493]. Die kartellrechtliche Vermutungsregel des § 19 Abs. 3 GWB hat somit nach alldem auch Auswirkungen auf die Beweislast.

Auch in verwaltungsrechtlichen Verfahren mit Amtsermittlungsgrundsatz haben Vermutungsregeln insoweit grundsätzlich die gleiche Wirkung wie im Zivilrecht[494]. Sie kommen auch hier dann zur Anwendung, wenn eine Aufklärung des idealen Tatbestands aufgrund der Beschränktheit der menschlichen Erkenntnismöglichkeiten nicht möglich ist und somit ein Fall des "**non liquet**" vorliegt[495]. Die Auswirkung der unterschiedlichen Verfahrensmaximen im Verwaltungsverfahren und zivilrechtlichen Prozessen erschöpft sich somit darin, dass die staatlichen Stellen bei Geltung des Amtsermittlungsgrundsatzes grundsätzlich mehr zur Sachverhaltsaufklärung beizutragen haben. Denn die zuständige Behörde darf sich nicht allein damit begnügen, die Voraussetzungen einer Vermutungsbasis zu ermitteln, sondern muss vielmehr versuchen, die tatsächlichen Umstände insgesamt zu erforschen[496]. Nur wenn dies nicht möglich ist, darf auf die Vermutungsregelung zurückgegriffen werden. Insofern liegt lediglich eine Verschiebung der subjektiven Beweislastverteilung durch den Amtsermittlungsgrundsatz vor. Eine unterschiedliche Bewertung der objektiven Beweislast, die sich erst an die Sachverhaltsaufklärung anschließt, kann daraus jedoch nicht gefolgert werden[497].

---

491 Siehe dazu oben Kapitel 3.2.1.2.2.2.1.

492 Siehe oben Kapitel 3.2.1.2.2.2.1.

493 Eine Beweislastumkehr erfolgt damit nur noch für den Fall eines "**non liquet**".

494 *Ittner*, Die Vermutungen des GWB, 1998, S. 70.

495 *Säcker/Boesche*, ZNER 2002, 189 (189 f.).

496 *Möschel*, in: Immenga/Mestmäcker (Hrsg.), GWB, 4. Aufl. 2007, § 19 Rn. 92 f.; *Markert*, BB 1978, 678 (680); *Thomaschki*, MMR 2003, 502.

497 So übereinstimmend *Gosse*, K&R 2005, 154 (158). Anders *Schütz*, in: Beck`scher TKG-Kommentar, 3. Aufl. 2006, § 42 Rn. 121, wobei hier allerdings die Besonderheiten des Amtsermittlungsgrundsatzes nicht hinreichend berücksichtigt werden. Die Kritik, dass hierdurch die Vermutungsregel keine Bedeutung erlange, überzeugt jedenfalls nicht. Auf sie ist immer dann zurückzugreifen, wenn der ideale Tatbestand nicht nachweisbar ist. Außerdem stellt die Vermutung auch außerhalb von konkreten Missbrauchsverfahren Verhaltensleitlinien für die Normadressaten auf. Ein unbesehenes Aufgeben der Amtsermittlungsmaxime, die zunächst den Nachweis des idealen Tatbestands verlangt, bevor auf Vermutungsregeln zurückgegrif-

Es ist somit als Ergebnis festzuhalten, dass Vermutungsregeln auch in verwaltungsrechtlichen Verfahren als Beweislastregeln wirken. Sie beanspruchen dann Geltung, wenn eine Sachverhaltsaufklärung trotz der weit gehenden Ermittlungspflicht der jeweils zuständigen staatlichen Stelle nicht möglich ist. Über diese einfachen gesetzlichen Vermutungsregelungen hinaus, die nur bei Fällen der Beweislosigkeit und damit hinsichtlich der objektiven Beweislast Bedeutung erlangen, kann der Gesetzgeber jedoch eine Vermutungsregel derart qualifizieren, dass sie sich zusätzlich auf die subjektive Beweislast auswirkt. Dazu muss er jedoch in Abweichung vom eigentlich geltenden Untersuchungsgrundsatz ausdrücklich anordnen, dass nicht die staatliche Stelle, sondern das betroffene Unternehmen selbst die erheblichen tatsächlichen Umstände nachzuweisen bzw. zu darzulegen hat[498]. Um einen solchen Fall der qualifizierten Vermutung handelt es sich bei § 42 Abs. 2 TKG.

Dies ergibt sich aus der Formulierung des Gesetzes, wonach ein Missbrauch im Sinne des § 42 Abs. 1 TKG vermutet wird, wenn ein SMP-Unternehmen sich selbst, seinen Tochter- oder Partnerunternehmen den Zugang zu intern genutzten oder am Markt angebotenen Leistungen zu günstigeren Bedingungen oder zu einer besseren Qualität ermöglicht als anderen Nachfragern, *"es sei denn, das Unternehmen weist Tatsachen nach, die die Einräumung ungünstigerer Bedingungen sachlich rechtfertigen"*. Damit bringt der Gesetzgeber explizit zum Ausdruck, dass nicht nur eine Ausgestaltung der objektiven Beweislastverteilung gewollt war, sondern dass das Unternehmen selbst dafür verantwortlich sein soll, die ihm günstigen Tatsachen vorzubringen, jedenfalls soweit es sich um eine Diskriminierung mittels ungünstigerer Bedingungen geht. Dies stellt eine Modifizierung des grundsätzlich im Regulierungsverfahren geltenden Amtsermittlungsgrundsatzes dar und macht die Vermutung des § 42 Abs. 2 TKG somit zu einer in Teilen qualifizierten Vermutung, die sowohl die subjektive als auch die objektive Beweislast betrifft.

Eine solche weitgehende Vermutungsregel ist zwar grundsätzlich zulässig, da der Gesetzgeber nicht allein auf Maßnahmen zur Veränderung der objektiven Beweislast mit einfachen Vermutungsregeln beschränkt ist, wenn er dies für die Ausgestaltung des Verwaltungsverfahrens für erforderlich hält[499]. Diese Möglichkeit zur Beweislastverteilung ist außerdem vor dem Hintergrund, dass einfache Vermutungsregeln nur einen sehr geringen Anwendungsbereich in Verwaltungsverfahren haben können, als durchaus sinnvoll anzusehen. Denn aufgrund der unterschiedlichen Verfahrensmaximen bei der Sachverhaltsermittlungen, wobei die staatlichen Stellen wegen des Amtsermittlungsgrundsatzes ein weitgehende Sachverhaltsaufklärungspflicht haben, gibt es nicht genauso viele Fälle des "**non liquet**" wie im Zivilrecht. Die Bedeutung einfacher

---

fen werden darf, lässt sich jedenfalls nicht ohne weiteres rechtfertigen und stimmt auch nicht mit den anerkannten Grundsätzen zu § 19 GWB überein.

[498] *Gosse*, K&R 2005, 154 (159).

[499] Vgl. zutreffend *Gosse*, K&R 2005, 154 (159).

Vermutungsregeln ist somit äußerst gering, sodass ihre Einführung auch nicht zu einer spürbaren Steigerung der Effizienz von Verwaltungsverfahren beitragen kann[500].

Sie haben dort eher die Funktion, den betroffenen Unternehmen einen Leitfaden vorzugeben, wie die Wertungen des Gesetzgebers für eine bestimmte Fallgestaltung aussehen, sodass die Marktteilnehmer daran ihr Verhalten ausrichten können[501]. Von einfachen Vermutungsregeln gehen damit im Vorfeld eines aufsichtsbehördlichen Einschreitens im Wesentlichen Signalwirkungen aus, die es den handelnden Unternehmen ermöglichen, ihr eigenes Vorgehen unter Einbeziehung der Vorstellungen des Gesetzgebers auszurichten, was den uneingeschränkt vorteilhaften Effekt einer präventiven Steuerung von Marktverhalten haben kann[502].

Eine wesentliche Steigerung der Effizienz eines Missbrauchsverfahrens kann jedoch nur durch eine qualifizierte Vermutung hervorgerufen werden, da die Aufsichtsbehörde durch die Umkehr der subjektiven Beweislast auf das Unternehmen entlastet wird und somit schneller reagieren kann. Diese Erleichterung von Missbrauchsverfahren rechtfertigt aber nicht, dass der Gesetzgeber nunmehr stets die Beweislast auf die Unternehmen abwälzt. Denn es handelt sich hierbei um Rechtsgrundlagen für belastende staatliche Eingriffe, die verhältnismäßig sein und den Grundsätzen des Rechtsstaatsprinzips genügen müssen[503]. Grundsätzlich ist der mit der Einführung von Vermutungsregeln einhergehende Eingriff in die Unternehmensfreiheiten aus Art. 12 Abs. 1 GG und Art. 2 Abs. 1 GG wegen der Bedeutung des Wettbewerbsschutzes gerechtfertigt und damit verhältnismäßig[504].

Dies gilt aber nur solange, wie sich der als Vermutungsbasis normierte praktische mit dem grundsätzlichen idealen Tatbestand in den Regelfällen deckt[505]. Belastende Eingriffe dürfen demnach nur dann auf qualifizierte Vermutungen gestützt werden, wenn die auf Basis der Vermutung erlassenen Eingriffe auch tatsächlich in der Realität in der großen Mehrzahl aller auf diese Weise entschiedenen Fälle zutreffen[506]. Sie müssen somit die Gewähr dafür bieten, nur die tatsächlich vom Gesetzgeber gewünschten Fälle zu erfassen, und nicht allein aufgrund der erschwerten Nachweispflicht für die betroffenen Unternehmen zu unzutreffenden Ergebnissen führen.

---

500 Vgl. zur Bedeutung von einfacher und qualifizierter Vermutung in der kartellrechtlichen Praxis *Markert*, BB 1986, 1660 (1667).

501 *Wiedemann*, in: ders. (Hrsg.), Handbuch des Kartellrechts, 1999, § 23 Rn. 20.

502 Vgl. dazu *Burrichter*, WuW 1982, 661 ff.

503 *Burrichter*, WuW 1982, 661 (663).

504 *Säcker/Füller*, in: Säcker (Hrsg.), Berliner Kommentar zum Energierecht, 2004, § 19 GWB Rn. 81.

505 *Säcker/Kühnast*, ZFA 2001, 117 (120).

506 *Gäbelein*, ZHR 147 (1983), 574 (576).

Dem Gesetzgeber ist es daher nicht möglich, grob sachwidrige und objektiv willkürliche Vermutungen einzuführen, deren Vermutungsbasis verfehlt ist[507]. Bedenklich ist es des Weiteren, wenn dem betroffenen Unternehmen die Nachweispflicht in Form der subjektiven Beweislast hinsichtlich Tatsachen aufgebürdet würde, die gar nicht in seine Risikosphäre fallen. In einem solchen Fall kann es dem Unternehmen aus rechtsstaatlichen Gründen nicht zugemutet werden, die subjektive Beweislast in aufsichtsbehördlichen Verfahren zu tragen, da dies unverhältnismäßig ist[508].

3.3.1.2.5.2.1.1.3 Fazit

Es lässt sich damit festhalten, dass gegen die grundsätzliche Aufnahme von Vermutungsregeln in das Verwaltungsrecht wie hier in § 42 Abs. 2 TKG keine Einwendungen bestehen. Allerdings kommt ihnen grundsätzlich nur hinsichtlich der objektiven Beweislastverteilung die gleiche Bedeutung zu wie im Zivilrecht. Die jeweilige Behörde ist daher zunächst aufgrund des Amtsermittlungsgrundsatzes verpflichtet, alle dem jeweiligen Normadressaten günstigen und ungünstigen Umstände im Rahmen des idealen Tatbestands selbst zu ermitteln, bevor auf die Vermutungsregel zurückgegriffen werden kann.

Eine Verschiebung der subjektiven Beweislast ist nur kraft ausdrücklicher gesetzlicher Anordnung zulässig und muss dann auch geboten sein, was z. B. dann der Fall ist, wenn es sich bei dem Vermutungstatbestand um Regelfälle des Grundtatbestandes handelt, dessen Nachweis mittels der Vermutungsregel erleichtert werden soll. Außerdem muss eine Vermutungsregel grundsätzlich als widerlegbar betrachtet werden. Etwas anderes kann sich nur dann ergeben, wenn die Unwiderleglichkeit explizit gesetzlich angeordnet ist, was aber dazu führen würde, dass es sich nicht mehr um eine Vermutungsregel, sondern um eine Fiktion handeln würde, die stets einer besonderen Rechtfertigung bedarf.

3.3.1.2.5.2.1.2 Übertragung der Grundsätze zur Wirkung von Vermutungstatbeständen im Öffentlichen Recht auf die Vermutungsregel des § 42 Abs. 2 TKG

Eine qualifizierte Vermutung stellt § 42 Abs. 2 TKG hinsichtlich der Einräumung ungünstigerer Bedingungen bei der Leistungsbereitstellung dar, da hier dem betroffenen Unternehmen der Nachweis einer sachlichen Rechtfertigung auferlegt ist, wodurch eine teilweise Verschiebung der subjektiven Beweislast im Rahmen des idealen Tatbestands der Vermutungsregel erfolgt ist. Aufgrund der Differenzierung zwischen der Einräumung ungünstigerer Bedingungen und minderer Qualität gilt dies jedoch nicht für die letzte Variante missbräuchlichen Verhaltens, die keine qualifizierte Vermutungsregel beinhaltet.

---

507 *Kaiser*, WuW 1978, 344 (358 ff.); *Säcker/Kühnast*, ZFA 2001, 117 (120).

508 So *Gosse*, K&R 2005, 154 (161).

Die Aufsichtsbehörde ist somit auch bei der Gewährung von Leistungen minderer Qualität zunächst verpflichtet, alle Umstände des idealen Tatbestandes des § 42 Abs. 1 TKG zu erforschen, bevor sie im seltenen Fall eines "**non liquet**" auf die Vermutungsregel des § 42 Abs. 2 TKG zurückgreifen darf.

Deren idealen Tatbestand hat sie wiederum selbst zu untersuchen und nachzuweisen, bevor die objektive Beweislastverschiebung eingreifen kann. Zu den Tatbestandsvoraussetzungen dieser Vermutungsregel gehört ausweislich des Wortlauts nur, dass ein Unternehmen sich selbst, seinen Tochter- oder Partnerunternehmen den Zugang zu seinen intern genutzten oder am Markt angebotenen Leistungen zu einer besseren Qualität ermöglicht, als es sie anderen Unternehmen bei der Nutzung der Leistungen für deren Telekommunikationsdienste oder mit diesen in Zusammenhang stehenden Diensten einräumt. Eine Voraussetzung dahingehend, dass dies sachlich ungerechtfertigt erfolgen müsse, findet sich hierbei nicht, sodass die *Bundesnetzagentur* grundsätzlich nicht gehalten ist, auch derartige Umstände zu erforschen.

Dies führt allerdings dazu, dass die einfache Vermutung hinsichtlich der Gewährung minderer Qualität belastender für das betroffene Unternehmen ist als die qualifizierte Vermutung hinsichtlich der Einräumung ungünstigerer Bedingungen, da es hier zumindest die Möglichkeit hat, selbst einen sachlichen Grund für die Diskriminierung nachzuweisen. Unter Umständen kann dies sogar dazu führen, dass der Normadressat aufgrund der Vermutungsregel dazu gezwungen ist, eine objektiv oder subjektiv unmögliche Verpflichtung einzugehen, wenn im Einzelfall die Einräumung einer gleichwertigen Qualität aufgrund sachlicher Gründe nicht zu gewährleisten ist.

Außerdem stellt ein solches Verständnis der Vermutungsregel deren Widerlegbarkeit, die ihr wie oben gezeigt wesensimmanent ist, zu Lasten des betroffenen Unternehmens in Frage. Dennoch muss ausweislich des klaren Wortlauts des § 42 Abs. 2 TKG festgestellt werden, dass sachlich rechtfertigende Gründe nicht zum idealen Tatbestand der Vermutungsregel gehören, sodass insoweit auch keine Ermittlungspflicht der Aufsichtsbehörde besteht[509].

Warum der Gesetzgeber beide Vermutungstatbestände im Rahmen des § 42 Abs. 2 TKG ungleich behandelt, erschließt sich allerdings nicht, da kein wesentlicher materieller Unterschied zwischen der Gewährung ungünstigerer Bedingungen bei der Leistungsbereitstellung und der Überlassung in minderer Qualität feststellen lässt.

Beide Missbrauchsvarianten haben insofern Wettbewerbsnachteile für die alternativen Anbieter zur Folge, als dass diese ihren Kunden keine dem Marktbeherrscher vergleichbare Leistungen anbieten können, da dieser sich günstigere

[509] Dies wird auch durch einen Blick auf die Vermutungsregel des § 42 Abs. 3 TKG untermauert, wo ebenfalls keine Verschiebung der subjektiven Beweislast erfolgt, jedoch die sachliche Rechtfertigungsmöglichkeit explizit in den idealen Tatbestand aufgenommen wurde und somit von der *Bundesnetzagentur* zu erforschen ist.

Bedingungen oder aber eine bessere Qualität vorbehält, die zumeist nicht von den Wettbewerbern mittels eigener Abhilfemaßnahmen ausgeglichen werden können. Insofern liegt der Verdacht nahe, dass es sich hierbei allein um ein redaktionelles Versehen handelt, welches sich aber nicht durch eine Ausweitung der qualifizierten Vermutungsregel auf die Gewährung minderer Qualität beheben lässt.

Dieses Ergebnis ist sicherlich nicht sachgerecht und kann nicht gewollt sein, sodass hier baldmöglichst eine angemessene gesetzliche Regelung geschaffen wird, etwa indem beide Varianten in Zukunft gleichermaßen als qualifizierte Vermutungsregeln ausgestaltet werden. Bis dahin kann eine eventuell bestehende sachliche Rechtfertigung für die Einräumung von Leistungen in minderer Qualität nur im Rahmen der Ermessensentscheidung, die die *Bundesnetzagentur* bezüglich der Auswahl ihres Mittels im Rahmen des Einschreitens nach § 42 Abs. 4 TKG vorzunehmen hat, erfolgen[510].

3.3.1.2.5.2.2 Sachliche Rechtfertigung

Bei der Prüfung der sachlichen Rechtfertigung hat die Regulierungsbehörde wiederum eine Interessensabwägung unter Berücksichtigung der Regulierungsziele des § 2 Abs. 2 TKG vorzunehmen.

Des Weiteren sollten die für Zugangsfragen bedeutsamen Kriterien des § 21 Abs. 1 Satz 2 TKG ebenfalls berücksichtigt werden, da diese gerade in Übereinstimmung mit den europarechtlichen Vorgaben der Zugangsrichtlinie eine angemessene Balance zwischen infrastrukturbasiertem Wettbewerb und einem Dienstewettbewerb erreichen sollen[511], ohne dass ausreichende Anreize zur Investition in alternative Infrastrukturen entfallen[512].

Diese Interessenlage liegt ebenfalls bei dem Diskriminierungsverbot des § 42 Abs. 2 TKG vor, sodass auch hier die Berücksichtigung der Vorgaben des § 21 Abs. 1 Satz 2 TKG einen angemessenen Ausgleich zu verwirklichen hilft[513].

---

[510] Problematisch ist allerdings, dass der *Bundesnetzagentur* kein Entschließungsermessen, sondern nur ein Auswahlermessen zusteht. Denn nach § 42 Abs. 4 Satz 1 TKG "**trifft**" die *Bundesnetzagentur* eine Entscheidung, um die missbräuchliche Ausnutzung einer marktbeherrschenden Stellung zu beenden. Dazu "**kann**" sie dem betreffenden Unternehmen ein Verhalten auferlegen oder untersagen oder Verträge ganz oder teilweise für unwirksam erklären. Die Aufsichtsbehörde muss im Unterschied zu § 32 GWB demnach bei einem festgestellten Missbrauch stets eine Abhilfemaßnahme nach pflichtgemäßem Ermessen auswählen. Dennoch kann sie hier bei einer sachlichen Rechtfertigung für die Einräumung der Leistungen in minderer Qualität das mildeste Mittel heranziehen.

[511] Gesetzesbegründung zu § 21 TKG (§ 19 TKG-E), BT-Drs. 15/2316, S. 65.

[512] Erwägungsgrund 19 Zugangsrichtlinie.

[513] Zutreffend *Gersdorf*, in: Säcker (Hrsg.), Berliner Kommentar zum TKG, 2006, § 42 Rn. 40.

Die Berücksichtigung dieser Kriterien dient auch der Wahrung des Verhältnismäßigkeitsgrundsatzes, da der Marktbeherrscher nicht einseitig dazu verpflichtet werden kann, Zugang zu seinen eigenen Leistungen zu gewähren, ohne dass die Wettbewerber zumutbare eigene Beiträge in Form von Infrastrukturinvestitionen leisten[514]. Das marktbeherrschende Unternehmen trägt in Abkehr vom Amtsermittlungsgrundsatz die Beweislast für das Vorliegen eines sachlich rechtfertigenden Grundes für die Ungleichbehandlung hinsichtlich der Einräumung ungünstigerer Bedingungen bei der Leistungsbereitstellung[515].

3.3.1.2.5.3 Fazit zum Diskriminierungsmissbrauch

§ 42 Abs. 2 TKG enthält zwei Vermutungstatbestände, die offenkundig an § 33 TKG 1996 angelehnt sind und das dortige Diskriminierungsverbot bei der Zugangsgewährung in die neuartige besondere Missbrauchsaufsicht nach § 42 TKG transformieren sollen, soweit der Zugang nicht bereits von den spezielleren Vorschriften der §§ 16 ff. TKG erfasst ist[516].

Insgesamt ist die Implementierung von Vermutungsregeln im Telekommunikationssektor, wie sie in § 42 Abs. 2 TKG vorgesehen ist, grundsätzlich zulässig und begrüßenswert, da sich hierdurch Verfahrensvereinfachungen bei dem Nachweis der jeweiligen Tatbestandsvoraussetzungen ergeben können.

Dies gilt allerdings weitgehend nur für den Fall, dass es sich um qualifizierte Vermutungstatbestände handelt, die Regelfälle der Vorschrift abbilden und somit für den Fall eines "**non liquet**" hinsichtlich des idealen Grundtatbestandes auch eine Verschiebung der subjektiven Beweislast mit sich bringen. In diesem Zusammenhang ist § 42 Abs. 2 TKG nicht als vollständig gelungen zu bezeichnen, da die nicht nachvollziehbare Differenzierung zwischen der Ein-

---

[514] Hierzu ausführlich *Gersdorf*, in: Säcker (Hrsg.), Berliner Kommentar zum TKG, 2006, § 42 Rn. 40, unter Verweis auf den ansonsten drohenden nicht gerechtfertigten Grundrechtseingriff in Art. 12 und 14 GG.

[515] Siehe auch *Gosse*, K&R 2005, 154 (159 ff.); *Robert*, K&R 2005, 354 (356).

[516] Systematisch erscheint es jedoch nicht zwingend, diese Missbrauchsvarianten der besonderen Missbrauchsaufsicht zuzuordnen, da sie als Zugangsfragen eher im Rahmen der speziell geregelten Zugangsregulierung nach den §§ 21, 22, 23 und 25 TKG zu erwarten gewesen wären. Allerdings hat § 42 TKG einen weiteren Adressatenkreis als die Zugangsregulierung, sodass mit der Implementierung dieser Vorschrift im Rahmen der besonderen Missbrauchsaufsicht auch ein in materieller Hinsicht weiter gehender Anwendungsbereich einhergeht. Allerdings folgt eine Beschränkung des Anwendungsbereichs des § 42 Abs. 2 TKG wiederum daraus, dass die Regelungen der §§ 16 ff. TKG als speziellere Vorschriften vorrangig heranzuziehen sind, die vor allem in § 19 TKG für Betreiber eines öffentlichen Telekommunikationsnetzes ebenfalls die Möglichkeit zur Auferlegung eines Diskriminierungsverbots bei der Zugangsgewährung vorsehen. Dies sperrt sodann eine parallele Heranziehung des § 42 Abs. 2 TKG. Zu dem Verhältnis des § 42 TKG zu § 19 TKG siehe unten Kapitel 3.3.1.6.1.2.

räumung von Leistungen in minderer Qualität und der Gewährung ungünstigerer Bedingungen bei der Leistungsbereitstellung erhebliche Anwendungsprobleme in der Praxis mit sich bringen dürfte und außerdem nicht als sachgerecht bezeichnet werden kann. Hier besteht Nachbesserungsbedarf, um § 42 Abs. 2 TKG insgesamt die ihm zugedachte Bedeutung als Regel zur Verfahrensvereinfachung für besonders bedeutsame Missbrauchsvarianten i. S. d. § 42 Abs. 1 TKG zukommen lassen zu können.

3.3.1.2.6 Verzögerungsmissbrauch, § 42 Abs. 3 TKG

Die zweite Vermutungsregel der besonderen Missbrauchsaufsicht erfasst gemäß § 42 Abs. 3 TKG den Fall, dass ein marktmächtiger Betreiber eines öffentlichen Telekommunikationsnetzes seiner Verpflichtung zur Abgabe eines Zugangsangebots gemäß § 22 Abs. 1 TKG nicht ordnungsgemäß nachkommt, indem er die Bearbeitung von Zugangsanträgen ohne sachlichen Grund verzögert. Als Vergleichsmaßstab für die Bestimmung einer Verzögerung soll der übliche Zeitrahmen für die Bearbeitung bei anderen Nachfragern oder eigenen Tochterunternehmen herangezogen werden[517].

Wenn ein Unternehmen nach § 21 TKG zur Gewährung von Zugang verpflichtet wurde, so hat es gemäß § 22 Abs. 1 TKG unverzüglich – spätestens jedoch nach drei Monaten – ein entsprechendes Angebot hierfür abzugeben. Die Frist beginnt dabei mit der Bekanntmachung der Regulierungsverfügung gegenüber dem jeweiligen Unternehmen[518]. Kommt das Unternehmen dieser Pflicht nicht nach, so sind in der Folge mehrere Wege denkbar. Zum einen kann sich der Zugangspetent an die Regulierungsbehörde wenden, um über § 25 Abs. 1 Satz 1 TKG eine Regulierungsverfügung zu erwirken, wenn die Frist überschritten wird[519]. Bis dahin stellt die ungerechtfertigte Verzögerung jedoch auch einen Missbrauch nach § 42 Abs. 3 TKG dar, der die Regulierungsbehörde zu einem Einschreiten berechtigt. Denn das Tatbestandsmerkmal "**Bearbeitung von Zugangsanträgen**" bezieht sich auf die Stellung des Zugangsantrags bis zur Abgabe eines Angebots durch den Marktbeherrscher[520].

---

[517] Vgl. Gesetzesbegründung zu § 42 TKG (§ 40 TKG-E), BT-Drs. 15/2316, S. 71.

[518] Vgl. *Schütz*, in: Beck`scher TKG-Kommentar, 3. Aufl. 2006, § 42 Rn. 124.

[519] *Gersdorf*, in: Säcker (Hrsg.), Berliner Kommentar zum TKG, 2006, § 42 Rn. 42, merkt hierzu an, dass insoweit eine Schutzlücke im Rahmen des § 25 TKG bestehe, da dieser nicht den Fall der verzögerten Bearbeitung von Zugangsanträgen erfasse. Dies ist insoweit zutreffend, als dass § 25 TKG in der Tat nicht explizit den Fall der Verzögerung aufgreift. Kommt das verpflichtete marktbeherrschende Unternehmen seiner Pflicht aus § 22 TKG jedoch gar nicht oder nicht im Rahmen der Höchstfrist von drei Monaten nach, so bleibt es der Regulierungsbehörde ohne weiteres möglich, insoweit einen konkreten Netzzugang nach § 25 TKG anzuordnen. Insoweit ist es nicht gänzlich nachvollziehbar, hier von einer Schutzlücke zu sprechen.

[520] Vgl. *Robert*, K&R 2005, 354 (357).

Insofern wirkt § 42 TKG über die Vermutungsregel in Absatz. 3 in den spezielleren Bereich der Zugangsregulierung hinein und erfasst eine spezielle Missbrauchsvariante, mit der sich der Marktbeherrscher Vorteile gegenüber seinen Konkurrenten verschaffen könnte, selbst wenn er schon grundsätzlich zur Gewährung eines bestimmten Zugangs nach § 21 TKG verpflichtet worden ist. Systematisch ist die Vorschrift des § 42 Abs. 3 TKG daher im Rahmen der besonderen Missbrauchsaufsicht als verfehlt anzusehen. Sie richtet sich nämlich nicht an alle Normadressaten des § 42 Abs. 1 TKG, dessen Anwendungsbereich gegenüber der Zugangsregulierung nach §§ 21, 22, 23 und 25 TKG, die sich nur an marktbeherrschende Betreiber öffentlicher Telekommunikationsnetze wendet, erheblich weiter gefasst ist, sondern greift ebenfalls nur bei einem Verstoß eines marktbeherrschenden Netzbetreibers ein.

Systemgerecht wäre es daher gewesen, § 42 Abs. 3 entweder direkt in § 22 TKG oder zumindest in der Anordnungsnorm des § 25 TKG zu verankern. § 42 Abs. 3 TKG kann somit als Fremdkörper im Rahmen der novellierten besonderen Missbrauchsaufsicht bezeichnet werden.

Außerdem dürften sich die praktischen Auswirkungen dieser Vermutungsregel in engen Grenzen halten. Es handelt sich bei § 42 Abs. 3 TKG lediglich um eine einfache Vermutungsregel, da dem betroffenen Unternehmen keine Nachweispflicht hinsichtlich des sachlich rechtfertigenden Grundes auferlegt wird, wie dies bei § 42 Abs. 2 TKG der Fall ist[521]. Es bleibt somit bei der regulären Verteilung der subjektiven Beweislast in Verwaltungsverfahren, in denen der Amtsermittlungsgrundsatz gilt[522]. Die Regulierungsbehörde muss somit sämtliche erheblichen Umstände des Einzelfalls selbst ermitteln und nachweisen, wozu auch der evtl. rechtfertigende sachliche Grund zählt.

Insofern stellt sich durchaus die Frage nach der Effektivität dieser Norm, da sie nur dann zur Anwendung kommen kann, wenn die Aufsichtsbehörde die Voraussetzungen des idealen Grundtatbestandes des § 42 Abs. 1 TKG bei Anstrengung aller zumutbaren Erkenntnismöglichkeiten nicht nachweisen, aber auch nicht ausschließen kann und somit ein Fall des "**non liquet**" vorliegt.

Außerdem muss die Behörde dann immer noch den idealen Tatbestand des § 42 Abs. 3 TKG vollumfänglich ermitteln und nachweisen, bevor die Vermutungsregel eine Verschiebung der objektiven Beweislast nach sich zieht und ein missbräuchliches Verhalten trotz Nichterweislichkeit des § 42 Abs. 1 TKG angenommen werden kann. Dies zeigt bereits, wie wenig Relevanz diese Regelung in der Praxis erlangen wird, da Fälle der Beweislosigkeit im Öffentlichen Recht ohnehin selten sind und sich kaum eine Fallkonstellation vorstellen lässt, in der die *Bundesnetzagentur* zwar den idealen Tatbestand der Vermutungsre-

---

521 So auch *Gosse*, K&R 2005, 154 (161). Ohne Begründung und unter Verkennung der Ausformung des § 42 Abs. 3 TKG als einfache Vermutungsregel geht jedoch *Schütz*, in: Beck`scher TKG-Kommentar, 3. Aufl. 2006, § 42 Rn. 128, von einer Umkehrung der Beweislast aus.

522 Siehe dazu oben Kapitel 3.3.1.2.5.2.1.1.2.

gel nachweisen kann, dies aber nicht bereits dafür ausreichen soll, einen Missbrauch direkt über § 42 Abs. 1 TKG anzunehmen.

Es dürfte sich somit hier eher um eine Handlungsleitlinie für die Marktteilnehmer und die *Bundesnetzagentur* halten, da der Gesetzgeber zumindest unmissverständlich sein Verständnis des Verzögerungsmissbrauchs als unzulässiges Verhalten ausgedrückt hat. Eine weiter gehende zentrale Rolle in der Bekämpfung missbräuchlichen Verhaltens wird § 42 Abs. 3 TKG hingegen nicht zukommen können.

3.3.1.3 Verhältnis der Missbrauchsvermutungen nach § 42 Abs. 2 und 3 TKG zu den Regelbeispielen § 42 Abs. 1 Satz 2 TKG

Klärungsbedürftig ist das Verhältnis der Vermutungstatbestände des § 42 Abs. 2 und 3 TKG zu den Regelbeispielen nach § 42 Abs. 1 Satz 2 TKG. So wird diskutiert, ob die Voraussetzungen der Regelbeispiele auch im Rahmen der Vermutungen derart von Bedeutung sind, dass die *Bundesnetzagentur* bei der Prüfung von § 42 Abs. 2 und 3 TKG eine zusätzliche Interessensabwägung i. S. d. § 42 Abs. 1 Satz 2 TKG vorzunehmen hat, bevor die Vermutungsbasis als gegeben betrachtet werden darf[523]. Als Argument für eine solche Berücksichtigung des § 42 Abs. 1 Satz 2 TKG auch im Rahmen der Vermutungstatbestände wird – insoweit zutreffend – angeführt, dass § 42 Abs. 2 und 3 TKG jeweils auf § 42 Abs. 1 TKG und damit auch auf Satz 2 verweisen[524].

Allerdings wird dabei auch richtigerweise erkannt, dass eine solche zusätzliche Abwägung in der Regulierungspraxis kaum einen Sinn machen würde, da die abwägungserheblichen Belange des § 42 Abs. 1 Satz 2 TKG ohnehin weitgehend im Rahmen der Untersuchung des Vorliegens der Vermutungsbasis des § 42 Abs. 2 und 3 TKG Berücksichtigung finden[525].

Eine doppelte Abwägung ist somit im Ergebnis eine sinnentleerte Redundanz und muss daher von der *Bundesnetzagentur* nicht vorgenommen werden, wenn sie bereits, wie gesetzlich gefordert, alle erheblichen Belange bei § 42 Abs. 2 und 3 TKG untersucht hat.

Außerdem muss die *Bundesnetzagentur* aufgrund der Wirkung von Vermutungsregeln im Öffentlichen Recht ohnehin zunächst den idealen Grundtatbestand des § 42 Abs. 1 TKG untersuchen, bevor sie im Falle eines hier beste-

---

523 *Robert*, K&R 2005, 354 (357).

524 *Robert*, K&R 2005, 354 (357).

525 *Robert*, K&R 2005, 354 (357). Diese Abwägung findet im Rahmen der Untersuchung eines sachlich rechtfertigenden Grundes für das missbräuchliche Verhalten statt. Allerdings kann die Einräumung von Leistungen in minderer Qualität nach dem Gesetzeswortlaut nicht gerechtfertigt werden. Dennoch hat die *Bundesnetzagentur* aufgrund des Amtsermittlungsgrundsatzes auch hierbei die dem Unternehmen günstigen Umstände zu erforschen.

henden "**non liquet**" auf die Vermutungsregeln zurückgreifen darf[526]. Eine Berücksichtigung von Tatbestandsmerkmalen des § 42 Abs. 1 TKG im Rahmen der Vermutungstatbestände ist daher insgesamt nicht geboten.

3.3.1.4 Rechtsfolgen des § 42 TKG

Nach § 42 Abs. 4 Satz 1 TKG **trifft** die *Bundesnetzagentur* bei festgestelltem Missbrauch i. S. d. § 42 TKG **eine Entscheidung**, um die missbräuchliche Ausnutzung einer marktbeherrschenden Stellung zu beenden. Insoweit steht ihr also im Gegensatz zu den Kartellbehörden im Rahmen der allgemeinen Missbrauchsaufsicht[527] und der *RegTP* unter Geltung des § 33 Abs. 2 TKG 1996 kein Entschließungsermessen zu[528]. Dies ist positiv zu bewerten, da bereits die Missbrauchstatbestände selbst zahlreiche wertende Elemente enthalten und ein Einschreiten demnach regelmäßig als wesentlich für die Wettbewerbsentwicklung auf regulierungsbedürftigen Märkten angesehen werden kann. In den aufgrund ihrer besonderen Marktstruktur für missbräuchliche Verhaltensweisen äußerst anfälligen Telekommunikationsmärkten i. S. d. §§ 10 f. TKG besteht daher grundsätzlich kein Raum für eigenständige Ermessenserwägungen der Aufsichtsbehörde, die das Risiko einer langsamen und inkonsequenten Regulierungspraxis in sich tragen.

Dafür kann die Regulierungsbehörde nach pflichtgemäßem Ermessen[529] bei der Auswahl der Mittel entscheiden, ob sie dem missbräuchlich handelnden Unternehmen ein Verhalten auferlegt, ein Verhalten untersagt oder geschlossene Verträge für unwirksam erklärt. Sie hat somit im Rahmen des ihr zustehenden Auswahlermessens umfassende Optionen, um den Missbrauch effizient abzustellen und kann insbesondere in bestehende Vertragsverhältnisse privatrechts-

---

[526] Siehe dazu ausführlich oben Kapitel 3.3.1.2.5.2.1.1.2.

[527] Vgl. § 32 GWB n. F. Die Kartellbehörde "**kann**" danach Unternehmen oder Vereinigungen von Unternehmen verpflichten, eine Zuwiderhandlung gegen eine Vorschrift des GWB oder gegen Artikel 81 oder 82 des Vertrages zur Gründung der Europäischen Gemeinschaft abzustellen. Sie "**kann**" hierzu den Unternehmen oder Vereinigungen von Unternehmen alle Maßnahmen aufgeben, die für eine wirksame Abstellung der Zuwiderhandlung erforderlich und gegenüber dem festgestellten Verstoß verhältnismäßig sind.

[528] Missverständlich daher *Schütz*, in: Beck`scher TKG-Kommentar, 3. Aufl. 2006, § 42 Rn. 131, der dort von einem umfassenden Entschließungs- und Auswahlermessen der Regulierungsbehörde spricht, dies aber später ohne Klarstellung wieder auf das Auswahlermessen beschränkt. Ein solches Entschließungsermessen war zwar noch im Regierungsentwurf in § 40 Abs. 4 TKG-E enthalten, ist jedoch später im Gesetzgebungsverfahren wieder entfallen.

[529] Ermessen ist einer Behörde dann eingeräumt, wenn sie auf Rechtsfolgenseite zwischen verschiedenen Verhaltensweisen wählen kann, vgl. dazu nur *Maurer*, Allgemeines Verwaltungsrecht, 17. Aufl. 2009, § 7 Rn. 7 ff.

gestaltend eingreifen[530]. Die Maßnahmen der *Bundesnetzagentur* können über § 126 TKG auch zwangsweise durchgesetzt werden.

Anders als in § 33 TKG 1996 und auch noch dem Arbeitsentwurf zum neuen TKG vom 20. Februar 2003 wurde die Kompetenz der *Bundesnetzagentur* während des Gesetzgebungsverfahrens in § 38 des Referentenentwurfs zwischenzeitlich auf eine reine Untersagung missbräuchlichen Verhaltens beschränkt. Ein positives Tun zur Abstellung des Missbrauchs hätte infolge dessen grundsätzlich nicht mehr angeordnet werden können. Gerade dies war jedoch in der Vergangenheit in sämtlichen Missbrauchsverfahren nach § 33 TKG 1996 gegenüber der Deutsche Telekom AG notwendig gewesen[531]. Nicht einmal vor dem Hintergrund einer Anknüpfung an die Formulierung der §§ 19, 32 a. F. GWB erschien diese Verkürzung der Handlungsoptionen der *Bundesnetzagentur* sachgerecht, da doch gerade die kartellrechtliche Praxis gezeigt hat, dass die reine Untersagungskompetenz für eine effiziente Missbrauchsaufsicht häufig nicht ausreichend ist[532]. Unter dem Eindruck der berechtigten Kritik an einer reinen Untersagungsmöglichkeit ist § 42 TKG nunmehr dahingehend gefasst worden, dass auch die Anordnung eines positiven Verhaltens durch die *Bundesnetzagentur* möglich ist.

Der Gesetzgeber hat außerdem die ursprüngliche Vorschrift des § 42 Abs. 4 TKG im Zuge des Gesetzes zur Änderung telekommunikationsrechtlicher Vorschriften vom 18. Februar 2007[533] unter Einfügung eines neuen Satz 3 dahingehend erweitert, dass ein Einschreiten der Aufsichtsbehörde nunmehr bereits dann möglich ist, wenn Tatsachen die Annahme rechtfertigen, dass ein Unternehmen seine marktmächtige Stellung auf Endkundenmärkten missbräuchlich auszunutzen droht. Hierdurch wurde im Rahmen der als Ex-post-Aufsicht konstruierten besonderen Missbrauchsaufsicht ein Element der Vorabregulierung implementiert.

Hintergrund ist, dass der Gesetzgeber sich wegen Art. 17 Abs. 2 der Universaldienstrichtlinie in der Pflicht sah, eine umfassende Vorabregulierung grundsätzlich auch auf Endnutzermärkten zu ermöglichen. Hierfür erachtete er die bisherigen Vorschriften in §§ 29, 39 TKG, die allein Entgeltregulierungsmaßnahmen auf Endnutzermärkten ermöglichen, nicht mehr als ausreichend[534].

---

530 Dies soll allerdings insoweit allein deklaratorisch sein, als dass § 42 TKG bereits ein Verbotsgesetz i. S. d. § 134 BGB darstellt und Verträge, die einen Verstoß gegen das Missbrauchsverbot enthalten, bereits nach den allgemeinen zivilrechtlichen Grundsätzen teil- oder gesamtnichtig sind (dazu § 139 BGB), vgl. *Schütz*, in: Beck`scher TKG-Kommentar, 3. Aufl. 2006, § 42 Rn. 149 bis 151, 164.

531 Vgl. *Thomaschki*, K&R Beilage 1/2004, 21 (23).

532 Vgl. *Thomaschki*, K&R Beilage 1/2004, 21 (23).

533 Vgl. Art. 2 Nr. 8 des Gesetzes zur Änderung telekommunikationsrechtlicher Vorschriften vom 18.2.2007, BGBl. I 2007, S. 106 ff.

534 Vgl. Begründung zum neu gefassten § 42 Abs. 4 Satz 3 TKG, BT-Drs. 16/2581, S. 24.

Folgerichtig wurde diese Maßnahme im Gegensatz zu allen Ex-post-Eingriffsbefugnissen nach § 42 Abs. 4 TKG in § 13 Abs. 1 TKG aufgenommen. Eine Auferlegung, Änderung oder Beibehaltung bzw. ein Widerruf muss daher wie bei allen anderen Ex-ante-Aufsichtsoptionen vor Erlass der *Europäischen Kommission* im Verfahren nach § 12 Abs. 1, 2 Nr. 1, 2 und 4 TKG vorgelegt werden, wenn von der Maßnahme Auswirkungen auf den Handel zwischen den Mitgliedstaaten ausgehen können. Ferner ist in § 13 Abs. 3 TKG nunmehr geregelt, dass eine Verfügung nach dem neu geschaffenen § 42 Abs. 4 Satz 3 TKG mit den Ergebnissen einer Marktdefinition und Marktanalyse zusammen als einheitlicher Verwaltungsakt ergeht.

Diese neue Vorschrift begegnet insgesamt einigen Bedenken. Bereitet schon die Identifizierung von realen missbräuchlichen Verhaltensweisen i. S. d. § 42 Abs. 1 TKG aufgrund der dafür notwendigen wertenden Betrachtungsweise in der Praxis erhebliche Schwierigkeiten, so dürfte sich dies bei lediglich "**drohenden**" Vorgängen um ein Vielfaches verstärken[535]. In diesen Fällen besteht die Gefahr, dass mangels tatsächlich feststellbaren Vorgängen Räume für eine rein spekulative Regulierung mit ungewissem Ausgang und ineffizientem Ressourceneinsatz eröffnet werden. Es dürfte den jeweiligen unter Verdacht geratenen Unternehmen jedenfalls häufig ohne Schwierigkeiten möglich sein, einer entsprechenden Regulierung zu entgehen.

Hierfür sorgt schon die Tatsache, dass die Regulierungsbehörde in den seltensten Fällen eindeutige Beweise für ein zukünftiges missbräuchliches Verhalten wird vorbringen können, woraus sich vielfältige Verteidigungsmöglichkeiten ergeben können. Diese Schwierigkeiten gehen vornehmlich darauf zurück, dass die Regulierungsbehörde im Rahmen des § 42 Abs. 4 Satz 3 TKG ein hypothetisches zukünftiges, konkretes Verhalten nachweisen und bewerten muss, während alle anderen Ex-ante-Regulierungsinstrumente stets auf eine abstrakte Gefährdungslage abstellen und nur die konkrete Notwendigkeit von Abhilfemaßnahmen voraussetzen. Die neu geschaffene Vorschrift kann daher nur als fragwürdig und aller Wahrscheinlichkeit nach ineffizient bezeichnet werden.

Außerdem stellt diese Eingriffsmöglichkeit im Vorfeld missbräuchlichen Verhaltens für die Regulierungsbehörde einen erheblichen Bruch mit der bisherigen Systematik der neuen besonderen Missbrauchsaufsicht dar, die doch gerade eine Annäherung an das allgemeine Wettbewerbsrecht mit sich bringen sollte. Denn dort sind vorgreifliche Aufsichtsbefugnisse im Rahmen der Missbrauchsaufsicht unbekannt. Schließlich sei noch angemerkt, dass auch die zur Begründung dieser Änderung herangezogene europarechtliche Vorgabe des Art. 17 Abs. 2 Universaldienstrichtlinie eine solche Ausweitung der Aufsichts-

535 So wird auch noch zu klären sein, ab wann ein Verhalten überhaupt "**droht**" und welche Auswirkungen dieses noch nicht stattgefundenen Verhaltens hypothetisch bei der Bewertung seiner konkreten Missbräuchlichkeit zugrunde gelegt werden sollen. Hier bestehen einige zentrale Unsicherheiten bei der Normanwendung.

befugnisse bei der punktuell auf die Abstellung von missbräuchlichen Verhaltensweisen ausgerichteten besonderen Missbrauchsaufsicht nicht ohne weiteres trägt, sodass diese geplante Änderung auch vor dem europäischen Hintergrund durchaus skeptisch zu betrachten ist[536]. Eine maßgebliche Verbesserung der Effizienz der besonderen Missbrauchsaufsicht ist hiervon jedenfalls angesichts der dabei festzustellenden systematischen und anwendungsbezogenen Schwierigkeiten nicht zu erwarten.

In verfahrenstechnischer Hinsicht enthält § 42 Abs. 4 TKG jedoch noch eine bedeutsame Verbesserung gegenüber der überkommenen Missbrauchskontrolle nach § 33 TKG 1996. So muss nunmehr einer Anordnung nach § 42 Abs. 4 TKG keine Aufforderung an das marktbeherrschende Unternehmen, den Missbrauch abzustellen, mehr vorausgehen.

Hierdurch sollen die Eingriffsbefugnisse der *Bundesnetzagentur* an das allgemeine Wettbewerbsrecht angepasst werden[537], zumal eine solche vorherige Aufforderungspflicht nicht immer als effizient zu bezeichnen ist und vor allem eine Verlängerung von Missbrauchsaufsichtverfahren mit allen negativen Konsequenzen für die Wettbewerber nach sich zieht.

3.3.1.5 Verfahren der Missbrauchsaufsicht

Im Folgenden werden die verfahrensmäßigen Vorgaben, die im Rahmen der besonderen Missbrauchsaufsicht nach § 42 TKG zu beachten sind, dargestellt.

3.3.1.5.1 Zuständigkeit

Für die Generalklausel zur Ahndung eines missbräuchlichen Verhaltens gemäß § 42 TKG sind die Beschlusskammern der *Bundesnetzagentur* zuständig. Dies ergibt sich aus § 132 Abs. 1 Satz 1 TKG, da es sich bei der besonderen Missbrauchsaufsicht um eine Regulierungsentscheidung nach dem Zweiten Teil des TKG handelt[538]. Das justizförmig ausgestaltete Verfahren ist in den §§ 132 ff. TKG geregelt und muss im Zusammenhang mit den Verfahrensvorschriften des § 42 Abs. 4 TKG, die bereits oben behandelt wurden, gesehen werden.

3.3.1.5.2 Verfahrenseinleitung

Das Verfahren der besonderen Missbrauchsaufsicht wird gemäß § 42 Abs. 4 TKG von Amts wegen oder aber auf Antrag eingeleitet.

---

[536] Vgl. dazu auch *Wissmann*, in: ders. (Hrsg.), Telekommunikationsrecht, 2. Aufl. 2006, S. 283.

[537] Gesetzesbegründung zu § 42 TKG (§ 40 TKG-E), BT-Drs. 15/2316, S. 71.

[538] Es gibt keine speziell für die besondere Missbrauchsaufsicht zuständige Beschlusskammer, da insoweit eine markt- und nicht instrumentenbezogene interne Aufgabenzuweisung im Telekommunikationssektor erfolgt ist.

3.3.1.5.2.1 Einleitung von Amts wegen

Werden der Regulierungsbehörde Tatsachen bekannt, die den Verdacht eines missbräuchlichen Verhaltens hinreichend konkret begründen können, so ist sie gehalten, von sich aus tätig zu werden und ein Missbrauchsverfahren einzuleiten. Hierbei dürfte es sich aufgrund der ständigen Marktbeobachtung durch die Regulierungsbehörde um den Hauptfall der Verfahrenseinleitung handeln.

3.3.1.5.2.2 Einleitung auf Antrag

Daneben kann ein Missbrauchsverfahren auch auf Antrag gemäß § 42 Abs. 4 Satz 1 TKG angestoßen werden. Der Antrag muss die zu § 22 VwVfG entwickelten allgemeinen formalen Voraussetzungen beachten, auf den mangels vorrangiger Regelung im TKG nach § 1 Abs. 1 VwVfG zurückzugreifen ist[539]. Dieses vielfach geforderte Antragsrecht[540] ist erst kurz vor Abschluss des Gesetzgebungsverfahrens des TKG 2004 aufgenommen worden. Noch im Referentenentwurf vom 30. April 2003 fehlte diese Möglichkeit zur Verfahrenseinleitung, die auch unter der Geltung des TKG 1996 noch unbekannt war. Die Einführung eines solchen Antragsrechts für die Wettbewerber war insbesondere mit dem Argument abgelehnt worden, dass die Regulierungsbehörde dann u. U. eine unüberschaubare Menge von evtl. unbegründeten Anträgen bearbeiten müsste, was ihre Leistungsfähigkeit erheblich mindern könnte[541].

Die Wettbewerber setzten sich jedoch im Vermittlungsverfahren[542] mit ihrer Forderung nach Einführung dieses Antragsrechts durch. Sie versprachen sich davon in erster Linie mehr Einflussnahme auf das Regulierungsregime gegenüber dem Ex-Monopolisten Deutsche Telekom AG.

Hintergrund war, dass sich in dem Verwaltungsverfahren hinsichtlich der Regulierungsmaßnahmen nach dem TKG 1996 nur die *Bundesnetzagentur* auf der einen und die Telekom auf der anderen Seite gegenüberstanden, ohne dass Wettbewerber auf dieses Verfahren einwirken konnten oder beigeladen wurden. Nunmehr sind sie immerhin befähigt, ein Verfahren bei der *Bundesnetzagentur* einzuleiten, wenn sie den Verdacht eines Verstoßes der Telekom gegen Vorschriften des TKG hegen, insbesondere ein missbräuchliches Verhalten bemerkt haben wollen. Dies ist insofern eine begrüßenswerte Entwicklung, als

---

[539] Vgl. zu diesen formalen Vorgaben hinsichtlich Mindestinhalt, Form, Begründung etc. nur *Kopp/Ramsauer*, VwVfG, 10. Aufl. 2008, § 22 Rn. 30 ff.

[540] Antrag der CDU/CSU-Bundestagsfraktion, BT-Drs. 15/2329, S. 2 und 8; Stellungnahme des Bundesrates zum Entwurf des TKG vom 15.10.2003, BT-Drs. 15/2316, S. 114 f.

[541] Gegenäußerung der BReg., BT-Drs. 15/2345, zu Nr. 10, S. 2, zu Nr. 38, S. 4.

[542] Hier stellte die Forderung nach einem eigenen Antragsrecht der Wettbewerber einen zentralen Punkt dar, vgl. BT-Drs. 15/2907, S. 1. Der Vermittlungsausschuss kam dem Ansinnen zumindest für den Bereich der besonderen Missbrauchsaufsicht nach, vgl. Beschlussempfehlung, BT-Drs. 15/3063, S. 2 f.

dass sich die Marktteilnehmer stärker selbst kontrollieren werden und somit den Anreiz für missbräuchliche Verhaltensweisen, der sich nicht zuletzt aus der Hoffnung auf Nichtahndung speist, reduzieren.

Dabei erscheint es auch durchaus als hinnehmbar, wenn die *Bundesnetzagentur* am Anfang aufgrund des Antragsrechts mit mehr Verfahren befasst sein sollte als noch unter Geltung des alten TKG 1996. Denn somit wird ihr auch verstärkt Gelegenheit gegeben, in relativ kurzer Zeit eine tragfähige und möglichst gerichtsfeste Auslegung der §§ 42 f. TKG herbeizuführen. Sobald dies geschehen ist, wird die Zahl der befürchteten unbegründeten Verfahren mit Sicherheit abnehmen, da es der *Bundesnetzagentur* in diesen Fällen sodann kaum noch Mühe machen wird, binnen kurzer Zeit eine unaufhebbare Entscheidung zu treffen, die auch von den Gerichten akzeptiert wird.

Auf der anderen Seite darf auch nicht verkannt werden, dass es sehr fraglich ist, ob dieses Antragsrecht nach § 42 Abs. 4 TKG den Wettbewerbern tatsächlich so viel Einflussnahme einräumt, wie sie sich das erhofft haben. Zunächst einmal ist festzustellen, dass der Kreis der Antragsberechtigten nach § 42 Abs. 4 Satz 6 TKG auf Anbieter von Telekommunikationsdiensten[543] beschränkt ist. Damit bleiben reine Netzbetreiber, Anbieter von telekommunikationsgestützten Diensten sowie Anbieter von Leistungen nach § 78 Abs. 2 Nr. 3 und 4 TKG unberücksichtigt, obwohl auch diese Marktteilnehmer als Adressat der Missbrauchskontrolle bzw. als Normbegünstigte in Betracht kommen können. Auch Contentanbieter wie Rundfunkveranstalter oder Anbieter von Medien- und Telediensten sind insoweit verfahrensrechtlich nicht abgesichert. Ihnen stehen schließlich außer über § 42 TKG keine speziellen Zugangsansprüche zum Netz des Marktbeherrschers zur Seite, obwohl sie hierauf durchaus angewiesen sein können[544].

Die Kreise der Verpflichteten und der Antragsteller decken sich somit nicht, was aber so wohl auch vom Gesetzgeber bezweckt wurde[545]. In anschaulicher Weise wird hierbei davon gesprochen, dass die verfahrensrechtlichen Regelungen des § 42 Abs. 4 Satz 1 und 6 TKG der materiellen Vorschrift des § 42 Abs.

---

[543] Vgl. zum Begriff § 3 Nr. 24 TKG. Danach sind Telekommunikationsdienste in der Regel gegen Entgelt erbrachte Dienste, die ganz oder überwiegend in der Übertragung von Signalen über Telekommunikationsnetze bestehen, einschließlich von Übertragungsdiensten in Rundfunknetzen.

[544] Vgl. hierzu *Gersdorf*, in: Säcker (Hrsg.), Berliner Kommentar zum TKG, 2006, § 42 Rn. 49 und Fn. 26; *Weisser/Bauer*, MMR 2003, 709 (713).

[545] Vgl. *Robert*, K&R 2005, 354 (357). Siehe dazu auch bereits Beschluss der *RegTP* vom 26.4.2005 - BK 3d-05/015, S. 6 f. Demgegenüber geht *Schütz*, in: Beck`scher TKG-Kommentar, 3. Aufl. 2006, § 42 Rn. 135, ohne weiteres von einem Redaktionsversehen aus und will den Kreis der Antragsberechtigten entgegen dem insoweit eindeutigen Wortlaut auf alle materiell Geschützten des Missbrauchstatbestands ausdehnen.

1 TKG hinterher "**hinke**"[546]. In der Tat erscheint es fragwürdig, warum der Gesetzgeber nicht alle Normbegünstigten auch in verfahrensrechtlicher Hinsicht mit einem Antragsrecht ausgestattet hat. Dies dürfte sich aber damit begründen lassen, dass das Antragsrecht lediglich einen Kompromiss darstellt, zumal der Gesetzgeber selbst dem Antragsrecht skeptisch gegenüberstand[547].

In diesem Gesamtzusammenhang wird auch darauf hingewiesen, dass es verfassungsrechtliche Probleme im Hinblick auf Art. 3 Abs. 1 GG aufwerfe, dass den Normbegünstigten des § 42 TKG zumindest teilweise ein Antragsrecht eingeräumt werde, dies aber im Rahmen der spezielleren Regulierungsinstrumente der Zugangs- und Entgeltregulierung völlig fehle[548]. Insoweit handelt es sich jedoch um ein Problem, das sich primär nicht bei § 42 TKG, sondern eben diesen spezielleren Instrumentarien stellt, da insoweit eine Besserstellung bei der besonderen Missbrauchsaufsicht besteht. Dieser Problemkreis muss daher bei der Untersuchung der Fragestellung dieser Arbeit ausgeblendet werden.

Antragsberechtigt sind nach § 42 Abs. 4 Satz 6 TKG andere Anbieter von Telekommunikationsdiensten auch nur dann, wenn sie geltend machen können, in eigenen Rechten verletzt zu sein. Die Parallelität dieser Formulierung zu § 42 Abs. 2 VwGO lässt erwarten, dass hierbei die gleichen Kriterien wie bei der Bestimmung der allgemeinen verwaltungsgerichtlichen Klagebefugnis herangezogen werden können[549]. Der Antragsteller müsste demnach die Verletzung einer drittschützenden Norm geltend machen können, die gerade ihn in seinen Rechten schützen soll (**formell drittschützender Charakter**). Die Möglichkeit einer solchen Rechtsverletzung ist ausreichend.

Das Antragsrecht bringt auch unter dem Gesichtspunkt, dass die Regulierungsbehörde ohnehin bei Bekanntwerden von hinreichenden Tatsachen für ein missbräuchliches Verhalten verpflichtet ist, über die Einleitung eines offiziellen Verfahrens ermessensfehlerfrei zu entscheiden, wenig Neues[550]. Denn den Marktteilnehmern steht es selbstverständlich frei, der Aufsichtsbehörde selbst die entsprechenden Informationen zukommen zu lassen und zur Einleitung eines Verfahrens aufzufordern, ohne dass es hierfür eines speziellen Antragsrechtes bedürfte[551].

---

546 *Gersdorf*, in: Säcker (Hrsg.), Berliner Kommentar zum TKG, 2006, § 42 Rn. 49.

547 Vgl. auch *Gersdorf*, in: Säcker (Hrsg.), Berliner Kommentar zum TKG, 2006, § 42 Rn. 50.

548 *Gersdorf*, in: Säcker (Hrsg.), Berliner Kommentar zum TKG, 2006, § 42 Rn. 50.

549 Vgl. auch *Enaux/König*, N&R 2005, 2 (5); *Schütz*, Kommunikationsrecht, 2005, Rn. 861; *Holznagel/Enaux/Nienhaus*, Telekommunikationsrecht, 2. Aufl. 2006, S. 138; so wohl auch *Gersdorf*, in: Säcker (Hrsg.), Berliner Kommentar zum TKG, 2006, § 42 Rn. 48.

550 Allerdings wird durch den Antrag die neu geschaffene Vier-Monats-Entscheidungsfrist für die Regulierungsbehörde ausgelöst, deren Überschreitung jedoch keine verbindlichen Sanktionen nach sich zieht.

551 Vgl. dazu *Schütz*, in: Beck`scher TKG-Kommentar, 3. Aufl. 2006, § 42 Rn. 129.

Daher bleibt abzuwarten, ob sich durch die Einführung eines eigenen Antragsrechts für die Wettbewerber in der Praxis tatsächlich viel ändern und tatsächlich eine Vielzahl von Anträgen auf die *Bundesnetzagentur* zukommen wird. Sollte dies jedoch wider Erwarten der Fall sein, so muss dies – wie oben bereits ausgeführt – nicht unbedingt schädlich für die Entwicklung des Marktes sein, da dies zu einer schnellen und gerichtsfesten Konturierung der Missbrauchskontrolle führen und die Eigenkontrolle der Marktkräfte fördern kann. Lässt sich im Beschlusskammerverfahren eine Rechtsverletzung des Antragsstellers nicht feststellen, so ist der Antrag des Wettbewerbers zurückzuweisen. Der *Bundesnetzagentur* bleibt es allerdings unbenommen, nunmehr nach Kenntnis der Umstände selbst von Amts wegen einzuschreiten und einen Missbrauch trotz ablehnender Bescheidung des Antrags zu ahnden.

Bis Anfang 2009 hat die *Bundesnetzagentur* allerdings erst dreizehn Missbrauchsverfahren nach § 42 TKG eingeleitet[552]. An dieser geringen Zahl von Fällen, die im Hinblick auf einen Verstoß gegen § 42 TKG untersucht werden, lässt sich eindrucksvoll ablesen, dass die Befürchtungen über eine wahre Flut von Anträgen durch die Wettbewerber im Rückblick stark übertrieben waren. Als negative Folge dieser Entwicklung wird sich allerdings auch die Ausformung der Missbrauchskontrolle durch Gerichte und Regulierungsbehörde wohl über einen längeren Zeitraum hinziehen.

3.3.1.5.3 Verfahrensfrist

Für das Verfahren gilt gemäß § 42 Abs. 4 Satz 4 TKG eine Regelfrist von vier Monaten. Die *Bundesnetzagentur* hat daher grundsätzlich die Fristbindung zu beachten und darf erst bei besonderen Umständen hiervon abweichen[553]. Die Vorgabe einer zeitlichen Dimension für ein Missbrauchsverfahren ist neu gegenüber § 33 TKG 1996, der hierfür noch keine Regelung vorsah. Es ist auch zu begrüßen, dass sich der Gesetzgeber dieser Frage angenommen hat, da die Marktentwicklung im Telekommunikationssektor zu einem großen Teil davon abhängt, dass Wettbewerbshindernissen möglichst schnell und umgehend begegnet wird[554].

Jedoch ist an der aktuellen Fassung des § 42 Abs. 4 Satz 4 TKG problematisch, dass eine Nichteinhaltung dieser Frist keine Sanktionen nach sich zieht, obwohl dies von zentraler Bedeutung wäre[555]. Diese fehlende Höchstfrist hat in der Regulierungspraxis bereits dazu geführt, dass Missbrauchsverfahren z. T. deutlich länger als vier Monate dauern, ohne dass hierfür eine besondere Veranlassung

---

552 Siehe Übersicht der einheitlichen Informationsstelle der *Bundesnetzagentur*, abrufbar unter *http://www.bundesnetzagentur.de*.

553 Vgl. auch *Schütz*, in: Beck`scher TKG-Kommentar, 3. Aufl. 2006, § 42 Rn. 139.

554 Vgl. dazu auch *Heun*, CR 2004, 893 (906).

555 Vgl. dazu Stellungnahme des *VATM* zum Entwurf des TKG-Änderungsgesetzes (Kabinettsbeschluss vom 17.5.2006, BR-Drs. 359/06), S. 38.

erkennbar gewesen wäre[556]. Somit sollte an dieser Stelle unbedingt gesetzlich nachgebessert werden, um der Aufsichtsbehörde weniger Freiräume für eigenmächtige Fristverlängerungen zu lassen und ein zeitnäheres Einschreiten vorzuschreiben.

3.3.1.5.4 Maßnahmen zur Sachverhaltsermittlung

Das TKG sieht in § 127 umfangreiche Maßnahmen vor, mittels derer die Regulierungsbehörde die notwendigen Informationen für die Durchführung eines Missbrauchsverfahrens erlangen kann. Hierzu zählen als mildestes Mittel die Auskunftsrechte nach § 127 Abs. 1 und 2 TKG. Als schärfere Instrumente kann die *Bundesnetzagentur* des Weiteren unter den Voraussetzungen des § 127 Abs. 6 TKG eine Durchsuchung vornehmen und nach § 127 Abs. 7 TKG Gegenstände und geschäftliche Unterlagen bei Bedarf in Verwahrung nehmen oder beschlagnahmen. Diese Maßnahmen zur Sachverhaltsermittlung können nach § 127 Abs. 10 TKG mit einem Zwangsgeld von bis zu 500.000 € durchgesetzt werden.

3.3.1.5.5 Einvernehmen mit anderen Behörden

Da sich die Regulierung nach dem TKG im Schnittfeld mit anderen Rechtsmaterien wie dem allgemeinen Wettbewerbsrecht und dem Rundfunkrecht bewegt und zahlreiche Berührungspunkte bestehen, normiert § 123 TKG – wie es auch in § 82 TKG 1996 in ähnlicher Form vorgesehen war – zur Gewährleistung eines konsistenten Verwaltungshandelns gewisse Zusammenarbeitspflichten mit anderen Behörden[557].

Nach § 123 Abs. 1 Satz 1 TKG muss die *Bundesnetzagentur* Entscheidungen nach den §§ 10, 11, 61 Abs. 3 und 62 Abs. 2 Nr. 3 TKG – i. e. Marktdefinition und -analyse und gewisse Entscheidungen aus dem Bereich der Frequenzverwaltung – im Einvernehmen mit dem *Bundeskartellamt* treffen. Hierbei handelt es sich um die strengste Form der Zusammenarbeit, die in § 123 TKG vorgesehen ist. Die *Bundesnetzagentur* darf die jeweilige Maßnahme in dieser Kons-

---

556 Vgl. Entscheidung der *BNetzA* vom 18.7.2005 - BK 2a-04/029, bei der das Verfahren insgesamt mehr als 10 Monate dauerte.

557 Vgl. zu diesem Normzweck auch *Dittmann*, in: Säcker (Hrsg.), Berliner Kommentar zum TKG, 2006, § 123 Rn. 1. Auch die *Europäische Kommission* geht davon aus, dass die nationalen Regulierungsbehörden aufgrund der Überschneidungen von Telekommunikations- und allgemeinem Wettbewerbsrecht mit den Wettbewerbsbehörden zusammenarbeiten müssen, vgl. Leitlinien der *Europäischen Kommission* zur Marktanalyse und Ermittlung beträchtlicher Marktmacht nach dem gemeinsamen Rechtsrahmen für elektronische Kommunikationsnetze und -dienste (2002/C 165/03), ABl. EG Nr. C 165 vom 11.7.2002, S. 6 Rn. 23. Vorgaben hierfür, die durch § 123 Abs. 1 TKG umgesetzt wurden, finden sich in den Art. 3 Abs. 4 und 5 sowie Art. 16 Abs. 1 Satz 2 Rahmenrichtlinie.

tellation nicht gegen den Willen des *Bundeskartellamts* erlassen, sodass dieser Behörde eine weit reichende Einflussnahmemöglichkeit auf die telekommunikationsrechtliche Regulierung eingeräumt wurde[558].

Nach § 123 Abs. 1 Satz 2 TKG müssen sich die *Bundesnetzagentur* und das *Bundeskartellamt* des Weiteren gegenseitig bei bestimmten Maßnahmen in ihrem Wirkkreis[559] die Gelegenheit zur Stellungnahme geben[560]. Hierzu gehört auch eine Entscheidung nach § 42 TKG, sodass insoweit vor Abschluss des Verfahrens eine Stellungnahme des *Bundeskartellamts* einzuholen ist. Die Stellungnahme gibt der berechtigten Behörde allerdings nur die Möglichkeit, ihren Standpunkt zu einer konkreten Entscheidung der jeweils anderen Behörde darzulegen. Eine Pflicht zur Berücksichtigung des Vorbringens folgt hieraus nicht, wobei aber zumindest eine Kenntnisnahme und Berücksichtigung durch die adressierte Behörde zu verlangen ist[561].

Nach § 123 Abs. 1 Satz 3 und 4 TKG haben beide Aufsichtsbehörden ferner auf eine einheitliche und den Zusammenhang mit dem GWB wahrende Auslegung des TKG hinzuwirken[562] und sich wechselseitig Beobachtungen und Feststellungen aus ihrem Aufgabenbereich, die auch für die andere Behörde Bedeutung erlangen können, mitzuteilen.

Konsequenterweise muss die Regulierungsbehörde gemäß § 123 Abs. 2 TKG auch mit den Landesmedienanstalten im Bereich des Rundfunks zusammenarbeiten und diesen Erkenntnisse übermitteln, die für die Erfüllung von deren Aufgaben erforderlich sind. Dies wurde für notwendig erachtet, da gerade in diesem Bereich, in dem die Kompetenzen des Bundes und der Länder aneinander stoßen, in der Vergangenheit Doppelregulierungen festzustellen waren, die die Effizienz der Aufsicht beeinträchtigten[563]. Ausweislich der Gesetzesbegründung soll hiermit eine konstruktive wechselseitige Kooperation der Behörden sichergestellt werden[564].

---

558 Siehe zum Begriff des "**Einvernehmens**" oben Kapitel 3.3.1.1.5.5.

559 Allerdings muss das *Bundeskartellamt* die Gelegenheit zur Stellungnahme nur bei solchen Verfahren einräumen, die aus dem Bereich der Telekommunikation stammen, da ansonsten keine Überschneidung der beiden Aufgabenkreise besteht.

560 Dies gilt für Maßnahmen nach den §§ 16 bis 43 TKG, §§ 19 f. GWB, § 40 Abs. 2 GWB und Art. 82 EGV.

561 Vgl. *Sachs*, in: Stelkens/Bonk/Sachs (Hrsg.), VwVfG, 7. Aufl. 2008, § 44 Rn. 184 Fn. 498.

562 Danach sollen die Behörden verpflichtet sein, sich ernsthaft mit den jeweiligen unterschiedlichen Auffassungen auseinanderzusetzen und eine einvernehmliche Meinung herbeizuführen, vgl. dazu *Ulmen*, in: Scheurle/Mayen (Hrsg.), TKG, 2002, § 82 Rn. 11, und *Dittmann*, in: Säcker (Hrsg.), Berliner Kommentar zum TKG, 2006, § 123 Rn. 34.

563 *Dittmann*, in: Säcker (Hrsg.), Berliner Kommentar zum TKG, 2006, § 123 Rn. 36.

564 Gesetzesbegründung zu § 123 TKG (§ 121 TKG-E), BT-Drs. 15/2316, S. 99.

Wie genau die Pflicht zur Zusammenarbeit jeweils ausgestaltet werden muss, ergibt sich aus der Norm hingegen nicht. Es dürfte sich auch eher um eine Leitlinie handeln, die das Bewusstsein der für den Vollzug des TKG, des GWB und des Rundfunkrechts zuständigen Behörden dafür, dass ihre Handlungen auch Auswirkungen auf die benachbarten Rechtsgebiete haben können, schärfen und einen ständigen Informationsaustausch untereinander zur effektiveren Aufgabenwahrnehmung gewährleisten soll[565].

Da die Notwendigkeit eines abgestimmten Verwaltungshandelns in diesen Aufgabenbereichen unbestritten ist, muss die Norm des § 123 TKG vollumfänglich begrüßt werden, die auch durch die z. T. erhebliche Ausweitung gegenüber § 82 TKG 1996 deutlich an Gewicht gewinnen dürfte[566]. Inwieweit sich dabei allerdings die fehlende Konkretisierung der jeweils erforderlichen Zusammenarbeit als hinderlich erweisen wird, bleibt abzuwarten.

3.3.1.5.6 Verwaltungsaktgebot im Rahmen der besonderen Missbrauchsaufsicht

Nach § 73 Abs. 1 Satz 2 TKG 1996 ergingen die Entscheidungen der Beschlusskammern stets durch Verwaltungsakt. Diese ausdrückliche Bestimmung wurde überwiegend dahingehend ausgelegt, dass den Beschlusskammern andere Handlungsformen (öffentlich-rechtlicher Vertrag, Realakt, Verordnung) komplett untersagt waren[567].

Dieses Verwaltungsaktgebot besteht auch im neuen TKG in § 132 Abs. 1 Satz 2 fort, sodass eine Verfügung nach § 42 Abs. 4 TKG stets als Verwaltungsakt durch die zuständige Beschlusskammer zu ergehen hat.

3.3.1.5.7 Rechtsmittel

Bei den Rechtsmitteln, die sich gegen eine Missbrauchsverfügung richten bzw. auf Erlass einer solchen Verfügung abzielen, stehen die regulären Instrumente des Verwaltungsrechts wie Anfechtungs- und Verpflichtungsklage mit einigen

---

565 Allerdings führt die Verletzung einer Mitwirkungspflicht dazu, dass ein etwaiger Verwaltungsakt fehlerhaft i. S. d. § 44 Abs. 3 Nr. 4 VwVfG und damit angreifbar ist, sofern nicht die Voraussetzungen der §§ 45 f. VwVfG vorliegen. Nach der Gesetzesbegründung zu § 123 TKG (§ 121 TKG-E), BT-Drs. 15/2316, S. 99, soll darüber hinaus § 123 TKG keinen Drittschutz begründen, sodass sich ein betroffener Dritter nicht direkt wegen der Verletzung einer Mitwirkungspflicht gegen die Entscheidung wenden kann.

566 So war im Rahmen des § 82 TKG 1996 noch keine dem § 123 Abs. 2 TKG vergleichbare Vorschrift enthalten. Außerdem sind die Bereiche, in denen eine Mitwirkung nach § 123 Abs. 1 TKG erforderlich ist, gegenüber § 82 TKG 1996 ausgeweitet worden.

567 *Gramlich*, in: Heun (Hrsg.), Handbuch Telekommunikationsrecht, 2. Aufl. 2007, S. 218; *Müller-Terpitz*, K&R 2002, 75 (77 f.); *Gurlit*, K&R Beilage 1/2004, 32 (34).

sektorspezifischen Besonderheiten zur Verfügung. So findet gemäß § 137 Abs. 2 i. V. m. § 132 Abs. 1 TKG kein Vorverfahren statt.

Eine Anfechtungsklage hat des Weiteren gemäß § 137 Abs. 1 TKG keine aufschiebende Wirkung. Schließlich ist eine Berufung gegen eine Entscheidung des Verwaltungsgerichts nicht zulässig, vgl. § 137 Abs. 3 TKG.

3.3.1.6 Verhältnis des § 42 TKG zu anderen Regulierungsinstrumenten des TKG und des GWB

Das TKG sieht ein Bündel an unterschiedlichen Regulierungsinstrumenten vor, die zueinander in einer engen Beziehung stehen. Es ist daher erforderlich, die besondere Missbrauchsaufsicht in dieses komplexe Regulierungsgefüge einzuordnen, um den genauen Anwendungsbereich von anderen Vorschriften, mit denen eine Überschneidung vorliegen kann, abzugrenzen[568].

Außerhalb des TKG ist des Weiteren noch zu untersuchen, in welchem Verhältnis § 42 TKG zu dem allgemeinen Missbrauchstatbestand des § 19 GWB steht, der ebenfalls auf die Verhinderung von missbräuchlichen Verhaltensweisen marktbeherrschender Unternehmen abzielt.

Die wesentlichen Vorschriften des TKG, die sich als Regelungen der ökonomischen Regulierung[569] mit missbräuchlichen Verhaltensweisen von Marktteilnehmern befassen, finden sich im Zweiten Teil des Gesetzes in den §§ 9 bis 43 TKG. Zunächst wird im Rahmen der sog. Zugangsregulierung der Zugang zu bestimmten Netzeinrichtungen und Diensten von marktbeherrschenden Betreibern eines öffentlichen Telekommunikationsnetzes behandelt. Daneben findet auch eine Entgeltregulierung statt, wobei vor allem § 28 TKG von Bedeutung ist. Diese Norm befasst sich mit den speziellen missbräuchlichen Verhaltensweisen eines marktbeherrschenden Telekommunikationsunternehmens, die mit dessen Entgeltgestaltung zusammenhängen.

Der exakte Anwendungsbereich der besonderen Missbrauchskontrolle in diesem Regulierungssystem wird dabei in der Fachliteratur kontrovers diskutiert. Als Auslöser für die divergierenden Ansichten, die eine erhebliche Rechtsunsicherheit für die betroffenen Unternehmen zur Folge haben dürften, wird genannt, dass durch das novellierte TKG die Regulierungsmöglichkeiten der *Bundesnetzagentur* (insbesondere im Vorleistungsbereich) erheblich erweitert wurden und das System insgesamt komplexer und detailreicher geworden ist[570]. Insbesondere ergeben sich Abgrenzungsschwierigkeiten auch daraus, dass die

---

[568] Die dabei bestehenden Schwierigkeiten wurden bereits oben mehrfach angedeutet, jedoch aus systematischen Gründen bislang nur sehr ergebnisorientiert behandelt.

[569] Die ökonomische Regulierung dient dazu, Wettbewerbshindernissen entgegenzuwirken, die durch die besondere Wettbewerbsposition von Unternehmen mit beträchtlicher Marktmacht verursacht werden, vgl. dazu oben Kapitel 2.3.5, Fn. 100.

[570] *Thomaschki*, K&R Beilage 1/2004, 21 (23); *Spoerr/Sellmann*, N&R 2004, 98 (106).

besondere Missbrauchsaufsicht des § 33 TKG 1996 im novellierten TKG aufgespalten und nur zum Teil in § 42 TKG verankert wurde. § 42 TKG führt demnach zwar in gewisser Hinsicht § 33 TKG 1996 fort, hat jedoch insgesamt eine anders geartete Funktion[571]. Wesentliche Teile der normativen Funktion des § 33 TKG 1996, über den der Zugang der Wettbewerber zu den notwendigen Vorleistungen der Deutsche Telekom AG ermöglicht wurde, werden z. B. künftig von der Zugangsregulierung nach den §§ 21 ff. TKG erfüllt[572], was bereits an dieser Schnittstelle zu Abgrenzungsschwierigkeiten führt.

Erste Hinweise auf das Verhältnis der besonderen Missbrauchsaufsicht zu den anderen Regulierungsinstrumenten des TKG 2004 erwartet man sich von dem Wortlaut der Norm und aus der amtlichen Gesetzesbegründung, die im Rahmen einer teleologischen Auslegung bei der Beantwortung der Frage helfen kann, was der Gesetzgeber mit dieser Vorschrift beabsichtigt hat. Der Blick auf den Wortlaut der Norm ernüchtert an dieser Stelle aber sogleich, da er wie bereits erwähnt generalklauselartig ausgestaltet ist und bestimmten marktmächtigen Telekommunikationsunternehmen lediglich untersagt, ihre besondere Marktstellung missbräuchlich auszunutzen. Welche Verhaltensweisen hiervon konkret erfasst sein sollen, bleibt zunächst im Ungewissen. Zwar lässt sich hier mit einem Rückgriff auf die parallelen Vorschriften des allgemeinen Kartellrechts etwas Klarheit erzielen. Es lässt sich jedoch allein vom weit gefassten Wortlaut her nicht der erste Eindruck verhindern, dass auch die missbräuchlichen Verhaltensweisen im Bereich des Netzzugangs und der Entgeltgestaltung gemeint sein könnten, da diese nach den dafür geltenden Vorschriften der §§ 21 ff. TKG und §§ 27 ff. TKG eben auch nichts anderes als eine Ausnutzung einer besonderen, marktmächtigen Stellung eines Telekommunikationsunternehmens darstellen.Der Wortlaut des § 42 Abs. 1 Satz 1 TKG scheint somit für eine weite Auslegung der besonderen Missbrauchsaufsicht zu sprechen, die danach auch in allen speziell geregelten Regulierungsbereichen wie der Zugangs- und der Entgeltregulierung Anwendung finden könnte. Einschränkend ist hier aber zu beachten, dass der Gesetzgeber im Rahmen des § 42 TKG einige Vermutungsregeln aufgestellt hat, bei deren Vorliegen ein Missbrauch i. S. d. Vorschrift angenommen werden kann.

Wie bereits oben erwähnt, ist aber eine Vermutungsregel nur dann verhältnismäßig und zulässig, wenn sie Regelfälle des Tatbestands abbildet und somit die Gesetzesanwendung erheblich erleichtert[573].

Auffallend ist dann, dass eben keine bedeutsamen Missbrauchsfälle wie Ausnutzung beträchtlicher Marktmacht bei der Entgeltgestaltung (etwa Preishöhenmissbrauch oder Dumping) auch im Rahmen des § 42 TKG als Vermutungsregeln aufgenommen wurden, wenn doch der Gesetzgeber sie auch über

---

571 *Spoerr/Sellmann*, N&R 2004, 98 (106).

572 *Spoerr/Sellmann*, N&R 2004, 98 (106).

573 Siehe dazu oben Kapitel 3.3.1.2.5.2.1.1.2; vgl. auch *Gäbelein*, ZHR 147 (1983), 574 (576).

die besondere Missbrauchsaufsicht erfassen lassen wollte. Es ist wohl unbestritten, dass den Missbrauchsfällen der Zugangs- und Entgeltregulierung eine erheblich höhere Bedeutung für die Wettbewerbsentwicklung im Bereich der Telekommunikation zukommt als etwa der reinen verzögerten Bearbeitung von Zugangsanträgen, bei der nach § 42 Abs. 3 TKG ausdrücklich ein Missbrauch i. S. d. § 42 Abs. 1 Satz 1 TKG vermutet wird. Hier lässt sich bereits ein gewisser Wertungswiderspruch feststellen, wollte man die weite und offene Formulierung des § 42 Abs. 1 Satz 1 TKG bei der Bestimmung des Anwendungsbereichs zugrunde legen.

Allerdings wird die Annahme eines weiten Verständnisses des § 42 Abs. 1 Satz 1 TKG durch einen weiteren Gesichtspunkt nahe gelegt. So führt die Gesetzesbegründung aus, dass die besondere Missbrauchsaufsicht unabhängig von Verfahren nach § 23 TKG des Regierungsentwurfs zum TKG vom 15. Oktober 2003 (jetzt § 25 TKG), also der zentralen Anordnungsbefugnis im Rahmen der Zugangsregulierung, durchführbar sein soll[574]. Dies legt auf den ersten Blick den Schluss nahe, der Gesetzgeber wolle eine parallele Anwendbarkeit des § 42 TKG auch neben speziellen Regulierungsinstrumenten wie der Zugangsregulierung zulassen. Somit sprechen durchaus einige Anhaltspunkte gegen eine Subsidiarität der besonderen Missbrauchsaufsicht gegenüber den anderen Regulierungsinstrumenten des Zweiten Teils des TKG.

Darauf aufbauend gehen z. B. *Spoerr/Sellmann* davon aus, dass § 42 TKG auch hinsichtlich solcher Missbrauchsformen anwendbar sei, die eigentlich spezielleren Vorschriften unterfallen[575]. Sie stützen ihre Ansicht darauf, dass die Generalklausel der Missbrauchsaufsicht bei der Annahme eines strikten Subsidiaritätsverhältnisses kaum noch einen eigenen Anwendungsbereich inne hätte und in den meisten wesentlichen Missbrauchsfällen von vorneherein ausscheiden würde[576].

Es wird nun jedoch demgegenüber zu zeigen sein, dass ein solches Ausdehnen der besonderen Missbrauchsaufsicht auf speziell geregelte Missbrauchsformen zu widersprüchlichen, unstimmigen Ergebnissen führt, die nicht dem Sinn und Zweck der Vorschrift entsprechen. Es wird vielmehr zu konstatieren sein, dass die besondere Missbrauchsaufsicht in ihrem Wirkkreis dort eingeschränkt sein muss, wo speziellere Vorschriften für eine Regulierung bestehen. Bereits ein genauerer Blick auf die Gesetzesbegründung, die als Grundlage für eine paral-

---

[574] Gesetzesbegründung zu § 25 TKG (§ 23 TKG-E), BT-Drs. 15/2316, S. 71.

[575] Vgl. *Spoerr/Sellmann*, N&R 2004, 98 (106 f.), insbesondere hinsichtlich des Verhältnisses von Entgeltregulierung und besonderer Missbrauchsaufsicht. Nicht ganz eindeutig, aber sich wohl dieser Auffassung für alle Regulierungsbereiche mit Ausnahme der Entgeltregulierung weitgehend anschließend *Schütz*, in: Beck`scher TKG-Kommentar, 3. Aufl. 2006, § 42 Rn. 48 ff.

[576] *Spoerr/Sellmann*, N&R 2004, 98 (105).

lele Anwendbarkeit des § 42 TKG herangezogen wird[577], zeigt, dass der Wille des Gesetzgebers insoweit nicht so eindeutig ist, wie *Spoerr/Sellmann* meinen. Denn die amtliche Gesetzesbegründung enthielte bei einem solchen Verständnis einen bedeutsamen Widerspruch. Ausweislich der Begründung soll § 42 TKG nämlich explizit eine "**Generalklausel**" zur Ahndung von missbräuchlichen Verhaltensweisen darstellen. Generalklauseln ist es aber wesensimmanent, dass sie nur dann Geltung beanspruchen, wenn keine vorrangige, sachnähere Rechtsgrundlage vorhanden ist. Eine parallele Anwendung der Generalklausel neben solchen ausdifferenzierten Rechtsgrundlagen ist dem deutschen Verwaltungsrecht grundsätzlich unbekannt[578]. Sie hätte auch den merkwürdigen Nebeneffekt, dass auf die speziellere Ausformung im Ergebnis gänzlich verzichtet werden könnte.

Der Gesetzgeber verfolgt aber mit der Normierung speziellerer Vorschriften gerade das Ziel, einem bestimmten Sachverhalt eine ausdifferenzierte Lösung angedeihen zu lassen, was durch den parallelen, unbeschränkten Rückgriff auf Generalklauseln konterkariert würde. Der Wortlaut der Gesetzesbegründung kann somit sinnhaft nur unter Beachtung dieses Gesamtzusammenhangs ausgelegt werden. Der Gesetzgeber hat in seiner Gesetzesbegründung ferner ausgeführt, dass § 42 TKG vom Anwendungsbereich her weiter reiche als § 25 TKG und z. B. auch im Endnutzerbereich Geltung beanspruche[579].

Die problematische Formulierung, wonach Verfahren nach dem § 42 TKG unabhängig von solchen nach § 25 TKG durchgeführt werden können, muss demnach so verstanden werden, dass durch die besondere Missbrauchskontrolle Sachverhalte erfasst werden, die gerade nicht von § 25 TKG und den anderen Regulierungsinstrumenten geregelt werden[580]. Nur so lässt sich dem Willen des Gesetzgebers, wonach § 42 TKG eine Generalklausel darstellen soll, überhaupt Rechnung tragen.

Betrachtet man des Weiteren die Vermutungsregel des § 42 Abs. 3 TKG, die sich auf Sachverhalte mit einem Bezug zum Netzzugang bezieht, so wird schnell deutlich, dass die darin als Missbrauchsfall klassifizierte verzögerte Be-

---

577 Es ist auch zu beachten, dass eine Gesetzesbegründung kein Bestandteil des Normtextes ist und insofern nur Beachtung im Rahmen der gebotenen Auslegung einer Vorschrift finden kann, ohne die Normanwendung per se beeinflussen zu können. Eine unumstößliche Bindungswirkung für eine konkret gebotene Gesetzesanwendung kann ihr jedenfalls nicht entnommen werden.

578 Dieses Verständnis ist im gesamten besonderen Verwaltungsrecht anzutreffen. Als bekanntes Beispiel für die Subsidiarität einer Generalklausel kann hier die allgemeine Befugnisnorm im Polizei- und Ordnungsrecht genannt werden (z. B. § 11 NGefAG).

579 Gesetzesbegründung zu § 42 TKG (§ 40 TKG-E), BT-Drs. 15/2316, S. 71.

580 Dieses nach einer Gesamtschau der Umstände als zutreffend zu qualifizierende Verständnis wird von *Gersdorf*, in: Säcker (Hrsg.), Berliner Kommentar zum TKG, 2006, § 42 Rn. 6, vertreten.

arbeitung von Zugangsanträgen im Rahmen der speziellen Zugangsregulierungsvorschriften nach den §§ 19 ff. TKG keine Erwähnung findet.

Insofern lässt sich hier das grundsätzliche Verständnis des § 42 TKG als Generalklausel, die hinter spezielleren Regelungen zurücktritt, noch untermauern. In § 42 Abs. 3 TKG wird nämlich ein Sonderfall der Zugangsregulierung normiert, der ansonsten nicht von §§ 22, 25 TKG oder anderen Vorschriften der Zugangsregulierung erfasst wird[581]. Dass aber gerade solche nirgendwo speziell erfassten Fallgestaltungen § 42 TKG unterfallen, spricht für ein Verständnis als Generalklausel, die Schutzlücken schließen und subsidiär zur Anwendung kommen soll, zumal ein unabhängiges, paralleles Verfahren nach § 25 TKG hierbei gar nicht möglich ist[582].

Eine uneingeschränkte Anwendung des § 42 TKG auch in den dezidiert geregelten Bereichen der Zugangs- und Entgeltregulierung würde außerdem erhebliche Probleme in der Regulierungspraxis zur Folge haben. Sollte ein Entgelt etwa nach § 42 TKG auch als missbräuchlich eingestuft werden können, so könnte dies zu einer Umgehung der speziell normierten Maßstäbe der §§ 28 und 30 TKG führen. Eine gleich lautende Vorgabe für die Bemessung eines missbräuchlichen Entgelts findet sich im § 42 TKG nicht. Es wird dort auch kein Rückgriff auf die Entgeltmaßstäbe der Entgeltregulierung angeordnet.

Es kann aber nicht gewollt sein, dass die *Bundesnetzagentur* in Umgehung der §§ 27 ff. TKG im Rahmen des § 42 TKG andere Kriterien für eine Missbräuchlichkeit von Entgelten aufstellen könnte, die sodann wegen einer möglicherweise leichteren Handhabung die sachnäheren Entgeltregulierungsvorschriften verdrängen könnten. Voraussetzung dafür, dass über § 42 TKG keine anderen Ergebnisse im Rahmen der Entgeltregulierung erreicht würden als über §§ 28, 30 TKG, wäre es somit, dass die speziellen Maßstäbe in den § 42 TKG hineingelesen werden müssten. Dann wäre aber die parallele Anwendung dieser Vorschrift obsolet, da dort nur redundante Voraussetzungen geprüft werden könnten.

Ein weiterer Effekt der parallelen Anwendbarkeit des § 42 TKG wäre es, dass die Wettbewerber über § 42 Abs. 4 TKG ein eigenes Antragsrecht im Rahmen einer Entgeltregulierung über den Umweg der besonderen Missbrauchskontrolle erhielten. Ein solches ist aber bei den speziellen Vorschriften der §§ 27 bis 39 TKG nicht vorgesehen. Auch hinsichtlich der weiteren Verfahrensvorgaben gilt, dass die ausdifferenzierten Handlungsmöglichkeiten und formalen Bedingungen, welche die *Bundesnetzagentur* bei einer Entgeltregulierung nach

[581] Siehe dazu oben Kapitel 3.3.1.2.6.

[582] Vgl. dazu *Gersdorf*, in: Säcker (Hrsg.), Berliner Kommentar zum TKG, 2006, § 42 Rn. 7.

den §§ 27 ff. TKG zu beachten hat, ausgehebelt werden könnten[583]. Das Gleiche gilt entsprechend für die speziellen Vorgaben der Zugangsregulierung, die sich im Rahmen der besonderen Missbrauchsaufsicht ebenfalls nicht wieder finden. Dass durch eine unbesehene parallele Anwendung der besonderen Missbrauchsaufsicht somit eine Unterwanderung europarechtlich vorgegebener Kriterien hinsichtlich speziell geregelter Regulierungsformen droht, ist damit insgesamt evident.

Vor diesem Hintergrund der Ausgestaltung der besonderen Missbrauchsaufsicht als Generalklausel in einem fein gegliederten Regulierungssystem mit speziellen und detaillierten Vorgaben für bestimmte, in der Praxis besonders erhebliche, Missbrauchsformen erscheint die Ausdehnung des Anwendungsbereichs des § 42 TKG auf diese Bereiche nicht vom Gesetzeszweck gedeckt[584]. Sie hätte keinen eigenständigen Wirkbereich und führte aufgrund der unterschiedlichen Maßstäbe und formalen Vorgaben zu unlösbaren Wertungswidersprüchen. Es ist daher zu konstatieren, dass der Anwendungsbereich der besonderen Missbrauchsaufsicht nach § 42 TKG durch spezielle Normen des TKG eingeschränkt werden muss, sodass lediglich eine subsidiäre Heranziehung zulässig ist. Die auf den ersten Blick entgegenstehende Gesetzesbegründung zu § 42 TKG kann aufgrund fehlender Bindungswirkung kein anderes Ergebnis rechtfertigen und spricht bei einem zutreffenden Verständnis, wie oben dargelegt, ohnehin für die soeben dargestellte Klassifizierung als Generalklausel. Der Wortlaut der Norm, der als äußerste Grenze einer Gesetzesauslegung wirkt, steht einem solchen Verständnis der besonderen Missbrauchsaufsicht ebenfalls nicht entgegen, da es sich lediglich um eine Einschränkung des Anwendungsbereichs, nicht aber um eine Ausdehnung handelt.

Auch das Argument, dass die Bedeutung dieses Regulierungsinstruments bei einem subsidiären Verständnis vernachlässigbar wäre, kann nicht überzeugen. Denn es existiert eine Vielzahl von Verhaltensweisen marktmächtiger Unternehmen, die sich nicht direkt auf die Entgeltgestaltung oder die Zugangsgewährung beziehen oder die von Anbietern ausgehen, die nicht Normadressaten dieser Vorschriften sind, und die dennoch aus wettbewerbspolitischen Gründen zu missbilligen sind. Deutlich wird dies bereits daran, dass der Gesetzgeber einige von ihm als besonders bedeutsam befundene Missbrauchsformen als Vermutungstatbestände in § 42 Abs. 2 und 3 TKG normieren konnte.

Dem Bestreben, der besonderen Missbrauchsaufsicht durch Überdehnung ihres Anwendungsbereichs eine Bedeutung auch in speziell geregelten Regulierungsbereichen zuweisen zu wollen, muss vor dem Hintergrund der Wertungswidersprüche und des nicht vorhandenen Nutzens eines solchen Verständnisses

[583] So findet sich im Rahmen des § 42 TKG z. B. kein Verweis auf das in § 34 TKG niedergelegte Price-Cap-Verfahren und das in § 35 TKG vorgesehene Vergleichsmarktkonzept.

[584] Vgl. auch *Wissmann*, in: ders. (Hrsg.), Telekommunikationsrecht, 2. Aufl. 2006, S. 274.

jedenfalls entgegengetreten werden. Ein solches Subsidiaritätsverhältnis wird unter Berücksichtigung der oben dargestellten Erwägungen auch in zutreffender Weise von der wohl als herrschend zu bezeichnenden Ansicht angenommen[585].

Nachdem nun festgestellt wurde, dass § 42 TKG bei richtigem Verständnis lediglich als Generalklausel und damit subsidiär anzuwenden ist, soll in einem weiteren Schritt der Frage nachgegangen werden, welche Regulierungsvorschriften des TKG bei einer Analyse ihres Regelungsbereiches ein Vorrang vor § 42 TKG zukommen soll. Von diesem Befund hängt unter Berücksichtigung der obigen Erwägungen der genaue Anwendungsbereich des § 42 TKG ab.

3.3.1.6.1 Verhältnis zur Zugangsregulierung

Von großer Bedeutung für die Anwendbarkeit der besonderen Missbrauchskontrolle ist ihr Verhältnis zu der für die Sicherstellung wirksamen Wettbewerbs unerlässlichen Zugangsregulierung nach den §§ 16 ff. TKG, die besonders bedeutsame Marktzutrittschranken für Wettbewerber bekämpfen soll. Hier ergeben sich Spannungsverhältnisse insbesondere zu den §§ 18, 19, 21 und 25 TKG, da diese ebenfalls ein Marktverhalten erfassen, welches unter Umständen dem Tatbestand des § 42 TKG unterfallen könnte. Den Fragen nach dem jeweiligen Verhältnis soll unter Berücksichtigung der obigen Ausführungen zum Charakter der besonderen Missbrauchskontrolle als subsidiäre Generalklausel nachgegangen werden.

3.3.1.6.1.1 Abgrenzung zu § 18 TKG

Die Vorschrift des § 18 TKG nimmt eine besondere Stellung im Rahmen des Regulierungssystems ein. Verpflichtungen nach § 18 TKG sind nicht Bestandteil einer Regulierungsverfügung i. S. d. § 13 Abs. 1 Satz 1 TKG nach Abschluss eines entsprechenden Marktdefinition- und Marktanalyseverfahrens durch die *Bundesnetzagentur*. Dennoch ist für Regulierungsmaßnahmen auf Grundlage dieser Vorschrift über § 13 Abs. 1 Satz 4 TKG gemäß § 12 Abs. 1, Abs. 2 Nr. 1, 2 und 4 TKG entsprechend ein Konsultations- und Konsolidierungsverfahren durchzuführen, sofern die Maßnahme Auswirkungen auf den Handel zwischen den Mitgliedstaaten der *Europäischen Union* hat. Auch wenn es sich bei § 18 TKG somit um kein Regulierungsinstrument handelt, dass im Rahmen einer Regulierungsverfügung angeordnet wird, so ergeht die entsprechende Entscheidung der *Bundesnetzagentur* gemäß § 13 Abs. 3 TKG dennoch mit den Ergebnissen der Verfahren nach §§ 10 und 11 TKG (**Marktdefinition und Marktanalyse**) als einheitlicher Verwaltungsakt, um den Rechtschutz gegen derartige Maßnahmen nicht zu zersplittern.

---

585 *Robert*, K&R 2005, 354 (358); *Gersdorf*, in: Säcker (Hrsg.), Berliner Kommentar zum TKG, 2006, § 42 Rn. 5 ff.

Fraglich ist nun, ob es zwischen den Maßnahmen nach § 18 TKG und der besonderen Missbrauchsaufsicht zu Konflikten hinsichtlich ihres Anwendungsbereichs kommen kann, die einer Lösung zugeführt werden müssen.

Die Regulierungsbehörde kann nach § 18 Abs. 1 TKG Betreiber öffentlicher Telekommunikationsnetze, die den Zugang zu Endnutzern kontrollieren und die nicht über beträchtliche Marktmacht verfügen, dazu verpflichten, auf entsprechende Nachfrage ihre Netze mit denen von Betreibern anderer öffentlicher Telekommunikationsnetze zusammenzuschalten, soweit dies erforderlich ist, um die Kommunikation der Nutzer und die Bereitstellung von Diensten sowie deren Interoperabilität zu gewährleisten.

Es geht dem Gesetzgeber also vornehmlich darum, die Erreichbarkeit aller Nutzer untereinander mittels der vorhandenen Telekommunikationsnetze sicherzustellen. Ohne eine entsprechende Zugangsverpflichtungsnorm auch für nicht marktbeherrschende Netzbetreiber droht insbesondere, dass ein nicht marktbeherrschender Netzbetreiber sich mit einem (ebenfalls nicht marktmächtigen) Konkurrenten nicht über eine Zusammenschaltung ihrer Netze einigen könnte und in der Folge die jeweiligen Nutzer nicht mehr untereinander telekommunizieren könnten. Dies hätte im schlimmsten Fall eine Zersplitterung der Erreichbarkeit der Nutzer untereinander zur Folge, die den Wert jedes einzelnen Netzes rapide senken und im Zeitalter der Informationsgesellschaft für die Wirtschaft und die privaten Nutzer gravierende Folgen haben würde. Insofern ist eine Norm wie § 18 TKG aufgrund der Besonderheiten einer netzbasierten Wirtschaft, die eben umso funktioneller und wirtschaftlicher arbeitet, je mehr Nutzer an dasselbe Netz angeschlossen bzw. untereinander erreichbar sind[586], unerlässlich, um einen schnellen und umfassenden Informationsaustausch mittels Telekommunikationsnetzen zu gewährleisten, wenn sich einzelne private Unternehmen nicht über eine Zusammenschaltung ihrer Netze einigen können.

Die Frage nach einem möglichen Anwendungskonflikt zwischen § 18 TKG und § 42 TKG lässt sich recht leicht beantworten. Aufgrund des Anwendungsbereichs des § 18 Abs. 1 TKG, der in personaler Hinsicht auf nicht marktbeherrschende Unternehmen begrenzt ist, besteht insoweit nämlich schon auf Tatbestandsebene kein Konkurrenzverhältnis zu § 42 TKG, der eine Norm der klassischen asymmetrischen Regulierung ist und somit nur marktbeherrschende Unternehmen als Adressaten haben kann[587].

Auch § 18 Abs. 2 TKG, der die Möglichkeit vorsieht, Betreibern öffentlicher Telekommunikationsnetze, die den Zugang zu Endnutzern kontrollieren, Gleichbehandlungspflichten hinsichtlich der Erreichbarkeit und Abrechnung von Telekommunikationsdienstleistungen aufzuerlegen, richtet sich von seiner

---

586 Vgl. zu den Netzwerkexternalitäten oben Kapitel 1.1, Fn. 9.

587 Über das Nichtbestehen eines Konkurrenzverhältnisses besteht insoweit Einigkeit, vgl. ebenso *Robert*, K&R 2005, 354 (360).

Systematik her in Einschränkung zu seinem zu weit reichenden Wortlaut wie § 18 Abs. 1 TKG nur an Betreiber ohne beträchtliche Marktmacht[588]. Damit ist eine Überschneidung mit § 42 TKG auch insoweit ausgeschlossen.

Daran ändert sich auch nichts dadurch, dass über § 18 Abs. 2 Satz 2 TKG die Regelungen des § 42 Abs. 4 TKG entsprechend gelten, sofern die *Bundesnetzagentur* Verpflichtungen nach § 18 Abs. 2 Satz 1 TKG auferlegt hat. Hierdurch wird lediglich auf die Rechtsfolgen der besonderen Missbrauchsaufsicht sowie einige Verfahrensvorgaben verwiesen, sodass eine tatbestandliche Kollision nicht erfolgt. Zwar ergeben sich durch diese Verweisung einige Abgrenzungsfragen zum Verhältnis von §§ 18 Abs. 2, 42 Abs. 4 TKG zu dem Instrument des § 25 TKG, der ebenfalls eine Durchsetzungsnorm für Verpflichtungen nach § 18 TKG ist, sofern eine Vereinbarung über Zugangsleistungen i. S. d. Vorschrift nicht zustande kommt, vgl. § 25 Abs. 1 Satz 1 TKG. Hierbei handelt es sich insoweit aber nicht um ein Problem des Anwendungsbereichs der besonderen Missbrauchsaufsicht, sodass hierauf nicht weiter eingegangen werden soll[589].

Insgesamt lässt sich festhalten, dass es keine Schnittmenge zwischen § 18 TKG und der besonderen Missbrauchsaufsicht nach § 42 TKG gibt, in der beide Normen vom Grundsatz her eingreifen könnten und die einer konkurrenzrechtlichen praktikablen Lösung zugeführt werden müsste.

3.3.1.6.1.2 Abgrenzung zu § 19 TKG

Zu untersuchen ist in einem weiteren Schritt, ob sich Überschneidungen zwischen § 19 TKG und § 42 TKG ergeben könnten, die die Frage nach dem genauen Verhältnis der beiden Vorschriften aufwerfen.

§ 19 TKG normiert ein Diskriminierungsverbot, das wie § 42 TKG an Betreiber öffentlicher Telekommunikationsnetze mit beträchtlicher Marktmacht gerichtet ist. Der Regulierungsbehörde steht dabei ein Ermessen zu ("**kann**"), ob sie einem marktbeherrschenden Netzbetreiber im Rahmen einer Regulierungsverfügung nach § 13 TKG die Verpflichtungen nach § 19 TKG auferlegt.

Hierbei können die Adressaten verpflichtet werden, ihre Vereinbarungen über Netzzugänge auf Grundlage objektiver Maßstäbe nachvollziehbar, gleichwertig und den Geboten der Chancengleichheit und Billigkeit entsprechend zu gestalten, § 19 Abs. 1 TKG. Verstößt ein Unternehmen gegen diese Pflichten, so könnte hierin auch ein Missbrauch i. S. d. § 42 Abs. 2 TKG liegen, wonach ein marktbeherrschendes Telekommunikationsunternehmen externe Nachfrager nach seinen Leistungen nicht schlechter behandeln darf als interne.

---

588 Vgl. dazu Bericht des Ausschusses für Wirtschaft und Arbeit vom 10.3.2004 zu § 18 TKG, BT-Drs. 15/2679, S. 13; ebenso *Robert*, K&R 2005, 354 (360).

589 Vertiefend zu diesem Problemkreis mit Lösungsvorschlag *Robert*, K&R 2005, 354 (360 f.).

Insoweit sind also Überschneidungen zwischen § 19 TKG und § 42 TKG denkbar. Gleiches gilt auch für die Konkretisierung des Diskriminierungsverbots nach § 19 Abs. 1 TKG in Absatz 2, wonach die Gleichbehandlungspflichten insbesondere sicherstellen sollen, dass der betreffende Betreiber seinen Wettbewerbern unter den gleichen Umständen gleichwertige Bedingungen anbietet und Dienste und Informationen für Dritte zu den gleichen Bedingungen und mit der gleichen Qualität bereitstellt wie für seine eigenen Produkte oder die seiner Tochter- oder Partnerunternehmen[590].

Ein Verstoß des nach § 19 Abs. 1 und 2 TKG verpflichteten marktmächtigen Unternehmens könnte somit nach alldem u. U. auch einen Missbrauch nach § 42 Abs. 1 Satz 1, Abs. 2 TKG darstellen, da dieser ebenfalls die Konstellation erfasst, dass das marktbeherrschende Unternehmen seinen Wettbewerbern den Zugang zu seinen intern genutzten oder zu seinem am Markt angebotenen Leistungen nicht zu der gleichen Qualität und gleichwertigen Bedingungen anbietet wie sich selbst oder den verbundenen Unternehmen. Ein solches Verhalten ist nach § 42 TKG im Hinblick auf die die Einräumung nicht gleichwertiger Bedingungen nur dann zulässig, wenn das betreffende Unternehmen hierfür eine sachliche Rechtfertigung im Einzelfall nachweist[591].

Bei der Frage nach dem genauen Verhältnis von § 19 TKG zu § 42 TKG führt ein Blick auf die Möglichkeiten der Regulierungsbehörde, einen Verstoß gegen § 19 TKG zu ahnden, weiter. Insoweit stehen der *Bundesnetzagentur* die Sanktionsmittel des § 126 TKG zur Verfügung, um die Verpflichtungen nach § 19 TKG effektiv auch gegen den Widerstand des betroffenen Unternehmens durchzusetzen. Denn stellt die Regulierungsbehörde fest, dass ein Unternehmen seinen Verpflichtungen nach dem TKG nicht nachkommt, so kann sie es zur Stellungnahme und Abhilfe auffordern, § 126 Abs. 1 TKG. Darüber hinaus sieht § 126 Abs. 2 bis 4 TKG weitere Anordnungsbefugnisse und Untersagungsbefugnisse der *Bundesnetzagentur* vor, wenn das Unternehmen sich weigert, den entsprechenden Verpflichtungen nachzukommen, mittels derer die Verstöße gegen das TKG beenden werden können. Als Druckmittel stehen des Weiteren die Verhängung eines Zwangsgeldes in Höhe von bis zu 500.000 € gemäß § 126 Abs. 5 TKG oder als ultima ratio sogar die Untersagung der Tätigkeit als Netzbetreiber oder Anbieter von Telekommunikationsdiensten zur Verfügung.

Über § 126 TKG ist die *Bundesnetzagentur* somit in der Lage, unmittelbar und angemessen auf einen Verstoß gegen § 19 TKG zu reagieren und das betreffende Unternehmen zur Einhaltung seiner Verpflichtungen zu bewegen. Da ein Verstoß gegen § 19 TKG aber auch einen Missbrauch i. S. d. § 42 Abs. 1 Satz 1, Abs. 2 TKG bedeuten kann, könnte die *Bundesnetzagentur* grundsätzlich in

590 § 19 Abs. 2 TKG ist die wortgetreue Umsetzung des Art. 10 Abs. 2 Zugangsrichtlinie in deutsches Recht.

591 Dies gilt jedenfalls für die Gewährung ungünstigerer Bedingungen, vgl. oben Kapitel 3.3.1.2.5.2.1.2.

diesem Fall auch gemäß § 42 Abs. 4 TKG eine Missbrauchsverfügung gegen das Unternehmen erlassen, um den Verstoß gegen die Gleichbehandlungspflichten zu ahnden. Diese Verfügung müsste allerdings wiederum in einem nachgelagerten Schritt über § 126 TKG durchgesetzt werden, wenn das Unternehmen den darin auferlegten Verpflichtungen nicht freiwillig Folge leistet. Somit hätte die *Bundesnetzagentur* durch die zusätzliche Missbrauchsverfügung nach § 42 Abs. 4 TKG keine Vorteile. Eine zusätzliche Anwendung des § 42 TKG ist insofern ohne eigene Bedeutung, da hiermit wiederum lediglich eine Verpflichtung geschaffen würde, die erst zwangsweise durchgesetzt werden müsste.

Dies ist der Regulierungsbehörde aber bereits bei einem Verstoß gegen § 19 TKG ohne Umweg über § 42 TKG möglich. Es ist somit zu konstatieren, dass eine Anwendung des § 42 TKG zur Durchsetzung des Diskriminierungsverbots nach § 19 TKG nicht notwendig ist und zu einer nicht systemgerechten Verzögerung der Ahndung des Missbrauchs führt. § 42 TKG ist daher nicht anzuwenden, wenn einem marktbeherrschenden Unternehmen eine Gleichbehandlungspflicht nach § 19 TKG auferlegt worden ist[592]. Nur wenn die Regulierungsbehörde von dieser Möglichkeit keinen Gebrauch gemacht hat, darf eine Ahndung über § 42 TKG erfolgen.

Damit wird allerdings deutlich, wie wenig durchdacht das Verhältnis des Gleichbehandlungsgebotes nach § 19 TKG zu § 42 Abs. 2 TKG tatsächlich ist. Denn eine Auferlegung von Gleichbehandlungsgeboten nach § 19 TKG ist ohne eigenständige Bedeutung, wenn die Regulierungsbehörde derartige Pflichten auch über § 42 Abs. 1, Abs. 2 TKG durchsetzen kann. So könnte man an dieser Stelle argumentieren, dass die Regulierungsbehörde gerade auf die Anordnung bestimmter Gleichbehandlungspflichten bewusst verzichtet hat, indem sie diese nicht im Rahmen einer Regulierungsverfügung nach § 19 TKG geregelt hat[593]. Diese Erwägung darf aber eine Anwendung des § 42 Abs. 2 TKG nicht sperren. Dieser wäre nämlich bei einem solchen Verständnis der Norm hinsichtlich seiner einzigen Adressatengruppe, nämlich der marktbeherrschenden Betreiber von Telekommunikationsnetzen, inhaltsleer und ohne eigenen Anwendungsbereich.

Außerdem eröffnet § 42 TKG gerade die Möglichkeit zu einem schnellen Eingreifen der Regulierungsbehörde bei festgestellten Ungleichbehandlungen auch außerhalb des langwierigen und umständlichen Verfahrens beim Erlass einer Regulierungsverfügung, die für die Auferlegung der Pflichten nach § 19 TKG unerlässlich ist[594]. Außerdem ermöglicht § 42 Abs. 2 TKG – und dies stellt ei-

---

592 Insoweit nicht eindeutig *Robert*, K&R 2005, 354 (360), der sich aber wohl eher für eine parallele Anwendbarkeit des § 42 TKG ausspricht, sofern eine Gleichbehandlungspflicht nach § 19 TKG auferlegt worden ist.

593 Vgl. zu dieser Erwägung *Robert*, K&R 2005, 354 (360).

594 Auf diesen Umstand zu Recht abstellend *Robert*, K&R 2005, 354 (360). § 42 TKG erfordert nämlich zwar ein vorheriges Marktdefinitions- und Marktanalyseverfah-

nen wesentlichen Unterschied dar – im Gegensatz zu § 19 TKG die Berücksichtigung von Belangen des marktbeherrschenden Unternehmens, die eine Ungleichbehandlung ausnahmsweise sachlich rechtfertigen können. Dies eröffnet die Option, alle abwägungsrelevanten Umstände des Einzelfalls konkret zu würdigen und somit flexibler als mit dem starren Instrument des Gleichbehandlungsgebots i. S. d. § 19 TKG, das kein Einfallstor für eventuell rechtfertigende Umstände für die Ungleichbehandlung enthält, auf missbräuchliches Marktverhalten zu reagieren.

Es lässt sich somit festhalten, dass eine nach § 19 TKG auferlegte Verpflichtung systemgerecht selbst über § 126 TKG durchzusetzen ist und insoweit kein sinnvoller Anwendungsbereich für eine parallele, nachgelagerte Bewertung des Marktverhaltens über § 42 TKG verbleibt. Etwas anderes gilt nur für den Fall, dass eine Gleichbehandlungsverpflichtung nach § 19 TKG nicht erfolgt ist und sich bei der laufenden Marktüberwachung eine tatsächliche Ungleichbehandlung manifestiert. Hier ist die Regulierungsbehörde auch bei der potentiellen Adressatengruppe des § 19 TKG, den marktbeherrschenden Netzbetreibern, zu einem Eingreifen nach § 42 Abs. 1 Satz 1, Abs. 2 TKG befugt.

3.3.1.6.1.3 Abgrenzung zu §§ 21, 22 und 25 TKG

Von besonderer regulierungspraktischer Bedeutung ist das Verhältnis von § 42 TKG zur Zentralnorm der Zugangsregulierung in § 21 TKG. Nach dieser Vorschrift kann die *Bundesnetzagentur* Betreiber öffentlicher Telekommunikationsnetze, die über beträchtliche Marktmacht verfügen, verpflichten, anderen Unternehmen (i. e. seinen konkreten Wettbewerbern) Zugang zu gewähren. Der Begriff "**Zugang**" ist dabei weit zu verstehen und meint ausweislich § 3 Nr. 32 TKG die Bereitstellung von Einrichtungen oder Diensten für ein anderes Unternehmen unter bestimmten Bedingungen zum Zwecke der Erbringung von Telekommunikationsdiensten[595].

Es stellt sich die Frage, ob im Geltungsbereich des § 21 TKG auch eine Anwendung der besonderen Missbrauchskontrolle in Frage kommt, um die jeweils notwendigen Regulierungsmaßnahmen zu ergreifen bzw. Zugangsverpflichtungen angemessen durchzusetzen oder auch überhaupt erst anzuordnen.

Die Frage nach dem Verhältnis dieser beiden Vorschriften wurde bereits vor Inkrafttreten des TKG am 26. Juni 2004 aufgeworfen, insbesondere unter dem Gesichtspunkt, ob eine Zugangsverweigerung durch einen marktbeherrschenden Betreiber nach § 42 TKG missbräuchlich sein kann, wenn eine Zugangsan-

---

ren, nicht jedoch den Erlass einer abstrakten Regulierungsverfügung. Etwas anderes gilt nur für den neu geschaffenen § 42 Abs. 4 Satz 3 TKG, der der Regulierungsbehörde bereits ein Eingreifen bei einem drohenden missbräuchlichen Verhalten ermöglicht, jedoch nicht den Regelfall der ex post ausgerichteten besonderen Missbrauchskontrolle darstellt.

595 Zum Begriff der "**Telekommunikationsdienste**" vgl. § 3 Nr. 24 TKG.

ordnung nach § 21 TKG bisher gar nicht ergangen ist[596]. Eine Antwort auf diese Frage wurde allerdings damals leider nicht gegeben.

Wie sich sogleich – in Ergänzung zu den bereits oben angesprochenen Erwägungen[597] – zeigen wird, führt aber allein die Annahme eines strikten Subsidiaritätsverhältnisses der besonderen Missbrauchskontrolle in allen Fällen, die der Zugangsregulierung nach §§ 21, 22 und 25 TKG unterfallen bzw. unterfallen könnten, zu stimmigen und systemgerechten Ergebnissen[598].

Es handelt sich bei § 21 TKG um die umfangreichste Vorschrift des Zweiten Teils des TKG, die ein ausdifferenziertes Entscheidungsfindungssystem für die *Bundesnetzagentur* normiert, nach der diese die notwendigen Maßnahmen im Rahmen der in der Praxis überaus bedeutsamen Zugangsregulierung zu treffen hat. In Absatz 1 der Vorschrift wird festgelegt, welche Kriterien die Regulierungsbehörde im Rahmen ihrer Ermessensentscheidung über das "**Ob**" der Zugangsregulierung einzustellen hat. § 21 Abs. 3 TKG enthält sodann einen Katalog mit "**Soll**"-Verpflichtungen, also mit solchen Maßnahmen, für die im Rahmen der Auswahl des Mittels durch die Regulierungsbehörde eine bereits vorgezeichnete Ermessensentscheidung (sog. **intendiertes Ermessen**) angeordnet ist, und die immer dann zur Anwendung kommen sollen, wenn keine atypischen Umstände dem entgegenstehen. In Absatz 2 wiederum sind die Zugangsverpflichtungen aufgeführt, hinsichtlich deren Auswahl durch die *Bundesnetzagentur* ein freies, pflichtgemäßes Ermessen besteht, die Entscheidung für den Regelfall also noch nicht vom Gesetzgeber vorgezeichnet ist.

Gegenüber dieser ausdifferenzierten, detailreichen Vorschrift nimmt sich die Generalklausel des § 42 TKG eher dürftig aus. Zwar gibt es dort auch die Möglichkeit, bestimmte Belange bei Abwägungsentscheidungen zu berücksichtigen, doch weisen diese Entscheidungsprozesse bei weitem nicht die Spezialität auf, die § 21 TKG für die Sachverhalte bereithält, in denen es um den Zugang von Wettbewerbern zu den für die eigene Leistungserbringung notwendigen Vorleistungen des marktbeherrschenden Netzbetreibers geht. Hieran wird deutlich, dass eine parallele Anwendung der Generalklausel auf Fälle, die tatbestandsmäßig dem § 21 TKG unterfallen (bzw. unterfallen könnten), zu einer Umgehung der speziellen Vorgaben für die Zugangsregulierung führen kann, sofern man deren Voraussetzungen nicht in den § 42 TKG "**hineinliest**"[599], was allerdings keinen eigenständigen Wirkkreis des § 42 TKG zur Folge hätte.

Für eine Anwendung des § 42 TKG besteht überdies auch kein Bedarf. Die Zugangsregulierung ist dergestalt ausgeformt, dass zunächst im Rahmen einer Regulierungsverfügung i. S. d. § 13 Abs. 1 Satz 1 TKG die von der *Bundes-*

---

596 Vgl. *Thomaschki*, K&R Beilage 1/2004, 21 (23).
597 Vgl. dazu oben Kapitel 3.3.1.6.
598 Dagegen anscheinend *Schütz*, in: Beck`scher TKG-Kommentar, 3. Aufl. 2006, § 42 Rn. 8 ff.
599 Siehe dazu oben Kapitel 3.3.1.6.

netzagentur nach Durchführung der Marktdefinition und Marktanalyse als erforderlich erachteten Zugangsmaßnahmen verfügt werden.

Diese gelten zunächst allein abstrakt, führen aber dazu, dass der nach § 21 TKG generell verpflichtete Netzbetreiber über § 22 TKG konkret gehalten ist, seinen Wettbewerbern, die genau diejenige Leistung, hinsichtlich der eine Zugangsverpflichtung verfügt wurde, nachfragen, ein entsprechendes Angebot abzugeben. Kommt er dem nicht oder unzureichend nach, so kann die Regulierungsbehörde die entsprechenden Verpflichtungen des marktbeherrschenden Netzbetreibers mittels Anordnungen nach § 25 TKG im konkreten Fall durchsetzen. Insbesondere ist es der *Bundesnetzagentur* darüber möglich, sämtliche notwendigen Bedingungen einer Zugangsvereinbarung mitsamt deren Entgelten sowie zusätzliche Vorgaben in Bezug auf Chancengleichheit, Billigkeit und Rechtzeitigkeit anzuordnen.

Über § 42 TKG hat die *Bundesnetzagentur* keine weitergehenden Befugnisse, um derartige Bedingungen einem marktmächtigen Unternehmen aufzuerlegen. Die Zugangsregulierung hält somit bereits alle notwendigen Maßnahmen bereit, um die Zugangsverpflichtungen auch durchsetzen zu können, sodass ein Rückgriff auf andere Vorschriften nicht nötig ist, um eine sachgerechte und effiziente Regulierung zu gewährleisten. Stattdessen droht vielmehr eine Umgehung der detaillierten und ausdifferenzierten Vorgaben der Vorschriften über die Zugangsregulierung, wollte man derartige Fälle, die tatbestandsmäßig Fragen nach einem Zugang zu wesentlichen Einrichtungen oder Diensten eines marktbeherrschenden Unternehmens aufwerfen, einem Missbrauchstatbestand des § 42 TKG zuordnen und über die besondere Missbrauchskontrolle lösen. Die besondere Missbrauchskontrolle mit ihren vergröbernden, generalklauselartig ausgestalteten Tatbestandsmerkmalen darf aber nicht dazu führen, dass die konkreten Entscheidungen im Rahmen von spezifischen, auf Zugangsprobleme abgestimmten Abwägungs- und Entscheidungsprozessen nach §§ 21, 22 und 25 TKG über § 42 TKG auf eine andere Basis gestellt oder anhand anderer Maßstäbe beurteilt werden, als dies die spezielleren Vorschriften vorsehen[600]. Somit scheidet eine parallele Anwendbarkeit des § 42 TKG neben §§ 21, 22 und 25 TKG aus. Dies gilt auch bei solchen Fällen, in denen die Regulierungsbehörde noch keine Entscheidung getroffen hat, in denen es aber um Fragen des Zugangs geht, die potentiell über die Instrumente der Zugangsregulierung einer sachgerechten Lösung zuzuführen sind.

Somit unterfallen der besonderen Missbrauchskontrolle nur solche Fallgestaltungen im Bereich der Zugangsregulierung, die nicht von den spezielleren Vorschriften der §§ 21, 22 und 25 TKG erfasst werden. Zum einen ist dies dann anzunehmen, wenn der Marktbeherrscher seine Verpflichtung aus § 22 Abs. 1 TKG nicht rechtzeitig erfüllt, indem er Zugangsanträge ohne sachlichen Grund

---

[600] Ebenso *Robert*, K&R 2005, 354 (361).

verzögert bearbeitet[601]. Dann greift zumindest der spezielle Tatbestand des § 42 Abs. 3 TKG ohne weiteres ein.

Weiterhin kann ein Zugang über § 42 TKG auch dann angeordnet werden, wenn es sich bei dem potentiell Zugangsverpflichteten nicht um einen Betreiber öffentlicher Telekommunikationsnetze handelt, da nur diese Adressaten der §§ 21, 22 und 25 TKG sein können. Geht es also vornehmlich um ein missbräuchliches Verhalten von Anbietern von Leistungen nach § 78 Abs. 2 Nr. 3 und 4 TKG oder Anbietern von telekommunikationsgestützten Diensten[602], so kann die *Bundesnetzagentur* nach § 42 TKG zu einem Eingreifen befugt sein. Denn diese Gruppe ist allein Adressat der besonderen Missbrauchsaufsicht, sodass sich ein Spannungsverhältnis mit den Regelungen der §§ 21, 22 und 25 TKG nicht stellen kann[603].

Auch aus dem unterschiedlichen Kreis der Normbegünstigen zwischen den §§ 21, 22 und 25 TKG auf der einen und § 42 TKG auf der anderen Seite lassen sich Fallgestaltungen herleiten, in denen ein Zugangsanspruch allein aus der Generalklausel der besonderen Missbrauchsaufsicht hervorgehen kann, ohne dass eine speziellere Regelung diese verdrängt. So können z. B. nur Anbieter von Telekommunikationsdiensten Zugang nach §§ 21, 22 und 25 TKG verlangen[604]. Geht es demnach um Zugangsansprüche von Anbietern von Leistungen nach § 78 Abs. 2 Nr. 3 und 4 TKG, Anbietern von telekommunikationsgestützten Diensten oder aber von Rundfunkveranstaltern sowie Anbietern von Medien- und Telediensten (**Telemedien**)[605], so können sich diese Unternehmen lediglich auf § 42 TKG berufen.

---

[601] Siehe dazu oben Kapitel 3.3.1.2.6.

[602] Vgl. zum Begriff § 3 Nr. 25 TKG.

[603] Vgl. dazu *Gersdorf*, in: Säcker (Hrsg.), Berliner Kommentar zum TKG, 2006, § 42 Rn. 17.

[604] Der Zugangsbegriff des § 3 Nr. 32 TKG erfasst einen Netzzugang nur, wenn dieser zum Zwecke der Erbringung von Telekommunikationsdiensten verlangt wird. Eine Ausnahme gilt laut *Gersdorf*, in: Säcker (Hrsg.), Berliner Kommentar zum TKG, 2006, § 42 Rn. 18, nur dann, wenn Zugang zu den wesentlichen Leistungen "**Fakturierung**" und "**Inkasso**" verlangt wird, da hierbei auch Anbieter von telekommunikationsgestützten Diensten i. S. d. § 3 Nr. 25 TKG und Anbieter von Universaldienstleistungen gemäß § 78 Abs. 2 Nr. 3 und 4 TKG geschützt sind.

[605] Ausführlich zu dem Bereich der Contentanbieter, die vom Zugangsregime des TKG nicht geschützte Dienste anbieten wollen, vgl. *Gersdorf*, in: Säcker (Hrsg.), Berliner Kommentar zum TKG, 2006, § 42 Rn. 19 m. w. N. Diese betreiben i. d. R. weder eigene öffentliche Telekommunikationsnetze, noch wollen sie eigene Telekommunikationsdienste mittels der nachgefragten Leistungen erbringen und unterfallen somit nicht dem Kreis der Normbegünstigten i. S. d. §§ 21, 22 und 25 TKG. Anders liegt der Fall selbstverständlich jedoch, wenn die Contentanbieter selbst als Betreiber von Telekommunikationsnetzen oder als Anbieter von Telekommunikationsdiensten kommerziell am Markt agieren. Nach *Gersdorf*, a. a. O., § 42 Rn. 20, ist dies etwa dann der Fall, wenn der Contentanbieter zugleich technische Dienstleis-

Denn sie wollen gerade keine eigenen Telekommunikationsdienste mittels der nachgefragten Leistungen des Marktbeherrschers erbringen und unterfallen insoweit nicht dem Schutzregime der Zugangsregulierung nach den §§ 21, 22 und 25 TKG. Sie können jedoch Endnutzer i. S. d. § 3 Nr. 8 TKG sein und somit einen Anspruch aus der besonderen Missbrauchsaufsicht herleiten, soweit die anderweitigen Tatbestandsmerkmale erfüllt sind.

3.3.1.6.2 Verhältnis zur Entgeltregulierung

Bei der Entgeltregulierung ist zu unterscheiden zwischen der Vorabregulierung[606] ("**ex ante**") und der nachträglichen Entgeltüberprüfung[607]. Da die Ex-ante-Untersuchung bereits dann greift, wenn ein Entgelt noch gar nicht am Markt verlangt wird, kann dieser Bereich insoweit grundsätzlich nicht mit § 42 TKG kollidieren. Bei der besonderen Missbrauchskontrolle handelt es sich schließlich um eine aus dem Kartellrecht übernommene Vorschrift mit rückwärtsgewandter Betrachtungsweise.

Um die Rechtsfolgen des § 42 TKG auszulösen, muss also bereits ein missbräuchliches Verhalten stattgefunden haben, welches lediglich nachträglich ("**ex post**") bewertet und abgestellt werden kann. Insofern kann es zwischen der Ex-ante-Entgeltregulierung und der besonderen Missbrauchsaufsicht keinerlei Überschneidungsmöglichkeiten geben. Es ist auch nicht anzunehmen, dass der Gesetzgeber an diesem Befund etwas durch die nachträgliche Einführung des § 42 Abs. 4 Satz 3 TKG, der in engen Grenzen eine vorgreifliche besondere Missbrauchsaufsicht ermöglicht, ändern wollte.

Spannungsfelder eröffnen sich aber dann, wenn bestimmte missbräuchliche Entgelte bereits am Markt verlangt werden und somit eine nachträgliche Kontrolle möglich wird. Da die nachträgliche Entgeltregulierung im Gegensatz zum überkommenen Rechtsrahmen unter Geltung des TKG 1996 inzwischen zum Regelfall im Bereich der Regulierung der Entgeltforderungen eines marktbeherrschenden Telekommunikationsunternehmens avanciert ist, stellt sich hier aber gerade eine Vielzahl von praktisch relevanten Fragen.

Dies gilt vor dem Hintergrund, dass selbstverständlich auch die Forderung eines missbräuchlichen Entgelts für notwendige Leistungen eines Marktbeherrschers (soweit diese nicht ohnehin einer Ex-ante-Regulierung nach § 30 Abs. 1 Satz 1 TKG unterliegen) oder Dumpingpreise für Endnutzerprodukte und ähnliche Preisverhaltensweisen auch eine unbillige Behinderung der Wettbewerber bzw. eine erhebliche Beeinträchtigung i. S. d. § 42 Abs. 1 Satz 1 i. V. m. Satz 2 TKG darstellen können. Deutlich wird diese potentielle Überschneidung insbe-

---

tungen wie Multiplexing oder Zugangskontrollsysteme betreibt und kommerziell der Öffentlichkeit anbietet.

[606] Vgl. § 30 Abs. 1 Satz 1 TKG.

[607] Vgl. §§ 38, 30 Abs. 1 Satz 2, Abs. 2 bis 4, 39 Abs. 2, Abs. 3, 40 Abs. 1 Satz 5 und 46 Abs. 3 Satz 3 TKG.

sondere dadurch, dass die zentrale Maßstabsnorm zur Bestimmung eines missbräuchlichen Entgelts, § 28 TKG, vom Wortlaut her nahezu identisch mit § 42 Abs. 1 Satz 1 TKG ist. So darf nach § 28 Abs. 1 Satz 1 TKG ein Anbieter von Telekommunikationsdiensten, der über beträchtliche Marktmacht verfügt, oder ein Betreiber eines öffentlichen Telekommunikationsnetzes, der über beträchtliche Marktmacht verfügt, diese besondere Marktstellung bei der Forderung und Vereinbarung von Entgelten nicht missbräuchlich ausnutzen.

§ 42 Abs. 1 Satz 1 TKG hingegen ist allgemeiner gehalten und untersagt den Adressaten, die sich insoweit mit § 28 Abs. 1 Satz 1 TKG decken, da § 42 TKG auch an Anbieter von Telekommunikationsdiensten und Betreiber öffentlicher Telekommunikationsnetze richtet, ihre marktbeherrschende Stellung insgesamt missbräuchlich auszunutzen.

Bereits hieran wird deutlich, dass die Entgeltregulierung einen speziellen Teilausschnitt des missbräuchlichen Marktverhaltens eines marktmächtigen Unternehmens herausnimmt und einer abgestuften, detaillierten Regulierung unterwirft, die ebenfalls auf Abwägungsprozesse, Vermutungsregeln sowie Regelbeispiele aufgebaut ist.

Damit ist jedes Marktverhalten eines marktbeherrschenden Anbieters von Telekommunikationsdiensten bzw. eines Netzbetreibers, das mit der Forderung oder Vereinbarung von Entgelten im Zusammenhang steht, aus dem Anwendungsbereich der besonderen Missbrauchskontrolle bewusst ausgeklammert worden und darf auch nicht in Umgehung der speziellen Voraussetzungen gemäß §§ 38, 28 TKG der Generalklausel des § 42 TKG wieder unterworfen werden[608]. Allein dieses Verständnis des Normverhältnisses ist systemgerecht und kann den gesetzgeberischen Willen umsetzen.

Überdies gilt noch, dass bei einer Unterwerfung der Missbrauchsfälle mit Entgeltbezug unter § 42 TKG starke Zweifel an der Verfassungsmäßigkeit der Vorschrift bestünden, da die dort verankerten Vermutungsregeln sodann nicht mehr die in der Praxis häufigsten Fallgestaltungen erfassen und somit nicht mehr erheblich zu einer leichteren Normanwendung beitragen könnten[609].

Ein eigenständiger Anwendungsbereich des § 42 TKG kann somit wiederum nur dort in Betracht kommen, wo die speziellen Vorschriften über die Entgeltregulierung nicht eingreifen. Dies ist aufgrund des weiten Geltungsbereiches der Entgeltregulierungsvorschriften allenfalls dann der Fall, wo es um Entgelte geht, die von einem Anbieter telekommunikationsgestützter Dienste für die Inanspruchnahme seiner Dienste geltend gemacht werden[610].

---

[608] Vgl. auch *Schütz*, in: Beck`scher TKG-Kommentar, 3. Aufl. 2006, § 42 Rn. 6.

[609] Siehe zu dieser Erwägung oben Kapitel 3.3.1.2.5.2.1.1.2.

[610] Vgl. dazu *Gersdorf*, in: Säcker (Hrsg.), Berliner Kommentar zum TKG, 2006, § 42 Rn. 22.

Als Ergebnis lässt sich zusammenfassend festhalten, dass die Anwendung des § 42 TKG in solchen Fallgestaltungen gesperrt ist, in denen es um die Forderung oder Vereinbarung von Entgelten durch ein marktbeherrschendes Unternehmen geht[611], soweit es sich nicht um einen Anbieter telekommunikationsgestützter Dienste handelt. In Übereinstimmung mit diesem Verständnis hat die *Bundesnetzagentur* in der Vergangenheit bereits einen Antrag auf Einleitung eines Missbrauchsverfahrens nach § 42 TKG wegen eines festgestellten Vorrangs des § 28 TKG abgewiesen[612]

Zwar steht den Konkurrenten des marktbeherrschenden Unternehmens in der Tat bei einem solchen Normverständnis kein Antragsrecht zu, mithilfe dessen sie ein Missbrauchsverfahren in Entgeltmissbrauchsfällen einleiten könnten, so wie es etwa über § 42 Abs. 4 Satz 1 TKG möglich wäre[613]. Dies muss aber als systemimmanente Beschränkung verstanden und hingenommen werden. Außerdem ist die *Bundesnetzagentur* ohnehin gehalten, bei Bekanntwerden von Umständen, die einen Missbrauch nahe legen, von Amts wegen tätig zu werden[614], sodass ein eigenes Antragsrecht der Wettbewerber nicht von existenzieller Bedeutung für die Sicherstellung bzw. Schaffung wirksamen Wettbewerbs ist.

Dies gilt umso mehr, als dass es der *Bundesnetzagentur* auch im Rahmen der nachträglichen Entgeltregulierung durchaus möglich ist, sich geplante Entgelte für Endnutzerleistungen in bestimmten Fällen zwei Monate vor der beabsichtigten Einführung am Markt vorlegen zu lassen.

Durch diese "**Ex-ante-Überprüfung**" im Wege der eigentlichen Ex-post-Entgeltregulierung können ebenfalls Nachteile für die Wettbewerber des Marktbeherrschers abgemildert werden, die diese durch eine missbräuchliche Entgeltgestaltung erleiden würden.

3.3.1.6.3 Verhältnis zu den Maßnahmen zur Betreiber(vor-)auswahl gemäß § 40 TKG

Ferner ist das Verhältnis von § 42 TKG zu dem Regulierungsinstrument der Betreiber(vor-)auswahl nach § 40 TKG klärungsbedürftig. Nach § 40 TKG kann ein Unternehmen, das bei der Bereitstellung des Anschlusses an das öffentliche Telefonnetz und dessen Nutzung an festen Standorten als Unterneh-

---

611 Im Ergebnis ebenso *Robert*, K&R 2005, 354 (361).

612 Beschluss der *BNetzA* vom 9.12.2008 - BK2a-08-003.

613 Diese Einschränkung infolge der Annahme eines strengen Subsidiaritätsverhältnisses erkennt *Robert*, K&R 2005, 354 (361), der aber dennoch wie hier an einer Sperrung des § 42 TKG in Entgeltmissbrauchsfällen festhält.

614 Vgl. in diesem Zusammenhang etwa § 38 Abs. 2 Satz 1 TKG: *"Wenn der Regulierungsbehörde Tatsachen bekannt werden, die die Annahme rechtfertigen, dass Entgelte für Zugangsleistungen von Unternehmen mit beträchtlicher Marktmacht nicht den Maßstäben des § 28 genügen, leitet die Regulierungsbehörde unverzüglich eine Überprüfung der Entgelte ein"*.

men mit beträchtlicher Marktmacht eingestuft wurde (i. e. auf lange Zeit allein die Deutsche Telekom AG), dazu verpflichtet werden, seinen Teilnehmern den Zugang zu den Diensten aller unmittelbar zusammengeschalteten Anbieter von Telekommunikationsdiensten für die Öffentlichkeit zu ermöglichen. Die Verpflichtung nach § 40 TKG ist Bestandteil einer Regulierungsverfügung gemäß § 13 Abs. 1 Satz 1 TKG und somit ein zentrales "**Remedy**" des Telekommunikationsrechts[615]. Im Weiteren enthält § 40 TKG Vorgaben, wie dieser Zugang nach § 40 Abs. 1 Satz 1 TKG auszugestalten ist[616] und welche Belange bei der Entscheidung der Regulierungsbehörde, ob überhaupt derartige Maßnahmen der Betreiber(vor-)auswahl auferlegt werden, zu berücksichtigen sind[617].

Insoweit muss unzweifelhaft eine parallele Anwendung des § 42 TKG für die in § 40 TKG geregelten Fragestellungen unterbleiben, da zumindest insoweit eine Spezialität besteht. Allerdings wird eine Heranziehung der besonderen Missbrauchskontrolle dort befürwortet, wo die Anordnungen im Rahmen der Regulierungsverfügung nach §§ 13 Abs. 1 Satz 1, 40 TKG relativ abstrakt gehalten worden seien.

Dann komme nämlich für die Streitschlichtung bei "**überschießenden**" Detailproblemen eine Anwendung des § 42 TKG in Betracht, da es insoweit auch an einer speziellen Anordnungsnorm wie § 25 TKG im Bereich der Zugangsregulierung fehle[618]. Diesem Ansatz kann nur insoweit zugestimmt werden, als dass eine Anwendung der besonderen Missbrauchskontrolle selbstverständlich dort möglich sein muss, wo es um Fragen geht, die nicht mittels einer Anordnung nach § 40 TKG geregelt werden können. Wenn es aber nur um Streitfragen bei der Auslegung der Regulierungsverfügung durch die Regulierungsbehörde und das verpflichtete Unternehmen geht oder ergänzende Anordnungen bzw. Klarstellungen im Rahmen der Regulierungsverfügung erforderlich werden, so muss daran festgehalten werden, dass die *Bundesnetzagentur* entsprechende Maßnahmen entweder auf Basis des § 40 TKG korrigiert, erstmalig erlässt oder aber bestehende Verpflichtungen auch bei abweichenden Bewertungen mittels des § 126 TKG im Verwaltungszwang durchsetzt. Für eine Anwendung des § 42 TKG ist insoweit kein Raum.

---

[615] Zur Geschichte und Bedeutung der Betreiber(vor-)auswahl vgl. *Brodkorb*, in: Säcker (Hrsg.), Berliner Kommentar zum TKG, 2006, § 40 Rn. 1 ff.

[616] So enthält § 40 Abs. 1 Satz 2 TKG die Beschreibung der beiden unterschiedlichen Möglichkeiten der Betreiber(vor-)auswahl: Zum einen kann danach der Zugang im Wege einer Betreiberauswahl im Einzelwahlverfahren durch Wählen einer Kennzahl erfolgen (**Call-by-Call**) und zum anderen durch Betreibervorauswahl mittels systemseitiger dauerhafter Voreinstellung einer Betreiberkennziffer, wobei allerdings bei jedem Anruf die Möglichkeit bestehen muss, die festgelegte Vorauswahl durch Wählen einer anderen Betreiberkennzahl zu umgehen (**Preselection**). Weitere Vorgaben für die Ausgestaltung des Zugangs nach § 40 Abs. 1 Satz 1 TKG enthalten § 40 Abs. 1 Satz 3 und 4 TKG.

[617] Vgl. § 40 Abs. 2 TKG.

[618] So *Robert*, K&R 2005, 354 (361 f.).

Dessen Tatbestand darf nur dort eingreifen, wo es um nicht von § 40 TKG erfasste Sachverhalte geht, um die dort geregelten Abwägungs- und Entscheidungsfindungsprozesse wiederum nicht mittels einer Generalklausel zu umgehen. Sofern die oben angeführte Ansicht, die von einer Anwendbarkeit des § 42 TKG bei "**überschießenden**" streitigen Detailfragen im Rahmen der Betreiber(vor-)auswahl ausgeht, ebenfalls so zu verstehen ist, dass nur solche Sachverhalte, die nicht bereits von §§ 40, 126 TKG erfasst sind, gemeint sind, ist ihr vollumfänglich zuzustimmen, da sie dann ein identisches Verständnis des Normenverhältnisses haben würde.

Einer Überdehnung des Anwendungsbereichs der besonderen Missbrauchskontrolle in speziell geregelte Bereiche muss aber entgegengetreten werden.

3.3.1.6.3.1 Verhältnis zum allgemeinen Wettbewerbsrecht

Des Weiteren ist zu untersuchen, in welchem Verhältnis die Regelung des § 42 TKG zum allgemeinen Wettbewerbsrecht, wie es im GWB niedergelegt ist, steht. Denn auch das GWB enthält Eingriffstatbestände, die einer Marktaufsicht und der Verhinderung des Ausnutzens einer marktbeherrschenden Stellung dienen. Insofern sind hier Überschneidungspunkte denkbar, in denen sowohl ein Eingreifen der *Bundesnetzagentur* nach dem TKG als auch des *Bundeskartellamts* auf Grundlage der §§ 19 f., 32 GWB in Betracht kommen kann. Fraglich ist, ob in einem solchen Fall ein paralleles Tätigwerden angezeigt ist oder ob dann eines der Gesetze einen Vorrang beanspruchen kann. Das GWB enthält bedeutsame Missbrauchstatbestände, die grundsätzlich in jedem Wirtschaftsbereich heranzuziehen sind, sofern dort nicht speziellere Regelungen bestehen. Die zentralen Sanktionsnormen für missbräuchliches Verhalten finden sich in §§ 19, 20 GWB.

Adressaten des allgemeinen Missbrauchstatbestands des § 19 GWB sind marktbeherrschende Unternehmen, denen generalklauselartig ein missbräuchliches Ausnutzen ihrer besonderen Marktstellung untersagt wird. Allerdings enthält das GWB insofern eine Besonderheit gegenüber den sektorspezifischen Rechtsmaterien des TKG, als dass gemäß § 20 Abs. 2 bis 4 GWB auch eine Missbrauchskontrolle unterhalb der Marktbeherrschungsschwelle bei einseitigen wettbewerbsbeschränkenden Verhaltensweisen eines Unternehmens möglich sind.

Der Tatbestand des § 19 Abs. 1 GWB ist wie bei jeder Generalklausel sehr allgemein gehalten und musste daher eine starke Konturierung durch die Rechtsprechung erhalten, um in der Praxis handhabbar zu werden und dabei für die Adressaten die notwendige Rechtssicherheit zu gewährleisten. § 19 Abs. 1 GWB verbietet in allgemeiner Form die missbräuchliche Ausnutzung einer marktbeherrschenden Stellung. Dieser weite Tatbestand wird zwar durch Regelbeispiele in § 19 Abs. 4 GWB konkretisiert. Dies sind im Einzelnen der Behinderungsmissbrauch (Nr. 1), die missbräuchliche Entgeltforderung (Nr. 2), die unzulässige Diskriminierung (Nr. 3) sowie die Verweigerung des Zugangs zu wesentlichen Einrichtungen (Nr. 4).

Die Beispiele bedürfen jedoch ebenfalls noch der weiteren Konkretisierung, da sie wiederum nur sehr schwer zu fassen sind. Diese Aufgabe hat die Rechtsprechung inzwischen weitgehend gelöst und zu den einzelnen Regelbeispielen eine Vielzahl von Fallgruppen aufgestellt. Insgesamt lässt sich festhalten, dass die §§ 19, 20 GWB genau diejenigen missbräuchlichen Verhaltensweisen erfassen können, die auch in § 42 Abs. 1 Satz 2 TKG als Regelbeispiele für ein missbräuchliches Verhalten i. S. d. besonderen Missbrauchsaufsicht enthalten sind[619]. Daher bedarf das Verhältnis der jeweiligen Rechtsgebiete einer exakten Klärung des jeweiligen Anwendungsbereichs, da ansonsten Zuständigkeitsgrenzen verschwimmen und inkonsistente Entscheidungspraktiken ermöglicht würden.

Die Eckpunkte des Verhältnisses zwischen der besonderen Missbrauchskontrolle nach § 42 TKG und den Aufsichtsinstrumenten nach §§ 19, 20 GWB werden durch § 10 Abs. 2 TKG und § 2 Abs. 3 TKG bestimmt. Nach § 10 Abs. 2 Satz 1 TKG sind allein solche Märkte der Regulierung nach dem TKG zu unterwerfen, die durch beträchtliche und anhaltende strukturell oder rechtlich bedingte Marktzutrittsschranken gekennzeichnet sind, längerfristig nicht zu wirksamen Wettbewerb tendieren und auf denen die Anwendung des allgemeinen Wettbewerbsrechts allein nicht ausreicht, um dem betreffenden Marktversagen entgegenzuwirken. Da auch eine Anwendung des im Zweiten Teil des TKG verankerten § 42 TKG eine entsprechende Marktdefinition voraussetzt[620], kann ein Konkurrenzverhältnis zwischen der besonderen Missbrauchsaufsicht und den Vorschriften des GWB nur dann drohen, wenn die Regulierungsbehörde den entsprechenden Markt als nach dem TKG für regulierungsbedürftig identifiziert hat[621]. Alle nach § 10 Abs. 2 Satz 1 TKG nicht relevanten Märkte unterfallen daher von vornherein allein dem allgemeinen Wettbewerbsrecht und der Aufsicht durch die Kartellbehörden. Zu Recht weist *Gersdorf* darauf hin, dass auch nach der Gesetzesbegründung zu § 42 TKG[622] die *Bundesnetzagentur* nicht umfassend als gegenüber dem *Bundeskartellamt* sachnähere Behörde an-

619 Die Vorschriften der §§ 19, 20 GWB dienten – wie bereits ausführlich dargestellt – dem § 42 TKG als Vorbild, womit sich die sprachliche Nähe erklären lässt.

620 Vgl. dazu oben Kapitel 3.3.1.1.5.1.

621 Unter zu weiter Ausdehnung des abschließenden Charakters des § 42 TKG gegenüber dem allgemeinen Wettbewerbsrecht verkennen dies *Wilms/Jochum*, Gutachterliche Stellungnahme zum Erfordernis der Durchführung eines Marktanalyse- und -definitionsverfahrens für Maßnahmen der besonderen Missbrauchsaufsicht und der nachträglichen Regulierung nach dem Gemeinschaftsrechtsrahmen für die Telekommunikation, 2006, S. 4 ff.

622 Gesetzesbegründung zu § 42 TKG (§ 40 TKG-E), BT-Drs. 15/2316, S. 71.

zusehen ist, sondern eben nur insoweit, als regulierungsbedürftige Märkte betroffen sind, die nach den §§ 10 f. TKG identifiziert worden sind[623].

Sind aber Märkte betroffen, die nach dem TKG als regulierungsbedürftig anzusehen sind, so ist das Verhältnis des TKG zum GWB anhand der Regelung des § 2 Abs. 3 TKG zu bestimmen. Nach § 2 Abs. 3 Satz 1 TKG bleiben die Vorschriften des GWB unberührt, soweit nicht das TKG ausdrücklich abschließende Regelungen enthält[624]. Bei einer Durchsicht des TKG lässt sich allerdings keine derartige Vorschrift identifizieren, in der explizit zum Ausdruck kommt, dass sie gegenüber dem allgemeinen Kartellrecht vorrangige Regelungen enthält[625].

Dies lässt die Frage aufkommen, ob davon auszugehen ist, dass das *Bundeskartellamt* auch in Fallgestaltungen, in denen das TKG eingreift, zu einem Einschreiten nach den §§ 19 f., 32 GWB befugt ist. Bereits unter Geltung des § 33 TKG 1996 kam es dabei zu unterschiedlichen Auffassungen, da dort ebenfalls kein absoluter Vorrang der sektorspezifischen Normen vorgesehen war[626]. Eine Ansicht ging damals davon aus, dass das TKG immer dann Vorrang beanspruche, wenn es um eine Verhaltenskontrolle über Unternehmen mit einer marktbeherrschenden Stellung gehe. Handele es sich jedoch um eine Aufsicht im Vertikalverhältnis, so wie es bei der besonderen Missbrauchsaufsicht der Fall ist, oder im Rahmen geschlossener Benutzergruppen, so sei das GWB parallel anwendbar[627].

Diese überkommene Auffassung lässt sich jedoch nicht mehr auf § 2 Abs. 3 TKG stützen. Der Normgehalt des § 2 Abs. 3 Satz 1 TKG liefe bei einem Verständnis, das eine wörtliche, explizite Vorrangregelung verlangt und ansonsten von einer parallelen Anwendbarkeit ausgeht, leer.

Dies kann augenscheinlich nicht gewollt sein[628]. Durch § 2 Abs. 3 TKG wird lediglich vorgeschrieben, dass es einen generellen Vorrang des TKG gegenüber dem GWB nicht gibt. Das Verhältnis der beiden Gesetze muss daher nach den

---

623 Vgl. *Gersdorf*, in: Säcker (Hrsg.), Berliner Kommentar zum TKG, 2006, § 42 Rn. 11.

624 Hierbei handelt es sich um eine dynamische Verweisung auf die jeweils aktuelle Fassung des GWB.

625 Solche expliziten Vorrangsanordnungen enthält demgegenüber beispielsweise § 111 EnWG.

626 Vgl. § 2 Abs. 3 TKG 1996: *"Die Vorschriften des Gesetzes gegen Wettbewerbsbeschränkungen bleiben unberührt"*.

627 *Möschel*, Zwischen Konflikt und Kooperation: Regulierungszuständigkeiten in der Telekommunikation, XXXI. FIW-Symposium 1998, FIW-Schriftenreihe 177/1998, 53 (55).

628 So auch *Säcker*, in: ders. (Hrsg.), Berliner Kommentar zum TKG, 2006, § 2 Rn. 18 mit ausführlicher Begründung.

allgemeinen Regeln von Gesetzessubsidiarität und -spezialität bestimmt werden, die zwei parallel anwendbare Gesetze voraussetzen[629].

Somit müssen die einzelnen Vorschriften des als sektorspezifisches Kartellrecht konzipierten TKG jeweils danach ausgelegt werden, ob diesbezüglich ein Vorrang vom Gesetzgeber gewollt war. Hierzu ist der reale Wille des Normsetzers nach den allgemein anerkannten Auslegungsgrundsätzen zu ermitteln. Nur wenn dies nicht zu dem Ergebnis führt, dass ein Vorrang einer Vorschrift des TKG gewünscht war, muss von einer parallelen Anwendbarkeit des GWB ausgegangen werden. Allein die Berücksichtigung hypothetischer Annahmen ist bei der Auslegung aufgrund des Tatbestandsmerkmals "**ausdrücklich**" in § 2 Abs. 3 TKG ausgeschlossen[630].

Insbesondere bei den zentralen Eckpfeilern des neuen TKG, der Zugangsregulierung, der Entgeltregulierung und auch der besonderen Missbrauchskontrolle, kommt aufgrund der spezielleren und detaillierten Regelungen zum Ausdruck, dass den telekommunikationsrechtlichen Vorschriften ein abschließender Vorrang vor den allgemeinen Aufsichtsinstrumentarien der §§ 19 f. GWB zukommen soll[631]. Es lässt sich deutlich feststellen, dass § 42 TKG die Tatbestandsvoraussetzungen der §§ 19 f. GWB in Teilen wieder aufgreift und ausgestaltet und an anderer Stelle sogar gänzlich detaillierter ausformt.

Im Übrigen ging der Gesetzgeber auch hinsichtlich des § 19 Abs. 4 Nr. 4 GWB, der einen Anspruch auf Zugang zu wesentlichen Leistungen des Marktbeherrschers erstmalig im GWB normierte, davon aus, dass insoweit der sektorspezifische § 33 TKG 1996 Vorrang beanspruchte[632], was sich aufgrund der Tatsache, dass § 42 TKG auf diese Vorschrift aufsetzen soll, auch auf die besondere Missbrauchsaufsicht übertragen lässt[633].

Es ist daher davon auszugehen, dass ein Verhalten, das unter § 42 TKG zu normieren ist, nicht über §§ 19 f. GWB von den Kartellbehörden verfolgt werden kann, da der Gesetzgeber insoweit speziellere Vorschriften in § 42 TKG vorgesehen hat. Die dort enthaltenen Wertentscheidungen könnten anderenfalls durch eine abweichende Entscheidung des *Bundeskartellamts* konterkariert

---

[629] Vgl. *Säcker*, in: ders. (Hrsg.), Berliner Kommentar zum TKG, 2006, Einleitung I Rn. 42.

[630] So das zutreffende Verständnis des Tatbestandsmerkmals nach *Säcker*, in: ders. (Hrsg.), Berliner Kommentar zum TKG, 2006, § 2 Rn. 21. Dieses Tatbestandsmerkmal fordert aber nicht, dass es sich um einen eindeutigen, zweifelsfreien Willen handelt, der auch wörtlich in den Gesetzestext aufgenommen wurde.

[631] Dieses allein interessengerechte Ergebnis folgt insoweit auch der allgemein anzutreffenden Ansicht, vgl. *Säcker*, in: ders. (Hrsg.), Berliner Kommentar zum TKG, 2006, § 2 Rn. 21.

[632] Vgl. Gesetzesbegründung zu § 33 TKG 1996, BT-Drs. 13/9720.

[633] Vgl. zu dem Vorrang des § 42 TKG, soweit es dort um den Zugang zu wesentlichen Leistungen geht, *Säcker*, in: ders. (Hrsg.), Berliner Kommentar zum TKG, 2006, Einleitung I Rn. 43 ff.

werden. Zu berücksichtigen ist dabei allerdings, dass die *Bundesnetzagentur* auf eine Anwendung des sektorspezifischen TKG hinzuwirken hat, die mit den Grundsätzen des allgemeinen Wettbewerbsrechts in Einklang steht[634].

Einen Sonderfall nimmt allerdings das Verhältnis des ebenfalls dem allgemeinen Wettbewerbsrecht zuzurechnenden Art. 82 EGV zu den Regelungen des TKG ein. Die Einhaltung des Art. 82 EGV kann neben der *Europäischen Kommission* über § 50 GWB subsidiär auch vom *Bundeskartellamt* sichergestellt werden, sodass in bestimmten Fallgestaltungen auch hier ein paralleles Tätigwerden von *Bundesnetzagentur* und *Bundeskartellamt* drohen kann. Aufgrund der Hierarchie der einzelnen Rechtssätze ist es ausgeschlossen, dass supranationales Gemeinschaftsrecht durch einfachgesetzliches nationales Recht wie das TKG in der Anwendungsweite eingeschränkt werden kann[635]. Da aber auch das TKG auf Gemeinschaftsrecht basiert, hat die *Europäische Kommission* selbst das Verhältnis der Rechtsinstrumente zur Vermeidung von widersprechenden Ergebnissen und Doppelverfahren bereits in ihren Leitlinien für die Anwendung der EG-Wettbewerbsregeln im Telekommunikationsbereich hinreichend geklärt[636]. Danach will die *Europäische Kommission* die Vorschrift des Art. 82 EGV nur noch dann auf Fälle aus dem Telekommunikationssektor anwenden, wenn die nationalen Regulierungsbehörden keinen vergleichbaren Schutz für Wettbewerber mehr bieten.

Insgesamt ist somit festzuhalten, dass das *Bundeskartellamt* grundsätzlich nicht befugt ist, in Fällen, die dem Anwendungsbereich des § 42 TKG unterfallen, auf §§ 19 f. GWB zurückzugreifen und somit eigene Entscheidungen zu treffen, sofern der entsprechende Markt als regulierungsbedürftig nach §§ 10 f. TKG identifiziert wurde[637]. Der Vorrang der besonderen Missbrauchskontrolle basiert insoweit auf § 2 Abs. 3 TKG und einer Auslegung des Willens des Gesetzgebers. Auch Art. 82 EGV wird nur dann parallel zu § 42 TKG herangezo-

---

[634] So weist *Säcker*, in: ders. (Hrsg.), Berliner Kommentar zum TKG, 2006, Einleitung I Rn. 46, zu Recht darauf hin, dass bei der Anwendung des § 42 TKG die kartellrechtlichen Grundsätze, soweit diese zur Essential Facilities-Doktrin entwickelt wurden, zu beachten sind und das TKG so anzuwenden ist, das es nicht gegen EG-Wettbewerbsregeln verstößt.

[635] Auf die anerkannten Grundsätze der Gesetzesspezialität oder -subsidiarität kann in diesem Verhältnis nicht zurückgegriffen werden, vgl. BT-Drs. 13/3609, S. 37; *van Miert*, WuW 1998, 7 ff.; *Säcker*, in: ders. (Hrsg.), Berliner Kommentar zum TKG, 2006, Einleitung I Rn. 37.

[636] Vgl. Leitlinien für die Anwendung der EG-Wettbewerbsregeln im Telekommunikationsbereich (91/C 233/02), ABl. EG Nr. C 233 vom 6.9.1991, S. 2, und die Mitteilung über die Anwendung der Wettbewerbsregeln auf Zugangsvereinbarungen im Telekommunikationsbereich (98/C 265/02), ABl. EG Nr. C 265 vom 22.8.1998, S. 2. Hierbei handelt es sich allerdings um keinen Fall der Gesetzesspezialität oder Gesetzessubsidiarität, sondern um eine rein pragmatische Regelung des Verhältnisses.

[637] Vgl. auch *Schütz*, in: Beck`scher TKG-Kommentar, 3. Aufl. 2006, § 42 Rn. 13.

gen werden können, wenn der Schutz der Wettbewerber ansonsten nicht mehr in vergleichbarer Art und Weise gewährleistet ist, wovon allerdings derzeit unter Berücksichtigung der durchaus konsequenten Regulierungspraxis der *Bundesnetzagentur* und der weit reichenden gesetzlichen Eingriffsbefugnisse auf Grundlage des TKG nicht auszugehen sein dürfte. Damit ist grundsätzlich sichergestellt, dass der Telekommunikationssektor primär allein durch das sektorspezifische Recht geprägt wird und divergierende Entscheidungen zwischen der *Bundesnetzagentur* und dem *Bundeskartellamt* weitgehend ausgeschlossen sind, soweit es sich jedenfalls um regulierungsbedürftige Märkte i. S. d. § 10 TKG handelt.

3.3.1.6.4 Fazit

Somit ist zusammenfassend festzustellen, dass die Vorschriften über die Zugangs- und Entgeltregulierung sowie Maßnahmen der Betreiber(vor-)auswahl jeweils der Generalklausel des § 42 TKG vorgehen, soweit ihr eigener Anwendungsbereich reicht.

§ 42 TKG erfasst hingegen als Auffangtatbestand solche Missbrauchsfälle, die zwar ihrer Form nach unter eine der spezielleren Vorschriften der Zugangs- oder Entgeltregulierung subsumiert werden könnten, die aber von solchen Unternehmen ausgehen, die keine Normadressaten dieser spezielleren Vorschriften sind. Vorrang beansprucht § 42 TKG allein gegenüber den allgemeinen Missbrauchstatbeständen des GWB, soweit es sich um nach § 10 TKG als regulierungsbedürftig identifizierte Märkte handelt.

Die besondere Missbrauchsaufsicht nimmt somit die Stellung eines innerhalb des Telekommunikationsrechts subsidiären Auffangtatbestandes ein, der nur wenige eigenständige Anwendungsfelder aufweist[638] und sich hierin stark von der überkommenen Missbrauchsaufsicht nach § 33 TKG 1996 unterscheidet.

3.3.1.7 Entscheidungen der Bundesnetzagentur auf Grundlage des § 42 TKG

Seit Inkrafttreten des TKG 2004 mit der in § 42 TKG geregelten besonderen Missbrauchsaufsicht hatte die *Bundesnetzagentur* bereits in vereinzelten Verfahren die Gelegenheit, auf dieses Regulierungsinstrument zurückzugreifen. Einige dieser Fallkonstellationen sollen an dieser Stelle überblicksartig dargestellt werden.

---

[638] Dies gilt z. B. für die Missbrauchskonstellationen, die in den Vermutungsregeln des § 42 Abs. 2 und 3 TKG erfasst sind.

3.3.1.7.1 Missbrauchsaufsicht hinsichtlich diskriminierender Behandlung von Telekommunikationsdiensteanbietern bei der Überlassung von Anschlüssen

Am 11. November 2005 verpflichtete die *Bundesnetzagentur* die Deutsche Telekom AG nach § 42 Abs. 1 und 2 TKG, Telekommunikationsdiensteanbietern analoge Telefonanschlüsse und ISDN-Anschlüsse nach den jeweiligen AGB-Bedingungen und zu Endkunden-AGB-Preisen zu überlassen, ohne dass dies von dem vorherigen Abschluss einer Duldungsvereinbarung abhängig gemacht werden darf[639].

In dieser zusätzlichen Voraussetzung erblickte die Regulierungsbehörde eine nicht gerechtfertigte Diskriminierung von Wettbewerbern. Das *Bundesverwaltungsgericht* hat dieses Vorgehen der *Bundesnetzagentur* inzwischen als rechtswidrig eingestuft und die entsprechende Missbrauchsverfügung aufgehoben[640]. Grund hierfür war, dass die *Bundesnetzagentur* die Bescheide ohne ein durchgeführtes Marktdefinitions- und Marktanalyseverfahren erlassen hatte. Dies wurde erst nach dem Urteil der ersten Gerichtsinstanz abgeschlossen, sodass das Revisionsgericht diesen Umstand nicht mehr berücksichtigen konnte. Das Gericht hat sich vor diesem Hintergrund nicht mehr mit der Missbräuchlichkeit des beanstandeten Verhaltens der Deutsche Telekom AG auseinander gesetzt.

3.3.1.7.2 Missbrauchsaufsicht bezüglich Auftragsabwicklung bei der Betreibervorauswahl

In diesem Verfahren[641] wandte sich die Fa. Arcor AG & Co. KG gegen die Forderung der Deutsche Telekom AG, die Abwicklung von Aufträgen auf Durchführung einer Betreibervorauswahl davon abhängig zu machen, dass Arcor eine unterschriebene Einverständniserklärung des jeweiligen Wechselkunden vorlegt. Des Weiteren sollte über § 42 TKG verhindert werden, dass die Deutsche Telekom AG die im Rahmen des von Arcor vorgelegten Auftrags erlangten Informationen über die wechselwilligen Kunden dazu nutzt, diese mit gezielten Werbemaßnahmen zurückzugewinnen.

Die *Bundesnetzagentur* hat diese Verhaltensweisen mit Beschluss vom 18. Juli 2005 als missbräuchlich eingestuft und der Deutsche Telekom AG für die Zukunft untersagt.

---

639 Beschluss der *BNetzA* vom 11.11.2005 - BK 2a 04/028; Beschluss der *BNetzA* vom 15.11.2005 - BK 2a 04/040.

640 *BVerwG*, Urteil vom 19.9.2007 - 6 C 34.06.

641 Vgl. Beschluss der *BNetzA* vom 18.7.2005 - BK 2a 04/029.

3.3.1.7.3 Missbrauchsaufsicht bezüglich diskriminierungsfreier Abnahme der Bereitstellung von öffentlichen Telefonstellen

Am 25. Mai 2005 erließ die Regulierungsbehörde eine weitere Missbrauchsverfügung gegen die Deutsche Telekom AG[642]. Mit der zugrunde liegenden Beschwerde wollte die NWP Communications Deutschland GmbH den Marktbeherrscher zu einer diskriminierungsfreien Abnahme der Bereitstellung von öffentlichen Telefonstellen zur Führung von Gesprächen zu 0800er-Nummern verpflichten. Hintergrund ist, dass für das Gespräch aus einer öffentlichen Telefonstelle regelmäßig ein bestimmtes Entgelt zu entrichten ist, mit dem die laufenden Kosten abgedeckt werden.

Ein solches Entgelt wird jedoch dann nicht fällig, wenn eine gebührenfreie Rufnummer – wie hier die 0800- und 00800-Rufnummerngasse – angewählt wird. Dennoch berechnet die Deutsche Telekom AG für solche Gespräche aus ihren öffentlichen Telefonstellen dem Betreiber der gebührenfreien Rufnummer bzw. dem Netzbetreiber, in dessen Netz diese Nummer geschaltet ist, eine sog. Payphone Access Charge (**PAC**), um ihre Aufwendungen zu decken. Die Antragstellerin forderte nunmehr auch von der Deutsche Telekom AG die diskriminierungsfreie Auszahlung eines solchen Entgelts, wenn die Verbindungen über das Netz der Deutschen Telekom AG der gebührenfreien Rufnummer zugeführt werden. Die Deutsche Telekom AG wollte demgegenüber eine PAC nur an analoge Anschlüsse auszahlen und verlangte einen Preselection-Ausschluss bei sonstigen sog. "**Selbstzahler**"-Gesprächen, um so die Kosten der PAC-Einführung finanzieren zu können.

Mittels einer Verfügung verpflichtete die Regulierungsbehörde daraufhin die Deutsche Telekom AG, der NWP Communications Deutschland GmbH für Verbindungen zu gebührenfreien 0800er- und 00800er-Rufnummern eine bestimmte PAC auch an ISDN-Anschlüssen auszuzahlen. Außerdem wurde der Deutsche Telekom AG untersagt, von den auszuzahlenden Entgelten eine Handlingfee und einen Forderungsausfall einzubehalten sowie die Auszahlung an die Abnahme von eigenen Verbindungsleistungen zu koppeln.

3.3.1.7.4 Missbrauchsaufsicht gemäß § 42 Abs. 2 TKG bezüglich eines TKO-Outsourcing-Vertrages

In drei parallelen Missbrauchsverfahren nach § 42 Abs. 1 und 2 TKG[643] hinsichtlich einer vermeintlichen ungerechtfertigten Diskriminierung von Wettbewerbern durch einen TKO-Outsourcing-Vertrag zwischen der FIDUCIA IT AG und der T-Systems GmbH, in dem die Auslagerung des technischen Betriebs der Netzinfrastruktur der FIDUCIA IT AG an die T-Systems GmbH geregelt

[642] Vgl. Beschluss der *RegTP* vom 25.5.2005 - BK 2c 04/003.

[643] Beschlüsse der *RegTP* vom 21.6.2005 - BK 2b 04/032/BK 2b 04/033/BK 2b 04/031.

wurde, wies die *Bundesnetzagentur* die Anträge der Wettbewerber jeweils als unzulässig zurück.

Sie konnte keine Verletzung subjektiv-öffentlicher Rechte der Antragsteller durch den Vertragsabschluss erkennen. Eine Stellungnahme zu den materiellen Aspekten der angeblichen Ungleichbehandlung erfolgte daher nicht.

3.3.1.7.5 Missbrauchsaufsicht hinsichtlich der Erstellung von Telefon- und Branchenbüchern

Im Rahmen dieses Missbrauchsverfahrens nach § 42 Abs. 1 TKG wandte sich die Telegate AG gegen die Praxis der Deutsche Telekom AG bzw. deren Tochtergesellschaft DeTeMedien GmbH, auf den vorderen Seiten ihrer Telefonbücher exklusiv die Rufnummer des konzerneigenen Auskunftsdienstes ("**11833**") zu nennen, ohne auf die Rufnummern anderer telefonischer Auskunftsdienste hinzuweisen. In ihrem Beschluss vom 2. Februar 2005[644] stellte die Regulierungsbehörde zwar fest, dass durch diese Verhaltensweise eine Beeinträchtigung der Wettbewerbsmöglichkeiten anderer Unternehmen gegeben sei.

Dies sei jedoch sachlich gerechtfertigt, da den Wettbewerbern ausreichende alternative Werbemöglichkeiten offen stünden. Das *Bundesverwaltungsgericht* hat inzwischen höchstrichterlich bestätigt, dass die *Bundesnetzagentur* keine Missbrauchsverfügung erlassen musste, da insoweit für den relevanten Markt das erforderliche Marktdefinitions- und Marktanalyseverfahren nicht durchgeführt worden war[645].

3.3.1.7.6 Fazit

Die Sachverhalte, die bisher der besonderen Missbrauchsaufsicht unterfielen, sind sehr vielschichtig. Hieran zeigt sich bereits, dass § 42 TKG ein Sammelbecken für alle Fallgestaltungen darstellt, die nicht in den Anwendungsbereich einer speziellen Regulierungsvorschrift eingeordnet werden können. Insofern wird die besondere Missbrauchsaufsicht somit ihrer zugedachten Rolle als Auffangtatbestand bereits gerecht.

Die streitgegenständlichen Verhaltensweisen zeigen aber auch, dass es hierbei kaum um die entscheidenden Stellschrauben der Wettbewerbsentwicklung, sondern eher um Randgebiete geht. Dennoch dürfen auch diese Bereiche unter dem Gesichtspunkt der Schaffung und Förderung eines chancengleichen und wirksamen Wettbewerbs im Telekommunikationssektor nicht außer Acht gelassen werden.

Außerdem ist zu berücksichtigen, dass bei fortschreitender Rückführung der eingriffsintensiven Ex-ante-Regulierung in der Zukunft davon auszugehen ist,

644 Beschluss der *RegTP* vom 2.2.2005 - BK 3d 04/026.
645 *BVerwG*, Urteil vom 18.4.2007 - 6 C 34.06.

dass die besondere Missbrauchsaufsicht in immer mehr Teilbereichen des Telekommunikationssektors an Bedeutung gewinnen wird, bis diese vollständig in das allgemeine Kartellrecht entlassen wurden. Insofern ist bereits an dieser Stelle zu konstatieren, dass der besonderen Missbrauchsaufsicht durchaus noch erhebliche Bedeutung bei der Marktaufsicht zukommen wird, um die erreichten Fortschritte bei der Wettbewerbsentwicklung nach Überführung in die Ex-post-Aufsicht abzusichern.

3.3.1.8 Fazit zur besonderen Missbrauchsaufsicht nach § 42 TKG

Es hat sich gezeigt, dass die besondere Missbrauchsaufsicht nach § 42 TKG eine erhebliche Veränderung gegenüber § 33 TKG 1996 erfahren hat[646]. Es handelt sich nunmehr um einen Auffangtatbestand, der den Missbrauchsnormen des allgemeinen Wettbewerbsrechts mit einigen verfahrensmäßigen Modifizierungen nachgebildet wurde. Grundsätzlich ist die Vorschrift daher subsidiär heranzuziehen, sodass ihr nur eine begrenzte Bedeutung zukommen kann[647].

Dies gilt umso mehr, als dass die für die Marktentwicklung in aller Regel wesentlichsten Bereiche wie Zugangs- und Entgeltregulierung weitgehend von § 42 TKG ausgenommen sind. Allerdings kann die besondere Missbrauchsaufsicht auch hinsichtlich derartiger missbräuchlicher Verhaltensweisen zum Tragen kommen, wenn der personale Anwendungsbereich der §§ 16 ff. oder §§ 27 ff. TKG nicht eröffnet ist und daher keine Sperrwirkung besteht.

Des Weiteren wurden der besonderen Missbrauchsaufsicht auch einige originäre Anwendungsfelder eingeräumt, in denen eine grundsätzliche Subsidiarität gegenüber anderen Regulierungsvorschriften nicht besteht. Hierbei handelt es sich z. B. um die Fallkonstellationen, die von den Vermutungstatbeständen gemäß § 42 Abs. 2 und 3 TKG erfasst werden[648].

Der besonderen Missbrauchsaufsicht nach § 42 TKG dürfte aufgrund ihres weit gefächerten Anwendungsbereichs trotz des Charakters als Generalklausel eine durchaus beachtliche Rolle bei der Marktentwicklung im Telekommunikationssektor zukommen, da sie insbesondere in Randbereichen[649] missbräuchliche Verhaltensweisen erfasst, die zum Nachteil von Wettbewerbern eines marktbeherrschenden Unternehmens eingesetzt werden könnten und die ohne Schaffung des § 42 TKG leicht aus dem Blickfeld der Regulierungsbehörde hätten

[646] Siehe dazu ausführlich unten Kapitel 3.4.

[647] Vgl. oben Kapitel 3.3.1.6.

[648] Vgl. dazu oben Kapitel 3.3.1.2.5 und Kapitel 3.3.1.2.6.

[649] Hierbei ist hervorzuheben, dass die Bedeutung der besonderen Missbrauchsaufsicht für zentrale Bereiche des Telekommunikationssektors dann zunehmen dürfte, wenn diese (zukünftig) je nach Marktentwicklung aus der Ex-ante-Regulierung entlassen werden, da dann lediglich über § 42 TKG die Absicherung der erreichten Wettbewerbsfortschritte möglich ist.

geraten können[650]. Ein Einspringen der allgemeinen Kartellbehörden in diese Lücke wäre wiederum aufgrund des Rangverhältnisses beider Rechtsmaterien nicht ohne weiteres bzw. überhaupt nicht möglich gewesen, sodass hier eine entscheidende Schwäche des sektorspezifischen Wettbewerbsrechts entstanden wäre[651].

Nunmehr obliegt es der Regulierungsbehörde, den in § 42 TKG eingeräumten Möglichkeiten in konsistenter Weise zur Förderung der Wettbewerbsentwicklung zur Geltung zu verhelfen. Angesichts der bislang schon eingeleiteten Missbrauchsverfahren[652] ist aber zu erwarten, dass sich die *Bundesnetzagentur* dieses Regulierungsinstruments hinreichend bewusst ist und in der Zukunft hiervon auch Gebrauch zu machen gewillt ist.

3.3.2 Die Vorteilsabschöpfung nach § 43 TKG

Ein großes Problem im Zusammenhang mit Missbrauchsfällen ist, dafür zu sorgen, dass das missbräuchlich handelnde Unternehmen keine Vorteile aus dem begangenen Rechtsbruch zieht. Denn dürfte das Unternehmen den Gewinn aus solchen Vorgehensweisen behalten, wäre dies ein Anreiz für missbräuchliche Praktiken[653]. Insoweit trägt es den Gedanken der General- und Individualprävention Rechnung, keinerlei Vermögensvorteile bei dem missbräuchlich handelnden Unternehmen zu belassen[654]. Außerdem würde hieraus für die sich rechtstreu verhaltenden Mitbewerber ein gravierender Wettbewerbsnachteil entstehen, da sie ohne eigene Rechtsverstöße nicht den gleichen Gewinn erwirtschaften könnten und daher möglicherweise ungerechtfertigt auf dem jeweiligen Markt ins Hintertreffen geraten und hierdurch ungerechtfertigte Marktzutrittsschranken errichtet würden.

In letzter Konsequenz schadet ein solcher Zustand auch den Verbrauchern, da das missbräuchlich handelnde Unternehmen seine Marktmacht auf rechtswidrige Art und Weise ausbauen könnte und daher in letzter Konsequenz in der Zukunft weitgehend unabhängig von den anderen Marktkräften agieren könnte. Auch dies läuft dem Ziel des Telekommunikationsrechts, marktbeherrschende Stellungen indirekt und sukzessive abzubauen[655], diametral entgegen. Fehlt der Wettbewerb in einem Marktsegment, so ist ferner davon auszugehen, dass die

---

[650] Zu den Auswirkungen des § 42 TKG auf die Wettbewerbsförderung siehe ausführlich unten Kapitel 4.

[651] Vgl. dazu oben Kapitel 3.3.1.6.4.

[652] Vgl. dazu oben Kapitel 3.3.1.7.

[653] Vgl. zu der im Rahmen des Gesetzgebungsverfahrens diskutierten Abschreckungswirkung der Vorteilsabschöpfung *Riebel*, Plenarprotokoll 799, Sitzung des Bundesrates vom 4.5.2004, S. 231.

[654] Insoweit zu § 37b GWB a. F. (§ 34 GWB n. F.) als dem § 43 TKG vergleichbare Abschöpfungsmöglichkeit *Vollmer*, DB 1979, 2213 (2216 ff.); *Stahl*, WuW 1980, 451 ff.

[655] Siehe oben Kapitel 2.3.4.2.

Preisgestaltung und die Innovationskraft hierin nicht mehr vergleichbar sind mit der Situation auf Märkten mit wirksamem Wettbewerb.

Die Endnutzer müssen derartige Monopolzustände in aller Regel mit qualitativ schlechteren Produkten und teuren Preisen, die eine Monopolrendite beinhalten und somit zu einer für die Gesamtwirtschaft ungünstigen Ressourcenallokation führen, bezahlen. Der Gesetzgeber hat diese Probleme durchaus erkannt und versucht verstärkt, im Wettbewerbsrecht Regelungen zu schaffen, die es erlauben, zu Unrecht erlangte Vorteile abzuschöpfen. Solche Vorschriften finden sich z. B. in § 34 GWB und § 33 EnWG, die parallel zu § 43 TKG ausgestaltet sind.

Die Untersuchung beschränkt sich hier neben § 43 TKG allerdings bewusst auf die Vorteilsabschöpfungsregelungen des Wirtschaftsverwaltungsrechts.

Denn es ließe sich bei Zugrundelegung eines weiten Begriffsverständnisses der "**Vorteilsabschöpfung**" eine Vielzahl von Regelungen im gesamten Rechtssystem identifizieren, die zwar den gleichen Grundgedanken aufweisen, jedoch gänzlich unterschiedliche Konstellation betreffen[656] und somit nicht ohne weiteres für die telekommunikationsrechtliche Abschöpfung fruchtbar gemacht werden können.

Um Fehlentwicklungen durch ungerechtfertigte Vermögensvorteile im Telekommunikationssektor zu verhindern bzw. auszugleichen, hat sich der Gesetzgeber im Rahmen der großen Gesetzesnovelle des Jahres 2004 dazu entschlossen, mit § 43 TKG eine sektorspezifische Vorteilsabschöpfungsmöglichkeit in das TKG zu implementieren[657], die systematisch der besonderen Missbrauchsaufsicht zugeordnet wurde[658].

---

[656] So werden – allerdings im Einzelfall nicht unumstritten – etwa § 285 Abs. 1 BGB (zum entsprechenden § 281 a. F. BGB vgl. *Köndgen*, RabelsZ 56 (1992), 696 (737 ff.), § 61 Abs. 1 HGB, § 88 Abs. 2 Satz 2 AktG sowie §§ 987 ff. BGB (vgl. *Kelker*, Gewinnherausgabe zwischen Schadensersatz und Bereicherungsanspruch im Immaterialgüterrecht, 2003, S. 185) als mögliche Gewinnabschöpfungsregelungen identifiziert. Zu den ebenfalls hier in Betracht kommenden Vorschriften der § 73 StGB, § 17 Abs. 4 OWiG und § 8 WiStrG vgl. *Tilmann*, ZHR 141 (1977), 32 (61 ff.).

[657] Ausweislich der Gesetzesbegründung zu § 43 TKG (§ 41 TKG-E), BT-Drs. 15/2316, S. 72, orientiert sich die Regelung an § 34 GWB, der dafür sorgen soll, dass ein Unternehmen diejenigen wirtschaftlichen Vorteile nicht behalten können soll, die es aus einem gesetzeswidrigem Marktverhalten erlangt hat. In der ersten Entwurffassung waren die beiden Vorschriften noch nahezu deckungsgleich, weshalb wohl auf eine ausführliche Gesetzesbegründung zu § 43 TKG verzichtet wurde. Im Laufe des Gesetzgebungsverfahrens hat § 43 TKG allerdings eine entscheidende Veränderung erfahren, die ihn nunmehr von § 34 GWB unterscheidet. So handelt es sich im Gegensatz zu § 34 GWB um eine "**Soll**"-Vorschrift, während § 34 GWB eine reine "**Kann**"-Vorschrift ist.

[658] Eine europarechtliche Vorgabe hierfür besteht nicht.

Fraglich ist jedoch, ob die neu geschaffene Vorteilsabschöpfungsmöglichkeit des § 43 TKG eine ausreichende Regelung darstellt, um Unternehmen von Rechtsbrüchen abzuhalten und bei Bedarf die rechtmäßige Vermögenslage, wie sie ohne das missbräuchliche Verhalten bestanden hätte, wieder herzustellen. So wurde z. B. bezweifelt, ob die Vorteilsabschöpfung allein in allen Fällen als Abschreckung ausreicht[659].

Jedoch wurden in § 149 TKG konkrete Bußgeldvorschriften[660] in das TKG integriert, die diese Regelungen der Missbrauchsaufsicht flankieren und die Abschreckungswirkung erhöhen sollen[661].

Missbrauchsfälle, die zu einem ungerechtfertigten Gewinn des handelnden Unternehmens geführt haben, hat es in der Vergangenheit häufig gegeben. Z. B. führt jeder Preishöhenmissbrauch oder die Durchsetzungen einer Preis-Kosten-Schere zu einem zusätzlichen Erlös des Unternehmens, die es bei Beachtung der gesetzlichen Vorgaben nicht hätte erzielen können.

Allerdings ist die Bedeutung von Mehrerlösabschöpfungsregeln, die es im allgemeinen Wettbewerbsrecht schon seit 1980 gibt, stets sehr gering geblieben, wodurch sich der hehre Anspruch des Gesetzgebers, hiermit unrechtmäßig entstandene Vermögenslagen im privaten wirtschaftlichen Verkehr wieder auszugleichen, kaum in der Praxis realisieren ließ[662]. Anzeichen dafür, dass auch hinsichtlich des neu geschaffenen § 43 TKG Anspruch und Wirklichkeit weit auseinander fallen, lassen sich bereits jetzt wenige Jahre nach Inkrafttreten des neuen Gesetzes feststellen. Hierauf wird bei einer kritischen Betrachtung des § 43 TKG im Folgenden einzugehen sein.

3.3.2.1 Zielsetzung von Abschöpfungsvorschriften

Im Vordergrund der Abschöpfungsregelungen steht der nahe liegende Gedanke, dass missbräuchlich handelnde Unternehmen keine Vorteile aus dem jeweiligen Rechtsbruch behalten sollen. Denn nur so schwindet der Anreiz, andere Wettbewerber und Kunden zu benachteiligen und sich auf Wettbewerbsverstöße einzulassen.

---

659 *Knauth/Krüger*, K&R Beilage 1/2004, 3 (6).

660 Interessant ist in diesem Zusammenhang insbesondere § 149 Abs. 1 Nr. 4 lit. a) TKG, wonach u. a. die Zuwiderhandlung gegen eine vollziehbare Anordnung nach § 42 Abs. 4 TKG bußgeldbewehrt ist. Das Bußgeld beträgt bis zu 500.000 € und soll dabei insbesondere den wirtschaftlichen Vorteil, den der Täter aus der Ordnungswidrigkeit gezogen hat, übersteigen, vgl. § 149 Abs. 2 TKG. Zu den sich daraus ergebenden Abgrenzungsfragen zu § 43 TKG siehe unten Kapitel 3.3.2.3.6.

661 *Knauth/Krüger*, K&R Beilage 1/2004, 3 (6).

662 So wurde von § 37b GWB a. F. bis 1998 nicht ein einziges Mal Gebrauch gemacht, sodass die Vorschrift in der Praxis keinerlei Bedeutung besaß, vgl. dazu *Bornkamm*, in: Langen/Bunte (Hrsg.), Kartellrecht, Band 1, 10. Aufl. 2006, § 34 GWB Rn. 1; *Emmerich*, in: Immenga/Mestmäcker (Hrsg.), GWB, 4. Aufl. 2007, § 34 Rn. 8.

Die Vorschriften der Mehrerlös- bzw. Vorteilsabschöpfung erfüllen damit wesentliche Aufgaben im Bereich der General- oder Individualprävention, durch die Unternehmen von Rechtsverstößen abgehalten werden sollen. Zweiter wichtiger Aspekt ist, dass möglichst eine Vermögenslage geschaffen wird, wie sie ohne das missbräuchliche Verhalten bestanden hätte. Dieses weitere Ziel der Abschöpfungsregelungen ergibt sich daraus, dass z. T. auch wirtschaftliche Vorteile abgeschöpft werden, wenn dem betreffenden Unternehmen nur der Vorwurf leichtester Fahrlässigkeit gemacht werden kann[663]. In diesem Fall greift nämlich der Gedanke der Individual- bzw. Generalprävention nicht, da der Täter insoweit nicht bewusst rechtswidrig gehandelt und somit keine Einsicht in sein Tun hat[664]. Es fehlt damit an der gesetzeswidrigen Gesinnungshaltung des Unternehmens, die Anknüpfungspunkt der Individual- bzw. Generalprävention ist.

Um die rechtmäßige Vermögenslage wieder herzustellen, wäre es jedoch an sich nötig, den Mehrerlös bzw. wirtschaftlichen Vorteil jeweils den Geschädigten zurückzugeben. Genau dies sehen die Abschöpfungsregelungen aber nicht vor, da der Mehrerlös bzw. der wirtschaftliche Vorteil danach der Staatskasse zufließt. Die rechtmäßige Vermögenslage wird somit nur auf Seiten des missbräuchlich handelnden Unternehmens hergestellt, das die unberechtigten wirtschaftlichen Vorteile herauszugeben hat.

Diese Situation unterscheidet die Abschöpfungsvorschriften auch grundsätzlich von dem zivilrechtlichen Bereicherungsausgleich nach §§ 812 ff. BGB, bei dem die ungerechtfertigte Bereicherung beim Bereicherten abgeschöpft und demjenigen, dem deren Wert zusteht, zugewiesen wird. Außerdem kommt die Abschöpfung auf staatliche Initiative zustande und unterliegt daher nicht der privatautonomen Entscheidung der Geschädigten. Allerdings ist zu beachten, dass in Teilen die zivilrechtliche Geltendmachung von Schadensersatzansprüchen die Anwendbarkeit von staatlichen Abschöpfungsmöglichkeiten ausschließt[665], sodass diese in aller Regel subsidiär ist und hauptsächlich die Fälle betrifft, in denen keine Ausgleichsansprüche der Geschädigten bestehen oder u. U. nicht geltend gemacht werden, etwa weil das Prozessrisiko in keinem Verhältnis zum erlittenen Schaden steht.

3.3.2.2 Grundsätzliche Ausgestaltungsmöglichkeiten

Für die Bekämpfung von unberechtigten wirtschaftlichen Vorteilen sind mehrere Lösungswege denkbar[666]. Zum einen könnte der Gesetzgeber dafür sorgen, dass die konkret Betroffenen ausreichende und wirksame private Klagemöglichkeiten erhalten, um ihren erlittenen Schaden auszugleichen. Private Klage-

---

[663] Vgl. z. B. § 43 Abs. 1 TKG.
[664] Siehe zum Begriff der Fahrlässigkeit unten Fn. 692.
[665] Diese Subsidiarität ist explizit in § 43 Abs. 2 TKG angeordnet.
[666] Vgl. hierzu ausführlich *Vollmer*, DB 1979, 2213 (2213 f.).

möglichkeiten können neben ihrer rein individuellen Ausgleichsposition nämlich auch dem öffentlichen Interesse an einer möglichst weit gehenden Abschöpfung unrechtmäßiger Erlöse dienen. Denn wenn alle Geschädigten ihren Schaden geltend machen, wird die rechtmäßige Vermögenslage wieder hergestellt und wird zugleich das betroffene Unternehmen von weiteren Verstößen idealiter abgehalten[667].

Die deutsche Verfassungsordnung mit ihrem stark ausgeprägten Grundrechtsschutz verlangt nach solchen wirksamen individuellen Klagemöglichkeiten, da effektive Wiedergutmachungsmöglichkeiten Ausfluss der Privatautonomie sind[668]. So wird aus dem Rechtsstaatsprinzip i. V. m. Art. 2 Abs. 1 GG[669] ein Anspruch auf Gewährleistung eines wirkungsvollen Rechtsschutzes in zivilrechtlichen Streitigkeiten abgeleitet[670]. Dies spricht dafür, mit staatlichen Eingriffsbefugnissen möglichst zurückhaltend umzugehen.

Auf der anderen Seite könnte eine staatliche Aufsicht geschaffen werden, die mittels hoheitlicher Mittel (Geldbußen, Mehrerlös- bzw. Vorteilsabschöpfung etc.) die rechtmäßige Vermögenslage möglichst weitgehend wiederherstellt und daneben noch general- oder individualpräventiv tätig wird. Für ein solches Vorgehen spricht, dass private Durchsetzungsmöglichkeiten nicht in allen Fallgestaltungen genauso effektiv sein können wie staatliche Aufsichtsmaßnahmen. Denn private Ansprüche werden oftmals mangels notwendiger Kenntnisse, hinreichender wirtschaftlicher Möglichkeiten oder wegen eines zu großen Kostenrisikos im Verhältnis zum erlittenen Schaden nicht geltend gemacht.

Dann versagt diese privatrechtliche Ausgestaltung der Abschöpfungsmöglichkeiten, da dem missbräuchlich handelnden Unternehmen der unrechtmäßig erlangte wirtschaftliche Vorteil verbleiben würde. Bestes Beispiel für einen Fall, wo eine Vielzahl von Geschädigten besteht, die jedoch jeweils nur um minimale Beträge geschädigt wurden, sind die sog. Verbrauchsgüter. So verhält sich z. B. der Fall, in dem ein Unternehmen einen missbräuchlichen Preis für einen Liter Benzin verlangt, der aber den einzelnen Käufer gerade einmal um wenige Cent schädigt[671].

---

667 *K. Schmidt*, Aufgaben und Leistungsgrenzen der Gesetzgebung im Kartelldeliktsrecht, 1978, S. 37 ff. m. w. N.

668 Vgl. dazu *Vollmer*, DB 1979, 2213, unter zusätzlicher Heranziehung des Sozialstaatsprinzips.

669 Art. 19 Abs. 4 GG greift in diesen Konstellationen nicht, da dieses Grundrecht nur für Eingriffe durch die hoheitliche Gewalt Geltung beansprucht, vgl. dazu *BVerfG*, Beschluss vom 11.6.1980 - 1 BvR 194/78, BVerfGE 54, 277 (291).

670 Vgl. *BVerfG*, Beschluss vom 9.5.1989 - 1 BvL 35/86, BVerfGE 80, 103 (107); *BVerfG*, Beschluss vom 2.3.1993 - 1 BvR 249/92, BVerfGE 88, 118 (123 ff.); *Dreier*, in: ders. (Hrsg.), GG, Bd. I, 2. Aufl. 2004, Art. 2 Rn. 41.

671 Solche Fälle führte der Gesetzgeber im Rahmen der Gesetzesbegründung zu § 37b GWB in überzeugender Weise als Grund für die Einführung der Vorteilsabschöpfung an, vgl. Gesetzesbegründung zu § 37b GWB a. F., BT-Drs. 8/2136, S. 15.

Die Mehrzahl der Kunden würde ein langes Gerichtsverfahren mit u. U. unsicherem Ausgang und damit einem nicht auszuschließenden Prozess- und Kostenrisiko nicht auf sich nehmen, nur um einen Ausgleich in Höhe weniger Cent oder Euro zu erhalten. Daraus ergibt sich, dass staatliche Aufsichtsmöglichkeiten wenigstens für die Fälle geschaffen werden müssen, in denen die private Ausgestaltung versagt und die schützenswerten Zwecke der Vorteilsabschöpfung nicht fördern kann[672]. Vor diesem Hintergrund ist die Implementierung einer sektorspezifischen Vorteilsabschöpfungsregelung in § 43 TKG zu begrüßen, die notwendigerweise auch subsidiär zu individuellen Schadensersatzansprüchen ausgestaltet ist.

3.3.2.3 Anwendungsbereich

Nach der im Vermittlungsverfahren verschärften Fassung[673] der Vorteilsabschöpfung im Telekommunikationsrecht soll die Regulierungsbehörde nunmehr die Abschöpfung eines wirtschaftlichen Vorteils anordnen, wenn dieser darauf zurückgeht, dass das Unternehmen gegen eine Missbrauchsverfügung der *Bundesnetzagentur* oder vorsätzlich bzw. fahrlässig gegen eine Vorschrift des TKG verstoßen hat.

3.3.2.3.1 Vorteilsabschöpfung bei Verstoß gegen eine Verfügung der Regulierungsbehörde, § 43 Abs. 1, 1. Alt. TKG

Nach § 43 Abs. 1, 1. Alt. TKG kommt eine Vorteilsabschöpfung dann in Betracht, wenn ein Unternehmen gegen eine Verfügung der *Bundesnetzagentur* nach § 42 Abs. 4 TKG verstößt.

3.3.2.3.1.1 Personaler Anwendungsbereich

Da sich derartige Verfügungen nach § 42 Abs. 4 TKG nur an die Normadressaten des § 42 Abs. 1 TKG richten können, kann im Rahmen dieser Alternative eine Vorteilsabschöpfung nur gegenüber marktmächtigen Unternehmen i. S. d. § 11 Abs. 1 Satz 3 bis 5 TKG erfolgen. Der personale Anwendungsbereich ist somit auf marktbeherrschende Anbieter von Telekommunikationsdiensten, von Leistungen nach § 78 Abs. 2 und 3 TKG oder von telekommunikationsgestützten Diensten sowie marktbeherrschende Betreiber eines öffentlichen Telekommunikationsnetzes beschränkt.

---

[672] Vgl. *Vollmer*, DB 1979, 2213 (2213 f.).

[673] Vgl. Beschlussempfehlung des Vermittlungsausschusses, BT-Drs. 15/3063, S. 5, auf dem die endgültige Fassung des § 43 TKG beruht.

3.3.2.3.1.2 Verstoß gegen eine Verfügung nach § 42 Abs. 4 TKG

Weitere Voraussetzung ist es, dass gegenüber dem Normadressaten eine Verfügung nach § 42 Abs. 4 TKG erlassen wurde. Insofern muss das Unternehmen seine marktbeherrschende Stellung missbräuchlich ausgenutzt haben, wobei alle Varianten des § 42 TKG in Betracht kommen können, und dies muss von der Regulierungsbehörde geahndet worden sein. Unerheblich ist es dabei, ob die Verfügung dem missbräuchlich handelnden Unternehmen ein Verhalten auferlegt, ein solches untersagt oder Verträge ganz oder teilweise für unwirksam erklärt[674]. Gegen diese konkrete Verfügung muss das Unternehmen sodann im weiteren Verlauf verstoßen, also das konkrete missbräuchliche Verhalten trotz hoheitlicher Anordnung nicht abgestellt haben.

Der regulierungsbehördlichen Verfügung kommt auch noch insoweit Bedeutung zu, als dass der abzuschöpfende Vorteil gerade durch den Verstoß hiergegen erzielt worden sein muss. Daher hat die Regulierungsbehörde hierbei den in der Praxis durchaus schwierigen Nachweis einer Kausalität zu führen[675]. Im Gegensatz zu den früheren Vorschriften des GWB ist im Rahmen des § 43 Abs. 1, 1. Alt. TKG keine Unanfechtbarkeit der regulierungsbehördlichen Verfügung erforderlich. Es hatte sich nämlich gezeigt, dass diese Anforderung die Effizienz der Vorteilsabschöpfung erheblich beeinträchtigt hatte.

So bestand in der kartellrechtlichen Praxis der große Anreiz für ein Unternehmen, die Rechtskraft der erforderlichen Untersagungsverfügung nach § 32 GWB mit taktischen Mitteln zu verzögern, um die Folgen einer Vorteilsabschöpfung abzumildern. Denn eine rückwirkende Abschöpfung der Erlöse, die vor Unanfechtbarkeit der Untersagungsverfügung erzielt wurden, sah das GWB nicht vor.

Dies förderte somit zwangsläufig in unbefriedigender Art und Weise Verzögerungstaktiken eines missbräuchlich handelnden Unternehmens, das dann auch noch für die Zeit bis zum Eintritt der Unanfechtbarkeit der Untersagungsverfügung mit einem gewissen Mehrerlös belohnt wurde. Nicht überraschend war daher in der Vergangenheit die lange Dauer von Verfahren, die sich mit der Rechtmäßigkeit der einer Vorteilsabschöpfung zu Grunde liegenden kartellbehördlichen Verfügungen befassten, und sich oftmals mehrere Jahre hinzogen[676].

Zu berücksichtigen ist in diesem Zusammenhang auch noch der Aspekt, dass sich oftmals bis zur entscheidungserheblichen letzten mündlichen Verhandlung auch die tatsächlichen Gegebenheiten ändern konnten, was aus prozessualen Gründen zu einer Erledigung der Streitigkeit führen konnte. In dieser Fallges-

---

674 Auch die neu geschaffene Ex-ante-Missbrauchsverfügung nach § 42 Abs. 4 Satz 3 TKG fällt unter die erste Tatbestandsvariante des § 43 Abs. 1 TKG.

675 Vgl. auch *Holthoff-Frank*, in: Beck`scher TKG-Kommentar, 3. Aufl. 2006, § 43 Rn. 15.

676 Vgl. *BKartA*, Beschluss vom 16.10.1974 - B6-432190-T-37/73, WuW/E BKartA 1526.

taltung würde wiederum eine wirkungsvolle und effiziente Vorteilsabschöpfung verhindert, da das Gericht in solchen Fällen die Missbrauchsverfügung des *Bundeskartellamts* aufheben müsste.

Dieser Missstand der Vorteilsabschöpfungsregelungen des GWB wurde frühzeitig von der *Monopolkommission* kritisiert, die sich vehement für eine sofortige Vollziehbarkeit aller kartellrechtlichen Missbrauchsverfügungen einsetzte, um die Verzögerungstaktiken der missbräuchlich handelnden Unternehmen zu verhindern[677]. Auf der anderen Seite muss allerdings berücksichtigt werden, dass durch das Erfordernis einer unanfechtbaren, konkreten Missbrauchsverfügung auch ein gewisser Schutz des als Adressaten einer Mehrerlösabschöpfung in Betracht kommenden Unternehmens vor derart einschneidenden Maßnahmen gewährleistet werden sollte[678]. Allerdings darf dieser Schutz nicht so weit gehen, dass hierdurch die Effektivität der Mehrerlösabschöpfung erheblich eingeschränkt wird.

Ein hinreichender Schutz des Unternehmens dürfte bereits dann gegeben sein, wenn eine Missbrauchsverfügung mit konkretisierten Verpflichtungen ergangen ist, auch wenn diese noch nicht unanfechtbar ist. Bereits ab diesem Zeitpunkt kann der Adressat der Verfügung sein Verhalten auf die behördliche Anordnung einrichten. Ein Eingreifen der Mehrerlösabschöpfung erst nach Eintritt der Unanfechtbarkeit, was z. T. mehrere Jahre dauern kann, dehnt den Schutz des Unternehmens hingegen zu weit aus, da hierdurch bewusst missbräuchliche Verhaltensweisen gefördert werden, ohne dass das missbräuchlich handelnde Unternehmen in irgendeiner Weise schutzwürdig erschiene. Vor diesem Hintergrund ist die Änderung des GWB notwendig gewesen, um das Instrumentarium der Vorteilsabschöpfung seinem Zweck entsprechend effizient auszugestalten[679].

Diese Erfahrungen haben den Gesetzgeber zu Recht dazu bewogen, den erkannten Fehler bezüglich § 43 TKG nicht zu wiederholen und auf das Erfordernis einer unanfechtbaren Missbrauchsverfügung zu verzichten.

3.3.2.3.1.3 Kein Verschuldenserfordernis

Die Abschöpfung nach § 43 Abs. 1, 1. Alt. TKG ist unabhängig von einem etwaigen Verschulden des Unternehmens bzw. der für es verantwortlich handelnden Personen. Dies bedeutet aber im engeren Sinne keine Verschärfung gegenüber der zweiten Alternative, die einen vorsätzlichen oder fahrlässigen Verstoß gegen eine Bestimmung des TKG voraussetzt, weil dem Unternehmen

---

677 Bislang gilt der Ausschluss der aufschiebenden Wirkung im GWB gemäß § 64 Abs. 1 GWB nur für Verfügungen zur Ahndung missbräuchlichen Verhaltens im Zusammenhang mit Elektrizitäts- oder Gasversorgungsnetzen.

678 *Stahl*, WuW 1980, 451 (452).

679 Diese Änderung erfolgte allerdings erst im Jahre 2005 mit Inkrafttreten des § 34 GWB n. F.

durch Zustellung der Missbrauchsverfügung ohnehin bekannt sein muss, welche Verhaltensweisen als missbräuchlich eingestuft wurden und wie der Missbrauch abzustellen ist.

Die Erkennbarkeit der Pflichtwidrigkeit und die objektive Vermeidbarkeit sind aufgrund der konkretisierten und bestimmten Verfügung somit in aller Regel gegeben. Bei einem Verstoß gegen die Kenntnis herbeiführende Verfügung ist damit zwangsläufig ohnehin in den meisten Fallgestaltungen davon auszugehen, dass zumindest die Voraussetzungen einer einfachen Fahrlässigkeit gegeben sind und das Verschulden damit indiziert werden kann[680].

Etwas anderes kann sich jedoch dann ergeben, wenn eine Verfügung nicht hinreichend bestimmt ein Verhalten untersagt oder auferlegt. In diesem Fall ist aber bereits die Verfügung selbst als rechtswidrig zu qualifizieren, sodass es an einer tragenden Voraussetzung für die Anordnung einer Vorteilsabschöpfung fehlt, sofern nicht eine Bestandskraft der Verfügung vorliegt. In diesem Fall wäre das Unternehmen hinreichend geschützt, da die Vollziehung einer Vorteilsabschöpfung auf Grundlage einer rechtswidrigen Verfügung eine unbillige Härte i. S. d. § 43 Abs. 3 Satz 1 TKG darstellen dürfte bzw. sich das Unternehmen direkt gegen die zu Grunde liegende Verfügung im Rechtschutzverfahren wenden könnte.

Es kann daher festgehalten werden, dass der Verzicht auf ein Verschuldenserfordernis im Rahmen des § 43 Abs. 1, 1. Alt. TKG mit keinen Nachteilen für die betroffenen Unternehmen verbunden ist. Hierdurch wird lediglich für die Mehrzahl aller Fälle eine inhaltsleere Prüfung dieses Merkmals vermieden.

3.3.2.3.1.4 Zeitliche Komponente

Bedeutsam ist die Frage, ob eine Vorteilsabschöpfung nach § 43 Abs. 1, 1. Alt. TKG nur ex nunc, also ab dem Zeitpunkt der Zustellung der Verfügung möglich ist, oder ob auch die durch das entsprechende missbräuchliche Verhalten zuvor erlangten wirtschaftlichen Vorteile berücksichtigt werden können[681]. Während § 41 des Regierungsentwurfs zum TKG[682] diesbezüglich noch explizit die Formulierung enthielt, dass lediglich ein solcher wirtschaftlicher Vorteil abgeschöpft werden kann, der nach Zustellung der Verfügung erlangt wurde, so fehlt diese Passage in der endgültigen Fassung des § 43 TKG.

Hieraus kann aber nicht gefolgert werden, dass damit der Gesetzgeber zwingend eine rückwirkende Abschöpfung ermöglichen wollte. Insoweit steht die im Tatbestand geforderte Kausalität zwischen dem Verstoß gegen die Verfü-

[680] So auch *Gersdorf*, in: Säcker (Hrsg.), Berliner Kommentar zum TKG, 2006, § 43 Rn. 12.

[681] Eine solche rückwirkende Abschöpfung hatte z. B. der Bundesrat im Rahmen des Gesetzgebungsverfahrens gefordert, um die Effizienz dieses Instruments zu stärken, vgl. Stellungnahme des Bundesrates, BT-Drs. 15/2316, S. 116.

[682] Regierungsentwurf vom 15.10.2003, BT-Drs. 15/2316.

gung der Regulierungsbehörde nach § 42 Abs. 4 TKG entgegen[683]. Zeitlich vor der Zustellung dieser Verfügung erzielte wirtschaftliche Vorteile können nämlich denklogisch nicht "**durch**" einen Verstoß dagegen erlangt worden sein, sodass eine Abschöpfung nach § 43 Abs. 1, 1. Alt. TKG in diesem Fall ausscheiden muss[684].

3.3.2.3.2 Vorteilsabschöpfung bei Verstoß gegen Vorschriften des TKG, § 43 Abs. 1, 2. Alt. TKG

§ 43 Abs. 1, 2. Alt. TKG erfordert keinen vorherigen Bescheid der Regulierungsbehörde, sondern setzt einen Verstoß gegen Vorschriften des TKG voraus.

3.3.2.3.2.1 Erfasste Normverstöße

Der Anwendungsbereich des § 43 Abs. 1, 2. Alt. TKG ist deutlich weiter als derjenige der ersten Variante des § 43 Abs. 1 TKG und erfasst Verstöße gegen alle telekommunikationsrechtlichen Pflichten[685]. Bedeutsam dürfte diese Alternative vor allem dann werden, wenn das missbräuchlich handelnde Unternehmen einen widerrechtlichen Gewinn durch eine missbräuchliche Entgeltgestaltung erzielt[686], der bei einem Preishöhenmissbrauch durchaus umfangreich ausfallen kann. Diese wirtschaftlichen Vorteile können nunmehr im Gegensatz zum TKG 1996 über § 43 Abs. 1, 2. Alt. TKG abgeschöpft werden. Wiederum muss der potentielle Adressat der Abschöpfungsverfügung kausal durch sein unrechtmäßiges Verhalten einen wirtschaftlichen Vorteil erlangt haben. Hierzu kann auf die Ausführungen zu § 43 Abs. 1, 1. Alt. TKG verwiesen werden[687].

Zu problematisieren ist an dieser Stelle die Frage, ob in den Fällen, in denen die entsprechende Vorschrift, aus der der Pflichtenverstoß hergeleitet wird, eine Anordnungsbefugnis der Regulierungsbehörde enthält, bereits eine entsprechende Verfügung ergangen sein muss, bevor eine Vorteilsabschöpfung erfol-

---

683 So zu Recht auch *Gersdorf*, in: Säcker (Hrsg.), Berliner Kommentar zum TKG, 2006, § 43 Rn. 15.

684 Zu der Frage, ob eine rückwirkende Abschöpfung aber im Rahmen des § 43 Abs. 1, 2. Alt. TKG möglich ist, siehe unten Kapitel 3.3.2.3.3.

685 Mit zweifelhafter Begründung will *Wissmann*, in: ders. (Hrsg.), Telekommunikationsrecht, 2. Aufl. 2006, S. 287, den Anwendungsbereich allein auf Verstöße gegen Normen des 2. Teils des TKG (**Marktregulierung**) beschränken.

686 Dieses Beispiel wird auch von *Holznagel/Enaux/Nienhaus*, Telekommunikationsrecht, 2. Aufl. 2006, S. 138, zu Recht aufgrund seiner wirtschaftlichen Bedeutung herausgegriffen.

687 Siehe oben Kapitel 3.3.2.3.1.2.

gen kann[688]. Einem solchen Verständnis muss aber angesichts des klaren Wortlauts des § 43 Abs. 1, 2. Alt. TKG und dem erkennbaren Gegensatz zu § 43 Abs. 1, 1. Alt. TKG entgegengetreten werden. Das TKG enthält weitgehend nur Pflichten, die keiner weiter gehenden Konkretisierung durch einen Verwaltungsakt bedürfen, sondern bereits in der gesetzlichen Vorschrift selbst hinreichend bestimmt angelegt sind.

Zu Recht wird auch darauf hingewiesen, dass die Vorteilsabschöpfung des § 43 TKG gerade ihrem kartellrechtlichen Pendant nach Maßgabe des § 34 GWB nachgebildet werden sollte.

Diese Vorschrift will aber gerade das Instrument der Vorteilsabschöpfung über den seltenen Fall eines Verstoßes gegen eine aufsichtsbehördliche Verfügung hinaus auf jede Pflichtwidrigkeit im Zusammenhang mit dem GWB ausdehnen, sodass eine Einschränkung der Vorteilsabschöpfung auf durch Verfügungen konkretisierte Pflichten des TKG nicht gewollt sein kann[689].

3.3.2.3.2.2 Personaler Anwendungsbereich

Normadressaten der zweiten Alternative des § 43 Abs. 1 TKG können grundsätzlich alle Unternehmen sein, soweit sie Regelungen des TKG zu beachten haben[690]. Daher besteht eine Beschränkung auf marktbeherrschende Unternehmen wie bei § 43 Abs. 1, 1. Alt. TKG nicht. Es können insoweit auch Pflichten maßgeblich sein, die sich aus dem Bereich der nicht-ökonomischen Regulierung[691] ergeben.

Hieran zeigt sich bereits deutlich, dass die zweite Alternative der Vorteilsabschöpfung in allen Regulierungsbereichen Anwendung finden kann und die dortigen, speziell geregelten Instrumentarien ergänzt, was die Abschreckungswirkung signifikant erhöhen dürfte.

3.3.2.3.2.3 Verschuldenserfordernis

Die weit reichenden Einsatzmöglichkeiten der Vorteilsabschöpfung werden bei dieser Tatbestandsvariante im Gegensatz zu § 43 Abs. 1, 1. Alt. TKG dadurch

---

[688] Diese Frage wirft *Gersdorf*, in: Säcker (Hrsg.), Berliner Kommentar zum TKG, 2006, § 43 Rn. 19 auf.

[689] Vgl. zu dieser Fragestellung insgesamt *Gersdorf*, in: Säcker (Hrsg.), Berliner Kommentar zum TKG, 2006, § 43 Rn. 19.

[690] Ein Beispiel für eine Pflicht nicht marktbeherrschender Unternehmen ist § 18 TKG.

[691] Als nicht-ökonomische Regulierung werden Aufsichtsinstrumente im Telekommunikationssektor verstanden, die sich nicht in erster Linie mit der Marktregulierung und den Wettbewerbshindernissen, die auf der besonderen Marktstellung des Incumbent beruhen, auseinander setzen, vgl. dazu oben Kapitel 2.3.5, Fn. 100. Beispiele sind etwa der Kundenschutz, der Datenschutz oder die Verwaltung knapper Ressourcen wie Nummern oder Frequenzen.

eingeschränkt, dass das betreffende Unternehmen schuldhaft[692] gehandelt haben muss, als es gegen eine Pflicht des TKG verstoßen hat. Hierdurch soll verhindert werden, dass dieses einschneidende Instrument uferlos und für das Unternehmen unvorhersehbar herangezogen wird, da hierbei erhebliche wirtschaftliche Gefahren bestehen. Erst bei einer bewussten bzw. zumindest vorhersehbaren und vermeidbaren Pflichtwidrigkeit des Unternehmens erscheint daher ein rigides Eingreifen bei jedwedem objektiven Verstoß gegen das TKG als gerechtfertigt.

Es ist hierbei aber zu berücksichtigen, dass grundsätzlich an die Marktteilnehmer hohe Ansprüche dahingehend gestellt werden können, welche Regeln sie bei ihren wirtschaftlichen Aktivitäten zu beachten haben. Diese Sorgfaltsanforderungen werden in der Zukunft sogar noch dadurch steigen, dass die abstrakten Verpflichtungen des TKG nach und nach durch die regulierungsbehördliche Praxis und die Rechtsprechung konkretisiert werden und hierdurch Streitfälle und Unsicherheiten, die ein Verschulden u. U. ausschließen können, abnehmen werden.

Ein Ausschluss des Verschuldens kommt z. B. dann in Betracht, wenn das Unternehmen einem nicht vermeidbaren Verbotsirrtum unterliegt und es davon ausgeht, das gewählte Verhalten stelle keinen Verstoß gegen Vorschriften des TKG dar. Allerdings kann ein erheblicher Rechtsirrtum, der den Schuldvorwurf entfallen ließe, nur unter sehr strengen Voraussetzungen begründet werden. So nimmt die Rechtsprechung einen solchen Irrtum nur dann an, wenn eine Entscheidung des obersten Gerichts zu der jeweiligen Rechtsfrage noch nicht ergangen ist und die fehlerhafte Rechtsauffassung ernsthaft vertreten werden konnte[693].

Die Bedeutung von wesentlichen Rechtsirrtümern dürfte somit nach und nach mit der Entwicklung der Rechtsprechung hinsichtlich des neuen Rechtsrahmens spürbar nachlassen.

---

[692] Dabei werden Vorsatz und Fahrlässigkeit i. S. d. § 276 BGB erfasst. Die Übertragbarkeit der zivilrechtlichen Grundsätze (dies gilt selbstverständlich auch für die Zurechnung von Verschulden bei einer juristischen Person, wie sie Telekommunikationsunternehmen grundsätzlich darstellen, über § 278 BGB) ergibt sich aus der insoweit anzunehmenden Einheit der Rechtsordnung (vgl. dazu *Heinrichs*, in: Palandt, BGB, 68. Aufl. 2009, § 276 Rn. 12). Die strafrechtlichen Prinzipien lassen sich hierbei nicht vollumfänglich heranziehen, da sie sich insoweit auf nicht mit den Instrumenten des Wirtschaftsverwaltungsrechts vergleichbare Sanktionsmittel beziehen. Vorsätzliches Handeln wird dabei definiert als das Wissen und Wollen des rechtswidrigen Erfolges, vgl. *Heinrichs*, in: Palandt, BGB, 68. Aufl. 2009, § 276 Rn. 10; *BGH*, Urteil vom 16.6.1977 - III ZR 179/75, BGHZ 69, 128 (142). Fahrlässigkeit liegt demgegenüber vor, wenn der Handelnde die im Verkehr erforderliche Sorgfalt außer Acht gelassen hat. Fahrlässigkeit setzt dabei die Voraussehbarkeit und Vermeidbarkeit des rechtswidrigen Erfolges voraus, vgl. *BGH*, Urteil vom 21.5.1963 - VI ZR 254/62, BGHZ 39, 281 ff.

[693] *BGH*, Urteil vom 22.4.1958 - I ZR 67/57, BGHZ 27, 264 (273).

3.3.2.3.3 Verhältnis der beiden Tatbestandsalternativen des § 43 Abs. 1 TKG

Fraglich ist, ob aufgrund des weiten Anwendungsbereichs des § 43 Abs. 1, 2. Alt. TKG, der grundsätzlich jeden Pflichtenverstoß gegen Vorschriften des TKG erfasst, auch wirtschaftliche Vorteile, die kausal durch ein Verhalten, das die Tatbestandsvoraussetzungen der besonderen Missbrauchsaufsicht nach § 42 TKG erfüllt, abgeschöpft werden können.

Es stellt sich somit die Frage nach dem Verhältnis der beiden Alternativen zueinander, da § 43 Abs. 1, 2. Alt. TKG derart weit formuliert ist, dass auch die Fälle des § 43 Abs. 1, 1. Alt. TKG hierunter zu subsumieren sein könnten. Die Fragestellung des Verhältnisses der beiden Abschöpfungsmöglichkeiten konkretisiert sich insbesondere hinsichtlich folgender Konstellation:

Wenn über § 43 Abs. 1, 2. Alt. TKG auch wirtschaftliche Vorteile abgeschöpft werden könnten, die ein Unternehmen durch ein missbräuchliches Verhalten erlangt, welches in den Anwendungsbereich des § 42 TKG fällt und somit mittels einer Verfügung nach § 42 Abs. 4 TKG geahndet werden kann, wäre es möglich, dass Vorteile, die nach Zustellung einer etwaigen Missbrauchsverfügung nach § 42 Abs. 4 TKG erzielt werden, über § 43 Abs. 1, 1. Alt. TKG als spezielle Alternative und vorher erlangte wirtschaftliche Vorteile über § 43 Abs. 1, 2. Alt. TKG eingezogen werden könnten. Bei dieser Konstruktion bestünde daher in den Fällen, in denen die *Bundesnetzagentur* eine entsprechende Missbrauchsverfügung nach § 42 Abs. 4 TKG später tatsächlich erlässt, die Möglichkeit, über § 42 Abs. 1, 2. Alt. TKG im Rahmen des Anwendungsbereiches des § 43 Abs. 1, 1. Alt. TKG rückwirkend abzuschöpfen, so wie es im Gesetzgebungsverfahren noch vom Bundesrat gefordert worden war[694].

Gegen ein solches weites Verständnis der zweiten Alternative bestehen aber durchgreifende Bedenken. Für die erste Alternative verbliebe dann keinerlei eigenständige Bedeutung mehr, wenn auch missbräuchliche Verhaltensweisen i. S. d. § 42 TKG unter § 43 Abs. 1, 2. Alt. TKG subsumiert werden könnten. Denn dann käme es auf die Missbrauchsverfügung selbst überhaupt nicht entscheidend an. Hierin läge lediglich eine Konkretisierung der Pflichten aus § 42 Abs. 1 bis 3 TKG. Es wäre somit also auch ohne entsprechende Verfügung stets ein Verstoß gegen den § 42 TKG und somit eine Vorschrift des TKG i. S. d. § 43 Abs. 1, 2. Alt. TKG anzunehmen.

Dem Gesetzgeber ging es aber ausweislich seiner gesetzestechnischen Gestaltung darum, zwei nebeneinander stehende Tatbestände zu schaffen, denen dann zumindest ein gewisser eigener Anwendungsbereich auch tatsächlich zugewiesen sein muss. § 43 Abs. 1, 1. Alt. TKG sollte dabei offensichtlich speziell auf die Fälle des § 42 TKG zugeschnitten werden, sodass insoweit eine abschließende Spezialität zu § 43 Abs. 1, 2. Alt. TKG angenommen werden muss,

694 Siehe dazu oben Kapitel 3.3.2.3.1.4.

wollte man nicht hinnehmen, dass die detaillierte Alternative der Vorteilsabschöpfung nach § 43 Abs. 1, 1. Alt. TKG vollständig obsolet wäre[695]. Eine Vorteilsabschöpfung über § 43 Abs. 1, 2. Alt. TKG scheidet somit in den potentiellen Fällen einer Missbrauchsverfügung nach § 42 Abs. 4 TKG aus, da jeder Vorteil, der durch ein gemäß § 42 Abs. 1 bis 3 TKG sanktioniertes missbräuchliches Verhalten erzielt wurde, allein der Spezialregelung des § 43 Abs. 1, 1. Alt. TKG unterfällt.

Aus diesem Befund ergibt sich aber ein Folgeproblem, da hieraus eine Ungleichbehandlung von Verstößen gegen § 42 TKG und solchen gegen sonstige Vorschriften des TKG resultiert. Die erste Kategorie setzt zwingend eine Konkretisierung der durch § 42 TKG dem Normadressaten auferlegten Pflichten mittels einer regulierungsbehördlichen Verfügung voraus, bevor eine Vorteilsabschöpfung möglich ist, während bei allen anderen Regelungen bereits die Tatbestandsmäßigkeit des Verhaltens ausreicht, um die einschneidende Konsequenz der Vorteilsabschöpfung auszulösen. Zu Recht wird in diesem Zusammenhang auf Probleme mit Art. 3 Abs. 1 GG hingewiesen, da es sich insoweit um ein Haftungsprivileg solcher Unternehmen handelt, die lediglich § 42 TKG zuwiderhandeln[696]. Eine solche Besserstellung erscheint in der Tat schwierig zu begründen. Es ist nämlich nicht der Fall, dass die missbräuchlichen Verhaltensweisen, die lediglich § 42 TKG unterfallen, stets eine geringere Intensität als sonstige Verstöße gegen das TKG aufweisen. So sind auch hierbei durchaus Konstellationen denkbar, die erhebliche Wettbewerbsbeschränkungen für andere Unternehmen beinhalten oder erhebliche Einbußen für Endnutzer auslösen können.

Als ein Beispiel hierfür seien nur die Contentanbieter genannt, die nicht von der spezifischen Zugangsregulierung geschützt werden, da sie keine eigenen Telekommunikationsdienste für die Öffentlichkeit anbieten wollen. Sie können nichtsdestotrotz wirtschaftlich darauf angewiesen sein, Zugang zu den Infrastruktureinrichtungen marktbeherrschender Netzbetreiber zu erlangen, um ihre Angebote zu realisieren. Hierfür verbleibt ihnen aber lediglich die besondere Missbrauchsaufsicht nach § 42 TKG.

Dabei können sich die gleichen Gefahren ergeben wie bei den Normbegünstigten der Zugangsregulierung auch. Des Weiteren können sämtliche Verstöße gegen Vorschriften des TKG (mit Ausnahme des § 42 TKG) eine Vorteilsabschöpfung nach § 43 Abs. 1, 2. Alt. TKG auslösen, wovon auch weniger bedeutsame Pflichten wie Anzeigepflichten, Auskunftspflichten etc. erfasst sein können, sofern hieraus ein wirtschaftlicher Vorteil herrührt. Unter diesem Gesichtspunkt einer geringeren Intensität von Verstößen gegen § 42 TKG lässt

---

695 So auch *Gersdorf*, in: Säcker (Hrsg.), Berliner Kommentar zum TKG, 2006, § 43 Rn. 16; *Wissmann*, in: ders. (Hrsg.), Telekommunikationsrecht, 2. Aufl. 2006, S. 286 f.

696 Siehe dazu *Gersdorf*, in: Säcker (Hrsg.), Berliner Kommentar zum TKG, 2006, § 43 Rn. 20.

sich nach alldem keine Rechtfertigung für eine Ungleichbehandlung der Unternehmen feststellen.

Es ist auch nicht der Fall, dass allein § 42 TKG derart unbestimmt wäre, dass erst nach einer Konkretisierung des Tatbestandes durch eine Verfügung der Regulierungsbehörde hieran eine belastende Rechtsfolge geknüpft werden könnte. Nahezu alle Regulierungsinstrumentarien des TKG enthalten unbestimmte Rechtsbegriffe, die einer Präzisierung bedürfen und somit für die Marktteilnehmer mit Unwägbarkeiten verbunden sind. Warum dies allein bei § 42 TKG dazu führen sollte, dass erst eine Verfügung notwendig ist, um daran eine Vorteilsabschöpfung anzuknüpfen, erschließt sich nicht.

Es lässt sich festhalten, dass sich sachliche Gründe für eine Ungleichbehandlung der Unternehmen, die gegen § 42 TKG verstoßen, und solchen, die andere Pflichten aus dem TKG verletzten, nicht herleiten lassen. Insofern stehen der Ausgestaltung des § 43 TKG erhebliche verfassungsrechtliche Bedenken unter dem Gesichtspunkt des Gleichbehandlungsgebots gemäß Art. 3 Abs. 1 GG entgegen, da die Adressaten des § 43 TKG insoweit ohne weiteres vergleichbare Subjekte und somit eine hinreichende Vergleichsgruppe darstellen, die ohne sachlichen Grund unterschiedlich behandelt werden. Wie oben bereits gezeigt, lässt sich dieser Konflikt auch nicht dadurch lösen, dass § 43 Abs. 1, 2. Alt. TKG derart ausgelegt wird, dass darüber eine Vorteilsabschöpfung bei Fällen eines Verstoßes gegen § 42 TKG auch für die Zeit vor Erlass einer Missbrauchsverfügung möglich wäre.

Es ist daher dringend erforderlich, dass der Gesetzgeber an dieser Stelle nachbessert. Hierfür stehen ihm mehrere Optionen zur Verfügung. Zum einen wäre es gangbar, die erste Alternative des § 43 Abs. 1 TKG zu streichen, sodass auch bei Verstößen gegen § 42 TKG bereits ab Beginn des missbräuchlichen Verhaltens eine Vorteilsabschöpfung möglich wäre. Zum anderen könnte normiert werden, dass jedwede Vorteilsabschöpfung eine konkretisierende Verfügung der Regulierungsbehörde voraussetzt. Dies würde den Anwendungsbereich dieses Instrumentariums allerdings erheblich einschränken und somit deren Wirksamkeit beeinträchtigen. Der Gesetzgeber ist hier allerdings frei, wie er einen mit Art. 3 Abs. 1 GG konformen Rechtszustand herstellen will. Empfehlenswert dürfte allerdings die erste Alternative sein, da sich hiermit die Effizienz der Vorteilsabschöpfung beibehalten ließe, ohne dass stets eine evtl. langwierige Anordnung der Regulierungsbehörde vorausgegangen sein müsste[697].

Etwaige Härten für die betroffenen Unternehmen, z. B. wenn sich die Pflichten aus § 42 TKG im Einzelfall einmal unzumutbar schwierig präzisieren lassen und somit das jeweilige Unternehmen keine hinreichend verlässlichen Anhalts-

---

697 Im Gegensatz hierzu scheint *Gersdorf*, in: Säcker (Hrsg.), Berliner Kommentar zum TKG, 2006, § 43 Rn. 20, die andere Möglichkeit (Abhängigmachung jedweder Mehrerlösabschöpfung von einer vorherigen Anordnung der Regulierungsbehörde) vorzuziehen, um einen verfassungsgemäßen Rechtszustand herzustellen.

punkte zur Ausgestaltung seiner Handlungsweise inne hatte, lassen sich immer noch über die Ausschlussgründe des § 43 Abs. 3 TKG oder aber über das dann zwingend auch bei Verstößen gegen § 42 TKG heranzuziehende Verschuldenserfordernis abmildern, sodass insofern keine erheblichen Bedenken bestehen.

3.3.2.3.4 Wirtschaftlicher Vorteil

Von gehobener Bedeutung ist die Identifizierung des durch das missbräuchliche Verhalten erzielten wirtschaftlichen Vorteils, dessen Vorliegen unabdingbare Tatbestandsvoraussetzung der Vorteilsabschöpfung nach § 43 TKG ist.

Es stellt sich die wichtige Frage, was denn genau der unberechtigte wirtschaftliche Vorteil ist und vor allem, wie seine Höhe bestimmt wird. Das TKG selbst enthält keine Begriffsdefinition. Jedoch stellt § 43 TKG ausweislich der Gesetzesbegründung insoweit auf § 34 GWB ab, sodass auf die dortigen Grundsätze zurückgegriffen werden kann. Allerdings wurde auch im GWB der Begriff des "**wirtschaftlichen Vorteils**" erst im Zuge der 7. GWB-Novelle des Jahres 2005 implementiert, sodass auch aus dem allgemeinen Wettbewerbsrecht keine althergebrachten Grundsätze für die Begriffsbestimmung im Telekommunikationsrecht adaptiert werden können und der Hinweis des Gesetzgebers wenig hilfreich erscheint. Vor der Neufassung enthielt § 34 GWB noch den Begriff des "**Mehrerlöses**" als Abschöpfungsgegenstand[698].

Fraglich ist, ob sich aus dieser Umbenennung auch materielle Änderungen ergeben haben oder ob das damalige Begriffsverständnis auch im aktuellen Rechtsrahmen Bedeutung erlangen kann. Aus diesem Grund soll zunächst das überkommene Tatbestandsmerkmal des "**Mehrerlöses**" dargestellt werden, um sodann auf den nunmehr in allen Abschöpfungsregelungen verwendeten Begriff des "**wirtschaftlichen Vorteils**" umzuschwenken. Das GWB definierte den Begriff des "**Mehrerlöses**" ebenfalls nicht, sodass dessen Bestimmung im Rahmen der Rechtspraxis auf Grundlage der Intention des Gesetzgebers zu erfolgen hatte. Ein Mehrerlös setzt begrifflich voraus, dass tatsächlich ein Erlös erzielt wurde, der einen bestimmten – als Vergleichsmaßstab heranzuziehenden – weiteren Erlös übersteigt. Der Begriff des Erlöses ist in den Wirtschaftswissenschaften gängig und bezeichnet die baren und kreditorischen Einnahmen aus der Veräußerung von Betriebsleistungen. Er besteht somit aus dem Warenpreis multipliziert mit der abgesetzten Warenmenge[699].

Große Schwierigkeiten bereitet in diesem Zusammenhang regelmäßig die Bestimmung des als Vergleichsmaßstab heranzuziehenden, gewöhnlichen Erlöses. Denn es gibt schon keinen streng empirisch nachweisbaren gewöhnlichen Preis, den das betreffende Unternehmen ohne die missbräuchliche Verhaltens-

---

698 So noch § 34 GWB in der Fassung bis zum Inkrafttreten der 7. GWB-Novelle am 1.7.2005.

699 *Albuschkat*, WRP 1976, 666 (667).

weise hätte verlangen können. So schwankt der Preis eines Produktes stets, auch wenn sich das handelnde Unternehmen nicht missbräuchlich verhält. Veränderungen des Preises sind oftmals geboten, um auf Marktsituationen zu reagieren, etwa wenn die Nachfrage nachlässt oder aber die Kosten des Produktes steigen.

Noch größere Unwägbarkeiten entstehen allerdings bei der Bestimmung der hypothetisch zu diesem gewöhnlichen Preis abgesetzten Menge von Waren oder Dienstleistungen. Denn gerade der Preis hat direkte Auswirkungen auf den Absatz und beeinflusst diesen stark[700].

Im Rahmen des § 37b GWB a. F. sollte der Mehrerlös alle Vermögensvorteile erfassen, die sich aus der Durchsetzung von missbräuchlich überhöhten Preisen ergeben[701]. Demnach waren sämtliche erlangten Vorteile brutto abzuschöpfen. Von dem errechneten Erlös waren keine Aufwendungen oder Kosten in Abzug zu bringen. Nahe liegende Einwendungen dahingehend, dass das betreffende Unternehmen den gleichen Mehrerlös auch über eine Umsatzsteigerung unabhängig von dem Marktmachtmissbrauch erzielt hätte, waren deshalb unbeachtlich[702].

Seine Grenze fand der abzuschöpfende Mehrerlös darin, dass nur Vorteile maßgeblich waren, die dem Unternehmen tatsächlich zugeflossen sind[703]. Folge hiervon ist, dass anderweitige Vorteile – etwa Marktanteilsverschiebungen zu Lasten von Konkurrenten – nicht in die Berechnung des abzuschöpfenden Mehrerlöses einflossen. Außerdem konnten nur diejenigen Erlöse abgeschöpft werden, die dem Unternehmen selbst zugeflossen sind. Erlöse von Zwischenhändlern oder Partnern waren daher nicht zu berücksichtigen.

Nunmehr stellt sich die Frage, inwieweit diese überkommenen Grundsätze an den neuen Begriff des "**wirtschaftlichen Vorteils**" anzupassen sind. Für die Bestimmung des wirtschaftlichen Vorteils ist grundsätzlich ebenfalls ein Vergleich zwischen der tatsächlichen Vermögenslage des missbräuchlich handelnden Unternehmens und derjenigen, die ohne das missbräuchliche Verhalten hypothetisch eingetreten wäre, notwendig, da die dabei feststellbare Differenz den Vorteil ausmacht, sofern dieser kausal auf dem missbräuchlichen Verhalten beruht[704].

In die zu berücksichtigenden Vermögenslagen sind dabei jedoch nicht nur Vermögenswerte oder vermögenswerte Rechte, sondern auch sonstige Vorteile einzubeziehen. Dies ergibt sich daraus, dass der Begriff des "**wirtschaftlichen**

---

[700] *Ott*, Grundzüge der Preistheorie, 3. Aufl. 1991, S. 147 ff.
[701] Gesetzesbegründung zu § 37b GWB a. F., BT-Drs. 8/2136, S. 26.
[702] Vgl. *Stahl*, WuW 1980, 451 (454).
[703] *Grauel/Luhrenberg*, WRP 1980, 521 (525).
[704] Diese vergleichende Betrachtung der beiden Vermögenslagen wird bei § 34 GWB als Saldierungsgrundsatz bezeichnet, vgl. Begründung des Gesetzentwurfs der Bundesregierung zur Änderung des GWB, BR-Drs. 441/04, S. 95.

Vorteils" weiter ist als der des "**Erlöses**", da er nicht nur auf bare oder kreditorische Einnahmen beschränkt ist. Hierzu zählen darüber hinaus z. B. auch Verbesserungen der eigenen Marktstellung infolge des missbräuchlichen Verhaltens[705], wobei sich allerdings gewisse Probleme bei einer geldmäßigen Bezifferung dieses Vorteils stellen werden[706].

Jedoch führt die neue Begrifflichkeit auch zu einer Einschränkung. Galt früher das Bruttoprinzip, konnte also das missbräuchlich handelnde Unternehmen von dem erzielten Mehrerlös keine Aufwendungen oder sonstigen Kostenpositionen in Abzug bringen, so kann nunmehr lediglich die positive Differenz einer Saldierung der Vor- und Nachteile, die durch das missbräuchliche Verhalten hervorgerufen werden, abschöpfungsfähig sein[707]. Ansonsten würde der Begriff des "**Vorteils**" nicht in seinem Wortsinn berücksichtigt, da hierunter allein ein positiver Saldo zu verstehen ist.

Es lässt sich daher festhalten, dass die Begrifflichkeit des "**wirtschaftlichen Vorteils**" zwei entscheidende Unterschiede zu überkommenen Begriff des "**Mehrerlöses**" aufweist. Dies ist auch zu begrüßen, da eine Anwendung des Bruttoprinzips bei der Berechnung des abzuschöpfenden Vorteils dazu führte, dass nicht die Vermögenslage, die ohne den Missbrauch herrschen würde, sondern eine nachteilige für das betroffene Unternehmen geschaffen würde. Dies würde aber gerade einen Sanktionscharakter der Abschöpfungsregelungen implementieren, der ihrer eigentlichen Aufgabe nicht immanent ist.

Der wirtschaftliche Vorteil ist ausweislich § 43 Abs. 4 Satz 2 TKG zahlenmäßig zu beziffern, bevor er abgeschöpft werden kann. Schwierigkeiten werfen dabei zum einen die Saldierung der Vermögenslagen unter Einbeziehung hypothetischer Umstände sowie die Bestimmung von sonstigen Vorteilen (wie verbesserter Marktstellungen o. ä.) in Geldwert auf, da sie nur sehr schwer empirisch fassbar und maßgeblich von Schätzungen abhängen[708]. Hier liegen erhebliche Angriffspunkte hinsichtlich einer Abschöpfungsverfügung, da jedes Unternehmen versuchen wird, die Berechnungen der Regulierungsbehörde zu widerlegen.

Eine gewisse Erleichterung in diesem Zusammenhang folgt aus § 43 Abs. 4 Satz 1 TKG, wonach eine Schätzung des wirtschaftlichen Vorteils grundsätzlich als ausreichend angesehen wird. Eine vergleichbare Regelung findet sich in § 287 ZPO, sodass in einem ersten Zugriff hierauf rekurriert werden kann[709].

---

[705] Begründung zu § 43 TKG (§ 41 TKG-E), BT-Drs. 15/2316, S. 106.

[706] Vgl. zu dieser Voraussetzung § 43 Abs. 4 Satz 2 TKG.

[707] Vgl. *Holthoff-Frank*, in: Beck`scher TKG-Kommentar, 3. Aufl. 2006, § 43 Rn. 25.

[708] Vgl. *Holthoff-Frank*, in: Beck`scher TKG-Kommentar, 3. Aufl. 2006, § 43 Rn. 25 ff.

[709] Danach entscheidet das Gericht bei Streit über das "**Ob**" eines Schadens und dessen Höhe unter Würdigung aller Umstände nach freier Überzeugung. Die Vorschrift dient einer Verfahrensvereinfachung bei schwieriger Tatsachenaufklärung und kann

Die Schätzungsmöglichkeit hat aber nicht zur Folge, dass die *Bundesnetzagentur* auf die Ermittlung des wirtschaftlichen Vorteils verzichten und stets eine Schätzung vornehmen kann. Zum einen gebietet es das Rechtsstaatsgebot, dass die hoheitliche Entscheidung auf nachvollziehbaren Tatsachen beruht und nicht willkürlich erscheint, sodass die Regulierungsbehörde grundsätzlich verpflichtet ist, alles in ihren Möglichkeiten stehende zu unternehmen, um den wirtschaftlichen Vorteil genau zu beziffern[710].

Zum anderen muss auch die Schätzung stets auf einer ausreichenden Grundlage erfolgen und darf nicht völlig losgelöst von Anhaltspunkten erfolgen. So wird im Rahmen des § 34 GWB, der ebenfalls eine derartige Schätzungsmöglichkeit enthält, davon ausgegangen, dass eine Vorteilsabschöpfung unterbleiben müsse, wenn eine realistische Bewertungsgrundlage nicht zu Verfügung steht, da die Vorschrift insoweit keinen Zweifelsgrundsatz zu Lasten des Unternehmens enthalte[711]. In dieser Unsicherheit bei der Bemessung des tatsächlichen ungerechtfertigten wirtschaftlichen Vorteils dürfte ein erhebliches Hemmnis bei der Rechtsanwendung durch die Regulierungsbehörde liegen, da jede ihrer Entscheidungen weit reichende Angriffsflächen bieten wird und somit die Gefahr langwieriger juristischer Auseinandersetzungen droht, die anderweitig benötigte Ressourcen binden könnten.

3.3.2.3.5 Ermessen

Die Formulierung des Tatbestands als "**Soll**"-Vorschrift und somit die Einräumung eines intendierten Ermessens[712] hat zur Folge, dass die *Bundesnetzagentur* in typischen Fällen grundsätzlich eine Vorteilsabschöpfung durchzuführen hat.

Nur in atypischen Fallkonstellationen steht es danach im freien, aber pflichtgemäßen Ermessen der Regulierungsbehörde, ob sie nach § 43 TKG einschreiten will. Damit ist im Vermittlungsverfahren eine sehr wesentliche Verschärfung der Vorteilsabschöpfung eingetreten. Ursprünglich war nämlich vorgesehen, dass die Anordnung einer Vorteilsabschöpfung insgesamt im freien Ermessen der Regulierungsbehörde stehen sollte[713]. Diese Änderung geht wohl

---

daher auf den hier vorliegenden Fall der Schätzung eines wirtschaftlichen Vorteils übertragen werden, wenn sich dessen genaue Höhe nur schwierig feststellen lässt.

[710] Vgl. auch *Holthoff-Frank*, in: Beck`scher TKG-Kommentar, 3. Aufl. 2006, § 43 Rn. 33.

[711] *Bechtold*, in: ders. (Hrsg.), GWB, 5. Aufl. 2008, § 34 Rn. 5.

[712] Bei einem intendierten Ermessen muss die jeweilige Behörde im Normalfall einschreiten. Lediglich bei außergewöhnlichen Konstellationen darf sie ausnahmsweise eine eigene Ermessensentscheidung treffen, vgl. *BVerwG*, Urteil vom 8.9.1972 - BVerwG IV C 17/71, BVerwGE 40, 323 (330).

[713] Vgl. § 41 des Regierungsentwurfs vom 15.10.2003, BT-Drs. 15/2316. So ist der parallele § 34 GWB auch gesetzlich gefasst worden, was einen entscheidenden Nachteil gegenüber der Regelung des § 43 TKG darstellen dürfte.

auf die Befürchtung zurück, die Regulierungsbehörde könnte aus Sorge vor weit reichenden Folgen einer unrechtmäßigen Anordnung der Vorteilsabschöpfung oder auf politischen Druck der großen Marktteilnehmer hin sehr zurückhaltend im Umgang mit diesem Instrument sein.

Dies hätte aber zur Folge, dass dem Grundsatz, wonach sich ein Rechtsbruch nicht lohnen soll, keine hinreichende Geltung im Telekommunikationsrecht verschafft würde und den Unternehmen stets der Anreiz bliebe, sich auch durch missbräuchliches Verhalten einen Vorteil gegenüber den Wettbewerbern zu verschaffen. Vor diesem Hintergrund ist es sachgerecht, der *Bundesnetzagentur* in diesem Bereich ein lediglich eingeschränktes Ermessen einzuräumen, da damit weit reichend dafür Sorge getragen wird, dass dieses Instrument in der Praxis auch angewendet wird. Es handelt sich allerdings immer noch um eine Kompromisslösung, da der Bundesrat im Gesetzgebungsverfahren eine Vorteilsabschöpfung ohne Ermessen der Regulierungsbehörde verlangte[714].

Er sah die Gefahr, dass die Vorteilsabschöpfung in der Praxis kaum eine Wirkung entfalten würde, wenn die Regulierungsbehörde hier jeweils eine Interessensabwägung vorzunehmen hätte und im Ergebnis selbst über die Auferlegung einer Vorteilsabschöpfung entscheiden könnte, zumal bereits im Tatbestand besondere Wertungsmöglichkeiten[715] enthalten seien, die in vielen Fällen eine Abschöpfung verhindern könnten. Die Bundesregierung hingegen wollte § 43 TKG parallel zu § 34 GWB, der eine "**Kann**"-Vorschrift beinhaltet, ausgestalten, um eine Harmonisierung des sektorspezifischen Kartellrechts mit dem allgemeinen Wettbewerbsrecht sicherzustellen[716]. Somit muss festgestellt werden, dass das intendierte Ermessen zwar eine Verschärfung gegenüber § 34 GWB darstellt, aber immer noch hinter den weitergehenden Forderungen des Bundesrates, die sicherlich einer verstärkten Durchsetzung der Vorteilsabschöpfung in der Praxis förderlich gewesen wären, zurückbleibt. Dennoch darf nicht übersehen werden, dass der Beurteilungsspielraum der Regulierungsbehörde auch schon durch das intendierte Ermessen erheblich eingeschränkt ist, sodass ein völliges Leerlaufen der Regelung grundsätzlich vermieden werden müsste[717].

3.3.2.3.6 Subsidiarität, § 43 Abs. 2 TKG

Allen wirtschaftsverwaltungsrechtlichen Mehrerlös- bzw. Vorteilsabschöpfungen ist gemein, dass sie nur subsidiär heranzuziehen sind und dann ausschei-

---

714 Vgl. Stellungnahme des Bundesrates, BR-Drs. 755/03, S. 20.

715 Z. B. wurde hier auf die Tatbestandsmerkmale der "**unbilligen Härte**" und des "**geringen Mehrerlöses**" hingewiesen.

716 Gegenäußerung der Bundesregierung zur Stellungnahme des Bundesrates, BT-Drs. 15/2345, S. 5.

717 Diese berechtigte Hoffnung hat sich allerdings bislang in mehreren Jahren Regulierungspraxis mit einer Vielzahl von Missbrauchsverfahren aller Art und damit wohl contra legem noch nicht erfüllt, vgl. dazu auch unten Kapitel 4.

den, wenn der durch das missbräuchliche Verhalten erlangte wirtschaftliche Vorteil bereits durch Schadensersatzansprüche der Geschädigten oder durch die Verhängung oder die Anordnung eines Verfalls ausgeglichen wurde.

Diese Subsidiarität, die eine erhebliche Einschränkung des Anwendungsbereichs mit sich bringt, findet sich im Telekommunikationssektor in § 43 Abs. 2 Satz 1 TKG[718]. Sinn dieser Einschränkung ist die Verhinderung einer doppelten Heranziehung des missbräuchlichen handelnden Unternehmens, die eine unverhältnismäßige Belastung des Unternehmens und somit einen nicht von den Abschöpfungsregelungen verfolgten faktischen Strafcharakter zur Folge hätte.

Es soll lediglich verhindert werden, dass das betreffende Unternehmen den unzulässigerweise erlangten Vorteil zu Lasten des Wettbewerbs verwenden kann, woraus allerdings auch eine gewisse Abschreckungswirkung folgt. Die Subsidiarität geht sogar soweit, dass der abgeschöpfte Betrag auch dann zurückzuerstatten ist, wenn das Unternehmen erst nach der Anordnung der Vorteilsabschöpfung zu Schadensersatzleistungen herangezogen oder der Verfall angeordnet wird, § 43 Abs. 2 Satz 2 TKG. Der entsprechende Betrag ist allerdings vom jeweiligen Unternehmen gegenüber der Regulierungsbehörde nachzuweisen[719].

Auf welcher Anspruchsnorm die Schadensersatzleistung beruht, ist für das Eingreifen der Subsidiaritätsklausel des § 43 Abs. 2 TKG unerheblich, soweit das schadensauslösende Ereignis im missbräuchlichen Verhalten i. S. d. § 43 Abs. 1 TKG gesehen werden kann. Es kommen also insbesondere sämtliche zivilrechtlichen Vorschriften in Betracht. Besondere Bedeutung dürfte hier auch die neu geschaffene Regelung des § 44 Abs. 1 TKG erlangen, die erstmals im Telekommunikationsrecht eine eigenständige, verschuldensabhängige Schadensersatzmöglichkeit für Endverbraucher und Wettbewerber normiert.

Neben dem Ausgleich durch Schadensersatzleistungen wird auch die Anordnung eines Verfalls bei § 43 Abs. 2 TKG berücksichtigt. Ein Verfall kommt immer dann in Betracht, wenn mit dem missbräuchlichen Verhalten zugleich eine Straftat oder Ordnungswidrigkeit verübt wurde und somit die Voraussetzungen der §§ 73 Abs. 3, 73a StGB bzw. § 29a OWiG vorliegen, ohne dass § 73 Abs. 3 Satz 2 StGB eingreift[720].

Problematisch ist, ob eine Subsidiarität auch dann anzunehmen ist, wenn gegen das missbräuchlich handelnde Unternehmen ein Bußgeld wegen einer Ordnungswidrigkeit verhängt worden ist bzw. nach der Anordnung verhängt wird. In § 43 Abs. 2 TKG ist dieser Fall nicht geregelt, wobei dies allerdings noch im

---

718 In der Vorbildnorm des § 43 TKG ist dies in § 34 Abs. 2 GWB nahezu identisch geregelt.

719 Die Rückerstattung erfolgt dabei ohne Verzinsung des jeweiligen Betrages, vgl. *Holthoff-Frank*, in: Beck`scher TKG-Kommentar, 3. Aufl. 2006, § 43 Rn. 21.

720 Vgl. hierzu Begründung des Gesetzentwurfs der Bundesregierung zur Änderung des GWB, BR-Drs. 441/04, S. 96.

Gesetzgebungsverfahren vorgesehen war[721]. Dieser Passus ist erst im Rahmen des Vermittlungsverfahrens ohne jegliche Begründung entfallen[722]. Nimmt man die Vorschrift nunmehr beim Wort, so führte dies dazu, dass das missbräuchlich handelnde Unternehmen z. B. zu einem Bußgeld nach § 149 TKG[723] herangezogen werden und dennoch zusätzlich Adressat einer Vorteilsabschöpfung werden könnte, obwohl § 149 Abs. 2 Satz 2 TKG klarstellt, dass ein auf einem Verstoß gegen das TKG beruhendes Bußgeld gerade den wirtschaftlichen Vorteil des jeweiligen Unternehmens übersteigen soll. In all den Fällen, in den ein missbräuchliches Verhalten also auch den Tatbestand einer Ordnungswidrigkeit i. S. d. § 149 TKG erfüllt, droht somit eine doppelte Inanspruchnahme des Unternehmens, ohne dass hierfür eine besondere Rechtfertigung vorläge.

In diesem Zusammenhang lässt sich auf § 34 GWB hinweisen, der ausweislich der Gesetzesbegründung zu § 43 TKG als Vorbild gedient hat[724]. Diese Vorschrift erstreckt die Subsidiarität interessengerecht auch auf den Fall, dass der wirtschaftliche Vorteil bereits durch eine Geldbuße ausgeglichen wurde[725]. Es wird daher vertreten, dass die Nichtaufnahme der Subsidiarität bei der Verhängung eines Bußgeldes ein Redaktionsversehen darstellt. Diesem Befund muss uneingeschränkt zugestimmt werden. Die vom Gesetzgeber gewählte Systematik lässt nämlich nur den Schluss zu, dass immer dann keine Vorteilsabschöpfung zulässig sein sollte, wenn der wirtschaftliche Vorteil bereits anderweitig ausgeglichen wurde[726]. Ansonsten drohen nicht auflösbare Wertungswidersprüche. Es ist auch nicht ersichtlich, warum ein Unternehmen, das den wirtschaftlichen Vorteil bereits durch individuelle Schadensersatzleistungen ausgeglichen hat, ohne dass ihm auch ein Bußgeld auferlegt wurde, besser behandelt werden sollte, als ein Marktteilnehmer, gegen den nur ein Bußgeld verhängt wurde.

Der hypothetisch rechtmäßige Vermögenszustand ist in beiden Fällen wiederhergestellt, womit die primäre Zielsetzung der wirtschaftsverwaltungsrechtlichen Mehrerlös- bzw. Vorteilsabschöpfungen jeweils erfüllt ist. Warum bei der letzteren Fallkonstellation noch ein weitergehender Strafcharakter hinzutreten sollte, indem der wirtschaftliche Vorteil doppelt abgeschöpft werden kann, er-

---

[721] Vgl. dazu den Gesetzesentwurf der Bundesregierung zu § 43 TKG (§ 41 TKG-E), BT-Drs. 15/2316, S. 20.

[722] Beschlussempfehlung des Vermittlungsausschusses, BT-Drs. 15/3063, S. 3.

[723] In § 149 Abs. 1 TKG sind zahlreiche Verstöße gegen Pflichten des TKG aufgeführt, die nach § 149 Abs. 2 TKG mittels eines Bußgeldes von z. T. bis zu 500.000 € geahndet werden können.

[724] Gesetzesbegründung zu § 43 TKG (§ 41 TKG-E), BT-Drs. 15/2316, S. 72.

[725] Vgl. § 34 Abs. 2 Satz 1 GWB.

[726] Vgl. *Gersdorf*, in: Säcker (Hrsg.), Berliner Kommentar zum TKG, 2006, § 43 Rn. 29 f.; *Holthoff-Frank*, in: Beck`scher TKG-Kommentar, 3. Aufl. 2006, § 43 Rn. 4 und 23; *Holznagel/Enaux/Nienhaus*, Telekommunikationsrecht, 2. Aufl. 2006, S. 139, und *Enaux/König*, N&R 2005, 2 (8).

schließt sich nicht und ist daher auch vor dem verfassungsrechtlichen Gleichheitsgebot des Art. 3 Abs. 1 GG nicht ohne weiteres zu rechtfertigen. Die somit an sich gebotene Ausweitung der Subsidiaritätsklausel scheint insgesamt im Laufe des Vermittlungsverfahrens einfach in Vergessenheit geraten zu sein.

Es stellt sich vor diesem Hintergrund noch die Frage, wie dieses Redaktionsversehen des Gesetzgebers in der Regulierungspraxis ausgeglichen werden kann. Zum einen könnte § 43 Abs. 2 TKG entgegen seines expliziten Wortlautes analog auch auf den Fall, in dem der wirtschaftliche Vorteil bereits durch eine Geldbuße ausgeglichen wurde, ausgeweitet werden. Zum anderen könnte man daran denken, bei einem derartigen Ausgleich des wirtschaftlichen Vorteils bereits auf Tatbestandsebene des § 43 Abs. 1 TKG davon auszugehen, dass kein weiterer Vorteil des Unternehmens mehr vorliege und somit bereits auf dieser Stufe eine Vorteilsabschöpfung ausscheide[727].

Diesem Ansatz muss allerdings entgegengehalten werden, dass bei einem solchen Verständnis des wirtschaftlichen Vorteils auf Tatbestandsebene der Anwendungsbereich des § 43 Abs. 2 Satz 1 TKG derart verengt würde, dass diese Regelung von vornherein überflüssig wäre. Denn auch bei einem Ausgleich des wirtschaftlichen Vorteils durch Schadensersatzzahlungen oder durch die Anordnung des Verfalls müsste dann konsequenterweise der wirtschaftliche Vorteil in Höhe der geleisteten Zahlungen entfallen, sodass § 43 Abs. 2 Satz 1 TKG in keinem dieser Fälle noch eine Bedeutung zukommen könnte. Als dritte Möglichkeit wird vorgeschlagen, dass in dieser Konstellation eine unbillige Härte i. S. d. § 43 Abs. 3 TKG vorliege, da das Unternehmen nicht zu einer doppelten Inanspruchnahme verpflichtet werden könne[728].

Die systemgerechteste Lösung scheint jedoch die analoge Anwendung des § 43 Abs. 2 Satz 1 TKG zu sein[729]. Für den Fall des Ausgleichs des wirtschaftlichen Vorteils durch ein Bußgeld liegt offenkundig eine planwidrige Regelungslücke vor, da die Vorteilsabschöpfung insgesamt derart konstruiert ist, dass der rechtswidrig erlangte wirtschaftliche Vorteil nur einmal auszugleichen ist[730]. Eine doppelte Inanspruchnahme des Unternehmens soll weder durch § 43 Abs.

---

727 So z. B. *Gersdorf*, in: Säcker (Hrsg.), Berliner Kommentar zum TKG, 2006, § 43 Rn. 29.

728 Vgl. hierzu wiederum *Gersdorf*, in: Säcker (Hrsg.), Berliner Kommentar zum TKG, 2006, § 43 Rn. 29, und *Holznagel/Enaux/Nienhaus*, Telekommunikationsrecht, 2. Aufl. 2006, S. 139.

729 So auch *Wissmann*, in: ders. (Hrsg.), Telekommunikationsrecht, 2. Aufl. 2006, S. 288.

730 Dies gilt z. B. bei § 34 GWB und bei § 17 Abs. 4 OWiG, die immer dann eine Abschöpfung des wirtschaftlichen Vorteils nicht mehr zulassen, wenn dieser bereits anderweitig durch Schadensersatzzahlungen oder Bußgelder ausgeglichen wurde. Warum bei § 43 TKG etwas anderes gelten sollte, erschließt sich dabei nicht, da die Interessenslage identisch ist und § 43 TKG unmittelbar an § 34 GWB ausgerichtet wurde und insofern eine Angleichung an das allgemeine Wettbewerbsrecht mit sich bringen sollte.

1 TKG noch durch die parallele Vorschrift des § 34 GWB, die als Vorbild für § 43 TKG gedient hat, ermöglicht werden, da dies einen Strafcharakter begründen würde. § 43 Abs. 2 TKG betrifft auch die gleiche Interessenlage und kann daher auf diese Fallkonstellation des Ausgleichs durch Bußgeldzahlungen angewendet werden.

Die Voraussetzungen einer analogen Anwendung liegen demnach vor, sodass auf systemfremde Lösungsmöglichkeiten wie die Annahme einer unbilligen Härte i. S. d. § 43 Abs. 3 TKG oder die Verneinung eines wirtschaftlichen Vorteils i. S. d. § 43 Abs. 1 TKG bei einer Verhängung eines Bußgeldes verzichtet werden kann.

3.3.2.3.7 Ausschluss der Vorteilsabschöpfung, § 43 Abs. 3 TKG

§ 43 Abs. 3 TKG sieht zwei Fallgestaltungen vor, in denen eine Vorteilsabschöpfung ganz oder teilweise trotz Erfüllung des Tatbestandes unterbleiben soll, wodurch der Anwendungsbereich dieses Regulierungsinstruments weiter eingeschränkt wird.

3.3.2.3.7.1 Unbillige Härte

Stellt die Vorteilsabschöpfung für das betreffende Unternehmen eine unbillige Härte dar, so soll die Anordnung auf einen angemessenen Geldbetrag beschränkt werden oder u. U. sogar ganz unterbleiben, § 43 Abs. 3 Satz 1 TKG. Diese Möglichkeit beruht auf dem Grundsatz der Verhältnismäßigkeit. In dem Fall, in dem besondere Umstände eine Abschöpfung als unzumutbar erscheinen lassen, ist ein entsprechender Eingriff in das Eigentumsrecht des handelnden Unternehmens nicht mehr verhältnismäßig und somit verfassungsrechtlich nicht gerechtfertigt[731].

Insofern stellt § 43 Abs. 3 Satz 1 TKG eine Öffnungsklausel dar, um bei einer wertenden Betrachtung die Auswirkungen einer Vorteilsabschöpfung in atypischen Fallkonstellationen abzumildern oder sodann sogar gänzlich von einem Eingriff abzusehen. Diese Regelung ist allerdings durchaus kritisch zu betrachten. Insbesondere muss an das Vorliegen einer unbilligen Härte ein strenger Maßstab angelegt werden, damit aus dieser Vorschrift nicht eine einfache Hintertür wird, über die sich der missbräuchlich Handelnde den Folgen seines

---

[731] Es zählen auch solche Vermögensbestandteile zum verfassungsrechtlich geschützten Eigentumsbestand, die durch missbräuchliche Verhaltensweisen erworben wurden. Lediglich die Schutzwürdigkeit dieser Position kann reduziert sein. Zur Anwendbarkeit des Grundsatzes der Verhältnismäßigkeit im Rahmen von Vorteilsabschöpfungsvorschriften vgl. auch die Gesetzesbegründung zu § 34 GWB n. F., BR-Drs. 441/04, S. 96.

Verhaltens entziehen kann[732]. Nach der Gesetzesbegründung des vergleichbaren § 37b GWB a. F. ist eine unbillige Härte z. B. dann anzunehmen, wenn die Abschöpfung die Existenz des Unternehmens in Frage stellen könnte[733], was auch im Rahmen des § 43 Abs. 3 Satz 1 TKG als Anwendungsfall einer unbilligen Härte angesehen wird[734].

Die Grundsätze zur Bestimmung einer unbilligen Härte können ferner an den §§ 306 Abs. 3, 574 Abs. 1 BGB und § 765a Abs. 1 ZPO ausgerichtet werden, wo ebenfalls die Durchsetzung an sich berechtigter Interessen hinter eine drohende unbillige Härte zurücktreten muss, wobei dies im Wege einer strengen Interessensabwägung ermittelt wird[735]. Wann genau eine Existenzgefährdung drohen soll, erschließt sich allerdings nicht ohne weiteres und wird auch nicht im Gesetz oder der Gesetzesbegründung dargelegt.

Es lässt sich somit festhalten, dass der Ausschlussgrund des § 43 Abs. 3 Satz 1 TKG ebenso restriktiv auszulegen ist, wie es bei der vergleichbaren Vorschrift des § 34 GWB, die der telekommunikationsrechtlichen Vorschrift als direktes Vorbild gedient hat, zutreffend allgemeine Auffassung ist. Wie der *Bundesverband der Verbraucherzentralen* zutreffend zu § 34 Abs. 2 Satz 1 GWB angemerkt hat, wäre es ansonsten denkbar, dass diese Härteklausel ansonsten gerade von der Insolvenz bedrohte Unternehmen erst recht dazu ermutigen könnte, als ultima ratio auch auf illegalem Weg durch missbräuchliches Verhalten Gewinne zu erwirtschaften und so das eigene Überleben ohne Risiko einer Vorteilsabschöpfung zu sichern[736]. Dass dies nicht gewollt sein kann, versteht sich von selbst. Solchen Methoden kann daher nur über eine zwingende Berücksichtigung aller Umstände des Einzelfalls und besonders restriktive Auslegung der Klausel beigekommen werden.

---

732 Bei dem parallelen Ausschlussgrund der strafrechtlichen Verfallsanordnung geht die Rechtsprechung deshalb davon aus, dass an eine "**unbillige Härte**" hohe Anforderungen zu stellen sind, die grundsätzlich nur bei einem Verstoß gegen das Übermaßverbot erfüllt sein können, vgl. *BGH*, Urteil vom 8.8.2001 - 1 StR 291/01, NStZ-RR 2002, 7 (8); *BGH*, Beschluss vom 23.2.2000 - 3 StR 583/99, NStZ-RR 2000, 365.

733 Gesetzesbegründung zu § 37b GWB a. F., BT-Drs. 8/2136, S. 26.

734 Vgl. Gesetzesbegründung zum Vorgänger des parallelen § 34 GWB (§ 37b GWB), BT-Drs. 8/2316, S. 26; *Gersdorf*, in: Säcker (Hrsg.), Berliner Kommentar zum TKG, 2006, § 43 Rn. 23.

735 Hierbei handelt es sich z. B. um den Widerspruch des Mieters gegen eine an sich berechtigte Kündigung des Vermieters, wenn hierdurch eine unbillige Härte droht. Die Rechtsprechung führt hier stets eine Interessensabwägung durch und setzt strenge Maßstäbe an das Vorliegen einer nicht zu rechtfertigenden Härte an, vgl. dazu *Weidenkaff*, in: Palandt, 68. Aufl. 2009, § 574 Rn. 8 ff.

736 Stellungnahme *Bundesverband Verbraucherzentrale*, BT-Ausschussdrs. 15(9)949, S. 11.

3.3.2.3.7.2 Geringer wirtschaftlicher Vorteil

§ 43 Abs. 3 Satz 2 TKG sieht des Weiteren vor, dass eine Abschöpfung unterbleiben soll, wenn der vom Unternehmen erzielte wirtschaftliche Vorteil lediglich als gering anzusehen ist. Hierdurch soll verhindert werden, dass die Regulierungsbehörde in Bagatellfällen eingreifen muss und somit ihre knappen Ressourcen uneffizient binden müsste[737]. Auch diese Regelung ist allerdings nicht uneingeschränkt gutzuheißen.

Sie mutet nämlich insofern begründungsbedürftig an, als demnach bestimmte Unternehmen "**geringe**" missbräuchlich erlangte Vorteile einfach behalten dürfen, obwohl auch diese unrechtmäßig erlangt wurden und insbesondere auch zum Nachteil anderer Wettbewerber eingesetzt werden können.

Außerdem stellt eine solche Vorschrift auch einen gewissen Anreiz dar, zumindest ein "**wenig**" Missbrauch zu betreiben, sobald der zahlenmäßige Betrag der Geringfügigkeitsschwelle durch die Rechtsprechung und die Verwaltungspraxis bestimmbar geworden ist.

Mit dieser Vorschrift soll jedoch – wie bereits angedeutet – auf der anderen Seite verhindert werden, dass auch Bagatellfälle geahndet werden, bei denen die Verfahrens- und Ermittlungskosten für den Nachweis des missbräuchlichen Verhaltens und des erzielten wirtschaftlichen Vorteils außer Verhältnis zu dem Abschöpfungsbetrag stehen[738]. Insofern stehen hier Effizienz und Effektivität der Missbrauchsaufsicht im Vordergrund, die durch langwierige Ahndung von unbedeutenden Fällen stark behindert werden könnte.

Eine solche unbestimmte Ausnahmeklausel ist aber dennoch nicht zu begrüßen, da sie erst recht missbräuchliches Verhalten herausfordern kann und außerdem auch verfassungsrechtliche Fragen hinsichtlich der Gleichbehandlung der jeweiligen missbräuchlich handelnden Unternehmen aufwirft. Da es sich insoweit um vergleichbare Gruppen geht, nämlich Unternehmen, die lediglich einen geringen wirtschaftlichen Vorteil aus dem missbräuchlichen Verhalten erlangen, und solchen, die sich einen wesentlichen Vorteil verschaffen, bedarf eine Ungleichbehandlung einer verfassungsrechtlichen Rechtfertigung[739].

---

[737] So auch *Gersdorf*, in: Säcker (Hrsg.), Berliner Kommentar zum TKG, 2006, § 43 Rn. 23.

[738] Allerdings könnte dieser Gefahr bereits dadurch begegnet werden, dass die Regulierungsbehörde die geringe Bedeutung des erlangten Vorteils in ihrer Ermessensentscheidung (intendiertes Ermessen) berücksichtigt. Ihr ist es schließlich nach § 43 Abs. 1 TKG möglich, in atypischen Fallkonstellationen von einer Vorteilsabschöpfung abzusehen. Die zusätzliche Normierung eines Ausschlussgrundes in § 43 Abs. 3 TKG mutet überflüssig an.

[739] Ein anderes Ergebnis ergäbe sich nur dann, wenn man entgegen der hier vertretenen Ansicht davon ausginge, es handele sich um einen nicht von Art. 3 Abs. 1 GG geschützten Fall der Gleichbehandlung im Unrecht, wenn eine der beiden Vergleichsgruppen verlangte, gleich mit der anderen behandelt zu werden.

Ein rechtmäßiges Differenzierungskriterium i. S. d. Art. 3 Abs. 1 GG kann hier allein darin gesehen werden, dass die eine Fallgruppe von wirtschaftlichen Vorteilen derart gering ist, dass hierdurch keine negativen Auswirkungen auf das Marktgeschehen zu erwarten sind und daher kein aufsichtsbehördliches Eingreifen notwendig erscheint, um die Wettbewerber zu schützen oder die rechtmäßige Vermögenslage wieder herzustellen. Würde der Ausschlussgrund des § 43 Abs. 3 Satz 2 TKG demgegenüber auch auf solche Konstellationen erstreckt, in denen der wirtschaftliche Vorteil zwar als gering erscheint, von ihm aber durchaus auch Gefahren für den Wettbewerb ausgehen können, so kann nicht mehr konstatiert werden, dass eine Ungleichbehandlung geboten sein kann.

In solchen Fällen muss aus Gerechtigkeitsgründen unter Berücksichtigung der Zielsetzung der Abschöpfungsregelung vielmehr die Aufsichtsbehörde daher auch in Fällen aktiv werden, in denen ein Eingreifen durchaus im Verhältnis zum erlangten wirtschaftlichen Vorteil als aufwendig erscheint.

Daher ist es zwingend erforderlich, dass auch diese Ausnahmeklausel derart restriktiv angewendet wird, dass eine behördliche Vorteilsabschöpfung tatsächlich nur in ökonomisch unbedeutenden Missbrauchsfällen unterbleiben kann, die bei einer dezidierten Ahndung die Funktionsfähigkeit der mit der Vorteilsabschöpfung befassten Verwaltungsbehörde in Frage stellen würden, ohne dass hiervon eine messbare Gefahr für den jeweiligen Markt ausgeht.

3.3.2.3.8 Rechtsfolge

Kommt die Regulierungsbehörde nach Durchführung ihrer Ermessensentscheidung zu dem Ergebnis, dass alle Voraussetzungen einer Vorteilsabschöpfung nach § 43 Abs. 1 TKG vorliegen[740], so soll sie diese dem betreffenden Unternehmen mittels eines Verwaltungsaktes auferlegen, wobei sie wie bei § 42 TKG dem *Bundeskartellamt* gemäß § 123 Abs. 1 Satz 2 TKG zuvor Gelegenheit zur Stellungnahme zu geben hat.

3.3.2.3.8.1 Intendiertes Ermessen

Der *Bundesnetzagentur* kommt bei der Entscheidung über eine Vorteilsabschöpfung nach § 43 TKG ein intendiertes Ermessen zu, sodass sie nur dann davon absehen darf, wenn eine atypische Fallkonstellation dies gebietet. An dieser Stelle lässt sich eine Verschärfung des § 43 TKG gegenüber der kartellrechtlichen Vorteilsabschöpfung feststellen, da die Anordnung einer Abschöpfung nach § 34 GWB n. F. lediglich im pflichtgemäßen Ermessen des *Bundeskartellamts* steht.

---

[740] Hierfür stehen ihr wiederum die Ermittlungs- und Auskunftsrechte nach § 127 TKG zu.

Hierin ist eine weitere Diskrepanz zwischen sektorspezifischem Regulierungsrecht und allgemeinen Wettbewerbsrecht zu sehen, die zeigt, dass der Annäherungstrend noch lange nicht abgeschlossen ist.

3.3.2.3.8.2 Verwaltungsaktgebot

Der Verwaltungsakt als Handlungsform der *Bundesnetzagentur* ergibt sich wie bei § 42 TKG zwingend aus § 132 Abs. 1 Satz 2 TKG. Gemäß § 137 Abs. 1 TKG haben Widerspruch und Klage gegen die Abschöpfungsverfügung keine aufschiebende Wirkung, sodass sie sofort vollstreckbar wäre.

Angesichts der u. U. weit reichenden wirtschaftlichen Auswirkungen bei einer unzulässigen Vorteilsabschöpfung wird aber anzunehmen sein, dass die Verwaltungsgerichte entsprechenden Anträgen auf Anordnung der aufschiebenden Wirkung nach §§ 80 Abs. 5, 80a VwGO durchaus wohlwollend gegenüber stehen werden.

3.3.2.3.8.3 Bezifferung des Abschöpfungsbetrags

Der abzuschöpfende Betrag ist dabei von der *Bundesnetzagentur* zahlenmäßig festzulegen, § 43 Abs. 4 Satz 2 TKG[741]. Eine pauschale Abschöpfung dergestalt, dass sämtliche erlangten Vorteile herauszugeben wären, ist somit nicht erlaubt, was die entsprechende Anordnung insoweit auch unbestimmt werden ließe. Besonders bedeutsam bei der zahlenmäßigen Festlegung des abzuschöpfenden Vorteils ist § 43 Abs. 5 TKG, da danach nur derjenige Vorteil berücksichtigungsfähig ist, der in einem Zeitraum von fünf Jahren von dem missbräuchlich handelnden Unternehmen erwirtschaftet wurde. Hierdurch wird die Regelung entschärft, um eine möglicherweise betragsmäßig enorm hohe Rückforderung durch die Regulierungsbehörde zu vermeiden, die das jeweilige Unternehmen nach Bestandskraft der Verfügung en bloc innerhalb eines möglicherweise kurzen Zeitraums erfüllen müsste.

Gerät das Unternehmen durch die Forderung dieses Betrages allerdings immer noch in Existenzgefahr, so ist § 43 Abs. 3 Satz 1 TKG zu berücksichtigen. Unternehmen, die über einen längeren Zeitraum durch ein bestimmtes streitgegenständliches Verhalten einen unzulässigen wirtschaftlichen Vorteil erlangt haben, werden hierdurch allerdings bevorteilt, sodass insoweit immer noch ein Anreiz bestehen könnte, missbräuchlich zu handeln, sofern das Risiko, vor Ablauf von fünf Jahren entdeckt zu werden, entsprechend gering wäre. Hiervon kann jedoch bei einem dynamischen Markt mit relativ starker Aufsichtsbehörde und sich gegenseitig überwachenden Wettbewerbern nicht ohne weiteres ausgegangen werden. Es ist allerdings anzumerken, dass aus Gerechtigkeitsgründen kein Anlass dafür erkennbar ist, die Abschöpfung auf einen Höchstzeit-

[741] Vgl. zu den Berechnungsmöglichkeiten bei nicht-monetären Vorteilen *Holthoff-Frank*, in: Beck`scher TKG-Kommentar, 3. Aufl. 2006, § 43 Rn. 25 ff.

raum von fünf Jahren zu beschränken, zumal eine Existenzgefährdung bereits durch den separaten Ausschlussgrund des § 43 Abs. 3 Satz 1 TKG verhindert werden soll. Die Abschreckungswirkung des § 43 TKG wird so deutlich abgeschwächt. Zusätzlich ist kaum einsichtig, warum das missbräuchlich handelnde Unternehmen die Vorteile, die es zu Lasten der anderen Marktteilnehmer bzw. der Endnutzer durch einen länger andauernden Missbrauch erlangt hat, verbleiben sollen, da es diese auch weiterhin zum Nachteil des Wettbewerbs einsetzen kann.

3.3.2.3.8.4 Höchstfrist für die Anordnung der Abschöpfung

Zu beachten ist noch, dass die Abschöpfung nur innerhalb einer Höchstfrist von fünf Jahren angeordnet werden kann, wobei das Ende des missbräuchlichen Verhaltens maßgebend ist, § 43 Abs. 5 TKG[742].

Im Gesetzgebungsverfahren war zunächst noch eine Frist von drei Jahren vorgesehen, was jedoch zu einem Auseinanderfallen der parallelen Regelungen des § 43 TKG und des neu gestalteten § 34 GWB geführt hätte[743].

3.3.2.3.9 Rechtsnatur der Vorteilsabschöpfung

Schwierigkeiten bereitet die Bestimmung der Rechtsnatur der Vorteilsabschöpfungsregelung des § 43 TKG. Eine Einordnung als zivilrechtlicher Schadenersatz- oder Bereicherungsausgleichsanspruch scheidet jedenfalls aus. Denn der abgeschöpfte Betrag kommt nicht dem einzelnen Geschädigten zugute, sondern fließt der Staatskasse zu. Zivilrechtliche Ansprüche stehen jedoch stets dem Privatrechtssubjekt selbst zu, sodass bereits hierin eine abweichende Situation feststellbar ist. Die Bundesregierung sieht außerdem die zu § 43 TKG parallele Vorteilsabschöpfung des GWB ausweislich der Gesetzesbegründung als *"Wiedergutmachung wirtschaftlichen Unrechts im öffentlichen Interesse"* an[744]. Aufgrund des öffentlichen Interesses an der Unterbindung von missbräuchlichem Wettbewerbsverhalten handelt es sich somit auch nicht um die zivilrechtlich zu beurteilende Ausgangslage einer ungerechtfertigten Bereicherung, mit der die rechtmäßige Vermögenslage wieder hergestellt werden soll.

Das Rechtsinstitut lässt sich auch mangels repressiver bzw. bestrafender Zielrichtung nicht in die bestehenden Sanktionssysteme des Straf- und Ordnungswidrigkeitenrechts einordnen, die jeweils das Vorliegen einer Straftat bzw. Ordnungswidrigkeit voraussetzen. Die Gewinnabschöpfung soll vielmehr die

---

[742] Vgl. ausführlich hierzu *Holthoff-Frank*, in: Beck`scher TKG-Kommentar, 3. Aufl. 2006, § 43 Rn. 19 f.

[743] Vgl. Beschlussempfehlung des Vermittlungsausschusses, BT-Drs. 15/3063, S. 3.

[744] Gesetzesbegründung zu § 37b GWB a. F. (Vorgängerregelung des § 34 GWB), BT-Drs. 8/2136, S. 15, 26.

verletzte Rechtsordnung wiederherstellen und die Anreize für ein missbräuchliches Verhalten minimieren.

Die Vorteilsabschöpfung muss daher als verwaltungsrechtliche Ahndung sui generis angesehen werden, die sowohl zivil- als auch verwaltungsrechtliche Elemente miteinander verbindet[745].

Für den öffentlich-rechtlichen Charakter spricht im Übrigen auch die Ausgestaltung des Abschöpfungsverfahrens, da dies nach aufsichtsbehördlichen Ermittlungen mit einer förmlichen Verfügung einer Behörde abgeschlossen wird.

3.3.2.4 Verfahren auf Grundlage des § 43 TKG

Bislang hat die *Bundesnetzagentur* trotz des bereits einige Zeit zurückliegenden Inkrafttretens der Vorschrift – soweit ersichtlich – noch in keinem Fall eine Vorteilsabschöpfung nach § 43 TKG angeordnet. Dies lässt sich kaum damit begründen, dass die Voraussetzungen des § 43 TKG noch in keinem Fall vorgelegen haben, da bereits eine Vielzahl von Verstößen gegen das TKG festgestellt wurde. Vielmehr dürfte eher eine gewisse Zurückhaltung der *Bundesnetzagentur* der Grund für die unterbliebene Abschöpfung sein, die das ungewohnte Instrumentarium der Vorteilsabschöpfung noch nicht ohne Bedenken einzusetzen bereit ist.

Dies steht jedoch im Widerspruch mit der Ausgestaltung der Abschöpfung als "**Soll**"-Regelung, da hierdurch in der Praxis der Regelfall der Anordnung, die selbstverständlich mit durchaus gravierenden Schwierigkeiten und auch Haftungsfragen bei einer unzulässigen Anordnung verbunden sein kann, faktisch und contra legem zur Ausnahme wird. Hier besteht die Gefahr, dass die Vorteilsabschöpfung trotz ihrer Befähigung, unberechtigt erzielte Mehrerlöse dem missbräuchlich handelnden Unternehmen zu entziehen, damit sie nicht zu Lasten der Wettbewerber eingesetzt werden können, bedeutungslos bleiben und ein Schattendasein führen wird, obwohl der Gesetzgeber sie gerade verstärkt im Wirtschaftsverwaltungsrecht einsetzen wollte.

Ob allein die Abschreckungswirkung eines potentiell möglichen Einschreitens als Druckmittel zur Verhinderung missbräuchlicher Verhaltensweisen ausreichen wird, darf auf Dauer bezweifelt werden, da auch die Marktteilnehmer sicherlich beobachten werden, wie wenig Wert die Regulierungsbehörde auf die Vorteilsabschöpfung legt. Die *Bundesnetzagentur* wäre demnach gut beraten, die Vorteilsabschöpfung endlich in die Regulierungspraxis einzuführen.

---

[745] So zur Rechtsnatur des parallelen § 34 GWB die Begründung des Gesetzesentwurfs der Bundesregierung zur Änderung des GWB, BR-Drs. 441/04, S. 95.

3.3.2.5 Fazit

Die Schaffung einer sektorspezifischen Vorteilsabschöpfung in § 43 TKG ist vom Ansatz her uneingeschränkt als positiv zu bewerten. Hiermit wird der Anreiz von Unternehmen zu missbräuchlichem Verhalten gesenkt, da sie daraus resultierende ungerechtfertige Vorteile nicht behalten und zum Nachteil der Wettbewerber einsetzen können.

Im TKG 1996 war eine derartige Vorteilsabschöpfungsregelung noch nicht enthalten, sodass die Spezialität des sektorspezifischen Telekommunikationsrechts im Rahmen seines Anwendungsbereichs dafür sorgte, dass im Missbrauchsfalle kein ungerechtfertigter Vorteil abgeschöpft werden konnte.

Allerdings senken die gesetzliche Ausgestaltung des § 43 TKG und die Zurückhaltung der Regulierungsbehörde bei der Anwendung der Abschöpfungsmöglichkeit deren Wirkung signifikant. So hat die *Bundesnetzagentur* von diesem Regulierungsinstrument noch in keinem Fall Gebrauch gemacht, obwohl es sich um eine "**Soll**"-Vorschrift mit intendiertem Ermessen handelt. Auch die Subsidiarität nach § 43 Abs. 2 TKG schadet der Effizienz erheblich, da dies ihren Anwendungsbereich einschränkt[746]. Dieser Umstand muss aber aus Gerechtigkeitserwägungen hingenommen werden, da ansonsten eine mehrfache Inanspruchnahme des betreffenden Unternehmens für ein und denselben Missbrauch drohen würde.

Eine weitere Reduzierung der Wirksamkeit der Abschöpfungsregelung ergibt sich daraus, dass der Nachweis des erlangten Vorteils in der Praxis trotz der Schätzungsmöglichkeit des § 43 Abs. 4 Satz 1 TKG aufgrund der erforderlichen hypothetischen Annahmen häufig nur schwerlich zu erbringen sein dürfte[747]. Außerdem lässt sich allein mit der Normierung einer Abschöpfungsmöglichkeit eine vollständige Abschreckungswirkung für Unternehmen nicht bewerkstelligen, da ein hundertprozentiges Entdeckungsrisiko nicht gewährleistet werden kann und daher immer noch ein Restanreiz zu missbräuchlichen Verhaltensweisen besteht, der noch durch die Ausnahmeregelungen des § 43 Abs. 3 TKG gesteigert wird[748].

Trotz dieser Umsetzungsschwierigkeiten im Einzelfall ist die *Bundesnetzagentur* jedoch strikt gehalten, von der Abschöpfungsregelung des § 43 TKG verstärkt und konsequent Gebrauch zu machen, damit dieses grundsätzlich vor-

[746] Vgl. dazu oben Kapitel 3.3.2.3.6.

[747] Vgl. dazu oben Kapitel 3.3.2.3.4.

[748] Vgl. kritisch zu der Effizienz der Vorteilsabschöpfung auch *Enaux*, Effiziente Marktregulierung in der Telekommunikation, S. 267, der überzeugend darlegt, dass der potentielle Schaden aus einem missbräuchlichen Verhalten für das jeweilige Unternehmen geringer ist als der ex ante zu erwartende Gewinn bzw. diesen zumindest nicht übersteigt. Etwas anderes kann sich nur durch die Verhängung eines Bußgeldes ergeben, da dies nach § 149 Abs. 2 TKG den erlangten wirtschaftlichen Vorteil auch übersteigen soll.

teilhafte Instrument zur Sicherstellung eines wirksamen Wettbewerbs nicht zu einem Schattendasein verkommt, sondern dem positiv zu bewertenden Willen des Gesetzgebers zur Abschöpfung ungerechtfertigt erlangter Vorteile hinreichend Rechnung getragen wird.

3.4 Vergleich der besonderen Missbrauchsaufsicht nach § 33 TKG 1996 mit §§ 42, 43 TKG

Die besondere Missbrauchsaufsicht hat im Zuge der Novellierung des Telekommunikationsrechts im Jahre 2004 gravierende Veränderungen erlebt. Vor diesem Hintergrund erscheint die Vorgabe des Gesetzgebers in der amtlichen Gesetzesbegründung, wonach § 42 TKG auf § 33 TKG 1996 aufsetzen solle, äußerst irreführend. Beide Regulierungsinstrumente verfolgen zwar das gleiche Ziel, nämlich die Schaffung und Sicherstellung von Wettbewerb im Telekommunikationssektor, doch bedienen sie sich dabei grundlegend unterschiedlicher Ansätze.

So erfasst § 42 TKG nur noch einen Teilausschnitt aus dem früheren Anwendungsbereich des § 33 TKG 1996. Insbesondere die bedeutsamsten Konstellationen der Zugangsregulierung wurden nicht § 42 TKG, sondern einer ausdifferenzierten und detaillierten, vorrangigen Zugangsregulierung gemäß §§ 16 ff. TKG unterworfen. Eine Ausnahme gilt nur noch für solche Zugangsansprüche, die von Unternehmen geltend gemacht werden, die nicht in den Anwendungsbereich der §§ 16 ff. TKG fallen, z. B. weil sie Zugangsleistungen aufgrund eines Geschäftsmodells als Contentanbieter nicht selbst zur Erbringung von Telekommunikationsdiensten nutzen wollen[749]. Das Diskriminierungsverbot des § 33 TKG 1996 findet sich außerhalb der neu geschaffenen Zugangsregulierung in §§ 16 ff. TKG nur noch in § 42 Abs. 2 TKG wieder, der sich im Wesentlichen als eine Kombination der §§ 33, 35 TKG 1996 darstellt[750], jedoch das Erfordernis einer Wesentlichkeit der Leistung nicht mehr enthält. Nunmehr sind alle intern und extern genutzten Leistungen des Marktbeherrschers in das Diskriminierungsverbot des § 42 Abs. 2 TKG einbezogen[751].

Ansonsten stellt sich die besondere Missbrauchsaufsicht des § 42 TKG als eine sektorspezifische Implementierung der §§ 19, 20 GWB dar, sodass sich der Schwerpunkt der besonderen Missbrauchsaufsicht vom Diskriminierungsverbot des § 33 TKG 1996 bei Zugangsfragen hin zu einem allgemeinen kartellrechtlichen Missbrauchsverbot verschoben hat. Des Weiteren ist in § 42 TKG nunmehr der von § 33 TKG 1996 nicht erfasste Behinderungsmissbrauch als Anwendungsfall aufgenommen worden, womit eine Schwäche des überkommenen Rechtsrahmens behoben wurde[752]. Ein entscheidender systematischer Unter-

[749] Vgl. dazu oben Kapitel 3.3.1.6.1.
[750] *Gersdorf*, in: Säcker (Hrsg.), Berliner Kommentar zum TKG, 2006, § 42 Rn. 33.
[751] Vgl. dazu oben Kapitel 3.3.1.2.5.
[752] Vgl. *Schütz*, in: Beck`scher TKG-Kommentar, 3. Aufl. 2006, § 42 Rn. 45.

schied zu § 33 TKG 1996 liegt auch noch darin, dass § 42 TKG lediglich ein allgemeines Missbrauchsverbot enthält, das keinen unmittelbaren zivilrechtlichen Anspruch Dritter gegen das verpflichtete Unternehmen begründet[753]. Durchgesetzt werden kann das Missbrauchsverbot daher unmittelbar nur durch eine Missbrauchsentscheidung der Regulierungsbehörde. Zivilrechtliche Ansprüche wie Schadensersatz, Beseitigung oder Unterlassung können allerdings auch bei einem Verstoß gegen § 42 TKG über die neuartige Vorschrift des § 44 TKG hergeleitet werden, sodass der vorgenannte Unterschied nicht von gehobener Bedeutung ist.

§ 42 TKG ist insgesamt nur noch als subsidiäre Generalklausel ausgestaltet, beansprucht somit also nur noch dann Geltung, wenn keine speziellere Vorschrift einschlägig ist, während § 33 TKG 1996 noch unmittelbar anwendbar war. § 33 TKG 1996 war zwar ebenfalls generalklauselartig formuliert. Es gab jedoch keine ihn verdrängenden Spezialvorschriften, sondern nur solche, die die Vorschrift näher konkretisierten[754]. Aufgrund dieser systematischen Gestaltung avancierte die besondere Missbrauchsaufsicht des TKG 1996 zur Zentralnorm der Marktregulierung, während § 42 TKG lediglich als Sammelbecken für solche Randbereiche, die nicht von spezielleren Regelungen erfasst werden, dient. Auf der anderen Seite wurde der Kreis der Normberechtigten in § 42 TKG nunmehr nahezu umfassend gewählt, während § 33 TKG 1996 noch auf Anbieter von Telekommunikationsdienstleistungen beschränkt war[755].

Auch bei der verfahrensmäßigen Ausgestaltung der besonderen Missbrauchsaufsicht sind entscheidende Änderungen zu konstatieren. So ist im Rahmen des § 42 TKG die bei § 33 TKG 1996 notwendige Abmahnung des Marktbeherrschers, die einem aufsichtsbehördlichen Einschreiten vorausgehen musste, entfallen[756]. Ferner ist das Entschließungsermessen der Regulierungsbehörde, wie es § 33 Abs. 2 TKG 1996 vorsah, abgeschafft worden, sodass die *Bundesnetzagentur* nunmehr bei jedem Missbrauch zwingend einzuschreiten hat[757]. Hierfür steht ihr gemäß § 42 Abs. 4 Satz 3 TKG in engen Grenzen jetzt auch die Möglichkeit offen, bereits vor Realisierung eines missbräuchlichen Verhaltens einzugreifen. Schließlich wurde in § 42 Abs. 4 TKG auch ein Antragsrecht der Wettbewerber geschaffen, welches es bei § 33 TKG 1996 noch nicht gab[758]. Neu ist ferner die Fristbindung der Missbrauchsentscheidung, die nach § 42 Abs. 4 Satz 4 TKG im Regelfall innerhalb von vier Monaten zu ergehen hat[759].

---

753 Vgl. dazu *Schütz*, in: Beck`scher TKG-Kommentar, 3. Aufl. 2006, § 42 Rn. 3.

754 §§ 34 bis 39 TKG 1996, vgl. zu dieser Frage *Piepenbrock*, in: Beck`scher TKG-Kommentar, 2. Aufl. 2000, § 33 Rn. 5.

755 Vgl. dazu auch *Gersdorf*, in: Säcker (Hrsg.), Berliner Kommentar zum TKG, 2006, § 42 Rn. 33.

756 Vgl. dazu oben Kapitel 3.2.1.3 und Kapitel 3.3.1.4.

757 Vgl. dazu oben Kapitel 3.3.1.4.

758 Vgl. dazu oben Kapitel 3.3.1.5.2.2.

759 Vgl. dazu oben Kapitel 3.3.1.5.3.

Des Weiteren muss nunmehr gegenüber § 33 TKG 1996 vor dem Erlass einer Missbrauchsverfügung die marktbeherrschende Stellung des Normadressaten bzw. die Regulierungsbedürftigkeit des jeweiligen Telekommunikationsmarktes als Tatbestandsvoraussetzung mittels des langwierigen und sehr bürokratischen Marktdefinitions- und Marktanalyseverfahrens festgestellt werden[760]. Dabei haben sich jedoch die Kriterien für die Feststellung einer marktbeherrschenden Stellung nicht entscheidend verändert, da diese schon seit dem TKG 1996 auf die anerkannten Grundsätze des Kartellrechts zurückgehen.

Beide Vorschriften widmen sich dabei auch der Besonderheit des netzgebundenen Telekommunikationssektors, wo die marktbeherrschende Stellung auf einem relevanten (Vorleistungs-)Markt ohne weiteres auf benachbarte (Endnutzer-)Märkte übertragen werden kann (**interdependente Marktmacht**). In § 33 TKG 1996 wurde diese Marktmachtbesonderheit implizit hineingelesen[761]. Bei § 42 TKG ergibt sie sich hingegen aus der Begriffsdefinition der marktbeherrschenden Stellung in § 11 Abs. 1 Satz 5 TKG, die die Marktmachtverstärkung durch bestimmte benachbarte Märkte mit in die Marktanalyse aufnimmt.

Außerdem wurde die besondere Missbrauchsaufsicht im Rahmen des neuen § 43 TKG um das aus dem allgemeinen Wettbewerbsrecht entlehnte Instrument der Vorteilsabschöpfung ergänzt. Hierdurch wird es erstmals möglich, im Telekommunikationssektor unberechtigte Gewinne von Unternehmen auf Basis missbräuchlicher Verhaltensweisen durch die Regulierungsbehörde abzuschöpfen und somit den Anreiz für Marktmachtmissbrauch zu senken[762].

In einer Gesamtschau können die beiden besonderen Missbrauchsaufsichten somit trotz der identischen Bezeichnung und der auf ein anders lautendes Verständnis hindeutenden Gesetzesbegründung zu § 42 TKG insgesamt nur noch entfernt als verwandte Materien bezeichnet werden, da sich sowohl ihr Anwendungsbereich als auch die Systematik bzw. ihre Funktion erheblich voneinander unterscheiden.

---

[760] Vgl. dazu oben Kapitel 3.3.1.1.5.

[761] *Holznagel/Koenig*, Der Begriff der wesentlichen Leistungen nach § 33 TKG, 2001, S. 64.

[762] Vgl. dazu oben Kapitel 3.3.2.

Kapitel 4 – Gesamtergebnis: Die Effizienz der besonderen Missbrauchsaufsicht

In einem letzten Schritt soll der konkrete Beitrag der neuen besonderen Missbrauchsaufsicht für die Beseitigung der Regulierungsbedürftigkeit von Telekommunikationsmärkten i. S. d. Drei-Kriterien-Tests unter Rückgriff auf die obigen Ausführungen zusammengefasst werden. Maßgeblich ist dabei nach § 10 Abs. 2 Satz 1 TKG und der darin vorgegebenen enthaltenen Zielvorgaben, inwieweit die besondere Missbrauchsaufsicht geeignet ist, wirksamen Wettbewerb durch Abbau marktbeherrschender Stellungen zu schaffen bzw. sicherzustellen bzw. sektorspezifische Marktzutrittsschranken[1] zu beseitigen[2].

An erster Stelle lässt sich dabei festhalten, dass eine Reduzierung von marktbeherrschenden Stellungen im Rahmen der besonderen Missbrauchsaufsicht nicht im Wege einer Strukturkontrolle (z. B. mittels eigentumsrechtlicher Entflechtung des marktbeherrschenden Unternehmens) erfolgt. Der Gesetzgeber hat sich vielmehr eines Systems der Verhaltenskontrolle bedient, das dafür sorgen soll, dass sektorspezifische Marktmacht nicht ungerechtfertigt bzw. missbräuchlich zum Nachteil neuer Marktteilnehmer eingesetzt werden kann[3].

Damit soll faktisch ein Marktzustand geschaffen werden, auf dem die aus der überkommenen monopolistisch geprägten Struktur herrührenden Asymmetrien zwischen dem Altsassen und den neuen Wettbewerbern egalisiert sind und somit ein chancengleiches, kompetitives Wirtschaften aller Marktteilnehmer möglich ist[4]. Ein Marktmachtabbau erfolgt somit erst mittels des durch die Re-

---

1 Marktzutrittsschranken sind wie bereits oben dargestellt ökonomische oder institutionelle Faktoren, die den Markteintritt eines potentiellen Marktteilnehmers erschweren oder gänzlich verhindern können (z. B. sunk costs und sonstige Nachteile von Wettbewerbern gegenüber dem Altsassen, wobei aber nur sektorspezifische für Regulierungsmaßnahmen relevant sind, da es in jedem Marktsegment gewisse Zutrittshindernisse gibt), vgl. dazu oben Kapitel 2.2.

2 Vgl. oben Kapitel 2.

3 Vgl. oben Kapitel 2.3.4.2.

4 Es ist jedoch einschränkend zu diesem Ziel anzumerken, dass die staatliche Schaffung quasi-wettwerbsorientierter Märkte durch Aufsichtsmittel schon aus faktischen Gründen nur begrenzt möglich ist. So erfordert ein hoheitliches Einschreiten gegen einen Missbrauch stets einige Zeit, bis eine rechtskräftige Entscheidung getroffen ist (dies gilt jedenfalls für die hier relevante Ex-post-Aufsicht). Bis dahin können sich jedoch bereits unumkehrbare Nachteile für Wettbewerber ergeben haben, die auch durch Regulierungsmaßnahmen nicht mehr ausgeglichen werden können. Ferner wäre es notwendig, dass in der Praxis alle denkbaren Missbräuche mit einer hundertprozentigen Wahrscheinlichkeit entdeckt und die sich daraus ergebenden Probleme sodann einer für die jeweilige Konstellation optimalen Lösung zugeführt würden. Hieran zeigt sich bereits, wie irreal die Annahme einer vollständigen Wirksamkeit staatlicher Marktregulierung ist.

gulierung ermöglichten ökonomischen Erfolgs der jeweiligen Konkurrenzunternehmen[5].

Auch wenn die zentrale Rolle dieser Aufbrechung von marktbeherrschenden Stellungen im Telekommunikationssektor von Ex-ante-Regulierungsinstrumenten wie der Zugangs- und Entgeltregulierung eingenommen wird, gewährt doch auch das ex post anwendbare Instrument des § 42 TKG Wettbewerbern einen weit reichenden Schutz vor missbräuchlichen Verhaltensweisen von Unternehmen mit beträchtlicher Marktmacht. Sie werden somit weitgehend in die Lage versetzt, die monopolistisch begründete besondere Marktstellung des Altsassen mit eigenen wettbewerblichen Mitteln anzugreifen, ohne dass eine staatliche Zerschlagung des ehemaligen Einheitsversorgers notwendig wäre[6].

Die Geeignetheit dieses Liberalisierungsmodells der Verhaltenskontrolle hat sich in der Vergangenheit bereits deutlich gezeigt[7], sodass hieran ohne weiteres festgehalten werden konnte.

Eine Schwierigkeit entsteht hierbei allerdings durch den Umstand, dass die besondere Missbrauchsaufsicht nach der geltenden Gesetzeslage recht unflexibel gehalten ist. So muss die Regulierungsbehörde vor einem Einschreiten gegen ein missbräuchliches Verhalten stets sicherstellen, dass das bislang noch sehr bürokratisch ausgestaltete Marktdefinitions- und Marktanalyseverfahren mitsamt des notwendigen Konsultations- und Konsolidierungsverfahrens durchgeführt wurde.

Hierdurch kann eine schnelle Reaktion auf sich dynamisch ändernde Marktstrukturen und damit der von der Zielsetzung des Telekommunikationsrechtsrahmens geforderte Abbau von marktbeherrschenden Stellungen behindert werden[8]. Inwieweit hier die Einführung eines Kurznotifizierungsverfahrens im Jahr 2008 im Rahmen des Konsolidierungsverfahrens Abhilfe schaffen kann, bleibt abzuwarten.

Gerade bei dem gewählten Regulierungsinstrument der reinen Verhaltenskontrolle, die einen langfristigen Abbau marktbeherrschender Stellungen gewährleisten soll, ist es aber von zentraler Bedeutung, dass die Marktaufsicht möglichst zeitnah missbräuchlichen Verhaltensweisen begegnen kann, um die Wettbewerber des Marktbeherrschers vor ungerechtfertigten Nachteilen bei ihrer Marktaktivität zu schützen.

Eine zwingende Notwendigkeit für die gegenwärtige streng formalistische Ausgestaltung des eigentlich aus dem Kartellrecht altbekannten Marktabgrenzungsverfahrens für Ex-post-Regulierungsinstrumente ist auch nicht ersichtlich, sodass an dieser Stelle dringend nachgebessert werden sollte[9]. Ein erster

[5] Vgl. Kapitel 2.3.4.2.
[6] Vgl. Kapitel 2.3.4.2.
[7] Vgl. Kapitel 1.1.
[8] Vgl. Kapitel 3.3.1.1.5.
[9] Vgl. Kapitel 3.3.1.1.5.6.

Schritt in die richtige Richtung wurde hierbei durch die Einführung des Kurznotifizierungsverfahrens im Rahmen des Konsolidierungsverfahrens durch die *Europäische Kommission* ergriffen, der jedoch allein noch nicht ausreichend ist, um eine signifikante Beschleunigung und Vereinfachung an dieser Stelle zu erreichen.

Ein darüber hinausgehend noch weiter verschlanktes Marktdefinitions- und Marktanalyseverfahren trüge auch dazu bei, dass nur noch bedarfsgerecht reguliert wird und nicht zusätzliche hoheitliche Hindernisse für eine Wettbewerbsentwicklung dort geschaffen werden, wo sich der Markt bereits selbst helfen kann.

Die Gefahr bei übermäßigen hoheitlichen Markteingriffen besteht nämlich darin, dass durch die ungerechtfertigte Förderung von Wettbewerbern auch ineffiziente Anbieter geschützt werden könnten, was wiederum bestimmte wünschenswerte Wettbewerbsfunktionen wie die Allokationsfunktion, die Leistungsfunktion oder die Anpassungsfunktion beeinträchtigen kann[10].

Durch die Novelle des Jahres 2004 sind im Rahmen der besonderen Missbrauchsaufsicht erhebliche Umwälzungen bei der Bekämpfung von sektorspezifischen Marktzutrittsschranken zu beobachten. So war § 33 TKG 1996 noch dazu gedacht, zentrale Marktzutrittshindernisse im Bereich des Netzzugangs direkt aufzubrechen. Die von dieser Norm erfassten Zugangskonstellationen waren seit Beginn der Liberalisierung einer der zentralen monopolistischen Engpässe im Telekommunikationssektor, da die Wettbewerber regelmäßig auf diskriminierungsfreien Zugang zum Netz des Incumbent angewiesen waren und z. T. immer noch sind[11]. Die Normierung eines direkten, diskriminierungsfreien Öffnungsanspruchs für die auf fremde Infrastruktur angewiesenen Wettbewerber war somit die bedeutsamste Stellschraube für die Ermöglichung von Wettbewerb in allen Marktsegmenten[12]. Derartige Ansprüche auf Zugang lassen sich zwar grundsätzlich immer noch unter den Tatbestand des § 42 Abs. 1 TKG fassen, da er sehr abstrakt gehalten ist und lediglich die Ausnutzung einer marktbeherrschenden Stellung verlangt, die auch in jeder Zugangsverweigerung bzw. Diskriminierung gesehen werden kann.

Allerdings wurde die besondere Missbrauchsaufsicht nach § 42 TKG nunmehr als Generalklausel konzipiert, die subsidiär zu allen spezielleren Regulierungsinstrumenten ist und im Wesentlichen Regulierungslücken schließen will, die nicht von vorrangigen Ex-ante-Regulierungsinstrumenten erfasst werden[13]. Zugangsfragen sind daher weitgehend in der speziellen Zugangsregulierung gemäß §§ 16 ff. TKG verortet, während die besondere Missbrauchsaufsicht nur

---

[10] Vgl. zu den einzelnen Wettbewerbsfunktionen oben Kapitel 2.3.2.

[11] Vgl. hierzu oben Kapitel 3.2.1.1.

[12] Vgl. dazu *Immenga/Kirchner/Knieps/Kruse*, Gemeinschaftsstudie Telekommunikation im Wettbewerb, in: dies. (Hrsg.), Telekommunikation im Wettbewerb, 2001, 5 (33).

[13] Vgl. dazu oben Kapitel 3.3.1.6.

noch dann herangezogen werden kann, wenn der Schutzbereich dieser vorrangigen Vorschriften nicht eröffnet ist[14].

Dies können zwar durchaus wirtschaftlich bedeutsame Fälle sein, wie das Beispiel des Netzzugangs für reine Contentanbieter zu verdeutlichen vermag[15]. Dennoch lässt sich als Ergebnis festhalten, dass sich die neue besondere Missbrauchsaufsicht im Gegensatz zum überkommenen Rechtsrahmen nur noch in Randbereichen auf Zugangsfragen erstrecken lässt.

Die Auffangfunktion der besonderen Missbrauchsaufsicht zeigt sich sehr plastisch an der bisherigen Entscheidungspraxis der *Bundesnetzagentur*, in der bislang eher ökonomisch untergeordnete Sachverhalte einer Verfügung nach § 42 TKG zugeführt wurden[16]. Dennoch kommt auch solchen Bereichen durchaus eine gewisse Bedeutung für die Wettbewerbsentwicklung im Telekommunikationssektor zu. Denn ohne eine spezielle Aufsicht in Peripherien der Marktentwicklung wäre zu befürchten, dass marktmächtige Unternehmen ihre Missbrauchsmöglichkeiten verstärkt von Zugangsverweigerungen oder Entgeltgestaltungen auf Randbereiche verlagern und sich hierüber auf subtilere Art und Weise ungerechtfertigte Wettbewerbsvorteile zu Lasten der anderen Marktteilnehmer verschaffen könnten[17]. Insofern dient § 42 TKG vor allem einer lückenlosen Marktaufsicht, die auch bei unvorhersehbaren oder neuartigen Bedrohungen für die Wettbewerbsentwicklung durchaus angemessen zu reagieren in der Lage ist[18].

Die Bedeutung der besonderen Missbrauchsaufsicht wird jedoch proportional zu der Anzahl der aus der Ex-ante-Regulierung entlassenen Telekommunikationsmärkte zunehmen. Denn bis zu einer vollständigen Entlassung solcher Teilmärkte aus der sektorspezifischen Regulierung wird die Marktaufsicht sodann maßgeblich über §§ 42, 43 TKG erfolgen. Somit wird der besonderen Missbrauchsicht in diesem Übergangszeitraum nach Rückführung der Ex-ante-Regulierung und vor Entlassung der jeweiligen Telekommunikationsmärkte aus der sektorspezifischen Regulierung noch eine besondere Rolle zukommen, in der der weitere Erfolg der Liberalisierung von einer konsistenten und effizienten Anwendung dieses Ex-post-Regulierungsinstruments durch die *Bundesnetzagentur* abhängt.

Bei der Festlegung eines verbotenen missbräuchlichen Verhaltens kommt der Regulierungsbehörde dabei ein recht weiter Spielraum zu, da die Normvoraussetzungen offen für Wertungen sind, die insbesondere unter Rückgriff auf die anerkannten Fallgruppen der parallelen §§ 19, 20 GWB auszufüllen sind[19]. Po-

[14] Vgl. Kapitel 3.3.1.6.1.
[15] Vgl. Kapitel 3.3.1.2.2.4.3 und Kapitel 3.3.1.6.1.3.
[16] Vgl. Kapitel 3.3.1.7.
[17] Vgl. Kapitel 3.3.1.8.
[18] Vgl. Kapitel 3.3.1.8.
[19] Vgl. Kapitel 3.3.1.2.

sitiv zu bewerten ist dabei, dass durch die Ausrichtung der besonderen Missbrauchsaufsicht an diesen beiden Zentralnormen des allgemeinen Wettbewerbsrechts die Überwachung allgemeiner kartellrechtlicher Grundsätze im Telekommunikationssektor von der sachnäheren *Bundesnetzagentur* und nicht etwa vom *Bundeskartellamt* wahrgenommen wird[20].

Außer dieser grundlegenden, subsidiären Funktion neben den derzeit noch relativ weit verbreiteten Ex-ante-Aufsichtsinstrumenten auf zentralen Telekommunikationsmärkten weist die besondere Missbrauchsaufsicht allerdings auch einige eigenständige Anwendungsfelder auf. Dies gilt vor allem für die Vermutungsregeln des § 42 Abs. 2 und 3 TKG, die allerdings systematisch "**sauberer**" in anderen Gesetzesteilen zu verorten gewesen wären[21]. Die Implementierung von Vermutungstatbeständen in die besondere Missbrauchsaufsicht ist dennoch grundsätzlich als sachgerecht zu bezeichnen, da hiermit für die Fälle eines "**non liquet**", die auch im Verwaltungsverfahren auftreten können, Beweiserleichterungen für als besonders wichtig erachtete Fälle erreicht werden können[22]. Allerdings ist dabei zu beachten, dass sich die praktische Bedeutung dieser Vermutungstatbestände auf die Abbildung von Leitlinien für die Interpretation missbräuchlichen Verhaltens i. S. d. § 42 Abs. 1 TKG beschränken dürfte. Eine unmittelbare Regulierung auf Grundlage dieser Tatbestandsvarianten scheidet jedenfalls wegen Geltung der Amtsermittlungsmaxime aus, da danach die Fachbehörde vor einem Rückgriff auf solche Beweiserleichterungen den jeweiligen idealen Tatbestand der Eingriffsnorm, hier also § 42 Abs. 1 TKG, vollumfänglich zu untersuchen hat[23].

Es ist schließlich noch zu konstatieren, dass die Vermutungstatbestände auch teilweise inkonsistent und in sich widersprüchlich geraten sind. So werden im Rahmen des § 42 Abs. 2 TKG die Einräumung ungünstigerer Bedingungen und die Gewährung von Leistungen in schlechterer Qualität unterschiedlich behandelt, obwohl hierfür keine sachlichen Gründe erkennbar sind[24]. Hier ist unbedingt de lege ferenda nachzubessern, um eine Angreifbarkeit der Rechtsgrundlage und daraus resultierende wettbewerbsfeindliche Ineffizienzen der Marktregulierung zu vermeiden.

Im Zuge der Ausgestaltung der besonderen Missbrauchsaufsicht als Auffangtatbestand wurde auch der personale Anwendungsbereich erweitert[25]. Insbeson-

---

[20] Die Kartellbehörde wäre aufgrund der Subsidiarität des allgemeinen Wettbewerbsrechts auf nach §§ 10 ff. TKG als regulierungsbedürftig identifizierten Märkten ohnehin nicht zu einem Eingreifen auf Basis der §§ 19, 20 GWB befugt, sodass eine Lückenschließung ohne Schaffung des § 42 TKG nicht möglich gewesen wäre, vgl. dazu oben Kapitel 3.3.1.6.4.

[21] Vgl. dazu oben Kapitel 3.3.1.2.5 und Kapitel 3.3.1.2.6.

[22] Siehe oben Kapitel 3.3.1.2.5.2.1.1.2.

[23] Vgl. oben Kapitel 3.3.1.2.5.2.1.1.2 und Kapitel 3.3.1.2.5.2.1.2.

[24] Vgl. oben Kapitel 3.3.1.2.5.2.1.2.

[25] Vgl. dazu oben Kapitel 3.3.1.1.

dere die Einbeziehung der Anbieter von telekommunikationsgestützten Diensten, die eine funktional von der Telekommunikationsleistung nicht zu trennende Inhaltsleistung erbringen, ist notwendig geworden, da sich derartige Geschäftsmodelle nach Liberalisierung des Telekommunikationssektors erheblich verbreitet und aufgrund der dabei anzutreffenden erheblichen Wertschöpfung und einer hohen Akzeptanz bei den Kunden auch eine gewisse Bedeutung für die Wettbewerbsentwicklung inne haben[26].

Außerdem gilt die besondere Missbrauchsaufsicht auch für einige Anbieter von Universaldienstleistungen[27]. Allerdings erschließt sich dabei nicht, warum nicht auch die Anbieter von Telefonverzeichnisdiensten i. S. d. § 78 Abs. 2 Nr. 2 TKG mit umfasst wurden, obwohl auch in diesem Bereich missbräuchliche Verhaltensweisen zum Nachteil von Wettbewerbern denkbar sind, die zur Verbreitung ihrer Angebote auch auf deren Nennung in öffentlichen Verzeichnisdiensten angewiesen sein dürften[28]. Verweigert dies ein marktbeherrschender Anbieter von Telefonverzeichnissen, entsteht eine Marktzutrittsschranke, die aber vor dem Hintergrund des Art. 17 Universaldienstrichtlinie grundsätzlich zu bekämpfen wäre[29]. Insofern werden über § 42 TKG nicht alle potentiell erheblichen Wettbewerbshindernisse bekämpft, sodass auch an dieser Stelle Nachbesserungsbedarf festzustellen ist.

Positiv ist zu bewerten, dass der Aufsichtsbehörde im Gegensatz zu § 33 TKG 1996 und § 32 GWB kein Entschließungsermessen mehr dahingehend zukommt, ob sie bei einem missbräuchlichen Verhalten einschreiten will oder nicht[30]. Hierdurch wird sichergestellt, dass für jedes Verhalten eines Marktbeherrschers eine passende Abhilfemaßnahme ergehen muss und somit keine Verhaltensweisen dauerhaft ihre Nachteile für die Wettbewerbsentwicklung entfalten können. Diese Einführung einer gebundenen Entscheidung wird auf Rechtsfolgenebene dadurch sinnvoll abgemildert, dass der Regulierungsbehörde ein umfangreiches Auswahlermessen hinsichtlich der Wahl des Gegenmittels eingeräumt wurde[31].

Im Interesse einer effizienten Bekämpfung von Marktzutrittsschranken ist außerdem, dass das in § 33 TKG 1996 enthaltende Erfordernis einer vorherigen Anhörung des missbräuchlich handelnden Unternehmens, dem Gelegenheit zur eigenmächtigen Abstellung der Verhaltensweise gegeben werden musste, entfallen ist und so Missbrauchsverfahren beschleunigt werden können[32].

---

26 Vgl. dazu oben Kapitel 3.3.1.1.3.
27 Vgl. dazu oben Kapitel 3.3.1.1.2.
28 Vgl. dazu oben Kapitel 3.3.1.1.2.
29 Vgl. dazu oben Kapitel 3.3.1.1.2.
30 Vgl. dazu oben Kapitel 3.3.1.4.
31 Vgl. dazu oben Kapitel 3.3.1.4.
32 Vgl. dazu oben Kapitel 3.2.1.3 und Kapitel 3.3.1.4.

Eine schnellere Reaktion der Marktaufsicht wird auch durch die neu geschaffene Frist für Missbrauchsverfahren nach § 42 TKG ermöglicht, ohne die evtl. dauerhafte Veränderungen der Marktstruktur infolge des missbräuchlichen Vorstoßes eines Marktbeherrschers drohen würden[33]. Kritikwürdig ist bei der konkreten gesetzlichen Ausgestaltung allerdings, dass es der Gesetzgeber unterlassen hat, die Vier-Monats-Frist verbindlich vorzuschreiben und ihre Nichteinhaltung zu sanktionieren[34]. In der Praxis zeigen sich auch bereits Bestrebungen, dass die Regulierungsbehörde in einigen Fällen von der vorgegebenen Frist abweicht, was für die Zielvorgabe einer effektiven Bekämpfung von sektorspezifischen Marktzutrittshindernissen infolge missbräuchlicher Verhaltensweisen kontraproduktiv ist[35].

Auch das neu geschaffene Antragsrecht der Wettbewerber wird in seiner gegenwärtigen Form kaum Bedeutung für die Marktaufsicht erlangen, da die Regulierungsbehörde auch ohne ein solches zum Einschreiten verpflichtet werden könnte und es nicht für alle Schutzadressaten des § 42 TKG eingeführt wurde[36]. Somit verbleibt als einziger positiver Effekt dieser Antragsoption, dass hiermit im Idealfall die Selbstbeobachtungskräfte des jeweiligen Marktes aktiviert werden, indem die Marktteilnehmer den Marktbeherrscher verstärkt überwachen und etwaige Missbräuche melden werden, wodurch die Spielräume für missbräuchlich handelnde Unternehmen eingeschränkt werden könnten[37].

Allerdings sind die Wettbewerber aufgrund der ehemals monopolistischen Struktur des Telekommunikationssektors ohnehin in besonderem Maße aufmerksam und reagieren schnell auf vermeintliche oder tatsächliche Benachteiligungen durch den Marktbeherrscher, sodass sich die Auswirkungen des Antragsrechts in diesem Bereich dementsprechend kaum bemerkbar machen dürften.

Von ihrer Konzeption her ist auch die neu in das Telekommunikationsrecht eingeführte Vorteilsabschöpfung zur Beseitigung von Marktzutrittsschranken in hohem Maße geeignet[38]. Durch die Entziehung ungerechtfertigter Vorteile, die ein Unternehmen aus einem missbräuchlichen Verhalten zu Lasten seiner Wettbewerber zieht, wird zum einen der Anreiz zu solchen Vorstößen gemindert und zum anderen wird bei konsistenter Handhabung sichergestellt, dass dem Unternehmen keine dadurch erlangten Mittel verbleiben, die zum Nachteil anderer Unternehmen eingesetzt werden können[39]. Da § 43 TKG jeden Verstoß

---

33 Vgl. dazu oben Kapitel 3.3.1.5.3.

34 Vgl. dazu oben Kapitel 3.3.1.5.3.

35 Vgl. dazu oben Kapitel 3.3.1.5.3.

36 Vgl. dazu oben Kapitel 3.3.1.5.2.2.

37 Vgl. dazu oben Kapitel 3.3.1.5.2.2.

38 Vgl. dazu oben Kapitel 3.3.2.

39 So wird verhindert, dass ein missbräuchlich handelndes Unternehmen andere Geschäftsbereiche, die bereits erheblichem Wettbewerb ausgesetzt sind, quersubventionieren kann oder Rücklagen für Preiskampfstrategien bildet. Letzteres gilt selbst-

gegen eine Vorschrift des TKG erfasst und der Regulierungsbehörde lediglich ein intendiertes Ermessen bei der Entscheidung über das "**Ob**" des Einschreitens eingeräumt wurde, kann dieses Instrumentarium somit ungeachtet seiner systematisch notwendigen Subsidiarität gegenüber privaten Schadensersatzansprüchen oder Bußgeldern[40] grundsätzlich in erheblichem Maße dazu beitragen, dass Marktzutrittsschranken dauerhaft gesenkt werden, die sich aus den überlegenen Marktverhaltensspielräumen bestimmter Unternehmen ergeben können[41].

Allerdings zeigt ein genauerer Blick auf § 43 TKG, dass auch diese Norm der besonderen Missbrauchsaufsicht de lege lata einige Unzulänglichkeiten enthält, die ihre potentielle Eignung zur Schaffung und Sicherstellung wirksamen Wettbewerbs wieder beschneidet. So erschließt sich nicht ohne weiteres, warum der Gesetzgeber eine speziellere Tatbestandsalternative für Verstöße gegen Verfügungen nach § 42 Abs. 4 TKG geschaffen hat, die eine gewisse Haftungsprivilegierung von Unternehmen, die lediglich gegen § 42 Abs. 1 TKG verstoßen, auslöst[42]. Denn eine Abschöpfung ist dabei erst ab Zustellung der Missbrauchsverfügung möglich, während alle anderen Gesetzesverstöße bereits ab dem Zeitpunkt ihrer Vornahme geahndet werden können[43].

Diese unterschiedliche Behandlung stellt mangels sachlicher Rechtfertigung einen Verstoß gegen Art. 3 Abs. 1 GG dar, sodass hier dringender gesetzlicher Nachbesserungsbedarf besteht[44].

Ein weiteres Problem für die Effizienz dieses Regulierungsinstruments sind u. U. ihre Ausschlussgründe gemäß § 43 Abs. 3 TKG. So könnte die Unzulässigkeit einer Vorteilsabschöpfung bei einer unbilligen Härte Versuche von Unternehmen in Extremsituationen fördern, durch missbräuchliche Verhaltensweisen z. B. noch einer drohenden Insolvenz zu entgehen[45]. Es ist auch fragwürdig, ob Unternehmen geringe wirtschaftliche Vorteile tatsächlich behalten dürfen sollen, da sie auch diese ungerechtfertigt erlangten Mittel wieder zu Lasten der Wettbewerbsentwicklung einsetzen können und sich insoweit bei einer Kumulation vieler "**geringwertiger**" Missbräuche auch erhebliche Marktstrukturverschlechterungen ergeben können[46]. Negativ ist auch die Beschränkung auf einen Höchstabschöpfungszeitraum von 5 Jahren zu bewerten, da hierfür keine

---

verständlich nur für solche Bereiche, die nicht einer Ex-ante-Entgeltregulierung unterliegen, da hierbei ohnehin keine eigenständige Preisgestaltung durch das marktmächtige Unternehmen möglich ist.

[40] Vgl. Kapitel 3.3.2.3.6.

[41] Vgl. Kapitel 3.3.2.

[42] Vgl. Kapitel 3.3.2.3.3.

[43] Vgl. Kapitel 3.3.2.3.1 und Kapitel 3.3.2.3.2.

[44] Vgl. Kapitel 3.3.2.3.3.

[45] Vgl. Kapitel 3.3.2.3.7.1.

[46] Vgl. Kapitel 3.3.2.3.7.2.

zwingende Notwendigkeit besteht[47]. Hierdurch wird insgesamt verhindert, dass über § 43 TKG in vollem Umfang ein quasi-wettbewerblicher Marktzustand geschaffen werden kann, da gewisse Schlupflöcher für missbräuchlich handelnde marktmächtige Unternehmen verbleiben.

Hinzu tritt noch der Umstand, dass allein die Normierung einer Abschöpfungsmöglichkeit noch nicht ausreicht, um Unternehmen von missbräuchlichen Verhaltensweisen abzuschrecken. Da ein hundertprozentiges Entdeckungsrisiko in der Praxis ohnehin nicht gewährleistet werden kann, ist der potentielle Abschöpfungsbetrag daher u. U. für das jeweilige Unternehmen geringer als der ex ante zu erwartende Gewinn bzw. übersteigt diesen zumindest nicht, da der Abschöpfungsbetrag hierauf beschränkt ist[48].

Neben diesen tatbestandlichen Hemmnissen für einen optimalen Beitrag des § 43 TKG für die Wettbewerbsentwicklung zeigt sich in der Praxis noch ein gewisser Unwille der Regulierungsbehörde, von diesem Regulierungsinstrument in der gebotenen Art und Weise Gebrauch zu machen. Die Vernachlässigung dieses potentiell durchaus wirksamen Mittels, das – soweit ersichtlich – noch in keinem einzigen Missbrauchsfall Anwendung gefunden hat[49], könnte auch auf die großen Unsicherheiten bei der Bestimmung des konkreten wirtschaftlichen Vorteils zurückzuführen sein.

Denn hierbei ist ungeachtet der Schätzungsmöglichkeit nach § 43 Abs. 4 Satz 1 TKG eine möglichst genaue Bezifferung des positiven Saldos zwischen der aktuellen und der hypothetischen Vermögenslage ohne missbräuchliches Verhalten notwendig, wobei sämtliche kausalen Vor- und Nachteile berücksichtigungsfähig sind[50].

Hiervon darf sich die Regulierungsbehörde aber nicht weiterhin wie in der Vergangenheit abschrecken lassen, da nur durch eine konsequente Anwendung dieses neuartigen sektorspezifischen Instrumentariums die Anreize für missbräuchliche Verhaltensweisen signifikant gesenkt werden und Marktzutrittsschranken verhindert bzw. beseitigt werden können. Somit verfolgt auch § 43 TKG ein Ziel, das in jeder Hinsicht zu begrüßen ist, leidet jedoch an der Vernachlässigung durch die Aufsichtsbehörde und einigen tatbestandlichen Restriktionen.

Es ist festzuhalten, dass der besonderen Missbrauchsaufsicht (noch) keine zentrale Bedeutung für die Wettbewerbsentwicklung im Telekommunikationssektor zukommt, sie jedoch trotz aller Kritikpunkte einen durchaus wesentlichen

---

47 Vgl. Kapitel 3.3.2.3.8.4 und Kapitel 3.3.2.3.8.3.

48 Eine überschießende Abschöpfung von ungerechtfertigten wirtschaftlichen Vorteilen kann erst durch die Anwendung der Bußgeldvorschriften des § 149 TKG erreicht werden, wobei allerdings nicht sämtliche denkbaren Anwendungsfälle des § 43 TKG gleichzeitig auch bußgeldbewehrt sind. Vgl. dazu oben Kapitel 3.3.2.3.6 und Kapitel 3.3.2.5, Fn. 748.

49 Vgl. dazu oben Kapitel 3.3.2.4.

50 Vgl. dazu oben Kapitel 3.3.2.3.4.

Beitrag zur Bekämpfung von sektorspezifischen Marktzutrittsschranken zu leisten vermag und über den Schutz von Wettbewerbern auch langfristig marktbeherrschende Stellungen abzubauen in der Lage ist.

Die "**große Zeit**" dieses Regulierungsinstruments wird aber wohl dann kommen, wenn die Ex-ante-Regulierung der Telekommunikationsmärkte im Zuge zunehmender Wettbewerbsfortschritte weiter zurückgefahren wird und somit eine sektorspezifische Marktaufsicht bis zur vollständigen Überführung in das allgemeine Wettbewerbsrecht maßgeblich von diesem Aufsichtsmittel abhängt.

Bis dahin sollte der Gesetzgeber sicherstellen, dass der Vorteilsabschöpfung nach § 43 TKG endlich gebührend zur Geltung verholfen wird (z. B. durch Abschaffung des verbliebenen Ermessenspielraums der Aufsichtsbehörde) und dass zukünftig die bereits erkannten tatbestandlichen Schwachstellen der besonderen Missbrauchsaufsicht nachhaltig ausgebessert werden. Dies vorausgesetzt dürfte die Regulierungsbehörde mit diesem Regulierungsinstrument recht gut für die weitere Überführung der (noch) sektorspezifisch regulierungsbedürftigen Marktsegmente in das Regime des allgemeinen Wettbewerbsrechts gerüstet sein.

Kapitel 5 – Zusammenfassung in Thesen

1. Das im Jahr 2004 novellierte Telekommunikationsrecht soll, nachdem in vielen Bereichen durchaus beachtliche Fortschritte bei der Marktöffnung erzielt wurden, im Einklang mit den europäischen Vorgaben eine Rückführung der sektorspezifischen Regulierung überall dort bewirken, wo ein ausreichendes Maß selbsttragenden Wettbewerbs schon erreicht wurde. Hierfür wurde ein neuartiges Marktdefinitions- und Marktanalyseverfahren zur Feststellung potentiell regulierungsbedürftiger Märkte und marktbeherrschender Stellungen geschaffen. Des Weiteren sind auch die einzelnen Regulierungsinstrumente der Regulierungsbehörde neu gefasst worden. Dies gilt insbesondere auch für die besondere Missbrauchsaufsicht in §§ 42, 43 TKG, die gegenüber der Vorgängervorschrift des § 33 TKG 1996 eine erhebliche Veränderung hinsichtlich Zielsetzung und Regelungsgehalt erfahren hat.
2. Die besondere Missbrauchsaufsicht, die früher in § 33 TKG 1996 enthalten war und nunmehr in den §§ 42, 43 TKG (mit zahlreichen Veränderungen) geregelt ist, wird als "**besonders**" bezeichnet, da sie ein gegenüber den Missbrauchstatbeständen des allgemeinen Kartellrechts (z. B. §§ 19, 20 GWB) spezielleres Instrument ist.
3. Die besondere Missbrauchsaufsicht ergänzt vorrangige Regulierungsinstrumente wie z. B. Zugangs- und Entgeltregulierung. Über § 42 TKG sind auch andere, nicht von diesen speziellen Regulierungsinstrumenten abgedeckte, missbräuchliche Verhaltensweisen eines Unternehmens mit beträchtlicher Marktmacht erfasst und können im Rahmen der sektorspezifischen Marktaufsicht von der *Bundesnetzagentur* geahndet werden.
4. Mit § 42 TKG ist ein allgemeiner Missbrauchstatbestand geschaffen worden, der den §§ 19, 20 GWB nachgebildet wurde. Auch das daneben zur besonderen Missbrauchsaufsicht zählende Regulierungsinstrument der Vorteilsabschöpfung nach § 43 TKG orientiert sich an einem Vorbild des allgemeinen Wettbewerbsrechts, welches in § 34 GWB schon seit längerem eine entsprechende Regelung bereit hält.
5. Nach § 10 Abs. 2 Satz 1 TKG kommen für eine sektorspezifische Marktregulierung nach dem TKG nur Märkte in Betracht, die (i) durch bestimmte Marktzutrittsschranken gekennzeichnet sind, (ii) längerfristig nicht zu wirksamen Wettbewerb tendieren und (iii) auf denen die Anwendung des allgemeinen Wettbewerbsrechts allein nicht ausreicht, um einem Marktversagen entgegenzuwirken. Das Telekommunikationsrecht ist als Übergangslösung konzipiert, das sich selbst überflüssig machen soll. Notwendig ist es dafür, dass die Regulierungsschwelle des Telekommunikationsrechts, die durch das kumulative Vorliegen der drei Kriterien des § 10 Abs. 2 Satz 1

TKG gebildet wird, auf jedem Telekommunikationsmarkt eines Tages unterschritten wird. Die Effizienz der besonderen Missbrauchsaufsicht für die Erreichung der Zielsetzungen des Telekommunikationsrechts hängt somit davon ab, in welchem Maße dieses Instrument dazu beiträgt, einen Marktzustand zu schaffen, auf dem die Kriterien des § 10 Abs. 2 Satz 1 TKG nicht mehr erfüllt sind und eine sektorspezifische Marktaufsicht somit obsolet geworden ist.

6. Damit das Erste Kriterium des § 10 Abs. 2 Satz 1 TKG auf dem jeweiligen Telekommunikationsmarkt nicht mehr erfüllt ist, müssen substantielle Marktzutrittsschranken (wie z. B. asymmetrische anfängliche Kostenstrukturen oder Nachfragebedingungen, eine schwer duplizierbare Infrastruktur, die zur Etablierung am Markt erforderlich ist, etc.) abgebaut werden.

7. Im Hinblick auf das Zweite Kriterium des § 10 Abs. 2 Satz 1 TKG ist es erforderlich, dass durch Anwendung sektorspezifische Regulierungsinstrumente wie der ex post wirkenden besonderen Missbrauchsaufsicht wirksamer Wettbewerb auf dem jeweiligen Markt geschaffen wird. Dies setzt – im Gegensatz zur alten Rechtslage unter Geltung des TKG 1996 zwingend die Beseitigung marktbeherrschender Stellungen von Marktteilnehmern voraus. Dieses Regulierungsziel soll allerdings nicht durch strukturelle Maßnahmen wie z. B. eine eigentumsrechtliche Entflechtung von marktbeherrschenden Unternehmen, sondern durch (ex ante oder ex post wirkende) Mittel der Verhaltenskontrolle erreicht werden, die das etwaige Ausnutzen marktbeherrschender Stellungen verhindern bzw. bekämpfen und Marktzutrittsschranken abbauen sollen. In der Folge einer solchen Verhaltenskontrolle sind die Wettbewerber des marktbeherrschenden Unternehmens idealerweise selbst in de Lage, durch eigenen wirtschaftlichen Erfolg die festgestellte Marktmacht eines Unternehmens abzubauen.

8. Im Hinblick auf das Dritte Kriterium des § 10 Abs. 2 Satz 1 TKG ist es notwendig, dass durch die sektorspezifische Regulierung auf dem jeweiligen Telekommunikationsmarkt ein Marktzustand herbeigeführt wird, in dem das allgemeine Wettbewerbsrecht für sich genommen ausreicht, um einem festgestellten Marktversagen entgegenzuwirken.

9. Der besonderen Missbrauchsaufsicht nach § 42 TKG unterliegen als Adressaten Anbieter von Telekommunikationsdiensten, Anbieter von Leistungen nach § 78 Abs. 2 Nr. 3 und 4 TKG sowie Anbieter von telekommunikationsgestützten Diensten, die über beträchtliche Marktmacht verfügen. Des Weiteren richtet sich die Vorschrift auch an Betreiber öffentlicher Telekommunikationsnetze, die über eine beträchtliche Marktmacht verfügen. Damit ist der Anwendungsbereich des § 42 TKG weiter gefasst als bei der überkommenen Regelung des § 33 TKG 1996, die noch auf Netzbetreiber und Anbieter von Telekommunikationsdienstleistungen beschränkt war. Diese Ausweitung des Adressatenkreises ist allerdings auch der sprung-

haften Entwicklung von Angeboten im Telekommunikationsbereich seit 1996 bzw. 1998 geschuldet.

10. Die besondere Missbrauchsaufsicht findet nur auf solchen Märkten Anwendung, die im Rahmen eines förmlichen Marktdefinitions- und Marktanalyseverfahrens nach §§ 10 ff. TKG als regulierungsbedürftig ermittelt worden sind. Die hierzu im Widerspruch stehende Mindermeinung ist vom *Bundesverwaltungsgericht* im Jahr 2007 verworfen worden. Ein solches Marktdefinitions- und Marktanalyseverfahren musste auch im Rahmen der besonderen Missbrauchsaufsicht nach § 33 TKG 1996 bereits durchgeführt werden, wobei dies allerdings im Gegensatz zum novellierten TKG 2004 noch implizit im Rahmen des jeweiligen behördlichen Missbrauchsverfahrens erfolgte und aufgrund der klaren marktbeherrschenden Stellung der Deutsche Telekom AG zu Beginn der Liberalisierung kaum Schwierigkeiten begegnete. Im Rahmen der Gesetzesnovelle im Jahre 2004 wurden auch die Kriterien zur Bestimmung des jeweiligen Markts und der marktbeherrschenden Stellung erheblich verändert. Hervorzuheben ist dabei noch, dass der *Bundesnetzagentur* im Gegensatz zur bisherigen Kartellrechtspraxis bei der Marktdefinition ein Beurteilungsspielraum zugestanden wird (vgl. § 10 Abs. 2 Satz 2 TKG). Auf der anderen Seite ist die *Bundesnetzagentur*, anders als nach dem alten Rechtsrahmen, weitgehend an Empfehlungen und sonstige Vorgaben der *Europäischen Kommission* gebunden. Darüber hinaus hat sich die *Europäische Kommission* über das neu geschaffene Konsolidierungsverfahren, in dem die geplanten Entscheidungen der *Bundesnetzagentur* der *Europäischen Kommission* vorgelegt werden müssen, weitere erhebliche Einflussnahmemöglichkeiten auf die nationale Regulierungspraxis vorbehalten.

11. Der Grundtatbestand des § 42 Abs. 1 Satz 1 TKG verbietet es den Normadressaten, ihre besondere Marktstellung missbräuchlich auszunutzen. Es handelt sich hierbei um eine offen formulierte Generalklausel, die der näheren Auslegung bedarf. Der Gesetzgeber hat vor diesem Hintergrund in § 42 Abs. 1 Satz 2 TKG Beispieltatbestände für ein solches missbräuchliches Verhalten benannt. Ein nach § 42 Abs. 1 Satz 1 TKG verbotener Missbrauch liegt danach bei einer unmittelbaren oder mittelbaren unbilligen Behinderung anderer Unternehmen (§ 42 Abs. 1 Satz 2, 1. Alt. TKG) sowie bei einer erheblichen Beeinträchtigung von Wettbewerbsmöglichkeiten anderer Unternehmen ohne sachlichen Grund (§ 42 Abs. 1 Satz 2, 2. Alt. TKG) vor. Zur Auslegung dieser Beispielsfälle missbräuchlicher Verhaltensweisen ist auf die vergleichbaren §§ 19, 20 GWB zurückzugreifen, denen die Beispielsfälle eindeutig nachgebildet worden sind. Die für die §§ 19, 20 GWB gebildeten Fallgruppen missbräuchlicher Verhaltensweisen können auch auf die telekommunikationsrechtliche besondere Missbrauchsaufsicht übertragen werden, soweit sie nicht vorrangigeren Spezialregelungen wie z. B. der Entgelt- oder Zugangsregulierung unterfallen.

12. Die beiden in § 42 Abs. 1 Satz 2 TKG beispielhaft genannten Missbrauchsvarianten (Behinderungs- und Beeinträchtigungsmissbrauch) lassen sich in der Praxis – wie bereits bei den kartellrechtlichen Vorbildern der §§ 19, 20 GWB – aufgrund ihrer inhaltlichen Nähe und diverser Überschneidungen nicht sinnvoll voneinander abgrenzen. Demgemäß geht auch die *Bundesnetzagentur* in ihrer bisherigen Entscheidungspraxis davon aus, dass die Zuordnung unterbleiben kann, und stützt ihre Entscheidungen generell auf § 42 Abs. 1 TKG. Eine genaue Zuordnung missbräuchlicher Verhaltensweisen ist auch deshalb nicht erforderlich, da beide Alternativen jeweils eine gleichlaufende Abwägung der widerstreitenden Interessen im Rahmen der Tatbestandsmerkmale der Unbilligkeit bzw. der sachlichen Rechtfertigung ermöglichen und somit trotz der abweichenden Formulierungen keine unterschiedlichen Bemessungsmaßstäbe gelten.
13. Neben dem Grundtatbestand des § 42 Abs. 1 Satz 1 TKG und den Regelbeispielen in § 42 Abs. 1 Satz 2 TKG enthält die Norm noch zwei Vermutungsregeln für missbräuchliches Verhalten, das ebenfalls von der besonderen Missbrauchsaufsicht erfasst sein soll. Nach § 42 Abs. 2 TKG wird ein Diskriminierungsmissbrauch dann vermutet, wenn ein marktbeherrschendes Unternehmen sich selbst, seinen Tochter- oder seinen Partnerunternehmen den Zugang zu seinen intern genutzten oder zu seinem am Markt angebotenen Leistungen zu günstigeren Bedingungen oder zu einer besseren Qualität als anderen Nachfragern ermöglicht und für die Einräumung ungünstigerer Bedingungen keine sachliche Rechtfertigung nachgewiesen wird. Die in § 42 Abs. 3 TKG enthaltene zweite Vermutungsregel der besonderen Missbrauchsaufsicht betrifft den sog. Verzögerungsmissbrauch greift demgegenüber dann ein, wenn ein marktbeherrschender Betreiber eines öffentlichen Telekommunikationsnetzes seiner Verpflichtung zur Abgabe eines Zugangsangebots gemäß § 22 Abs. 1 TKG nicht ordnungsgemäß nachkommt, indem er die Bearbeitung von Zugangsanträgen ohne sachlichen Grund verzögert.
14. Bereits die überkommene besondere Missbrauchsaufsicht des § 33 TKG 1996 enthielt ein Verbot des Diskriminierungsmissbrauchs beim Zugang zu bestimmten Leistungen des Marktbeherrschers, welches vom Grundsatz her der Vermutungsregel des § 42 Abs. 2 TKG nicht unähnlich war. Die Unterschiede zwischen den beiden Regelungen sind jedoch auf einen näheren Blick erheblich, sodass festzustellen ist, dass eine einfache Übernahme der alten Regelung des § 33 TKG 1996 in das neue Recht nicht erfolgt ist. So wurde in § 42 Abs. 2 TKG nunmehr im Gegensatz zum § 33 TKG 1996 geregelt, dass es ausreicht, wenn der Marktbeherrscher zwar nicht sich selbst, aber seinen Tochter- und Partnerunternehmen bessere Bedingungen als anderen Nachfragern ohne sachliche Rechtfertigung einräumt. Außerdem wurde der Adressatenkreis der Regelung nicht mehr auf marktbeherrschende Anbieter von Telekommunikationsdienstleistungen beschränkt,

sondern auf marktbeherrschende Anbieter von Telekommunikationsdiensten, von Leistungen nach § 78 Abs. 2 Nr. 3 und 4 TKG sowie von telekommunikationsgestützten Diensten als auch Betreiber öffentlicher Telekommunikationsnetze erweitert. Die zentrale Abweichung zur alten Rechtslage ist jedoch, dass die jeweiligen nachgefragten Leistungen des Marktbeherrschers nicht mehr wesentlich sein müssen, womit eine erhebliche Ausweitung des Tatbestandes einhergehen kann.

15. Bei § 42 Abs. 2 TKG handelt es sich um eine auch im Öffentlichen Recht, in dem die Amtsermittlungsmaxime gilt, grundsätzlich zulässige Vermutungsregel, die Auswirkungen auf die subjektive und die objektive Beweislast haben kann.

16. Eine qualifizierte Vermutung stellt § 42 Abs. 2 TKG hinsichtlich der Einräumung ungünstigerer Bedingungen bei der Leistungsbereitstellung dar, da hier dem betroffenen Unternehmen der Nachweis einer sachlichen Rechtfertigung auferlegt ist.

17. Bei der Gewährung von Leistungen minderer Qualität handelt es sich demgegenüber nur um eine einfache Vermutungsregel, die keine Auswirkungen auf die subjektive Beweislast hat, sondern allein im (seltenen) Fall eines "**non liquet**" hinsichtlich des Haupttatbestandes der Eingriffsnorm herangezogen werden kann und deren Voraussetzungen allein von der Regulierungsbehörde nachzuweisen sind. Allerdings ist zu beachten, dass im Öffentlichen Recht grundsätzlich die Behörde nicht direkt auf Vermutungsregeln zurückgreifen darf, sondern dass sie aufgrund des Amtsermittlungsgrundsatzes zunächst gehalten ist, alle dem jeweiligen Normadressaten günstigen und ungünstigen Umstände im Rahmen des idealen Tatbestands der Eingriffsnorm selbst zu ermitteln. Erst wenn dies nicht ausreicht bzw. eine Sachverhaltsaufklärung nicht abschließend möglich ist, kann sich die Behörde somit auf die Vermutungsregel berufen, sofern zumindest deren idealer Tatbestand nachgewiesen werden kann.

18. Es ist unklar, warum der Gesetzgeber beide Vermutungstatbestände im Rahmen des § 42 Abs. 2 TKG ungleich behandelt, da es sich um vergleichbare Fallgruppen missbräuchlicher Verhaltensweisen handelt. Diese ungleiche Normierung als einfache bzw. qualifizierte Vermutung erscheint nicht sachgerecht zu sein und führt wie oben gezeigt zu Wertungswidersprüchen. Dieser Missstand sollte dadurch behoben werden, dass beide Vermutungsvarianten als qualifizierte Vermutungsregeln gefasst werden und auch für die Gewährung von Leistungen in minderer Qualität eine sachliche Rechtfertigung durch das betroffene Unternehmen möglich ist.

19. Die einfache Vermutungsregel für den Verzögerungsmissbrauch in § 42 Abs. 3 TKG erfasst einen Ausschnitt der eigentlich speziell geregelten Zugangsregulierung und ist systematisch im Rahmen der besonderen Missbrauchsaufsicht als Fremdkörper anzusehen.

20. Nach § 42 Abs. 4 Satz 1 TKG hat die *Bundesnetzagentur* bei festgestelltem Missbrauch i. S. d. § 42 TKG eine Entscheidung zu treffen, um die missbräuchliche Ausnutzung einer marktbeherrschenden Stellung zu beenden. Ein Ermessen steht ihr dabei im Gegensatz zur früheren Rechtslage nur noch bei der Auswahl der Mittel zu.

21. Ein Einschreiten der Aufsichtsbehörde ist nach Änderung der Vorschrift des § 42 Abs. 4 TKG im Jahre 2007 bereits dann möglich, wenn Tatsachen die Annahme rechtfertigen, dass ein Unternehmen seine marktmächtige Stellung auf Endkundenmärkten missbräuchlich auszunutzen droht. Hierdurch wurde bei der grundsätzlich als Ex-post-Instrument ausgeformten besonderen Missbrauchsaufsicht ein Element der Vorabregulierung eingefügt, welches insgesamt einigen (auch systematischen) Bedenken begegnet. So dürften lediglich drohende Missbräuche kaum nachzuweisen sein, wenn man bedenkt, dass dies schon bei realen Verhaltensweisen aufgrund der vielen wertenden Umstände erheblichen Schwierigkeiten ausgesetzt ist. Schwerwiegender ist jedoch aus systematischer Sicht der Umstand, dass diese Eingriffsbefugnis im Vorfeld eines drohenden Missbrauchs in gewissem Widerspruch zur bisherigen Konzeption dieses aus dem allgemeinen Wettbewerbsrecht entlehnten Instruments steht, das allein auf eine nachträgliche Überwachung von bereits erfolgtem Marktverhalten ausgerichtet ist. Fraglich ist auch, ob sich diese Norm wie vom Gesetzgeber ausgeführt tatsächlich auf die europarechtliche Vorgabe des Art. 17 Abs. 2 Universaldienstrichtlinie stützen lässt, sodass gewisse Bedenken gegen eine Vereinbarkeit mit dem europäischen Rechtsrahmen bestehen.

22. Für Missbrauchsverfahren gilt eine Regelfrist von vier Monaten, innerhalb der die *Bundesnetzagentur* grundsätzlich eine Entscheidung zu treffen hat. Allerdings sieht das Gesetz keine Sanktion für den Fall vor, dass diese Frist ohne sachliche Rechtfertigung überschritten wird, und lässt Abweichungen bei atypischen Verzögerungen ohne weiteres zu. Es wäre wünschenswert, wenn eine solche Höchstfrist eingeführt würde, um so eine zeitnahe und effektive Missbrauchsaufsicht im schnelllebigen Telekommunikationssektor sicherzustellen.

23. § 42 TKG ist eine Generalklausel, die immer dort subsidiär ist, wo andere, speziellere Vorschriften einen Sachverhalt regeln. Sie hat lediglich einige originäre Anwendungsbereiche, etwa wenn die spezielleren Vorschriften eine bestimmte Gruppe von Normadressaten des § 42 TKG gerade nicht erfassen oder aber die speziellen Bereiche eines explizit in § 42 Abs. 2 und 3 TKG geregelten Diskriminierungs- bzw. Verzögerungsmissbrauchs berührt sind. Die diesem Verständnis widersprechende Mindermeinung, die stets eine parallele Anwendung des § 42 TKG auch bei Eingreifen speziellerer Vorschriften zulassen will, überzeugt aus systematischen Gründen nicht. Vorrang beanspruchen im Rahmen ihres Anwendungsbereichs dabei insbesondere im Bereich der Zugangsregulierung die §§ 19 (soweit eine Gleich-

behandlungspflicht durch die Bundesnetzagentur auferlegt worden ist), 21, 22 und 25 TKG und im Bereich der nachträglichen Entgeltregulierung die §§ 38, 28 TKG. Auch die Vorschrift zur Betreiber(vor-)auswahl (§ 40 TKG) ist gegenüber § 42 TKG vorrangig. Die besondere Missbrauchsaufsicht nach § 42 TKG ist hingegen ihrerseits das speziellere Gesetz gegenüber den allgemeinen Missbrauchstatbeständen der §§ 19, 20, 32 GWB, jedenfalls insoweit die Regulierungsbedürftigkeit des jeweiligen Telekommunikationsmarktes nach §§ 10 f. TKG festgestellt worden ist.

24. Der Missbrauchstatbestand des § 42 TKG wird flankiert von der im Telekommunikationsbereich in 2004 neu geschaffenen Vorteilsabschöpfung, die in § 43 TKG ihren Niederschlag gefunden hat und grundsätzlich an vergleichbaren Normen wie § 34 GWB angelehnt ist. Nach § 43 TKG soll die Regulierungsbehörde die Abschöpfung eines wirtschaftlichen Vorteils anordnen, wenn dieser darauf zurückgeht, dass das Unternehmen gegen eine Missbrauchsverfügung der *Bundesnetzagentur* oder vorsätzlich bzw. fahrlässig gegen eine Vorschrift des TKG verstoßen hat. Die Schaffung eines solchen Instruments ist sinnvoll, da es der Individual- und Generalprävention dient, wenn missbräuchlich handelnde Marktteilnehmer die Vorteile ihrer Tat nicht behalten dürfen. Hierdurch wird grundsätzlich auch sichergestellt, dass diese ungerechtfertigten Erträge nicht zum Nachteil rechtstreu handelnder Wettbewerber eingesetzt werden können.

25. Die gegenwärtige Fassung des § 43 Abs. 1 TKG mit seinen zwei Alternativen, die eine Vorteilsabschöpfung auslösen können, begegnet jedoch gewissen verfassungsrechtlichen Bedenken. So müssen Marktteilnehmer, die gegen den Missbrauchstatbestand des § 42 TKG verstoßen, erst ab dem Zeitpunkt missbräuchlich erlangte Vorteile abgeben, sobald sie gegen eine explizite Verfügung der Aufsichtsbehörde nach § 42 Abs. 4 TKG verstoßen haben. Alle anderen Verstöße gegen telekommunikationsrechtliche Pflichten, die von der anderen Tatbestandsalternative erfasst werden, haben jedoch direkt mit dem Verstoß gegen die entsprechende Norm, auch wenn deren Pflichtenprogramm ebenfalls per Verfügung durchzusetzen ist, zur Folge, dass eine Abschöpfung möglich ist, jedenfalls soweit der Verstoß schuldhaft erfolgt ist. Rechtfertigende Gründe für diese Ungleichbehandlung telekommunikationsrechtlicher Pflichten sind nicht ersichtlich, sodass durchaus hierbei ein Verstoß gegen den Gleichheitsgrundsatz nahe liegen könnte.

26. Die Aufsichtsbehörde soll grundsätzlich das Mittel der Vorteilsabschöpfung zum Einsatz bringen, sodass insoweit kein freies, sondern ein intendiertes Ermessen besteht. Ein Verzicht auf die Anordnung der Abschöpfung kommt demnach grundsätzlich nur bei Vorliegen besonderer Umstände in Betracht. Trotz dieser gesetzlichen Handlungsleitlinien ist dieses Instrument jedoch bislang nicht zur Anwendung gelangt, was einen erheblichen Missstand bei der Marktaufsicht darstellt und so auch nicht von der

Rechtslage gedeckt ist. Eine derartige Zurückhaltung bei der Anwendung der Vorteilsabschöpfung kann eine nicht unerhebliche Gefährdung der Effizienz der Marktaufsicht zur Folge haben.

27. Vom Abschöpfungsbetrag sind nach § 43 Abs. 2 TKG Schadensersatzleistungen des betreffenden Unternehmens sowie ein angeordneter Verfall, durch den der wirtschaftliche Vorteil ausgeglichen wurde, anzurechnen. Auch wenn hierbei Bußgeldzahlungen wegen des maßgeblichen Verstoßes im Gegensatz zur parallelen Vorschrift des § 34 GWB nicht als anrechenbar erwähnt werden, ist § 43 Abs. 2 TKG in dieser Konstellation vom Sinn und Zweck her analog heranzuziehen. Der abschöpfbare wirtschaftliche Vorteil ist daher entsprechend zu reduzieren. Es liegt hier eine planwidrige Regelungslücke vor, da eine Doppelbelastung des missbräuchlich handelnden Unternehmens nicht vom Sinn und Zweck einer Abschöpfungsregelung gedeckt sein kann und es sich hier um ein Redaktionsversehen des Gesetzgebers handeln dürfte.

28. Der besonderen Missbrauchsaufsicht nach § 42 TKG kommt im Zusammenspiel mit der Vorteilsabschöpfung nach § 43 TKG eine bedeutsame Rolle für die Marktaufsicht und die Wettbewerbsentwicklung bzw. Wettbewerbsabsicherung im Telekommunikationssektor zu. Zwar stehen sicherlich bis auf weiteres die Ex-ante-Regulierungsinstrumente der Zugangs- und Entgeltregulierung im Zentrum der Marktregulierung, jedoch hilft auch die besondere Missbrauchsaufsicht als Generalklausel, die alle nicht speziell geregelten Missbrauchsvarianten auf regulierungsbedürftigen Märkten abdeckt und somit Regulierungslücken verhindert, im Wege der Verhaltenskontrolle, marktbeherrschende Stellungen aufzubrechen und Marktzutrittsschranken abzubauen. Denn es werden Wettbewerber des Marktbeherrschers grundsätzlich in die Lage versetzt, die monopolistisch begründete besondere Marktstellung des Altsassen mit eigenen wettbewerblichen Mitteln anzugreifen, ohne dass eine staatliche Zerschlagung des ehemaligen Einheitsversorgers notwendig wäre.

29. Die besondere Missbrauchsaufsicht fördert durch ihren, wenn auch subsidiären, nahezu universellen Anwendungsbereich trotz diverser konzeptioneller Unzulänglichkeiten in effizienter Weise die Zielsetzungen des sektorspezifischen Telekommunikationsrechts und trägt dazu bei, dass eines Tages die Überführung des letzten Telekommunikationsmarktes in das allgemeine Wettbewerbsrecht gelingen kann. Hervorzuheben ist dabei auch, dass in der Zukunft die Bedeutung der besonderen Missbrauchsaufsicht noch mit jedem Telekommunikationsmarkt zunehmen wird, der zwar noch als regulierungsbedürftig eingestuft wird, auf dem jedoch aus Verhältnismäßigkeitsgründen die Ex-ante-Regulierung zurückgefahren wird. Denn auf solchen Märkten wird die Marktaufsicht bis zur vollständigen Überführung des jeweiligen Marktes in das allgemeine Wettbewerbsrecht maßgeblich durch die besondere Missbrauchsaufsicht wahrgenommen. Damit der

Wirkkraft der besonderen Missbrauchsaufsicht dabei auch angemessen zur Geltung verholfen wird, ist jedoch unabhängig von den festgestellten konzeptionellen Schwächen und Widersprüchen der Regelungen vor allem entscheidend, ob die Regulierungsbehörde von diesem Instrumentarium in konsistenter und effektiver Art und Weise Gebrauch machen wird. Hierzu ist insbesondere noch wünschenswert, dass in Zukunft die festgestellten Vollzugsdefizite hinsichtlich der Vorteilsabschöpfung abgestellt werden, da dies einen nachhaltigen Effekt für die Wettbewerbsentwicklung haben dürfte.

* * *

Literaturverzeichnis

Albuschkat, Harald — Zur Problematik der Bestimmung des Mehrerlöses bei Kartellverstößen, Wettbewerb in Recht und Praxis 1976, S. 666-670

Alisch, Katrin/ Arenzen, Ute/ Winter, Eggert (Hrsg.) — Gabler Wirtschaftslexikon, 16. Auflage, Wiesbaden 2004

Bartling, Hartwig — Leitbilder der Wettbewerbspolitik, München 1980

Baumgärtel, Gottfried — Beweislastpraxis im Privatrecht, Köln 1996

Baur, Jürgen — Anwendungsprobleme der Missbrauchsaufsicht über marktbeherrschende Unternehmen, Juristische Arbeitsblätter 1987, S. 118-124

Bechtold, Rainer (Hrsg.) — Kartellgesetz – Gesetz gegen Wettbewerbsbeschränkungen, Kommentar, 5. Auflage, München 2008

Böge, Ulf — Der "**more economic approach**" und die deutsche Wettbewerbspolitik, Wirtschaft und Wettbewerb 2004, S. 726-733

Bohne, Michael — Funktionsfähiger Wettbewerb auf Telekommunikationsmärkten, Frankfurt am Main 1998

Borchardt, Knut/ Fikentscher, Wolfgang — Wettbewerb, Wettbewerbsbeschränkung, Marktbeherrschung, Stuttgart 1957

Brandenberg, Alexandra/ Schönig, Wolfgang — Anwendungsbereich der besonderen Missbrauchsaufsicht nach § 42 TKG bei Drittmarktsachverhalten, Wettbewerb in Recht und Praxis 2006, S. 1097-1101

Büchner, Wolfgang/ Ehmer, Jörg/ — Beck`scher TKG-Kommentar, 2. Auflage, München 2000

Geppert, Martin/ Kerkhoff, Bärbel/ Piepenbrock, Hermann-Josef/ Schütz, Raimund/ Schuster, Fabian (Hrsg.)

Bundeskartellamt Tätigkeitsbericht 1977, BT-Drs. 8/1925

Bunte, Hermann-Josef/ Welfens, Paul J. J. Wettbewerbsdynamik und Marktabgrenzung auf Telekommunikationsmärkten, Berlin 2002

Burkert, Thomas O. J. Die Zulässigkeit von Koppelungsgeschäften aus wettbewerbsrechtlicher Sicht, Baden-Baden 1992

Burkhardt, Jürgen Kartellrecht, München 1995

Burrichter, Jochen Oligopol-Marktbeherrschungsvermutungen in der Fusionskontrolle, Wirtschaft und Wettbewerb 1982, S. 661-673

Clark, Gordon/ Wrigsley, Neil Sunk Costs: A framework for economic geography, Transactions of the Institute British Geographers, Vol. 20, 2/1995, S. 204-223

Clark, John Maurice Competition as a Dynamic Process, Washington D. C. (USA) 1961

Ders. Competition: Static Models and Dynamic Aspects, American Economic Review 45 (1955), S. 450-462

Ders. Towards a Concept of Workable Competition, American Economic Review 30 (1940), S. 241-256

Dörr, Dieter/ Gersdorf, Hubertus (Hrsg.) Der Zugang zum digitalen Kabel – Zwei Rechtsgutachten im Auftrag der Gemeinsamen Stelle Digitaler Zugang der Landesmedienanstalten, Berlin 2002

Dreier, Horst (Hrsg.) Grundgesetz, Kommentar, Band I (Art. 1-

19), 2. Auflage, Tübingen 2004

Ebel, Hans-Rudolf Novellierung des Gesetzes gegen Wettbewerbsbeschränkungen, Neue Juristische Wochenschrift 1973, S. 1577-1583

Elkettani, Eunike Marktabgrenzungs- und Marktanalyseverfahren nach Art. 15, 16 RRL, Beilage 1, Kommunikation & Recht 2004, S. 11-17

Ellinghaus, Ulrich Regulierungsverfahren, gerichtlicher Rechtsschutz und richterliche Kontrolldichte im neuen TKG, Multimedia und Recht 2004, S. 293-297

Emmerich, Volker Kartellrecht, 3. Auflage, München 1979

Ders. Kartellrecht, 11. Auflage, München 2008

Enaux, Christoph Effiziente Marktregulierung in der Telekommunikation, Münster 2004

Ders./ König, Michael Missbrauchs- und Sanktionsnormen in der GWB-Novelle, dem TKG und dem Entwurf zum EnWG, Netzwirtschaften & Recht 2005, S. 2-12

Engel, Christoph/ Knieps, Günter Die Vorschriften des Telekommunikationsgesetzes über den Zugang zu wesentlichen Leistungen, Baden-Baden 1998

Europäische Kommission Empfehlung der Europäischen Kommission vom 23. Juli 2003 zu den Notifizierungen, Fristen und Anhörungen gemäß Art. 7 der Richtlinie 2002/21/EG des Europäischen Parlaments und des Rates über einen gemeinsamen Rechtsrahmen für elektronische Kommunikationsnetze und -dienste (2003/561/EG), ABl. EG Nr. L 190 vom 30. Juli 2003, S. 13

Europäische Kommission Empfehlung der Europäischen Kommission vom 15. Oktober 2008 zu den Notifizierungen, Fristen und Anhörungen gemäß Art. 7

der Richtlinie 2002/21/EG des Europäischen Parlaments und des Rates über einen gemeinsamen Rechtsrahmen für elektronische Kommunikationsnetze und -dienste (2008/850/EG), ABl. EG Nr. L 301 vom 12. November 2008, S. 23

Dies. Empfehlung über relevante Produkt- und Dienstmärkte des elektronischen Kommunikationssektors, die aufgrund der Richtlinie 2002/21/EG des Europäischen Parlaments und des Rates über einen gemeinsamen Rechtsrahmen für elektronische Kommunikationsnetze und -dienste für eine Vorabregulierung in Betracht kommen vom 11. Februar 2003 (2003/311/EG), ABl. EG Nr. L 114 vom 8. Mai 2003, S. 45

Dies. Empfehlung über relevante Produkt- und Dienstmärkte des elektronischen Kommunikationssektors, die aufgrund der Richtlinie 2002/21/EG des Europäischen Parlaments und des Rates über einen gemeinsamen Rechtsrahmen für elektronische Kommunikationsnetze und -dienste für eine Vorabregulierung in Betracht kommen vom 17. Dezember 2007 (2007/879/EG), ABl. EG Nr. L 344 vom 28. Dezember 2007, S. 65

Dies. Glossar der Wettbewerbspolitik der EU – Kartellrecht und Kontrolle von Unternehmenszusammenschlüssen, Juli 2002

Dies. Grünbuch über die Entwicklung des gemeinsamen Marktes für Telekommunikationsdienstleistungen und Telekommunikationsgeräte vom 30. Juni 1987, KOM (87) 290

Dies. Leitlinien für die Anwendung der EG-Wettbewerbsregeln im Telekommunikationsbereich, ABl. EG Nr. C 233 vom 6. September 1991, S. 2

Dies. Leitlinien zur Marktanalyse und zur Ermittlung beträchtlicher Marktmacht nach dem gemeinsamen Rechtsrahmen für elektronische Kommunikationsnetze und -dienste (2002/C 165/03), ABl. EG Nr. C 165 vom 11. Juli 2002, S. 6

Dies. Mitteilung der Europäischen Kommission an den Rat, das Europäische Parlament, den Wirtschafts- und Sozialausschuß und den Ausschuß der Regionen – Entwicklung neuer Rahmenbedingungen für elektronische Kommunikationsinfrastrukturen und zugehörige Dienste vom 10. November 1999 (Kommunikationsbericht 1999), KOM (1999) 539

Dies. Mitteilung über die Anwendung der Wettbewerbsregeln auf Zugangsvereinbarungen im Telekommunikationsbereich, ABl. EG Nr. C 265 vom 22. August 1998, S. 2

Dies. Mitteilung über die Überprüfung des EU-Rechtsrahmens für elektronische Kommunikationsnetze und -dienste vom 29. Juni 2006, KOM (2006) 334

Fehling, Michael Mitbenutzungsrechte Dritter bei Schienenwegen, Energieversorgungs- und Telekommunikationsleistungen vor dem Hintergrund staatlicher Infrastrukturverantwortung, Archiv des öffentlichen Rechts 121 (1996), S. 59-95

Fuchs, Elisa Anmerkung zum Urteil des VG Köln vom 21. Dezember 2005 - 21 K 1200/05, Netzwirtschaften & Recht 2006, S. 78-80

Fuhr, Karl-Michael/ Kerkhoff, Bärbel Regulierung als Voraussetzung für Wettbewerb in den Telekommunikationsmärkten, Multimedia und Recht 1999, S. 213-218

Gäbelein, Wolfgang Monopol- und Oligopolvermutungen des GWB, Zeitschrift für das gesamte Handels- und Wirtschaftsrecht 147 (1983), S. 574-581

Gamm, Otto Friedrich von Das Verbot einer unbilligen Behinderung und einer sachlich nicht gerechtfertigten Diskriminierung – ein Beitrag zum Spannungsverhältnis von GWB und UWG, Neue Juristische Wochenschrift 1980, S. 2489-2496

Ders. Kartellrecht – Kommentar zum Gesetz gegen Wettbewerbsbeschränkungen und zu Art. 85, 86 EWGV, 2. Auflage, Köln 1990

Gaster, Jens Zur anstehenden Umsetzung der EG-Datenbankrichtlinie (II), Computer und Recht 1997, S. 717-722

Geppert, Martin/ Piepenbrock, Hermann-Josef/ Schütz, Raimund/ Schuster, Fabian (Hrsg.) Beck`scher TKG-Kommentar, 3. Auflage, München 2006

Gerpott, Torsten J. Konsequente Fortsetzung der marktmachtsymmetrischen Regulierung von TK-Netzbetreibern, Multimedia und Recht 2000, S. 191-195

Gersdorf, Hubertus Kabeleinspeisung von Programmbouquets, Berlin 2000

Gosse, Gesa Mutmaßung statt Gewissheit – Die Zunahme gesetzlicher Vermutungen im Wirtschaftsrecht am Beispiel der §§ 28, 42 TKG, Kommunikation & Recht 2005, S. 154-161

Grauel, Holger/ Luhrenberg, Klaus Mehrerlösabschöpfung im UWG?, Wettbewerb in Recht und Praxis 1980, S. 521-525

Greger, Reinhard Beweis und Wahrscheinlichkeit, Köln 1978

Groeben, Hans von der/ Schwarze, Jürgen (Hrsg.) Kommentar zum Vertrag über die Europäische Union und zur Gründung der Europäischen Gemeinschaft, Band 2 (Art. 81-97 EGV), 6. Auflage, Baden-Baden 2003

Grote, Elisabeth — Call by call – oder: wenn der Zählimpuls nicht richtig tickt, Kommunikation & Recht 1998, S. 61-62

Gurlit, Elke — Neuregelungen des Verfahrens- und Prozessrechts im Regierungsentwurf zur Neufassung des TKG, Beilage 1, Kommunikation & Recht 2004, S. 32-38

Hayek, Friedrich A. von — Die Verfassung der Freiheit, 3. Auflage, Tübingen 1991

Hefekäuser, Hans-Willi/ Schulz, Alexander — Inkasso bei Preselection und Call-by-Call, Computer und Recht 1998, S. 403-407

Herdzina, Klaus — Wettbewerbspolitik, 5. Auflage, Stuttgart 1999

Ders. — Wettbewerbstheorie, Köln 1975

Heun, Sven-Erik — Das neue Telekommunikationsgesetz 2004, Computer und Recht 2004, S. 893-907

Ders. (Hrsg.) — Handbuch Telekommunikationsrecht, 2. Auflage, Köln 2007

Heuß, Ernst — Allgemeine Markttheorie, Tübingen 1965

Hiltl, Christoph/ Großmann, Klaus — Grundfragen des neuen deutschen Telekommunikationsrechts, Betriebs-Berater 1996, S. 169-176

Holzhäuser, Michael — Essential Facilities in der Telekommunikation – Der Zugang zu Netzen und anderen wesentlichen Einrichtungen im Spannungsfeld zwischen sektorspezifischer Regulierung und allgemeinem Wettbewerbsrecht, München 2001

Holznagel, Bernd/ Enaux, Christoph/ Nienhaus, Christian — Telekommunikationsrecht, Rahmenbedingungen – Regulierungspraxis, 2. Auflage, München 2006

Ders./ — Der Begriff der wesentlichen Leistungen

Koenig, Christian nach § 33 TKG – Recht, Dogmatik, Systematik, München 2001

Hombergs, Anne Europäisches Verwaltungskooperationsrecht auf dem Sektor der elektronischen Kommunikation, Münster 2006

Huppertz, Christiane Die SMP-Konzeption – Europarechtliche Vorgaben für die asymmetrische Regulierung im Kommunikationssektor, Frankfurt am Main 2003

Immenga, Ulrich Auslegung des Marktbeherrschungsbegriffs im TKG, Multimedia und Recht 2000, S. 141-150

Ders. Grenzen der Regulierung von Endkundenentgelten nach Öffnung der Telekommunikationsmärkte, Wirtschaft und Wettbewerb 1999, S. 949-961

Ders. Ökonomie und Recht in der europäischen Wettbewerbspolitik, Zeitschrift für Wettbewerbsrecht 2006, S. 346-366

Ders./ Kirchner, Christian/ Knieps, Günter/ Kruse, Jörn Gemeinschaftsstudie Telekommunikation im Wettbewerb – Eine ordnungspolitische Konzeption nach erfolgreicher Marktöffnung, in: dies. (Hrsg.), Telekommunikation im Wettbewerb – Eine ordnungspolitische Konzeption nach erfolgreicher Marktöffnung, München 2001, S. 5-56

Ders./ Mestmäcker, Ernst-Joachim (Hrsg.) Gesetz gegen Wettbewerbsbeschränkungen (GWB) – Kommentar zum Kartellgesetz, 4. Auflage, München 2007

Dies. (Hrsg.) Wettbewerbsrecht, Band 1, EG/Teil 1, Kommentar zum Europäischen Kartellrecht, 4. Auflage, München 2007

Ittner, Dirk Die Vermutungen des GWB, Köln 1998

Jauernig, Othmar Zivilprozessrecht, 29. Auflage, München

2007

Kaiser, Joseph H. Fusionskontrolle oder Fusionsverbot? – Die Vermutungstatbestände des Entwurfs der IV. GWB-Novelle, Wirtschaft und Wettbewerb 1978, S. 344-363

Kantzenbach, Erhard Die Funktionsfähigkeit des Wettbewerbs, 2. Auflage, Göttingen 1967

Kelker, Alexandra Gewinnherausgabe zwischen Schadensersatz- und Bereicherungsanspruch im Immaterialgüterrecht, Münster 2003

Kleinmann, Werner/ Bechtold, Rainer Kommentar zur Fusionskontrolle, 2. Auflage, Heidelberg 1989

Klodt, Henning/ Laaser, Claus-Friedrich/ Lorz, Jens Oliver/ Maurer, Rainer Wettbewerb und Regulierung in der Telekommunikation, Tübingen 1995

Klotz, Robert Die Beurteilung des Regierungsentwurfs zum TKG aus Brüsseler Sicht – Zum Leitbild des funktionsfähigen Wettbewerbs, Zeitschrift für Telekommunikations- und Medienrecht 2004, S. 5-8

Ders. Wettbewerb in der Telekommunikation: Brauchen wir die ex-ante-Regulierung noch?, Zeitschrift für Wettbewerbsrecht 2003, S. 283-316

Knauth, Peter/ Krüger, Frank Grundlegende Neuerungen des TKG-Regierungsentwurfs, Beilage 1, Kommunikation & Recht 2004, S. 3-6

Knieps, Günter Rückführung sektorspezifischer Regulierung auf dem deutschen TK-Markt, Multimedia und Recht 2000, S. 266-269

Koenig, Christian Die Versteigerung der UMTS-Lizenzen auf dem Prüfstand des deutschen und europäischen Telekommunikationsrechts, Kommunikation & Recht 2001, S. 41-55

Ders./ Braun, Jens-Daniel — Eigentumsschutz nach Art. 14 GG für durch staatliche Beihilfen Erworbenes?, Neue Zeitschrift für Verwaltungsrecht 1999, S. 1056-1059

Ders./ Kühling, Jürgen — Funktionsfähiger Wettbewerb und Regulierungsperspektiven auf den Telekommunikationsmärkten – Eine Kritik am Sondergutachten der Monopolkommission, Wirtschaft und Wettbewerb 2000, S. 596-610

Ders./ Loetz, Sascha — Fakturierung und Einziehung von TK-Entgelten nach der Inkasso-Entscheidung der RegTP – eine Kritik, Kommunikation & Recht 2000, S. 153-161

Ders./ Neumann, Andreas — Gemeinsame Infrastrukturnutzung beim Aufbau eines UMTS-Netzwerkes und das Gebot "**wettbewerblicher Unabhängigkeit**", Kommunikation & Recht 2001, S. 281-288

Dies. — Telekommunikationsrechtliche Ansprüche auf Leistungen der Fakturierung und des Inkassos für Internet-by-Call-Dienstleistungen, Beilage 3, Kommunikation & Recht 2004, S. 1-31

Ders./ Vogelsang, Ingo/ Kühling, Jürgen/ Loetz, Sascha/ Neumann, Andreas — Funktionsfähiger Wettbewerb auf den Telekommunikationsmärkten, Heidelberg 2002

Köndgen, Johannes — Immaterialschadensersatz, Gewinnabschöpfung oder Privatstrafen als Sanktionen für Vertragsbruch?, Rabels Zeitschrift für ausländisches und internationales Privatrecht 56 (1992), S. 696-756

Kopp, Ferdinand O./ Ramsauer, Ulrich — Verwaltungsverfahrensgesetz, Kommentar, 10. Auflage, München 2008

Korehnke, Stephan — Beurteilung des Regierungsentwurfs eines Telekommunikationsgesetzes aus Sicht der Vodafone D2 GmbH, Zeitschrift für Telekommunikations- und Medienrecht 2004, S. 17-21

Krings, Günter — Für mehr Wettbewerb in der Telekommunikation, Beilage 1, Kommunikation & Recht 2004, S. 6-11

Krüger, Rainald — Marktabgrenzung im Telekommunikationssektor und die Definition von beträchtlicher Marktmacht (SMP), Beilage 1, Kommunikation & Recht 2003, S. 9-18

Kruse, Jörn — Regulierungsbedarf in der deutschen Telekommunikation?, in: Immenga/Kirchner/Knieps/Kruse (Hrsg.), Telekommunikation im Wettbewerb – Eine ordnungspolitische Konzeption nach erfolgreicher Marktöffnung, München 2001, S. 73-87

Kühling, Jürgen — Sektorspezifische Regulierung in den Netzwirtschaften, Bonn 2004

Kur, Annette — Beweislast und Beweisführung im Wettbewerbsprozeß, Köln 1981

Kurth, Matthias — Rolle und Funktion des Resale für den Wettbewerb auf den Telekommunikationsmärkten, Multimedia und Recht 2001, S. 653-659

Lampert, Thomas — Der Begriff der Marktbeherrschung als geeignetes Kriterium zur Bestimmung der Normadressaten für das sektorspezifische Kartellrecht nach dem TKG?, Wirtschaft und Wettbewerb 1998, S. 27-39

Langen, Eugen (Begr.)/ Bunte, Hermann-Josef (Hrsg.) — Kommentar zum deutschen und europäischen Kartellrecht, Band 1 (Deutsches Kartellrecht), 10. Auflage, München 2006

Leipold, Dieter — Beweislastregeln und gesetzliche Vermutungen, Berlin 1966

Leonhard, Franz Die Beweislast, 2. Auflage, Berlin 1926

Markert, Kurt Die Wettbewerberbehinderung im GWB nach der vierten Kartellnovelle, Heidelberg 1982

Ders. Die praktische Bedeutung der qualifizierten Oligopolvermutung in der Fusionskontrolle (§ 23a Abs. 2 GWB), Betriebs-Berater 1986, S. 1660-1667

Ders. Anmerkung zum Beschluss des BGH vom 21. Februar 1978 - KVR 4/77, Betriebs-Berater 1978, S. 678-681

Markham, Jesse W. An alternative Approach to the Concept of Workable Competition, American Economic Review 40 (1950), S. 349-362

Maurer, Hartmut Allgemeines Verwaltungsrecht, 17. Auflage, München 2009

Mayen, Thomas Feststellung der Marktbeherrschung auf den Märkten der Telekommunikation, Multimedia und Recht 2001, S. 648-653

Ders./ Karpenstein, Ulrich Eigentumsrechtliche Entflechtung der Energieversorgungsnetze – Verfassungs- und gemeinschaftsrechtliche Aspekte des Eigentumsschutzes, Recht der Energiewirtschaft 2008, S. 33-45

Meier, Gert Verfassungsfragen der kartellrechtlichen Vermutungs- und Beweislastregeln, Zeitschrift für das gesamte Handels- und Wirtschaftsrecht 145 (1981), S. 393-431

Miert, Karel van Probleme der wettbewerblichen Öffnung von Märkten mit Netzstrukturen aus europäischer Sicht – Das Beispiel Telekommunikation, Wirtschaft und Wettbewerb 1998, S. 7-14

Moritz, Hans-Werner/ Telekommunikationsgesetz und US Tele-

Neus, Hermann R. communications Act – Ein Vergleich der ordnungspolitischen Ansätze, Computer und Recht 1997, S. 239-245

Möschel, Wernhard Pressekonzentration und Wettbewerbsgesetz, Tübingen 1978

Ders. Recht der Wettbewerbsbeschränkungen, Köln 1983

Ders. Zwischen Konflikt und Kooperation: Regulierungszuständigkeiten in der Telekommunikation, XXXI. FIW-Symposium (Multimedia: Kommunikation ohne Grenzen – grenzenloser Wettbewerb?), FIW-Schriftenreihe 177/1998, S. 53-65

Müller-Terpitz, Ralf Verwaltungsrechtliche Aspekte des Vergabeverfahrens nach § 11 TKG, Kommunikation & Recht 2002, S. 75-83

Musielak, Hans-Joachim Die Grundlagen der Beweislast im Zivilprozeß, Berlin 1975

Neitzel, Jens Regulierung in der Sackgasse?, Computer und Recht 2002, S. 256-263

Ott, Alfred Eugen Grundzüge der Preistheorie, 3. Auflage, Göttingen 1991

Palandt, Otto (Begr.) Bürgerliches Gesetzbuch, Kommentar, 68. Auflage, München 2009

Picot, Arnold (Hrsg.) Novellierung des Telekommunikationsgesetzes, München 2003

Piepenbrock, Hermann-Josef/ Schuster, Fabian GWB und TKG: Gegeneinander, Nebeneinander oder Miteinander?, Computer und Recht 2002, S. 98-107

Prütting, Hanns Gegenwartsprobleme der Beweislast, München 1983

Regulierungsbehörde für Eckpunkte zur sachlichen und räumlichen

Post und Telekommunikation Abgrenzung von Märkten und der Feststellung einer marktbeherrschenden Stellung, ABl. RegTP Nr. 4/2001 vom 28. Februar 2001

Dies. Tätigkeitsbericht 1998/1999

Dies. Tätigkeitsbericht 2000/2001

Reich, Norbert Anmerkung zum Urteil des BGH vom 16.12.1976 - KVR 2/76, Neue Juristische Wochenschrift 1977, S. 678-679

Rittershofer, Werner Wirtschafts-Lexikon, 3. Auflage, München 2005

Rittner, Fritz Die Ausschließlichkeitsbindungen in dogmatischer und rechtspolitischer Betrachtung, Düsseldorf 1957

Robert, Michael Die besondere Missbrauchsaufsicht nach § 42 TKG, Kommunikation & Recht 2005, S. 354-362

Rosenberg, Leo Die Beweislast, 5. Auflage, München 1965

Sachs, Michael (Hrsg.) Grundgesetz, Kommentar, 5. Auflage, München 2009

Säcker, Franz Jürgen (Hrsg.) Berliner Kommentar zum Energierecht, München 2004

Ders.(Hrsg.) Berliner Kommentar zum Telekommunikationsgesetz, Frankfurt am Main 2006

Ders. Zielkonflikte und Koordinationsprobleme im deutschen und europäischen Kartellrecht, Düsseldorf 1973

Ders./ Calliess, Gralf-Peter Billing und Inkasso fremder Telekommunikationsdienstleistungen (II), Kommunikation & Recht 1999, S. 337-345

Ders./ Der Gesetzbeschluss des Deutschen Bundes-

Boesche, Katharina Vera tags zum Energiewirtschaftsgesetz vom 28.06.2005, Zeitschrift für Neues Energierecht 2002, S. 183-193

Ders./ Kühnast, Simone Die vermutete Arbeitsvermittlung (§ 1 Abs. 2 AÜG) als gesetzgebungspolitische Fehlleistung, Zeitschrift für Arbeitsrecht 2001, S. 117-154

Scherer, Joachim Das neue Telekommunikationsgesetz, Neue Juristische Wochenschrift 2004, S. 3001-3010

Ders. Die Entwicklung des Telekommunikationsrechts in den Jahren 1996 und 1997, Neue Juristische Wochenschrift 1998, S. 1607-1615

Scheurle, Klaus-Dieter/ Mayen, Thomas (Hrsg.) Telekommunikationsgesetz (TKG) – Kommentar, München 2002

Schmidt, Ingo Wettbewerbspolitik und Kartellrecht, 8. Auflage, Stuttgart 2005

Ders. Wettbewerbstheorie und -politik – Eine Einführung, Stuttgart 1981

Ders. Neuere Entwicklungen in der Wettbewerbstheorie unter Berücksichtigung wachstumspolitischer Zielsetzungen, Wirtschaft und Wettbewerb 1966, S. 699-731

Schmidt, Karsten Aufgaben und Leistungsgrenzen der Gesetzgebung im Kartelldeliktsrecht, Baden-Baden 1978

Schmidtchen, Dieter Der "**more economic approach**" in der Wettbewerbspolitik, Diskussionspapier vom 10. Mai 2005, abrufbar unter: http://www.uni-saarland.de/fak1/fr12/csle/publications/2005-04_moreeconomic.pdf

Schütz, Raimund Kommunikationsrecht – Regulierung von Telekommunikation und elektronischen Medien, München 2005

Ders./ Nüsken, Jan-Peter Gebühr für Telekommunikationslizenz – Rechtswidrige Haushaltssanierung auf Kosten des Wettbewerbs?, Multimedia und Recht 1998, S. 523-528

Sieben, Günter/ Goetzke, Wolfgang/ Matschke, Manfred Jürgen Der Begriff "**Finanzkraft**" im § 22 GWB aus betriebswirtschaftlicher Sicht, Köln 1980

Smith, Adam An Inquiry into the Nature and Causes of the Wealth of Nations, 5. Auflage, London 1789, neu aufgelegt: Der Wohlstand der Nationen – Eine Untersuchung seiner Natur und seiner Ursachen, München 2006

Spoerr, Wolfgang/ Sellmann, Christian Zugangsregulierung, Entgeltregulierung und Missbrauchsaufsicht vom TKG 1996 bis zum TKG 2004: Rückblick und Ausblick, Netzwirtschaften & Recht 2004, S. 98-108

Stahl, Klaus Missbrauchsaufsicht über marktbeherrschende Unternehmen – Versorgungswirtschaft – Exportkartelle, Wirtschaft und Wettbewerb 1980, S. 451-461

Stelkens, Paul/ Bonk, Heinz-Joachim/ Sachs, Michael (Hrsg.) Verwaltungsverfahrensgesetz, Kommentar, 7. Auflage, München 2008

Stern, Klaus/ Dietlein, Johannes Netzzugang im Telekommunikationsrecht – Zur verfassungsrechtlichen Problematik eines "**entbündelten**" Zugangs zu den Teilnehmeranschlussleitungen (Teil 1), Archiv für Post und Telekommunikation 1998, S. 309-327

Dies. Netzzugang im Telekommunikationsrecht – Zur verfassungsrechtlichen Problematik eines "**entbündelten**" Zugangs zu den Teilnehmeranschlussleitungen (Teil 2), Zeitschrift für das gesamte Recht der Telekommunikation 1999, S. 2-15

Thomas, Heinz/ Putzo, Hans (Begr.) — Zivilprozessordnung, Kommentar, 29. Auflage, München 2008

Thomaschki, Kathrin — Missbrauchsaufsicht und nachträgliche Entgeltkontrolle im TKG-E, Beilage 1, Kommunikation & Recht 2004, S. 21-25

Dies. — Referentenentwurf zum TKG – Auswirkungen auf die Praxis der Marktregulierung, Multimedia und Recht 2003, S. 500-504

Tilmann, Winfried — Zur Rechtsstellung des Verbrauchers bei Wettbewerbsdelikten, Zeitschrift für das gesamte Handels- und Wirtschaftsrecht 141 (1977), S. 32-80

Trute, Hans-Heinrich/ Spoerr, Wolfgang/ Bosch, Wolfgang (Hrsg.) — Telekommunikationsgesetz mit FTEG, Kommentar, Berlin 2001

Tschentscher, Thomas/ Neumann, Holger — Das telekommunikationsrechtliche Regulierungsverfahren – Verfahrensfragen, Missbrauchsaufsicht, Entbündelung, Betriebs-Berater 1997, S. 2437-2446

Ulmer, Peter — Bemerkungen zum Valium-Beschluß des Bundesgerichtshofs, Betriebs-Berater 1977, S. 357-360

Vollmer, Lothar — Wettbewerbsrechtliche Mehrerlösabschöpfung nach der UWG- und GWB-Novelle, Der Betrieb 1979, S. 2213-2219

Walter, Gerhard — Freie Beweiswürdigung, Tübingen 1979

Ware, Roger — Sunk Costs and Strategic Commitment: A proposed Three-Stage Equilibrium, Economic Journal, Vol. 94, No. 374, 1984, S. 370-378

Wegmann, Winfried — Europa- und verfassungsrechtliche Anmerkungen zum Regierungs- und Referentenentwurf für ein neues TKG, Beilage 1, Kommunikation & Recht 2004, S. 25-32

Weimar, Robert Psychologische Strukturen richterlicher Entscheidungen, Basel 1969

Ders./ Schimikowski, Peter Grundzüge des Wirtschaftsrechts, 2. Auflage, München 1993

Weisser, Ralf/ Bauer, Andreas Verbreitung breitbandiger Inhalte nach dem neuen Telekommunikationsrecht, Multimedia und Recht 2003, S. 709-714

Wiedemann, Gerhard (Hrsg.) Handbuch des Kartellrechts, München 1999

Wilms, Heinrich/ Jochum, Georg Gutachterliche Stellungnahme zum Erfordernis der Durchführung eines Marktanalyse- und -definitionsverfahrens für Maßnahmen der besonderen Missbrauchsaufsicht und der nachträglichen Regulierung nach dem Gemeinschaftsrechtsrahmen für die Telekommunikation vom 15. März 2006

Ders./ Masing, Johannes/ Jochum, Georg (Hrsg.) Telekommunikationsgesetz, Kommentar, Loseblatt, 8. Lfg., Stand: März 2007, Stuttgart

Windisch, Rupert Privatisierung natürlicher Monopole im Bereich von Bahn, Post und Telekommunikation, Tübingen 1987

Wirz, Hanns Bernhard Die vermutete Marktbeherrschung, Wirtschaft und Wettbewerb 1975, S. 611-619

Wissmann, Martin (Hrsg.) Telekommunikationsrecht – Praxishandbuch, 2. Auflage, Frankfurt am Main 2006

Witting, Jörg Die Beweislastregeln des kartellrechtlichen Diskriminierungsverbots § 20 II 2 GWB, Regensburg 2001